Die Autoren

Brigitte Günther
Hubert Hunscheidt

MS Starnberg auf dem Starnberger See
(Bild Gemeinde Starnberg)

Brigitte Günther, Hubert Hunscheidt

Reiseführer Oberbayern

erschienen im:
Reise-Idee Verlag Jens Wächtler
Klostersteige 15, D-87435 Kempten
Tel.:   +49 (0)8 31/9 90 78 15 oder 5 40 64 33
Fax: +49 (0)32 12/1 41 04 63
Mobil: +49 (0)179/7 07 64 29
Internet: www.reise-idee.de
E-Mail: redaktion@reise-idee.de

Kartenmaterial:

© Tourismusverband Ammersee-Lech e. V., www.ammerseelech.de
© Tourismusverband Allgäu/Bayerisch Schwaben, www.bayerisch-schwaben.de
© Tourismusverband Starnberger Fünf-Seen-Land, www.sta5.de

Redaktionelle Leitung, Koordination und Gesamtkonzept der Reihe Reiseführer im
Reise-Idee Verlag: Roland Dreyer

Gestaltung, Layout und Umbruch: Bernd Helmbrecht, Claus Helmbrecht

Gesamtherstellung:
Holzer Druck und Medien GmbH + Co. KG, D-88171 Weiler im Allgäu

ISBN 978-3-934739-49-9
Printed in Germany, Frühjahr 2015
1. Auflage

Inhaltsverzeichnis/Ortsverzeichnis/A - Z

Reiseführer Oberbayern

Pfaffenwinkel

Auerbergland in Oberbayern
Altenstadt, Bernbeuren, Bruggen, Hohenfurch, Ingenried, Kinsau,
Prem am Lech, Schwabbruck, Schwabsoien, Steingaden

Auerbergland im Allgäu
Lechbruck am See, Rieden am Forggensee, Roßhaupten, Stötten am Auerberg

Region Schongau/Peiting
Bad Baiersoien, Böbing, Markt Peiting, Rottenbuch, Stadt Schongau, Wildsteig

Region Weiheim/Peißenberg
Eberfing, Eglfing, Hohenpeißenberg, Huglfing, Oberhausen, Obersöchering, Pähl,
Markt Peißenberg, Polling, Raisting, Stadt Weilheim, Wessobrunn, Wielenbach

Region Penzberg
Antdorf, Habach, Iffeldorf/Osterseen, Penzberg, Sindelsdorf

Ammergauer Alpen
Bad Baiersoien, Bad Kohlgrub, Ettal/Graswang, Oberammergau,
Saulgrub/Altenau/Wurmansau, Unterammergau

Das Blaue Land/Staffelsee
Eglfing, Grafenaschau, Großweil, Markt Murnau, Ohlstadt, Riegsee,
Seehausen, Spatzenhausen, Uffing

Starnberger Fünf-Seen-Land

Rund um den Starnberger See
Berg, Bernried, Feldafing, Münsing, Pöcking-Possenhofen, Seeshaupt,
Stadt Starnberg, Tutzing

Region Starnberg
Gauting, Gilching, Krailing, Seefeld am Pilsensee,
Wessling am Wesslinger See, Wörtsee am Wörthsee

Ammersee
Andechs, Inning, Herrsching

Ausflugsziele
Kloster Andechs, Bendiktbeuern und Kloster Bendiktbeuern, Kloster Irsee
Wieskirche, Schloss Neuschwanstein, Schwangau, Altusried, Waal,
Markt Garmisch-Partenkirchen

Inhaltsverzeichnis

Inhaltsverzeichnis

Inhaltsverzeichnis

Inhaltsverzeichnis

Inhaltsverzeichnis

Ortsverzeichnis

Welfenmünster
(Bild Gemeinde Steingaden, W. Böglmüller)

A - Z

Anreise

Mit der Bahn

Ab München erreicht man Weilheim im Stundentakt, zum Teil auch halbstündlich. Die Bayerische Regiobahn BRB fährt weiter über Peißenberg, Hohenpeißenberg und Peiting nach Schongau. Bernried, Seeshaupt, Iffeldorf und Penzberg ist ab München über Tutzing mit der Kochelsee-Bahn zu erreichen.

Mit dem Auto

Aus dem Nordwesten über die A 7 Würzburg - Füssen, Ausfahrt Kempten, die B472 nach Schongau. Oder über die A 8 nach Augsburg und über die B 17 Romantische Straße über Landsberg nach Schongau. Weilheim, Peißenberg, Penzberg und die Region Südlicher Starnberger See ist aus nördlicher und südlicher Richtung über die A95 München-Garmisch-Partenkirchen zu erreichen.

Mit dem Flugzeug

Flughafen München und Allgäu Airport Memmingen liegen sehr günstig, wenn man mit dem Flugzeug anreisen möchte. Die Entfernung vom Flughafen München nach Weilheim beläuft sich auf ca. 90 km, vom Allgäu Airport bis Weilheim sind es ca. 95 km.

Einreise

Deutschland ist Teil der EU und Mitgliedsstaat des Schengenabkommens. Bürger der EU und der Schweiz können mit ihrem gültigen Reisepass / Personalausweis ohne Probleme einreisen und sich dort für bis zu drei Monate aufhalten.

Feiertage

1. Januar Neujahr
6. Januar Dreikönigstag
März/April Ostern
1. Mai Tag der Arbeit
Mai/Juni Christi Himmelfahrt, Pfingsten, Fronleichnam
3. Okt. Tag der Deutschen Einheit
1. November Allerheiligen
25.12. erster Weihnachtstag
26.12. zweiter Weihnachtstag

Krankenhaus

Klinikum Starnberg

Akademisches Lehrkrankenhaus der
Ludwig-Maximilians-Universität
München
Oßwaldstr.1
82319 Starnberg
Tel. (0 81 51) 18-0
Fax (0 81 51) 18-22 22
info@klinikum-starnberg.de
www.klinikum-starnberg.de

Mietwagen

Starnberg: Avis Autovermietung
Tel. 08151 368020
Starnberg: Europcar Autovermietung
Tel. 08151 28077

Notruf

Notruf 112: ohne Vorwahl aus jedem
Netz

Tourismusverbände

Tourismusverband Pfaffenwinkel
Bauerngasse 5
D-86956 Schongau
Tel. +49 (0)88 61-211 3200
Fax +49 (0)88 61-211 4000
info@pfaffen-winkel.de

Auerbergland e.V.
Marktplatz 4, D-86975 Bernbeuren
Tel. +49 (0)8860 8121
info@auerbergland.de
www.auerbergland.de

Ammergauer Alpen GmbH
Eugen-Papst-Str. 9 a
D-82487 Oberammergau
Telefon +49 (0)8822 92 27 40
Telefax +49 (0)8822 92 27 45
info@ammergauer-alpen.de
www.ammergauer-alpen.de

Tourismusgemeinschaft
DAS BLAUE LAND
Kohlgruber Str. 1
D-82418 Murnau am Staffelsee
Tel. +49 (0)8841 61 410
Fax +49 (0)8841 61 41 21
touristinformation@murnau.de
www.dasblaueland.de

Tourismusverband
Starnberger Fünf-Seen-Land
Hauptstraße 1
D-82319 Starnberg
Tel. +49 (0)8151 90600
Fax +49 0(8)151 906090
info@sta5.de
www.sta5.de

Tagungsmöglichkeiten

info@karl-eberth-haus.de, www.karl-eberth-haus.de

Kloster Andechs

Als Wallfahrtsort war Andechs schon immer ein Ort der Begegnung. In dem Fürstentrakt, den Räumen der bayerischen Herrscher aus dem Hause Wittelsbach lassen sich Tagungen, Kongresse und Seminare auf höchster Ebene abhalten. Kloster Andechs, Bergstr. 2, 82346 Andechs, Tel. (08152) 376-0, Fax (08152) 376-143, info@andechs.de, www.andechs.de

Kloster Irsee

Das weithin bekannte und vielfach ausgezeichnete Tagungshotel und Konferenzzentrum Kloster Irsee bietet auf höchstem Niveau den Rahmen für anspruchsvolle Veranstaltungen aller Art. Kloster Irsee, Schwäbisches Tagungs- und Bildungszentrum, Klosterring 4, D-87660 Irsee, Tel. +49 (0)8341 906-00, Fax +49 (0)8341 74278, hotel@kloster-irsee.de, www.kloster-irsee.de

Karl Eberth Haus

Die Atmosphäre in dem ehemaligen Schloss Steingadens ist der optimale Ort für Tagungen, Seminare und Firmenevents. In den lichtdurchfluteten Tagungsräumen, in denen modernste Moderationstechnik und der erstklassige Service des Hauses zur Verfügung steht, machen die Veranstaltung zu einem unvergesslichen Erlebnis. Karl Eberth Haus, Graf-Dürkheim-Str. 10, D-86989 Steingaden, Tel. +49 (0)8862 281, Fax +49 (0)8862 63 03,

Hotel Auf der Gsteig

Eine Veranstaltung aus privatem oder eine geschäftlichem Anlaß findet im Hotel Auf der Gsteig den passenden Rahmen. Mit seinen Lokalitäten in Wintergarten, Sonnenterrasse, Restaurant oder Stube bietet das Haus eine unvergleichliche Atmosphäre. Hotel Auf der Gsteig, Gsteig 1, D-86983 Lechbruck am See, Telefon +49 (0) 8862 98 77 0, Telefax +49 (0) 8862 98 77 7, info@aufdergsteig.de, www.aufdergsteig.de

Auf dem Auerberg Panorama-Gasthof

Zu einem unvergesslichen Erlebnis wird eine Tagung und ein Seminar in der luftigen Höhe des Auerbergs. Abschalten und entspannen und mit neuer Kraft und Energie kreativ geschäftliche Probleme lösen: Auf dem Auerberg Panorama-Gasthof. Auerberg 2, D-86975 Bernbeuren, Tel. +49 (0)8860 235, Fax +49 (0)8860 92 29 75, info@auerberghotel.de, www.auerberghotel.de

Parkhotel am Soiener See

Entspannt und konzentriert arbeiten: Im Parkhotel stehen mehrere Tagungs- und Seminarräume zur Verfügung, die die Veranstaltung zu einem effizienten Event werden lassen. Parkhotel am Soiener See, Parkhotel am Soiener See, Am Kurpark 1, D-82435 Bad Bayersoien, Tel. +49 (0)8845 120, Fax +49 (0)8845 12 507, info@parkhotel-bayersoien.de, www.parkhotel-bayersoien.de

Gasthof zum Weißen Roß

In festlichem Ambiente und mit dem gesamten freundlichen Service des Hauses finden Hochzeiten und Geburtstagsfeiern, Weihnachtsfeiern und Betriebsfeste in der St.Georg-Stub'n statt, in der bis zu 50 Personen Platz finden. Für einen größeren Event mit bis zu 160 Personen eignet sich der Panorama-Saal, aus dem sich ein traumhafter Blick in die Ammergauer Alpen erschließt und die Familien- oder Betriebsfeier zu einem unvergesslichen Erlebnis macht. Gasthof zum Weißen Roß, Dorfstr. 20, D-82435 Bad Bayersoien am See, Tel. +49 (0)8845 74 020, Fax +49 (0)8845 74 02 25, info@gasthof-zum-weissenross.de, www.gasthof-zu-weisenross.de

Landgasthof Zum Eibenwald

Von der kleinen Gesellschaft bis hin zu großen Feiern für bis zu 240 Personen finden im Landgasthof Zum Eibenwald die passenden Räumlichkeiten. Kaminzimmer, Flieger- und Ulrichstüberl sowie der große Ulrichsaal stehen für private Feierlichkeiten und geschäftliche Events und Tagungen zur Verfügung. Landgasthof Zum Eibenwald, Peißenberger Str. 11, D-82405 Wessobrunn/Paterzell, Tel. +49 (0)8809 92 040, Fax +49 (0)8809 92 04 70, info@landgasthof-eibenwald.de, www.landgasthof-ei-benwald.de

Gasthaus Zur Moosmühle

Bayerische Gastfreundschaft und schmackhafte bodenständige Küche mit Köstlichkeiten aus der Region umrahmen jedes Fest. Das Gasthaus zur Moosmühle bietet sich mit einem großen Saal und einem Nebenzimmer in bayerisch-behaglichem Ambiente für Familienfeierlichkeiten und Unternehmensevents an. Gasthaus Zur Moosmühle, Hauptstr. 96, D-82386 Huglfing, Tel. +49 (0)8802 8135, info@zur-moosmuehle.de, www.zur-moosmuehle.de.

Seeresidenz Alte Post

Der Jugendstilsaal in der Seeresidenz Alte Post bietet Platz für bis zu 120 Personen. Tagungen und Seminare, Firmenfeste und Familienfeiern finden hier stets einen würdigen Rahmen. Seeresidenz Alte Post, Alter Postplatz 1, D-82402 Seeshaupt, Tel. +49 (0)8801 914-0, Fax +49 (0)8801 913210, hotel@seeresidenz-alte-post.de, www.seeresidenz-alte-post.de

Jugendherberge Possenhofen

Für Tagungen und Seminare stehen sechs Konferenzräume mit entsprechender Ausstattung zur Verfügung. Jugendherberge Possenhofen am Starnberger See, Kurt-Stieler-Straße 18, D-82343 Pöcking, Tel. +49 (0)8157 9966-11, Fax +49 (0)8157 9966-12, possenhofen@jugendherberge.de, www.possenhofen.jugendherberge.de

Forsthaus am See

Durch die idyllische Lage am See werden Veranstaltungen im Forsthaus am See zu einem unvergesslichen Erlebnis. Ob Firmenevent wie Seminar und Tagung oder Familienfeier, wie

Ethisches Energieinvestment Bayern

Adfero Finanz

Wenn es um Finanzanlagen geht, ist die Adfero Finanz in Schongau eine gute Adresse. Das Unternehmen wurde bereits vor über 15 Jahren gegründet und der Inhaber, Jens Wächtler und Mitgründer Andreas Laskewitz, verfügten bereits damals über eine langjährige Berufserfahrung. Heute zeichnet die Mitarbeiter um die beiden Gründer aus, dass viel in hochwertige Ausbildung und Weiterbildungsmaßnahmen investiert wurde. Alle Berater des Unternehmens tragen den Titel „Geprüfter Finanzanlagenfachmann nach §34 f Abs. 1,2,3, ff." Für die Kunden und Interessenten des Hauses wird ein umfassendes Beratungskonzept erarbeitet, das u. a

Venture Capital Investments und Ethische Energieinvestments beinhaltet, wobei den Kunden mit der jährlichen Prüfung durch einen unabhängigen Wirtschaftsprüfer höchste Sicherheit vermittelt wird.
Etwa 3.000 Kunden und 15.000 Verträge, die das Unternehmen heute belegen kann, bieten den besten Beweis für die Nachhaltigkeit und Kompetenz der Adfero Finanz.

Adfero Finanz
Marktoberdorfer Str. 26
D-86956 Schongau
Tel. +49 (0)8861 93 03 40
info@adferofinanz.de
www.adferofinanz.de

Hochzeit, Geburtstagsfeier oder Taufe – die Räumlichkeiten und der freundliche Service mit den Köstlichkeiten aus Küche und Keller erfüllen jeden Geschmack.

Forsthaus am See, Hotel-Restaurant, Am See 1, 82343 Possenhofen, Tel. +49 (0)8157 93 010, Fax +49 (0)8157 4292, info@forsthaus-am-see.de, www.forsthaus-am-see.de

Schlossgut Oberambach

Für Green-Meetings, Seminare und Firmenfeiern bis 99 Personen bieten 4 Konferenzräume (17 – 115 qm), professionelle Tagungstechnik und der wunderschöne Park beste Voraussetzungen für das Gelingen einer Veranstaltung. Alle Konferenzräume sind Tageslicht durchflutet.

Schlossgut Oberambach, Biohotel – Vitalzentrum , Oberambach 1, D-82541 Münsing, Tel. +49 (0)8177 9323, Fax +49 (0)8177 932400, info@schlossgut.de, www.schlossgut.de

Starnberger See
(Bild Gemeinde Pöcking)

Marina Resort Bernried

Tageslichtdurchflutete Konferenzräume mit modernster Kommunikations-Technik schaffen im Hotel Marina beste Voraussetzungen für jede Tagung, jedes Seminar. Die verschieden großen Räume für bis zu 130 Teilnehmer bieten den passenden Rahmen.

Marina Resort Bernried, Am Yachthafen 1 – 15, D-82347 Bernried am Starnberger See, Tel. +49 (0)8158 932-0, Fax +49 (0)8158 711-7, info@marina-bernried.de, www.hotelmarina.de

Hotel Residence Starnberger See

Für Tagungen und Seminare stehen im Hotel Residence Räume für bis zu 180 Personen zur Verfügung.

Hotel Residence Starnberger See, Possenhofener Straße 29, D-82340 Feldafing, Tel. +49 (0)8157 3030, Fax +49 (0)8157 303500, www.residence-starnberg.de, sales@residence-starnberg.de

Golfhotel Kaiserin Elisabeth

Einen unvergleichlichen Rahmen bietet das Ambiente des Golfhotels für Firmenevents. Ob Tagung oder Seminar, Konferenz oder Kongress stehen Räumlichkeiten in den verschiedensten Varianten und Größen zur Verfügung, die mit modernster Technik für einen reibungslosen Ablauf der Veranstaltung sorgen.

Golfhotel Kaiserin Elisabeth, Tutzinger Str. 2, D-82340 Feldafing, Tel. +49 (0)8157 93 090, Fax +49 (0)8157 93 09 133, info@kaserin-elisabeth.de

Festspielhaus Füssen
siehe Seite 636

Passionsspiele Oberammergau
siehe Seite 419

Freilichtbühne Altusried
siehe Seite 642

Passionsspiele Waal
siehe Seite 648

Märchenbühne Blaslhof
siehe Seite 444

Kloster Benediktbeuern
siehe Seite 608

Kloster Ettal
siehe Seite 430

Kloster Irsee
siehe Seite 610

Wieskirche, Steingaden
siehe Seite 132

Kloster Andechs
siehe Seite 602

TOP-Ziele

Die Reihenfolge stellt
keine Bewertung dar!

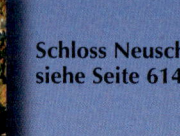

**Kaiserin Elisabeth Museum
Pöcking
siehe Seite 494**

**Schloss Neuschwanstein
siehe Seite 614**

**Schloss Linderhof
siehe Seite 426**

**Schongauer Märchenwald
siehe Seite 234**

**Skylinepark, Bad Wörishofen
siehe Seite 62**

**Therme Bad Wörishofen
siehe Seite 64**

TOP-Ziele

**Das Höchste –
Allgäuer Bergbahnen
siehe Seite 66**

**Ammersee-Schifffahrt
siehe Seite 572**

**Schifffahrt Starnberger See
siehe Seite 454**

**Auerberg
siehe Seite 92**

**Hohenpeißenberg
siehe Seite 264**

TOP-Ziele

*Die Reihenfolge stellt
keine Bewertung dar!*

Kloster Ettal
(S. 430)

Passionsspiele
Oberammergau (S. 419)

Kloster Benediktbeuern
(S. 608)

Märchenbühe Blaslhof
Uffing (S. 444)

Schifffahrt
Starnberger See (S. 454)

Kaiserin Elisabeth Museum
Pöcking (S. 494)

Schifffahrt Ammersee
(S. 572)

Kloster Andechs
(S. 602)

Schloss Linderhof (S. 426)

Schloss Neuschwanstein (S. 614)

Wieskirche Steingaden (S. 132)

Schongauer Märchenwald (S. 234)

Hoher Ifen
2230 m

Kanisfluh
2047 m

Bregenz

Bodensee

Lind

Riedberger Horn
1787 m

Balderschwang

Bodolz
Wasser
Nonnen
Reitnau

Hochgrat
1834 m

Aach

Steibis

Scheffau

Scheidegg

B 309

Hergens

Oberstaufen

Oberreute

Weiler i. Allgäu

B 12

Steifenhofen

Simmerberg

Lindenberg

Thalkirchdorf

Ebratshofen

Ellhofen

Heimenkirch

Immenstadt

Röthenbach

B 32

Bühl/Alpsee

Grünenbach

Wangen

Stein

Gr. Alpsee

Missen-Wilhams

Argen

ler

Maierhöfen

Gestratz

Martinszell

Weitnau

B 12

Niedersonthofener
See

B 19

Wengen

Argenbühl

Schwarzer Grat
1119 m

Isny

berg

Waltenhofen

Buchenberg

B 18

Kreuzthal-Eisenbach

Kißlegg

Allgäuer Freilichbühne
Altusried (S. 642)

Wolfegg

Kempten

Dietmannsried

Altusried

Legau

Leutkirch

A 7

Bad
Grönenbach

Iller

Bad Wurzach

A 96

B 19

Wa

Ottobeuren

Memmingen

Skylinepark
Bad Wörishofen (S. 62)

Erkheim

Ferien auf dem Bauernhof

Erholung in ländlichem Umfeld

Die Milch kommt aus der Tüte und die Eier aus der Schachtel?
Wo könnte es mehr Spaß machen, etwas über hochwertige Lebensmittel zu erfahren, als direkt beim Erzeuger, bei Ferien auf dem Bauernhof oder Biobauernhof. Genießen, erleben undentdecken lässt sich dabei die Natur und die Umwelt auf spannende Weise.

Bei diesem Urlaubs- und Freizeitangebot in dörflich-ländlichem Umfeld machen vor allem junge Familien mit Kindern ganz neue Erfahrungen. Die Kinder drängen sich förmlich danach, sich an den landwirtschaftlichen Betriebsabläufen zu beteiligen und vergessen beim Kontakt zu den Tieren alles um sich her. Gern tauschen sie dann Sandalen gegen Gummistiefel und gehen mit in den Stall, helfen beim Füttern oder Ausmisten der Kühe und liebkosen Kälbchen oder Ferkel. Sie sind Feuer und Flamme, wenn der Bauer sie einlädt zu einer Probefahrt mit dem Traktor, wenn sie abseits der Straße die Hand ans Lenkrad legen dürfen beim Heu Einfahren. Die Kinder streifen um den Hof, finden schnell Anschluss mit anderen Kindern, tummeln sich auf einem angegliederten Spielplatz, springen auf dem Trampolin, spielen mit dem Hofhund und sind dabei ganz glücklich. Und jeder weiß, wenn die Kinder glücklich sind, dann sind auch die Eltern glücklich und können sich ganz zufrieden mit einem Buch zurücklehnen.
Buben und Mädchen bekommen gar nicht genug beim Streicheln der Kätzchen, die Großen packen schon mal kräftig mit an und helfen, wenn Not am Mann ist. Das Leben im Rhythmus der Jahreszeiten ist nicht nur für Kinder eine faszinierende Bereicherung, ein Erlebnis der ganz besonderen Art.

Wer sich für Ferien auf dem Bauernhof bzw. Bio-Bauernhof entscheidet,
genießt die Nähe zur Gastfamilie und
gewinnt unverfälschte Einblicke in
den Alltag des Landlebens. Daneben
ist das Angebot zunehmend auf die
Kombination aus aktiver Erholung,
hautnahem Naturerlebnis und ländlicher Kultur ausgerichtet. Oftmals lässt
sich die Bäuerin beim Kochen und
Backen über die Schulter schauen,
wenn sie regionale Gerichte auf den
Tisch bringt, oder sie geht mit den
Gästen auf die grüne Wiese, um die
Augen zu öffnen für Heilkräuter. Der
Hausherr wandert mit den Gästen auf
die Alpe oder er nimmt sie mit zum
Pilzesuchen. Wer seinen Tag gerne
selbstständig gestaltet, bekommt von

den Gastgebern wertvolle Tipps. Die Möglichkeiten sind bunt und vielseitig.

Authentischer lassen sich Land, Leute und Natur nicht erleben. Landleben, Gastfreundschaft, Kontakt mit Mensch und Tier – viel Spaß und gute Luft und abends müde ins Bett fallen: Das ist wohl das beste Rezept für entspannte Ferientage. Ein überzeugendes Preis-Leistungs-Verhältnis und das aktive Erleben der heutigen bäuerlichen Arbeit machen Ferien auf dem Bauernhof zunehmend attraktiv. In diesem Buch findet der Leser aufschlussreiche Informationen über Ferienbauernhöfe der Region, die die Redaktion empfehlen kann.

Ferien auf dem Bauernhof

Bauernhof Krötz
Familie Krötz, Riesen 7
D-86989 Steingaden
Tel. +49 (0)8862 6106
www.bauernhof-kroetz.com   S. 146

Berghof Heger
Ute und Bernhard Heger
Berghof 1, 82380 Peißenberg
Telefon +49 (0) 8803 2248
www.berghof-heger.de   S. 322

Berghof Walser
Bergweg 5, D-82395 Obersöchering
Tel. +49 (0)8847 481
www.urlaub-am-berghof-walser.de
S. 288

Blaslhof
Kalkofen 10, D-82449 Uffing
am Staffelsee Schöffau
Tel. +49 (0)8846 224
www.blaslhof.de   S. 444

Gut Grasleiten
Grasleiten 1, D-82386 Huglfing
Tel. +49 (0)8802 261
www.grasleiten.de   S. 272

Marxhof Bioland Ferienhof
Leiten 8, 82389 Böbing
Telefon (08867) 597
Telefax (08867) 91 24 40
marxhof-bioland@gmx.de
www.marxhof-bioland.de   S. 189

Mesnerhof
Familie Spiel
Kerschlach 1, 82396 Pähl
Tel. +49(0)8808-1256
www.mesner-hof.de   S. 300

Ortererhof
Familie Orterer, Feichtmayrstr. 34
D-82405 Wessobrunn
Tel. +49 (0)8809 92 26 05
www.ortererhof-wessobrunn.de S. 378

Scholderhof
Wies 8, D-86989 Steingaden
Tel. +49 (0)8862 468
www.scholderhof.de   S. 148

Stroblhof
Herkulan-Schweiger-Weg 12
D-82389 Böbing-Pischlach
Tel. +49 (0)8867 452
www.stroblhof.de   S. 194

Regionale Produkte
Regionales Handwerk mit Tradition

Produkte aus der Region

Bei den frischen regionalen Produkten aus dem Pfaffenwinkel steht Qualität an erster Stelle. Das vielfältige Angebot reicht von ökologischem Rindfleisch über Honig bis hin zu Obst und Gemüse. Wer möchte nicht gerne ein Stück Pfaffenwinkel mit nach Hause nehmen, damit auch der Alltag noch nach Ferien schmeckt.

Ferien auf dem Bauernhof

Die Landwirtschaft im Pfaffenwinkel hat mehr zu bieten als Viehzucht und Ackerbau.
Viele Bauernhöfe bieten frische Produkte im eigenen Hofladen an und vereinen traditionelles bäuerliches Leben mit neuzeitlichen Kultur- und Freizeitangeboten. Dabei stehen das Erlebnis mit Tieren, die Herstellung hofeigener Produkte und der Bauernhof als kreativer Lern- und Erlebnisort im Mittelpunkt.

Saisonale Produkte frisch auf den Tisch

Nicht alle Rinder, die man auf den Weiden im Pfaffenwinkel sehen kann, stehen im Dienste der Milchproduktion. Auch Fleischrinder laben sich am kräftigen Gras, so dass die Restaurants hochwertiges Fleisch aus der Region auf den Teller bringen können. Die Gäste schätzen es, wenn der Braten und das Steak so schmecken, wie der Braten und das Steak schmecken sollen. Bauernhof und Bauernmarkt sind eine echte Alternative zum Supermarkt und regen an zum Leben mit den Jahreszeiten und ihren typischen saisonalen An-

Die Naturküche Wieshof in Weilheim-Marnbach

Die Off Mühle in Sindelsdorf

geboten. Beim persönlichen Kontakt mit den Erzeugern profitiert der Kunde außerdem vom Fachwissen der Bäuerinnen und Bauern. Eier von frei laufenden Hühnern, Schafwollprodukte, die unbelastet sind, Wildspezialitäten von heimischen Hirschen und Rehen, Obst und Gemüse aus eigenem Anbau, küchenfertige und geräucherte Fische aus Seen der Umgebung – das alles lässt sich unbedenklich mit Appetit genießen.

Honig aus dem Pfaffenwinkel

Die würzigen Wiesen bringen unverwechselbaren Honig mit gehaltvollem Aroma hervor. Dieses naturbelassene Qualitätsprodukt, auf schonende Weise geerntet, wird meist beim Imker oder auf Märkten in der Umgebung angeboten. Durch die sorgsame Weiterverarbeitung bleiben alle gesunden Inhaltsstoffe wie Pollen, Vitamine, organische Säuren und Enzyme vollständig erhalten.

Der Gasthof "Zum Buchberger" in Peiting

Handwerk mit Tradition

Schon zur Wende des letzten Jahrhunderts war die oberbayerische Region Anziehungspunkt für Maler, Bildhauer, Literaten und Kunsthandwerker. Daran hat sich bis heute nicht viel geändert, wie Zinngießereien, Keramikwerkstätten und Malerateliers zeigen. Zahlreiche Kunsthandwerkermärkte in der Region halten dem Besucher vor Augen, wie vielfältig traditionelles Handwerk ist. Da wird geschnitzt aus Holz, gegossen aus Zinn, geformt aus Ton, genäht, gestrickt, gefilzt aus unterschiedlichsten Materialien. Dabei entstehen hochwertige Kunst- und Gebrauchsgegenstände, die jedem Heim eine besondere Note geben.

Biomichl

Pütrichstr. 9, D-82362 Weilheim
Tel. +49 (0)881 92 79 08 50
www.biomichl.de **S. 368**

Brennerei & Mosterei Graf

Am Weidach 20, D-82396 Pähl
Tel. +49 (0)8808 924646
info@edelobstbrennerei-graf.de **S. 304**

Blütenreich Galerie-Laden-Café

Füssener Str. 13, D-86975 Bernbeuren
Tel. +49 (0)8860 92 27 441
www.coeurfleur.de **S. 96**

Fischerhaus Steingaden

D-86989 Steingaden
Tel. +49 (0)8862 91 14 365 **S. 144**
www.fischerhaus-steingaden.de

Gasthaus zur Moosmühle

Hauptstr. 96, D-82386 Huglfing
Tel. +49 (0)8802 8135
www.zur-moosmuehle.de **S. 271**

Gärtnerei Staudenspatz
Kreilhofer Biolandhof

Kreilhof 7, D-82386 Oberhausen
Tel. +49 (0)8803 79 59 028
www.staudenspatz.de **S. 282**

Naturküche Wieshof

Wieshof 1
D-82362 Weilheim-Marnbach
Tel. +49 (0)881 2342
www.naturkueche-wieshof.de **S. 366**

Off-Mühle

Mühlgasse 1
D-82404 Sindelsdorf
www.off-muehle.de
Tel. +49 (0)8856 2755 **S. 400**

Schönegger Käsealm

Schönegg 6
82401 Rottenbuch/Schönegg
Telefon (08867) 489
www.schoenegger.com **S. 56**

KönigsCard

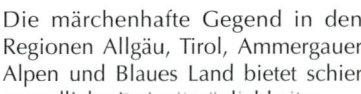

Deine All-Inclusive Gästekarte

Die märchenhafte Gegend in den Regionen Allgäu, Tirol, Ammergauer Alpen und Blaues Land bietet schier unendliche Freizeitmöglichkeiten.

Wer die traumhaften Kulissen dieser Gegenden zu seinem Urlaub nutzt, möchte am liebsten so viel wie möglich erleben: Schlösser besuchen, Bergbahn fahren, im Sommer mit dem Schiff einen der Seen überqueren, faszinierende Wanderungen und Radtouren unternehmen, im Winter sämtliche Wintersportarten ausprobieren, danach im Wellnessbad entspannen – und das am liebsten jeden Tag! Aber wer kann sich ein solches königliches Vergnügen leisten? Jeder! Mit der KönigsCard.

Was ist die KönigsCard?

Die KönigsCard ist eine All-Inklusive-Gästekarte, die den kostenfreien Zugang zu einer Vielzahl an interessanten Ausflugszielen und Freizeiteinrichtungen ermöglicht. Wer bei einem der rund 480 KönigsCard-Gastgeber-Betriebe übernachtet, bekommt ganz automatisch die KönigsCard als persönliche Gästekarte überreicht.

Dazu bekommt der Gast einen Erlebnisführer mit ausführlicher Beschreibung aller Leistungen. Für die gesamte Aufenthaltsdauer inklusive An- und Abreisetag können über 250 Erlebnisse als Inklusivleistungen ihres Gastgebers kostenlos genutzt und ganz nach Wunsch und Zeitbudget zusammengestellt werden. Ein Erlebnisbad, eine Schiff-fahrt und eine Bergbahn sind jeweils einmal täglich gratis nutzbar. Fast alle anderen Leistungen können beliebig oft – auch am selben Tag – genutzt werden. Die KönigsCard sorgt das ganze Jahr über für ultimativen Spaß in vier der schönsten Urlaubsgebiete Deutschlands und somit für glückliche Urlauber und entspannte Heimkehrer.

Wo ist die KönigsCard gültig?

Das „KönigsCard-Land" erstreckt sich über 4 Regionen und ist grenzüberschreitend: Vom Allgäu über die Ammergauer Alpen, im Blauen Land bis zum österreichischen Reutte/Tirol kann mit der KönigsCard die traditio-nelle, kulturelle und landschaftliche Vielfalt in ihrer ganzen Bandbreite erforscht werden – und das ohne Nebenkosten oder versteckte Zusatzkosten. Familien können zu königlichen Abenteuern aufbrechen und neue, spannende Erfahrungen machen. Wie beispielsweise eine abendliche Fackelwanderung, Klettern im Hochseilgarten, Ponyreiten, die Welt der Ritter erleben, Kartfahren, Minigolfspielen, mit der Sommerrodelbahn den Berg hinunter sausen, Rotwild füttern, auf einem echten Holzfloß den Lech entlang fahren, Eisstockschießen oder ein Besuch im Puppentheater, um nur einige zu nennen. Auch für Sportler hält die KönigsCard ein umfangreiches Programm bereit: Im Winter beinhaltet die KönigsCard täglich eine 3-Stunden-Skikarte, die Wintersportlern

auf rund 120 km überwiegend be-
schneiten Pisten hervorragende Voraussetzungen für verschiedene Aktivitäten eröffnet.

Im Trendsportzentrum Nesselwang
werden beim Schnupper-Biathlon wertvolle Tipps ausgetauscht. Ob Fahrrad-
verleih, Museumsbesuch, Käseverkos-
tung, Seifenherstellung, Schlittschuh-
verleih, Schifffahrt, Kräuterwanderung
oder Wellness – mit der KönigsCard
gibt es das alles als Inklusivleistung!
Unglaublich? Aber wahr!

**Wissenswertes
rund um die KönigsCard**

- Sie ist nicht käuflich zu erwerben,
  sondern nur bei KönigsCard-Gast
  gebern als deren kostenloser Mehr
  wert erhältlich.
- Jeder Gast ab 6 Jahren bekommt
  eine persönliche KönigsCard vom
  Vermieter ausgehändigt. Kinder bis
  einschließlich fünf Jahren erhalten
  ebenfalls eine KönigsCard, um
  auch „mitmachen" zu können.
- Sie enthält keine personenbezoge-
  nen Daten.

• Leistungen der Basis-Gästekarte wie z.B. kostenloser Gäste-ÖPNV sind bei der KönigsCard automatisch enthalten.

• Sie bleibt Eigentum des Gastes und kann bei jedem weiteren Aufent halt bei einem der KönigsCard-Gastgeber wieder aktiviert werden.

KönigsCard-Orte
Bernbeuren/Eisenberg/Füssen/Göris-ried/Halblech-Buching-Trauchgau/Hopferau/Jungholz/Lechbruck am See/Lengenwang/Marktoberdorf/Nes-selwang/Oy-Mittelberg/Pfronten/Naturparkregion Reutte/ Rieden am Forggensee/Roßhaupten/Rückholz/Schwangau/Seeg/Stötten am Auer-berg/Unterthingau/Wald/Region Am-

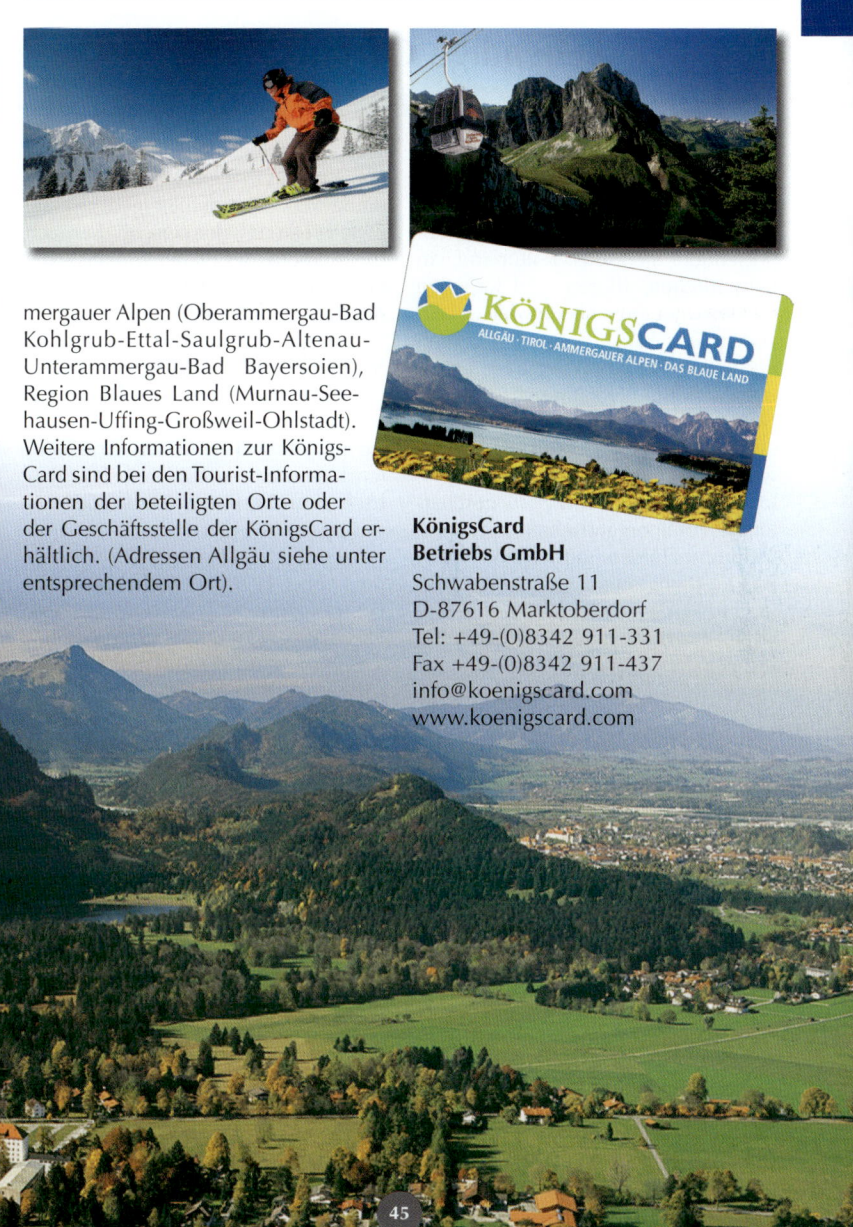

mergauer Alpen (Oberammergau-Bad Kohlgrub-Ettal-Saulgrub-Altenau-Unterammergau-Bad Bayersoien), Region Blaues Land (Murnau-Seehausen-Uffing-Großweil-Ohlstadt). Weitere Informationen zur Königs-Card sind bei den Tourist-Informationen der beteiligten Orte oder der Geschäftsstelle der KönigsCard erhältlich. (Adressen Allgäu siehe unter entsprechendem Ort).

KönigsCard
Betriebs GmbH
Schwabenstraße 11
D-87616 Marktoberdorf
Tel: +49-(0)8342 911-331
Fax +49-(0)8342 911-437
info@koenigscard.com
www.koenigscard.com

Lebendige Gartenkultur

Gartenwinkel im Pfaffenwinkel

Im Naturparadies Pfaffenwinkel lässt sich die Natur auf vielfältige Weise entdecken. Ökologisch und naturnah präsentiert sich das Kulturland, in dem Kirchen, Klöster und Kapellen die Besucher anziehen, in vielerlei Facetten. Die Wege entlang der Seen und Flüsse, Waldspaziergänge im Eibenwald oder die zahlreichen Moor-, Natur- oder Barfußpfade vermitteln einen Eindruck der Natur im Pfaffenwinkel und machen sie erlebbar.

In der aus Moränenhügeln geschaffenen Voralpenlandschaft mit ihren Seen und Flüssen, mit ihren Wäldern und Weiden, tauchen heimelige Dörfer und Städte, kleine Weiler und Gehöfte unvermittelt auf und präsentieren sich dem Besucher. Derjenige, der es versteht, langsam zu gehen und

genauer zu schauen, wird am meisten entdecken. Und demjenigen, der die Details erkennt, dem erschließen sich die Kleinode des Pfaffenwinkels – die vielen Gärten und Parkanlagen, die die Region zu bieten hat.

Geschichte des Gartens

Der Gartenbau geht schon auf vorgeschichtliche Zeiten zurück. Im Alten Ägypten und dem frühen Griechenland wurde bereits Gartenbau betrieben und bei den Gärten der Römer spiegelten diese die geistige Haltung und das soziale Selbstverständnis ihrer Besitzer. Dabei galt der Garten nicht nur als Lieferant für Nahrungs-, Genuss- und Heilmittel, sondern wurde zunehmend als Lustgarten entdeckt, der das Auge erfreut

Foto: Aerovista GbR

und die Seele streichelt. Gärten gelten als Ökosystem, bieten sie doch durch die vielfältigen Strukturen wie Hecken, Büsche, Zäune und Bäume Unterschlupf und Jagdrevier für Insekten, Vögel und Amphibien und unterstützen damit eine artenreiche Fauna.

Gartenwinkel – Pfaffenwinkel

Die Gartenwinkel bieten Schutz, Geborgenheit und Raum für Verborgenes, für Seltenes und Neues. Und solche Winkel gibt es in der Region zwischen Lech und Loisach zuhauf. Parkanlagen nach englischem Vorbild mit exotischen Bäumen und Eichenalleen, mit Teichen, Brunnen und Skulpturen, entdeckt man im Schacky-Park in Dießen, im Bernrieder Park oder im Seidl-Park in Murnau.

Historische Kräuter für die Küche und Essenzen, die Körper und Seele gesunden lassen, finden sich noch heute in dem St. Johannes Garten in Steingaden oder im Pfarrgarten St. Johann in Peißenberg. Das Gärtnern zu

Foto: Helmut Klug

47

Zeiten der Römer wird im Küchen- und Heilkräutergarten der Villa Rustica in Peiting lebendig. Die Augen und die Nasen der Besucher verwöhnen die Rosen im Rosengarten Weilheim oder in Schongau bei den „Rosen für die Opfer", die als Erinnerung den Opfern der Hexenprozesse während des 16./17. Jahrhunderts gewidmet sind. Im Zeichen der Nutzpflanzen arbeiten viele private und öffentliche Gärtner. Historische Gehölze werden gepflegt, Obst, Gemüse und Stauden herangezogen. Die Gartenkultur erschließt sich dem Besucher in Lehrgärten und durch Führungen.

Bei vielen Anbietern, wie bei Stauden Spatz, Herzogsägmühle oder in der Blumenschule Schongau lassen sich die Erzeugnisse aus dem Garten gleich vor Ort erwerben oder im Gartencafé genießen.

Garten erleben

Die Vielfalt der gärtnerischen Fähigkeiten in der Gegenwart und aus der Vergangenheit lernt man in den vielen Gartenwinkeln des Pfaffenwinkels kennen. Hier informiert man sich über die regionale Vielfalt von Kräutern, Gemüse und Obst sowie über die klimatischen Besonderheiten der Pflanzen und ihres Anbaues in der Voralpenregion. Mit der Anlage eines Gartens wird ein Mehrwert für die Natur erschaffen – Naturräume, in denen wertvolle Früchte erzeugt werden, die zum Essen, für die kosmetische Schönheit oder als Haus- und Heilmittel für die Gesundheit eingesetzt werden können. Privatgärten und Parklandschaften laden aber auch einfach nur dazu ein, mit allen Sinnen die Ruhe, die Schönheit und die Ausgewogenheit zu genießen und die Seele baumeln zu lassen.

Bei den Veranstaltungen im Pfaffenwinkel wie den „Steingadener Blütentage" oder dem „Tag der offenen
Gartentür", der jedes Jahr am letzten
Sonntag im Juni stattfindet, stehen die
Gärten und Pflanzen sowie die Menschen, die privat einen Garten pflegen,
im Mittelpunkt des Geschehens.

Oder wie wäre es mit einer Woche
„Gartenurlaub"? Während dieser Woche könnte der Gartenfreund im
Schaugarten Seeshaupt bei der Pflege
helfen, einen Kochkurs mit selbstgesa-
mmelten Wildkräutern belegen, einen
Ausflug zu den Gärten im Freilichtmuseum Glentleiten unternehmen, bei
einer Staudengärtnerin ein Stauden-
beet planen und für die Pflege der
Obstbäume einen Sommerschnittkurs
bei einem Gartenbauverein besuchen.

www.pfaffenwinkel-gartenwinkel.de

Pfaffenwinkler Kulturführerinnen

Reisebegleiter und Kulturführer

Südlich von Starnberger See und Ammersee, zwischen Lech und Loisach liegt der malerische Pfaffenwinkel. 159 Kirchen und Klöster prägen eine atemberaubende Natur- und Kulturlandschaft mit ihren Seen, Wäldern und Bergen. Hier wird noch Tradition gepflegt und Brauchtum gelebt, Kulturgut aus historischer Vergangenheit mit zeitgemäßem Denken harmonisch verbunden.

Die zertifizierten Pfaffenwinkler Kulturführerinnen haben es sich auf die Fahnen geschrieben, die eigene Liebe und Begeisterung für die Heimat ihren Gästen zu vermitteln, ein lebendiges Bild entstehen zu lassen

von einer einmaligen Region, von Kulturschätzen, die in dieser Vielfalt und Einmaligkeit ihresgleichen suchen, die jeden Betrachter immer wieder in Staunen versetzen.

Mit viel Wissen, Erfahrung, aber auch mit viel Herz, Freude und Fröhlichkeit verstehen es die drei Kulturführerinnen, den Aufenthalt im Pfaffenwinkel zu einem einmaligen Erlebnis werden zu lassen.

Von der ersten Planung bis zur maßgeschneiderten Reisebegleitung sowie erlebnisreichen Orts- und Kirchenführungen sind die Pfaffenwinkler Kulturführer ein zuverlässiger und kompetenter Partner.

Programmhöhepunkte:

- Industriedenkmal Radom der Erdfunkstelle Raisting

- UNESCO-Weltkulturerbe: Wieskirche

- Hohen Peißenberg Gnadenkapelle Schwarzes Gold im „Heiligen Berg"

- Rottenbuch: Klosterrundweg und Klosterstiftskirche

- Romanische Basilika Altenstadt

- Historische Altstadt Schongau

- Welfenmünster Steingaden mit dem Kreuzgang des ehemaligen Prämonstratenserklosters

- Der Auerberg und seine Römer, Auerbergmuseum in Bernbeuren

- Das Ammertal: Oberammergau, Ettal, Bad Bayersoien…

- Krimi-Touren nach Romanen der Bestsellerautoren Oliver Pötzsch und Nicola Förg

- Radl-Touren, Wanderungen, und, und, und…

- Alle Führungen auch in englischer Sprache.

Mit den Pfaffenwinkler Kulturführerinnen genießt der Gast herrliche Tage und darf selbst erleben, weshalb ein schönes Sprichwort heißt: „Als der liebe Gott den Pfaffenwinkel erschuf, muss er besonders glücklich gewesen sein!"

Edith Brey
Tel. (0 88 62) 91 17 85
Mobil (01 71) 6 11 59 52
edith.brey@pfaffenwinkler-kulturfuehrer.de

Maria Sporer
Tel. (0 88 68) 6 41
Mobil (0160)1 18 50 80
maria.sporer@pfaffenwinkler-kulturfuehrer.de

Elisabeth Welz
Tel. (0 88 61) 7 13 87 92
Mobil (01 63) 2 18 38 59
elisabeth.welz@pfaffenwinkler-kulturfuehrer.de

Meilenstein bei Roßhaupten
(Bild viaclaudia.org)

Via Claudia Augusta
Römische Kaiserstraße über die Alpen

Bereits die Kelten, Räter und Etrusker zogen lange vor unserer Zeitrechnung über die Alpen. 15 v. Chr. begannen die Römer, diese herkömmlichen Pfade zur Straße auszubauen. Kaiser Augustus ließ von seinen Stiefsöhnen Drusus und Tiberius die noch nicht eroberten Gebiete der Alpen und das nördliche Voralpengebiet zwischen Inn und Südschwarzwald erobern. Dafür wurde bereits damals die Strecke über den Reschenpass, das obere Inntal und den Fernpass bis hin zum Südschwarzwald ausgebaut. Die sechs bis acht Meter breite Trasse konnte 46/47 n. Chr. unter Kaiser Claudius, nach dem sie benannt wurde, fertiggestellt werden. An manchen Stellen ist auch heute noch die hohe Kunst des römischen Straßenbaus zu erkennen. Fuhrwerke haben auf ihrem Weg bis heute sichtbare Spuren hinterlassen.

Meilenstein bei Rieden am Forggensee
(Bild: viaclaudia.org)

Die Via Claudia Augusta war eine der wichtigsten Römerstraßen und die erste trans-europäische Straße über die Alpen, die Norditalien mit dem süddeutschen Raum verband. Sie führte von Altino bei Venedig bzw. Ostiglia am Po über Trient (Tridentum), Reschenpass und Fernpass nach Füssen (Fauces) und weiter zur Hauptstadt der römischen Provinz Raetia nach Augusta Vindelicorum (heute Augsburg). Ein bedeutsamer Kreuzungspunkt dieser vorchristlichen Alpenüberquerung war Abodiacum, das heutige Epfach am Lechrain, wo die durch Rätien verlaufende Ost-West-Magistrale von Salzburg nach Brigantium (heute Bregenz) den Lech überquerte. Weitere Kreuzungspunkte sind aus der Karte ersichtlich.

Wer in öffentlichem Auftrag reiste, konnte unterwegs in staatlich organisierten Straßenstationen die Wagen einstellen, Pferde wechseln und nächtigen. Vielerorts lockte sogar eine kleine Therme. Entlang des Weges entstanden Herbergen und Tavernen. Via Claudia – das bedeutet 2000 Jahre Gastlichkeit, von der heute Autofahrer, Busreisende und Camper, Radfahr-Abenteurer und Fernwanderer gleichermaßen profitieren.

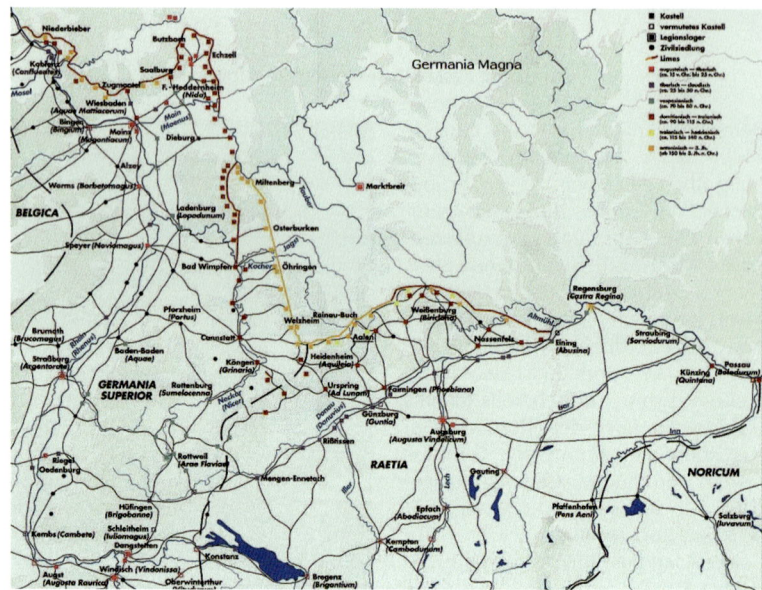

Via Claudia Augusta
VENI, VIDI, VIA

Die ehemalige Salzstraße führt in Tirol durch die Marktgemeinde Reutte und ist streckenweise mit der Via Claudia Augusta identisch. Die Route folgt der alten Landesstraße zur österreichisch-deutschen Grenze. Hier beginnt das hügelige Allgäu.

Füssen

Über die Lechbrücke südlich der Füssener Altstadt gelangt man in die malerische Stadt. Die heutige Reichenstraße liegt direkt auf der römischen Trasse. Wo heute das "Hohe Schloss" thront, befand sich einst das Römerkastell. Ab dem Lechfall vor Füssen war der Lech floßbar, was die Römer

gerne nutzten, um Lasten zu transportieren. Der Lech ist die Grenze zwischen Füssen und Schwangau.

Schwangau Seite 618

Lohnend ist ein Abstecher zu den Ausgrabungen von Teilen einer römischen Villa Rustica am Parkplatz der Tegelbergbahn. Das Badehaus ist ein eindrucksvolles Denkmal antiker Bautechnik. Zurück in Füssen führt die Augsburger Straße, identisch mit der historischen Via Claudia Augusta, kerzengerade aus der Stadt heraus zum Forggensee, wo die historische Trasse beim Festspielhaus in den aufgestauten See führt.

Rieden am Forggensee Seite 160

Wenn im Frühjahr der Wasserspiegel abgesenkt ist, kann man am Seegrund auf der Römerstraße wandern. Der malerische Uferweg ist einer der schönsten Abschnitte der Radroute und Fernwanderroute Via Claudia Augusta.

Roßhaupten   Seite 170

Direkt an der Kreuzung in der Dorfmitte liegt das Pfannerhaus mit dem Infozentrum zur bayerischen Via Claudia Augusta. Östlich des Museums liegt ein Kunstpark, der der Römerstraße gewidmet ist. Parallel zum Lech folgt der Reisende der historischen Route und erreicht das Flößerdorf Lechbruck am See.

Lechbruck am See   Seite 150

Seiner alten Flößertradition hat das Dorf ein Museum gewidmet.

Bernbeuren am Auerberg   Seite 86

Am Auerberg befand sich eine römische Handwerksiedlung, in der unter anderen Bauteile für römische Katapulte gefertigt wurden. Vom Auerbergmuseum im Ort führt ein Erlebnisweg auf den Aussichtsberg.

Burggen   Seite 98

bietet eine herrliche Sicht auf die Litzauer Lechschleife. Über die Römerstraße kommt man zu einem Reihengräberfund aus dem 7. Jahrhundert.

Peiting   Seite 196

In Peiting ist die Villa Rustica sehenswert. Es handelt sich um ein in Deutschland seltenes Atriumhaus, das ab Mitte 2. Jahrhundert bis ins 4. Jahrhundert hinein bewohnt war.

Schongau   Seite 222

Durch das Maxtor betritt man die historische Altstadt. Das barrierefreie Stadtmuseum in der ehem. Spitalskirche St. Erasmus gibt Aufschluss über die Stadtgeschichte.

Altenstadt   Seite 80

Die Römerstraße führte einst durch Altenstadt, der Urpfarre von Schongau, mit Romanischer Gewölbebasilika und einem ViaClaudiaAugusta-Platz mit nachgebauter Römerstraße. Zwischen Kinsau und Epfach beeindrucken die Lechschleifen.

Epfach

In Epfach befand sich einst das römische Kastell Abodiacum. Es liegt am Lorenzberg, auf einer Halbinsel in der Lechschleife. Der einstige römische Militärstützpunkt war wichtiger Knotenpunkt zweier Römerstraßen. Ein kleines Römermuseum informiert über die Geschichte.

Die malerischen Dörfer westlich der Via Claudia laden zu einem Abstecher ein. Auf den angrenzenden Hügeln sind zahlreiche Spuren der vor- und nachrömischen Siedlungsgeschichte zu entdecken. Durch das idyllische Fuchstal gelangt man nach Unterdießen. Bis kurz vor dem Ort ist die Via Claudia durch die heutige Kreisstraße überdeckt, läuft dann auf den Lech zu und ist wieder gut erkennbar.

Von Ellighofen bis Erpfting verläuft die Reiseroute auf der Originaltrasse der Römerstraße.

Essen ist Bedürfnis, genießen eine Kunst

Schönegger Käsealm

Das Geheimnis der Käsespezialitäten, die auf der Schönegger Käsealm und den im Pfaffenwinkel ansässigen Verkaufsläden angeboten werden, ist die besondere Milch.

Fast 300 Milchbauern im Einzugsgebiet zwischen dem Pfaffenwinkel und dem Allgäu, zwischen Tirol und dem Bregenzerwald, liefern täglich die feine Milch in die Schönegger Käsealm. Die Kühe, von denen die Milch stammt, stehen auf den saftig grünen Weiden des Alpenvorlandes. Ihr Futter besteht aus Bergkräutern und -blumen und unbelastetem Gras. Das bergfrische Quellwasser, das den Kühen zum Trinken zur Verfügung steht; ist rein und klar.

tet wurde, und Getreide. Die Heumilchbauern verzichten bewusst auf Kraftfutter aus der Fabrik und genmanipulierte Zusätze.

Nur etwa drei Prozent des Milchaufkommens in Europa kommen heute noch aus Heumilchproduktion. Da darf man

Und während der Wintermonate, wenn die Kühe im Stall stehen, erhalten sie nur das Heu, das während des Sommers auf den Bergwiesen geern-schon behaupten, dass die Käsespezialitäten, die aus dieser Milch gewonnen werden, etwas ganz Besonderes sind. „Die feinen Kräuter und

Bergblumen würzen unseren Käse", so Ludwig Fendt, der Käsereileiter der Schönegger Käsealm. Und man schmeckt die natürliche Herkunft des Rohstoffes und dessen Zubereitung, bei der man sich auf die alten Traditionen des Käserhandwerkes besinnt, in den zarten Käseköstlichkeiten. Die mühevolle Arbeit der Käser wird belohnt: In ihren Händen entstehen kulinarische Produkte ohne chemische Zusätze und schonend verarbeitet.

Sepp Krönauer, der Inhaber der Schönegger Käsealm, ist bereits seit 1986 Käsermeister. Als er 1988 aus kleinen Anfängen heraus auf seinem Hof in Schönegg bei Rottenbuch mit der Heumilchproduktion begann, wurde er von seinen Kollegen belächelt.

Doch der Erfolg gab ihm recht. Schon bald kamen Kunden aus nah und fern, um sich in seinem Hof-

57

laden von seinen Käsespezialitäten verwöhnen zu lassen. Heute finden die Kunden von Ulm bis München, von Oberstdorf bis Garmisch-Partenkirchen an vielen Orten die Schönegger Käsealm.

Dabei geht es nicht nur um das reiche Angebot der unterschiedlichsten Käsespezialitäten. Für den anspruchsvollen Genießer sind es die regionale Bezogenheit von Lebensmitteln, die traditionellen Rezepte, nach denen der Käse zubereitet wird und auch der gesundheitliche Aspekt, der bei den Menschen eine immer größere Rolle spielt: Heumilch-

produkte haben einen doppelt so hohen Wert an Omega-3-Fettsäuren und konjugierten Linolsäuren, als herkömmliche Milch. Diese Säuren sind für das Herz-Kreislauf-System und den Zellaufbau sehr wichtig. Da der menschliche Körper diese Säuren aber nicht selber produzieren kann, müssen sie mit der Nahrung aufgenommen werden. Und wenn ein Lebensmittel so gut schmeckt wie der Bergkäse, der Emmentaler oder die Schnittkäsespezialitäten der Käsealm, macht Gesundheit Spaß. In der Schönegger Käsealm steht der Kunde im Mittelpunkt. Seit nunmehr

über 25 Jahren schätzen die Käse-käufer die fachliche Beratung in den Verkaufsläden, in denen geschmeidiger Schnittkäse in den verschiedensten Geschmacksrichtungen ebenso angeboten wird, wie lange gereifter Hartkäse oder cremiger Weichkäse. Doch das Sortiment bietet darüber hinaus Schafs- und Ziegenkäse, Bergbauern- und Buttermilch, Joghurt und Butter. Alles naturbelassen und in traditionellen Verfahren für den Verzehr aufbereitet.

Auch die weiteren Spezialitäten kommen aus der Region: Da findet man geräucherten Bauernspeck und Wildspezialitäten, Honigköstlichkeiten und nach alter Tradition gebackenes, aromatisches Bauernbrot.

Schaukäsen in der Käsealm

Die wahren Genießer möchten wissen, wie die Lebensmittel, die sie essen, hergestellt werden. Auf der Schönegger Käsealm hat man von Mai bis Oktober immer donnerstags und von Juli bis August jeweils am Dienstag und Donnerstag um 11 Uhr die Gelegenheit, viel über das traditionelle Käsemachen zu erfahren. Ein Käsermeister stellt in einer einstündigen Vorführung in einem Kupferkessel und mit alten Gerätschaften Käse her.

Hierbei erfahren die Besucher viel Wissenswertes um die Herkunft, Herstellung und Lagerung des Käses. Natürlich lädt die anschließende Probeverkostung zum Genießen und Verweilen ein.

Pfaffenwinkler Milchweg

Eine weitere interessante Erkundung rund um die Milch lässt sich auf dem Milchweg machen. Auf einer 4,2 km langen Wanderung, für die man etwa eine Stunde einplanen sollte, lernen Groß und Klein anhand von 10 Stationen alles rund um die Milch kennen. Startpunkt ist die Schönegger Käsealm in Schönegg, direkt zwischen Wildsteig und der Echelsbacher Brücke.

Schönegger Käsealm
Schönegg 6
D-82401 Rottenbuch/Schönegg
Tel. +49 (0)8867-489
info@schoenegger.com
www.schoenegger.com

Einer der größten Freizeitparks in Bayern

Allgäu Skyline Park

Höher, schneller, weiter und auch nostalgisch: Schon von weitem ist der Allgäu Skyline Park zu sehen. Das Riesenrad mit einer wunderschönen Aussicht auf die weitläufige Parkanlage und das Panorama der Alpen und die über 50 m hoch in den Himmel ragende Front der Sky-Wheel-Achterbahn. Diese höchste Überkopffahrt Europas sorgt für einen Adrenalinschub bei den Besuchern, die aus über 46 m Höhe kopfüber in die Tiefe rasen.

Auch der Sky Shot lässt beim Zuschauen die Herzen höher schlagen, wird doch der Fahrgast mehr als 90 m in die Höhe katapultiert. Unter den über 50 Attraktionen des Freizeitparks findet der Gast den Spinning-Coaster Sky Spin, in dem man sich Rücken an Rücken um die eigene Achse und slalomartig in alle Himmelsrichtungen dreht.

Die vielen Attraktionen zu Lande, zu Wasser und in der Luft, die puren Freizeitspaß und Lebenslust vermitteln, liegen direkt an der Autobahn A96 zwischen München und Lindau. Die Ausfahrt Bad Wörishofen führt direkt zu dem Freizeitpark, in dem sich heute auch nostalgische Fahrgeschäfte immer größerer Beliebtheit erfreuen. Hier werden persönliche Jahrmarktsträume wahr, während man beim Knabbern frisch gebrannter Mandeln durch den Park streift. Eine Fahrt auf Deutschlands größtem Scooter mit über 1.000 m², z.B., oder auf der Schiffsschaukel „Alte Liebe" und einer Runde auf dem Kettenkarussell ist reine Entspannung und weckt Erinnerungen bei den älteren Besuchern.

Im Allgäu Skyline Park warten auf Groß und Klein, Alt und Jung, beliebte Familienhits und Überraschungen, wie eine Rafting-Anlage, ein Streichelzoo und die Kinderfahrgeschäfte, wie die Baustellenbahn oder das Pferdchen-Karussell. Für Ruhe und Erholung sorgen die weitläufigen Grünanlagen mit liebevoll gestalteter Seenlandschaft. Dort kann sich der Besucher dem Freizeittrubel entziehen. Mehrfach wurde der Freizeitpark bereits ausgezeichnet, u.a. für die „beste Gastronomie aller Freizeitparks in Europa".

Der Freizeitpark ist von Anfang April bis Anfang November geöffnet.

Allgäu Skyline Park

Im Hartfeld 1, D-86825 Bad Wörishofen
Telefon +49 (0)8245/96 69-0
Fax +49 (0)8245/96 69-12
service@skylinepark.de
www.skylinepark.de

Das Südseeparadies mitten im Allgäu

THERME Bad Wörishofen

In der THERME Bad Wörishofen erwartet Erholungsuchende ab 16 Jahren ein wahres Wohlfühl-Paradies: Echte Palmen in exotischem Südseeambiente, angenehm warme Luft- und Wassertemperaturen sowie einmalige Beauty- und Wellnessprogramme garantieren herrliche Wohlfühlstunden. Absolute Ruhe und Erholung verspricht das Mindestalter von 16 Jahren. Familien erobern immer samstags von 9 bis 18 Uhr die Therme.

Quellen der Gesundheit

Neben wunderbarer Urlaubsatmosphäre kommt in der THERME Bad Wörishofen auch die Gesundheit nicht zu kurz. Das Thermalheilwasser ist staatlich anerkannt und mit seinem hohen Gehalt an wertvollen Mineralien

ausgesprochen gesundheitsfördernd. Besonders wohltuend ist ein Bad in den einzigartigen Vitalbecken der golden leuchtenden Onyx-Grotte sowie im Calcium-Lithiumbad des Blütenkelchs. Unter wissenschaftlicher Leitung wird durch die zusätzliche Anreicherung des Thermalwassers mit Sole, Schwefel, Jod-Selen, Calcium und Lithium eine besonders intensive Heilwirkung erzielt.

Einzigartige Wohlfühlangebote

Für ein positives Körpergefühl lädt das Aktiv-Team mehrmals täglich zur beliebten Wassergymnastik ein. Das sanfte Training im Wasser schont Rücken und Gelenke, kräftigt die Muskulatur und bringt den Kreislauf in Schwung. Wer seiner Haut zusätzlich etwas Gutes tun möchte, gönnt sich mit Verwöhn-

Angeboten wie der Beautymaske und dem Salzpeeling eine Extra-Pflege. Im Anschluss lässt es sich auf bequemen Liegen unter Palmen oder in der im Stil der Vulkaninsel Lanzarote gestalteten RuheOase herrlich entspannen und träumen.

Einmaliges Vitalbad & Saunaparadies
Im Vitalbad & Saunaparadies genießen Gäste die positiven Eigenschaften des Saunierens in traumhaftem Ambiente. Mehr als 15 thematisierte Saunaattraktionen sowie zahlreiche Aufguss-

und Beauty-Extras sorgen für ein unvergleichliches Saunaerlebnis. In der maurisch gestalteten Alhambra Duftkompositionen der Extraklasse erleben, in der Meditations-Sauna mit japanischem Ambiente und einem Aquarium voll farbenprächtiger Kois die Seele baumeln lassen oder in der im Stil des Colosseums erbauten Römer-Sauna bei klassischer Musik entspannen – im Vitalbad & Saunaparadies erleben Erholungsuchende Momente puren Wohlbefindens. Für eine erfrischende Abkühlung nach dem Saunagang sorgen die tosenden Wasserfälle der Felsenduschen. Anschließend laden großzügige Liegebereiche unter mehr als 50 Großpalmen sowie die Saunaempore ‚Wolke Sieben' zum Träumen und Relaxen ein.

THERME Bad Wörishofen
Thermenallee 1
D-86825 Bad Wörishofen
Tel. +49 (0)8247 / 399 300
Fax. +49 (0)8247 / 399 399
info@therme-badwoerishofen.de
www.therme-badwoerishofen.de

Das Höchste – vielseitig und beliebt

Fellhorn/Kanzelwand, Ifen, Nebelhorn, Söllereck, Walmendingerhorn

Ein Spaziergang vor beeindruckender Bergkulisse, eine Tour über den Klettersteig, eine gemütliche Wanderung oder eine rasante Abfahrt auf dem Allgäu Coaster: „Das Höchste" ist einfach das Höchste. Die Berge rund um Oberstdorf und im Kleinwalsertal sind Ausgangspunkt für herrliche Wanderungen und bieten eine grandiose Aussicht über das Gipfelmeer.

Zwei-Länder-Wanderregion Fellhorn/Kanzelwand

Die sanften Grasberge faszinieren durch die Vielfalt der Alpenblumen. Im Spätsommer tauchen die Alpenrosen den Berg in ein sattes Rot. Abwechslungsreiche, bequeme Wanderungen und Rundwege sind für jeden geeignet und insbesondere bei Familien sehr beliebt. Eine kostenlose botanisch-geologische Führung auf dem Blumenlehrpfad zählt ebenso zu den Höhepunkten wie ein Besuch auf der Alpe Schlappold, wo man dem Senn über die Schulter schauen und Käse verkosten kann. Spielen, etwas Neues ausprobieren und entdecken heißt es für Familien am „Burmiwasser"- Erlebnisweg – für Kinder ein Riesenspaß ums kühle Nass. Geübte finden auf dem Zwei-Länder-Klettersteig ihre große sportliche Herausforderung.

Ifen – Faszination Gottesacker

Etwas ganz Besonderes ist der Hohe Ifen und das Gottesackerplateau mit seiner spektakulären Felsformation. Sei es die anspruchsvolle Tagestour oder der bequeme Panoramaweg mit überwältigender Aussicht, wo zahlreiche Ruhebänke immer wieder zum Verweilen einladen – hier sammelt jeder Berg- und Naturfreund bleibende Eindrücke.

Nebelhorn –
Panorama- und Aussichtsberg.
hoch, höher, Nebelhorn

Egal, ob man von dem 2 224 Meter hohen Nebelhorn den 400-Gipfel-Blick genießen oder von dort oben eine der zahlreichen Bergtouren unternehmen möchte: Immer lohnt sich diese traumhafte Fahrt mit der Gondel. „Uff d'r Alp" heißt am Nebelhorn der Magnet für Familien mit Kindern. Der Naturerlebnispfad lädt an spannenden Erlebnisstationen zum Mitmachen ein. Auch am Höfatsweg (dem leicht begehbaren Informationsweg Richtung Zeigersattel) erfährt man Interessantes über das Edelweiß, die Höfats und vieles mehr.   Beliebt sind auch die kostenlosen botanisch-geologischen Wanderungen, die Fotopirsch und die Spektiv-Wanderun-gen. Ambitionierte Alpinisten lockt der Hindelanger Klettersteig.

Söllereck – der Familienberg

Kinder stehen am Söllereck zwischen Oberstdorf und Kleinwalsertal ganz oben. Der kinderwagengerechte Naturerlebnisweg mit Mitmachstationen zu den Themen Fauna und Flora sowie der Kletterwald Söllereck bieten auch den Kleinen die ganz großen Erlebnisse.

Mit dem Allgäu Coaster kann man eine rasante Sommerrodelpartie auf Schienen erleben. Die Skiflugschanze ist ganz in der Nähe und zu besteigen und zu besichtigen. Alle drei Jahre bietet hier das Skifliegen (zum nächsten Mal 2018) atemberaubende Szenen.

Walmendingerhorn –
der Berg der Sinne

Das Walmendingerhorn im Kleinwalsertal gilt als Berg der Sinne. Wanderwege, urige Hütten und der abwechslungsreiche Alpenblumen-Lehrpfad schenken eine bunte Vielfalt.

www.das-hoechste.com

Augustiner Chorherrenstift in Rottenbuch
(Bild Gemeinde Rottenbuch)

Pfaffenwinkel

Der Pfaffenwinkel

Wo Herzen höher schlagen

Zum Verlieben schön! So ist es im Pfaffenwinkel. Wer durch diese malerische Region fährt, würde am liebsten alle paar Meter stehen bleiben, um die unglaublich reizvolle Landschaft in sich aufnehmen zu können. Saftig grüne Wiesen, Wälder, Moore, wohlriechende Luft und stets die majestätischen Alpen im Blick – da stellt sich Entspannung ganz von selber ein.

Auch unter Radlern und Wanderern ist der Pfaffenwinkel äußerst beliebt. Wunderschöne und sehr gut beschilderte Wege, wie z. B. die Romantische Straße, der LechErlebnisWeg, der König-Ludwig-Weg und andere führen durch abwechslungsreiche Landschaften und Naturschutzgebiete, hin zu den vielen Seen, zu den Aussichtsbergen und zu den zahlreichen kulturellen Schätzen. Beein-

druckende 159 Kirchen und Klöster prägen den Pfaffenwinkel, darunter die Wieskirche, die zum UNESCO Weltkulturerbe gehört, des Weiteren die romanische Basilika in Altenstadt, das Kloster Bernried am Starnberger See u. a. m. Städte wie Weilheim und Schongau mit ihrem unverwechselbaren Flair sind ebenfalls immer einen Besuch wert.

Wer es zwischendurch unterhaltsam möchte, dem empfiehlt sich der Besuch einer Veranstaltung. Für jeden Geschmack bietet sich garantiert das Richtige: Hochkarätige Klassikkonzerte in der Wieskirche, Volksfeste, traditionelle Umzüge mit Blaskapelle und geschmückten Rössern, Familienfeste, sportliche Veranstaltungen – das Angebot ist breit gefächert.

Zum Erlebnis Pfaffenwinkel gehört selbstverständlich auch der Besuch in einem der Biergärten, Gasthäuser und Restaurants in traumhafter Lage – Urlaub vom Feinsten – Genuss in jeder Hinsicht. Und dank der sprichwörtlichen Gastfreundlichkeit der Pfaffenwinkler fühlen sich die Gäste hier immer sehr schnell rundum wohl!

UNESCO Weltkulturerbe Wieskirche
(Bild Auerbergland e.V.)

Der Auerberg
(Bild TU München, Klaus Leitfeld, Auerbergland e.V.)

Auerbergland

Auerbergland

Das Land um den Auerberg

Mit 1.055 Metern über dem Meer ist er die höchste Erhebung in der vom Lech durchzogenen Voralpenlandschaft. Berühmt ist die Aussicht vom Gipfel des Schwäbischen Rigi, wie sein Beiname (nach dem Schweizer Vorbild) lautet. Schon im 19. Jahrhundert kamen die königlichen Hoheiten aus Hohenschwangau in ihren Kutschen angereist, um das Alpenpanorama zu genießen: Hier weitet sich der Blick und schweift über die vom Eiszeitgletscher gerundeten Hügel und Seen, über Felder und Wälder zu dem festen Massiv der Alpen: Von der Benediktenwand über die Zugspitze bis zum Grünten im Oberallgäu präsentieren sie sich in den wechselnden Stimmungen des Lichts.

Auerbergland – die reiche Kulturlandschaft um den Auerberg

Im Gipfelbereich des Auerbergs lag die älteste römische Siedlung in Bayern, – „einer Akropolis gleich" wie Strabo, der griechisch-römische Geograph um 15 n. Chr. befand. Die weiträumige Wallanlage rings um die Siedlung ist noch gut erkennbar. Zu Füßen des Auerbergs entlang des Lechs verlief die Via Claudia Augusta. Sie verband das Kernland des Imperium Romanum mit der Donau und beförderte Soldaten und Waren. An die Kaiserstraße, die über 30 km durchs Auerbergland zog, erinnern Kopien

Kirche im Auerbergland
(Bild Auerbergland e.V.)

von Meilensteinen am Straßenrand. Die Kirche St. Georg auf dem Gipfel des Auerbergs ist romanischen Ursprungs, wie ihr Turm bezeugt. Sie wurde in der Gotik und im Barock umgebaut und erweitert. Seitdem war sie eine weithin beliebte Wallfahrtskirche. Jedes Jahr, am letzten Sonntag des April, ist sie Ort einer Pferdewallfahrt, des Georgiritts, zu dem viele prächtig geschmückte Pferde und Tausende von Zuschauern kommen.

Weltkulturerbe Wieskirche

Berühmter, ja weltberühmt, ist die Wallfahrtskirche „zum gegeißelten Heiland auf der Wies" von Dominikus Zimmermann im Osten des Auerberglands. Als einer der Höhepunkte der Barockarchitektur wurde sie ins Weltkulturerbe aufgenommen. Die ausgereifte Raum- und Lichtästhetik der Wieskirche zieht täglich ein internationales Publikum an.

Sakrale Kunst im Auerbergland

Am anderen Ende des Auerberglands, im Nordwesten, finden wir in klarer Form die stattliche romanische Basilika von Altenstadt, den einzigen gut erhaltenen romanischen Kirchenbau in Oberbayern. Aber auch das Welfenmünster in Steingaden, die Barockkapelle des berühmten Baumeisters Johann Jacob Herkomer in Sameister (der hier geboren ist), die großräumige und lichte Dorfkirche St. Nikolaus in Bernbeuren, die Wallfahrtskirche St. Anna in Burggen und die Martinskirche in Sachsenried, die „kleine Wies", gelten als Schmuckstück ein dieser Kulturlandschaft. Die lange kunstfertige Tradition des Kirchenbaus und das künstlerische Schaffen in dieser Region haben unter vielen anderen die berühmten Bildhauer Roman Boos (der in der Münchner Residenz tätig war), den Lautenbauer Caspar Tieffenbrugger (der am französischen Königshof reüssierte) –beide aus Roßhaupten – und den Geigenbauer Hermann Joseph Stoß vom Auerberg hervorgebracht.

Auerbergland – der Zusammenschluss von 14 Gemeinden rund um den Auerberg

Diese haben kulturell, ökologisch, touristisch und wirtschaftlich zu gemeinsamer Stärke gefunden. Ihre vorbildliche Kooperation wurde 2003 mit dem Europäischen Dorferneuerungspreis (1. Platz) ausgezeichnet; auch die Austragung der 7. Tage der Bayerischen Dorfkultur wurde ins Auerbergland vergeben. Ein außergewöhnliches Ergebnis dieser Zusammenarbeit ist der Museumsverbund Auerbergland mit mittlerweile zehn Museen. Mit ihren unterschiedlichen Schwerpunkten bieten sie dem Besucher ein abwechslungsreiches Programm.

Wichtige Adressen und Telefonnummern

Auerbergland e.V.
Marktplatz 4, D-86975 Bernbeuren
Tel. +49 (0)8860 8121
info@auerbergland.de
www.auerbergland.de

MUSEEN

Auerberg-Museum
Bernbeuren

Klostermuseum
Steingaden

Wiesmuseum
Steingaden-Wies

Flößermuseum
Lechbruck

Infozentrum Wasserkraft
Roßhaupten

Puppenmuseum
Rieden am Forggensee

Dorfmuseum im Pfannerhaus
Roßhaupten

Hammerschmiede-museum
Schwabsoien

Kutschenmuseum
Schwabsoien

Strumpfmuseum
Altenstadt

KIRCHEN & KAPELLEN

1. **Kirche Sankt Georg am Auerberg**
Bernbeuren

2. **Welfenmünster Steingaden**
Steingaden

3. **Zum gegeisselten Heiland in der Wies**
Steingaden

4. **Kreuzbergkirche**
Steingaden

5. **Zu den sieben Schmerzen Mariens**
Roßhaupten-Sameister

6. **Flößerkapelle Sankt Ursula**
Hohenfurch

7. **Basilika Sankt Michael**
Altenstadt

8. **Sankt-Anna-Kirche**
Burggen

ERLEBNISWEGE

Via Damasia und Römerwege am Auerberg
Bernbeuren

Auf klösterlichen Pfaden
Steingaden

Lech- und Moorweg
Prem

Lechsee-Rundweg
Lechbruck

Via Claudia Augusta Kunstpark
Roßhaupten

Drachenweg
Roßhaupten

Moos-Erlebnis-Pfad
Stötten

Mühlenweg
Schwabsoien

Kirchen- und Kapellen-Rundwanderweg
Altenstadt

WEITERE BESONDERHEITEN

- Römische Siedlungsspuren
- Verlauf der Via Claudia Augusta
- Meilensteine an der Via Claudia Augusta
- Radroute Museen und Besonderheiten
- **STANDORT**

Altenstadt

Vor den Bergen im Pfaffenwinkel

Auf einer Höhe von 721 m ü.M. liegt die Gemeinde Altenstadt oberhalb von Schongau. Im Blickfeld das Panorama der Bayerischen und Allgäuer Alpen wird der Ort geprägt durch die romanische Basilika St. Michael.

Eine lebenswerte Gemeinde mit etwa 3.400 Einwohnern hat sich hier gebildet, in der sich Bewohner und Gäste wohlfühlen. Durch die zentrale Lage inmitten des Pfaffenwinkels und Dank

der hervorragenden Verkehrsverbindungen erreicht man von Altenstadt aus schnell die schönsten Regionen des Pfaffenwinkels. Altenstadt ist auch Sitzgemeinde der Verwaltungsgemeinschaft, die insgesamt fünf Gemeinden mit ca. 8.000 Einwohnern umfasst.

In Altenstadt ist in der „Franz-Josef-Strauß-Kaserne" die Luftlande- und Lufttransportschule der Bundeswehr

Altenstadt
(Bild Gemeinde Altenstadt

untergebracht. Seit 1956 ist sie die zentrale Ausbildungsstätte der Fallschirmjäger in Deutschland. Zusätzlich ist seit 2014 ein Ausbildungs-Bataillon für Feldwebel und Unteroffiziere in der Kaserne stationiert.

Kurzer Blick ins Geschichtsbuch

In die Zeit der Römer geht die Gründung von Altenstadt zurück. Bereits um 15 v.Chr. eroberten die Römer bei einer Schlacht mit den Likatiern, einem keltischen Stamm, die Gegend zwischen Lech und Dießen am Ammersee. Durch den Ort führte ein früher wichtiger Handelsweg der Römer: die Via Claudia Augusta, die Augsburg mit der Adria verband.

Altenstadt ist das ehemalige Schongau, da im 13. Jh. ein großer Teil der Bevölkerung in die neu gegründete Stadt am Lech umzog und aus Schongau die „alte Stadt" – Altenstadt – wurde.

Der Ortsteil Schwabniederhofen wurde im Zuge der Gemeindegebietsreform im Jahr 1978 in die Gemeinde eingegliedert.

Sehenswürdigkeiten

Einzigartig im Pfaffenwinkel und im süddeutschen Raum ist die romanische Basilika St. Michael aus dem 12. Jh. Der damalige Territorialherr, Herzog Welf VI. ließ die Kirche in Verbindung mit der wohl vorgesehenen Stadtwerdung erbauen. Mit den Resten mittelalterlicher Wandmalereien und mehrerer Zeugnisse romanischer Skulpturen ist sie ein Prachtstück und andersartig als die vielen anderen kirchlichen Bauten in der Umgebung, die im Stil des Barock und Rokoko erbaut wurden. Die romanische Form blieb über die Jahrhunderte erhalten, da für einen aufwendigen Umbau die finanziellen Mittel fehlten. Auch heute noch zeugt die monumental wirkende Größe der Basilika von der zentralen und strategischen Bedeutung des früheren Schongau, dem heutigen Altenstadt.

Besonders sehenswert sind das romanische Taufbecken sowie die Triumphkreuzgruppe mit dem überlebensgroßen Kruzifix „Großer Gott von Altenstadt", das im Original erhalten ist. Kopien sind hingegen die beiden Assistenzfiguren Maria und Johannes, da die Originale im Jahr 1867 an das Bayerische Nationalmuseum verkauft worden waren, um eine nötige Kirchenrenovierung zu finanzieren.

Ebenso ungewöhnlich für den Pfaffenwinkel ist die sehr gut erhaltene neugotische Ausstattung der Kirche Hl. Kreuz im Ortsteil Schwabniederhofen

Basilika St. Michael
(Bild Gemeinde Altenstadt)

Schönach
(Bild Gemeinde Altenstadt)

Freizeit und Sport

Wandern und Radeln

Wie im gesamten Pfaffenwinkel gibt es auch in und um Altenstadt ein dichtes Rad- und Wanderwegenetz. Besonders empfehlenswert ist der Kirchen- und Kapellenrundweg, auf dem man auf einer Wegstrecke von etwa 10 km sechs sehenswerte Kirchen und Kapellen besichtigen kann. Der Weg führt von der Basilika Altenstadt entlang der Schönach nach Schwabniederhofen und zurück. Da auf dem Weg nur geringe Höhenunterschiede zu bewältigen sind, ist er auch für weniger geübte Wanderer unproblematisch und gut geeignet, einmal die „Seele baumeln zu lassen"

Durch Altenstadt führt der mittlerweile sehr stark frequentierte Radweg „Via Claudia", der von Donauwörth bis Verona verläuft. Mit dem Themen-Fahrradweg „Sachsenrieder-Bähnle" hat man auch Anbindung an den bekannten Radweg „Dampflokrunde" in der Region Ostallgäu.

Strumpfmuseum

Wirtschaftlich war Altenstadt ein wichtiger Standort für Feinstrumpfmanufakturen. In einem Seitenraum des Bellinda-Werksverkaufs befindet sich ein Strumpfmuseum, das die Geschichte und die Herstellung von Strümpfen und Socken veranschaulicht. Besonders sehenswert sind die Exponate handgestrickter Produkte aus dem Jahr 1850 und der erste Perlonstrumpf aus dem Jahr 1940. Damals entwickelte man Perlon als Alternative zum Nylon, das während des 2. Weltkrieges aufgrund seiner einzigartigen Eigenschaften zum „kriegswichtigen Stoff" erklärt wurde.

Via Claudia
(Bild Gemeinde Altenstadt)

Gemeindeschwimmbad

Das attraktive Freibad ist von Mitte Mai bis Mitte September bei guter Witterung geöffnet. Die große Wasserfläche ist von schattigen Liegeflächen umrahmt und bietet genüssliche Abkühlung bei heißen Temperaturen.

Angeln am Dienhauser Weiher

Entspannende Stunden beim Angeln verspricht der Dienhauser Weiher, nur wenige km nordwestlich von Altenstadt. Angelkarten für den inmitten des Waldes gelegenen kleinen See sind beim Fischereiverein Petri-Heil e.V. in Altenstadt erhältlich.

Fallschirmspringen

Im freien Fall den Pfaffenwinkel aus der Luft betrachten – dies ist hier möglich. Mit dem Fallschirmsportring Club 2000 kann man sich im Fallschirmspringen ausbilden lassen oder mit einem Tandemsprung in den Sport hineinschnuppern. Informationen unter: www.skydive-altenstadt.de

Orts- und Infrastruktur

Verkehrswege

Altenstadt liegt verkehrsgünstig an der B 17, die Füssen mit Augsburg verbindet. Südlich der Gemeinde verläuft die B 472 von Schongau in Richtung Kempten.

Bahnanschluss besteht durch den nahegelegenen Bahnhof in Schongau.

Versorgung

Mehrere Lebensmittelmärkte, Bäckerei, Metzgerei, Getränkefachmarkt,

Luftlande- und Lufttransportschule der Bundeswehr
(Bild Gemeinde Altenstadt)

Dorfansicht
(Bild Gemeinde Altenstadt

Gemüse- und Obstladen, Blumengeschäft sowie eine Apotheke garantieren eine gute Versorgung. Im gastronomischen Bereich bieten ein Landgasthof mit sehr schönem Biergarten, Pizzeria, Bistro und 2 Cafés ein vielfältiges Angebot. Übernachtungsmöglichkeiten werden im Landgasthof und durch private Vermietung von Ferienwohnungen angeboten.

Schulen

In Altenstadt gibt es neben einem Kindergarten eine Grundschule und ein sonderpädagogisches Förderzentrum. Weiterführende Schulen finden sich im nahegelegenen Schongau.

Wohnen und Arbeiten

Durch die örtlichen Industrie- und Handwerksbetriebe, den Bundeswehrstandort sowie die unmittelbare Nähe zu den Mittelzentren Schongau und Peiting besteht ein gutes Arbeitsplatzangebot im Raum Altenstadt.

Die landschaftlich ruhige und schöne Lage inmitten des Pfaffenwinkels, zusammen mit einer Vielfalt von kulturellen Angeboten und einer großen Anzahl möglicher Freizeitgestaltung bietet die besten Voraussetzungen für ein angenehmes Leben im Ort.

Wichtige Adressen und Telefonnummern

Gemeinde Altenstadt

Marienplatz 2, D-86972 Altenstadt
Tel. +49 (0)8861 23 000
Fax +49 (0)8861 23 00 10
gemeinde.altenstadt@altenstadt-wm.bayern.de
www.altenstadt-obb.de

Bernbeuren

Erholungsort am Auerberg

Die Gemeinde Bernbeuren (773 m ü. M., 2380 Einwohner) liegt im südwestlichen oberbayerischen Alpenvorland. Abseits der großen Tourismusströme schmiegt sich das beschauliche Dorf an den Auerberg (1055 m). Der Ort mit seinen 66 Weilern und Einzelhöfen bietet durch seine malerische Lage vielfältige Möglichkeiten für einen erholsamen Aufenthalt.

Wohltuend ruhig ist es in dem ländlichen Dorf, das schätzen die Feriengäste, wenn sie hierher kommen, um den Alltag hinter sich zu lassen.

Sehenswürdigkeiten

Pfarrkirche St. Nikolaus

Die Pfarrkirche St. Nikolaus wurde 1720-25 nach dem großen Dorfbrand erbaut. Sie bildet zusammen mit den daneben liegenden Kapellen ein harmonisches barockes Ensemble. Die prächtigen Altäre mit den weiß und gold gefassten Figuren schuf der berühmte Füssener Bildhauer Anton Sturm zusammen mit einheimischen Handwerkern. Sehr beeindruckend ist der großformatige Kreuzweg im Kirchenschiff, den der Bernbeurer Maler Bernhard Ramis schuf.

St. Georgkirche auf dem Auerberg

Die Kirche St. Georg auf dem Auerberg liegt malerisch und beherrschend auf der 1055 Meter hohen Kuppe an der Grenze zwischen Oberbayern und Schwaben. Die Urkunden zum Kirchenbau auf dem Auerberg sind spärlich, wahrscheinlich aber hat hier bereits im Mittelalter eine Kirche bestanden. Aus der romanischen Zeit stammt der mächtige Sattelturm, worauf die rundbogigen Schallöffnungen mit den Zwischensäulen hinweisen. Im Jahre 1497 dürfte der gotische Altarraum vollendet worden sein. Die drei Schlußsteine des gotischen Netzgewölbes zeigen den hl. Georg, eine Mitra und das Wappen des Bischofs Johann von Werdenberg.

Bernbeuren
(Bilder Gemeinde Bernbeuren)

Museen

Auerbergmuseum

Das Kiebelehaus, ein Allgäuer Ständerbohlenbau aus dem frühen 18. Jahrhundert, befasst sich mit dem Auerberg, dem agrarischen Wandel der Region, mit der wechselvollen Geschichte des Dorfes Bernbeuren und der Entwicklung der Bauweise seit der römischen Besiedelung. Öffnungszeiten: April bis Oktober Samstag 15.00 - 17.00 Uhr, Sonn- u. Feiertage 14.00 - 17.00 Uhr sowie nach Vereinbarung, Tel. 08860 210 oder 08860 638. Während der Wintermonate ist das Museum nur für Gruppen nach Vereinbarung geöffnet.

Kulturpfad Via Damasia

Der 4 km lange Kulturpfad VIA DAMASIA verbindet das Auerbergmuseum mit der Römersiedlung auf dem Auerberggipfel. 1,5 Stunden Gehzeit werden benötigt, wenn man durch die wildromantische Feuersteinschlucht über den Jägersteig hinauf zum römischen Siedlungsbereich geht. Dabei bekommt man auf zwei Rundwegen einen Eindruck vom Umfang der Römerstätte, insbesondere von der 2,5 km langen Wallanlage. Texttafeln erläutern die historische Bedeutung und Funktion dieses Römerortes.

Volkstümliche Bräuche

Georgi-Ritt

Alljährlich am letzten Sonntag im April ist seit 1925 der Auerberg mit der Georgikirche das Ziel für den traditionellen Georgi-Ritt. Über 100 Reiter in bayr. Tracht und einer Fanfarengruppe in römischer Uniform. Mit dem Hl. Georg und der Geistlichkeit hoch zu Ross, bietet der Georgiritt ein farbenprächtiges Bild.

Georgiritt

Freizeit und Sport

Badespaß am Haslacher See

Der ca. 35 ha große Haslacher See mit seinem Moorwasser lockt im Sommer Gäste und Einheimische zum Baden. Die große Liegewiese mit Kiosk lädt zum Entspannen ein.

Winterfreuden am Auerberg

Ein kleiner Schlepplift am Auerberg bietet Übungsmöglichkeiten für Kinder und Anfänger. Gut gespurte Langlaufloipen finden sich direkt vor Ort. Zum Eislaufen trifft man sich am Haslachersee.

Wildgehege

Am Auerberg befindet sich ein bemerkenswertes Wildgehege mit Hir-schen verschiedener Wildarten, zum Beispiel Dam- und Rotwild. Ein Besuch lohnt sich.

Kulturweg Bernbeuren

Der Kulturweg lädt dazu ein, die Ortsgeschichte einmal unter einem anderen Blickwinkel zu betrachten. Die historischen Gebäude präsentieren sich als wahre Kulturschätze. Die Tourist-Information Bernbeuren hält eine Broschüre bereit, in der die herausragenden Besonderheiten des Dorfes lebendig dargestellt sind.

Wandern auf den Spuren der Römer

Abenteuerlich wird es auf dem Kulturpfad DAMASIA, wenn Crispus, der römische Händler, seine jungen Freunde über den rund 4 km langen Erlebnisweg durch die Feuersteinschlucht und über den Jägersteig begleitet. Entlang der Meilensteine geht es hinauf zur römischen Siedlung. Vom 1055 m hohen Auerberg mit seiner mittelalterlichen Kirche St. Georg genießt der Besucher einen unbeschreiblichen Blick auf die Alpenkette.

Radfahren

In Bernbeuren, am Parkplatz bei der Touristen-Information, beginnt die Radtour durch den Pfaffenwinkel. Man folgt den Radwegweisern Richtung Burggen. Am Haslacher See genießt man eine herrliche Sicht. Weiter geht es auf der Straße nach Haslach Richtung Tannenberg stetig nach Norden Richtung Ingenried und Sachsenried. Mit knapp 840 m über dem Meeresspiegel liegt hier der höchste

Punkt der Tour. Auf einem kleinen Asphaltweg kann man nun fast bis nach Schwabsoien rollen. Altenstadt, Schwabbruck und Schönach sind die nächsten Ziele. Lohnend ist ein Abstecher an die Litzauer Schleife. Auf der Römerstraße gelangt man nach Burggen. Hier führt die Tour in der Dorfmitte links weiter, den Radwegweisern folgend nach Bernbeuren.

Wichtige Adressen und Telefonnummern

Tourist-Information Bernbeuren
Marktplatz 4
D-86975 Bernbeuren
Tel. +49 (0)8860 210
Fax +49 (0)8860 92 12 70
info@bernbeuren.de
www.bernbeuren.de

Haslacher See

Hier erhalten Sie die Leistungen der KönigsCard (siehe Seite 41)

Einkaufen

Blütenreich, Galerie-Laden-Café

Einer kleinen Schatzkammer gleicht die Tenne eines Hofes, in der Schönes und Nützliches aus Glas, Keramik und Textil zu finden sind. Kostbarkeiten aus Papier, wie Blankobücher und Geschenkpapier findet man hier ebenso, wie Vasen, Windlichter, Tischdecken u.v.a.m.
Blütenreich, Galerie-Laden-Café, Füssener Str. 13, D-86975 Bernbeuren, Tel. +49 (0)8860 92 27 441, Fax +49 (0)8860 92 27 442, info@coeurfleur.de, www.coeurfleur.de

Schönegger Käsealm

Das Geheimnis der Käsespezialitäten, die auf der Schönegger Käsealm und den im Pfaffenwinkel ansässigen Verkaufsläden angeboten werden, ist die besondere Heumilch.
Schönegger Käsealm, Schönegg 6, D-82401 Rottenbuch/Schönegg, Tel. +49 (0)8867) 489, info@schoenegger.com, www.schoenegger.com

Übernachten

Panorama-Gasthof Auf dem Auerberg

Stilvoll und mit einer unvergleichlichen Aussicht übernachten: Auf dem Auerberg erwarten den Gast geschmackvoll eingerichtete Gästezimmer für einen unvergesslichen Aufenthalt.
Auf dem Auerberg Panorama-Gasthof. Auerberg 2, D-86975 Bernbeuren, Tel. +49 (0)8860 235, Fax +49 (0)8860 92 29 75, info@auerberghotel.de, www.auerberghotel.de

Gartenterrasse

Panorama-Gasthof Auf dem Auerberg

Während die Köstlichkeiten aus Küche und Keller dem Gaumen schmeicheln, kann sich der Gast kaum satt sehen an dem Ausblick, der sich ihm von der Gartenterrasse des Panorama-Gasthofes Auf dem Auerberg bietet. Auf dem Auerberg Panorama-Gast-

Bernbeuren
(Bild Gemeinde Bernbeuren)

hof. Auerberg 2, D-86975 Bernbeuren, Tel. +49 (0)8860 235, Fax +49 (0)8860 92 29 75, info@auerberghotel.de, www.auerberghotel.de

Café im Blütenreich

Inmitten des idyllischen Bernbeuren am Auerberg findet man das Café Blütenreich. Hier genießt man auf der Terrasse eines denkmalgeschützten ehemaligen Bauernhauses in einem Bauerngarten köstliche Kaffeespezialitäten und hausgebackene Kuchen.
Café im Blütenreich, Füssener Str.

13, D-86975 Bernbeuren, Tel. +49 (0)8860 92 27 441, Fax +49 (0)8860 92 27 442, info@coeurfleur.de, www.coeurfleur.de

Kunst und Kultur

Panorama-Gasthof Auf dem Auerberg

Über wenige Treppenstufen erreicht man die St. Georgs-Kirche auf dem Auerberg, die oberhalb des Panorama-Gasthofes liegt. In der im Barock ausgestatteten Kirche sieht man bedeutende Kunstwerke der damaligen Zeit. Wer den Glockenturm besteigt, wird mit einem einmaligen Rundblick über das Allgäu, den Pfaffenwinkel und die Bergkette belohnt.
Auf dem Auerberg Panorama-Gasthof. Auerberg 2, D-86975 Bernbeuren, Tel. +49 (0)8860 235, Fax +49 (0)8860 92 29 75, info@auerberghotel.de, www.auerberghotel.de

Sehenswürdigkeiten

Panorama-Gasthof Auf dem Auerberg

Der Auerberg ist der richtige Ausgangspunkt zum Wandern: Die Wege führen von dort in die Feuersteinschlucht, zu einem nahe gelegenen Wildgehege oder dem Römerweg, einem abenteuerlichen Wanderweg.
Auf dem Auerberg Panorama-Gasthof. Auerberg 2, D-86975 Bernbeuren, Tel. +49 (0)8860 235, Fax +49 (0)8860 92 29 75, info@auerberghotel.de, www.auerberghotel.de

Auf dem Auerberg

Panorama-Gasthof

„Zur richtigen Zeit am richtigen Ort" – dieses Zitat gilt für den Panorama-Gasthof, der auf dem Gipfel des Auerbergs auf 1.055 m Höhe seine Gäste empfängt. Wer den Anstieg zu Fuß, mit Fahrrad, Auto, Motorrad oder Bus geschafft hat, der wird mit einem atemberaubenden Panorama auf die Voralpenlandschaft belohnt. Die gesamte Bergkette der Allgäuer und Oberbayerischen Alpen liegt einem zu Füssen.

Genießen mit allen Sinnen

Die Krönung dieses Abstechers in luftige Höhen ist der Besuch des Panorama-Gasthofs. Köstlichkeiten aus der Küche, die traditionell und bodenständig kocht, verwöhnen die Gaumen der Genießer und Spezialitäten der Saison finden immer ihren Weg auf die Speisekarte.
Besondere süße Schmankerl bietet die hauseigene Konditorin mit ihren Kuchen, Torten und raffinierten Des-

serts. Gespeist wird in der rustikalen Atmosphäre der Gaststube, im Wintergarten oder auf der Sonnenterrasse. Der atemberaubende Blick ins Tal begleitet die Gäste in jedem Raum des gemütlichen und heimeligen Wirtshauses.

Übernachten mit bester Aussicht

Komplett renoviert präsentiert sich der Gasthof mit 11 Gästezimmern. Eine Harmonie der Sinne umfängt den Gast, der die stilvoll und edel eingerichteten Zimmer betritt. Auch aus den mit allem Komfort ausgestatteten Räumen ruhen die Blicke auf dem prachtvollen Panorama, das sich dem Betrachter bietet.

Ein Traum wird wahr

Dem schönsten Tag im Leben gibt man im Panorama-Gasthof Auf dem Auerberg einen außergewöhnlichen Rahmen, eine festliche Gestaltung, die lange in Erinnerung bleiben wird.

Hier, wo man dem Himmel so nah ist, den Bund für das Leben zu schließen, ist schon etwas ganz Besonderes. Die Chefin, Eike Weissinger, unterstützt mit ihren Ideen und einer helfenden Hand. und unterstützt die Organisation der Hochzeitszeremonie auf Wunsch von A bis Z.

Das geschmackvoll eingerichtete Trauzimmer des Standesamtes Bernbeuren, die kirchliche Trauung in der St. Georg-Kirche, die nur wenige Treppenstufen oberhalb des Gasthofes liegt und die Räumlichkeiten, wie den Auerbergsaal, der bis zu 140 Personen Platz bietet, schaffen die passenden Bedingungen für eine Traumhochzeit.

Frischer Wind für die private Feier und das Firmenevent

Eine gelungene Veranstaltung, ob privat oder geschäftlich, verlangt nach einem perfekten Ablauf. Hinzu nehme man einen außergewöhnlich schönen Ort, eine Prise kulinarische Köstlichkeiten aus Küche und Keller und, als Tüpfelchen auf dem "i", eine dem Anlass angemessene, hübsche Dekoration. In den Räumlichkeiten

des Panorama-Gasthofes lässt es sich hervorragend feiern und tagen. In luftiger Höhe und mit der professionellen Organisation der Betreiber wird die Geburtstagsfeier und die Taufe, der Hochzeitstag oder das Jubiläum zu einem unvergesslichen Erlebnis. Aber auch mit der Betriebsfeier, dem Seminar oder einer Tagung in der wundervollen Umgebung des Auerbergs überrascht ein Unternehmen seine Mitarbeiter und Kunden.

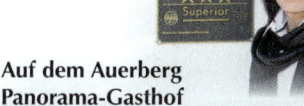

**Auf dem Auerberg
Panorama-Gasthof**

Auerberg 2, D-86975 Bernbeuren
Tel. +49 (0)8860 235
Fax +49 (0)8860 92 29 75
info@auerberghotel.de
www.auerberghotel.de

Das Blütenreich

Gesamtkunstwerk am Fuße des Auerbergs

„Das Schöne ist die Nahrung der Seele" – dieser Leitspruch zieht sich durch das gesamte Schaffen der Künstlerin Iris Noerpel-Schneider in Bernbeuren. Inmitten des Dorfes schuf sie ein Kleinod, in dem Leib & Seele reichlich Nahrung finden. In der gemütlichen Atmosphäre ihres denkmalgeschützten Bauernhauses vereinen sich Kunst, Laden & Café.

Die Künstlerin und ihre „Juwelen der Natur"

Wenn Iris Noerpel-Schneider mit ihrer Kamera wie eine Biene zu den Blumen ausschwirrt, schlüpft sie buchstäblich in ihr Innerstes. Was sich im Namen ihres Kartenverlages widerspiegelt:
Coeurfleur – ins Herz der Blume gesehen. Was ursprünglich als Kartenverlag begann, hat inzwischen unterschiedlichste Ableger entwickelt: Ob Kissen, Raumteiler, Briefkasten, Notizbuch, Tasche – all das wird nach Maß gezaubert.

96

Besondere Lieblinge der Künstlerin sind die hochwertigen Thermotransferdrucke, die dank einem Druck auf einen synthetischen Stoff, hoch belastbar sind und eine ungewöhnliche Bildtiefe ermöglichen. Sie sind als Bild in einem filigranen Aluminiumrahmen zur atmosphärischen Raumgestaltung ebenso geeignet wie als Banner und Sichtschutz im Außenbereich. Die unbeschreibbare Kostbarkeit, die sie in der Natur findet, hat sie bewogen, ihr weiteres Schaffen ʹJuwelen der Naturʹ zu nennen.

Das Geschäft der schönen Dinge

Das Ladengeschäft in der Tenne des Hofes gleicht einer kleinen Schatzkammer, in der neben den eigenen Werken auch Schönes&Nützliches aus Glas, Keramik & Textil zu finden ist. Neben Vasen, Windlichtern, Tischdecken, Kissen, findet man hochwertige Literatur zu den Themen Garten, Kochen und Heilkunde. Sowie Kostbarkeiten aus Papier, wie Blankobücher, Geschenkpapier und vieles mehr.

Das Café im Blütenreich

Klein und fein ist die gemütliche Stube des Hofes: Ideal für einen Kaffee aus einer benachbarten Rösterei mit einem hausgebackenen Kuchen oder einer leckeren Eiserfrischung. Hier, oder an schönen Sommertagen im Bauerngarten, isst und trinkt man mit gutem Gewissen, stammen doch die Rohstoffe und Zutaten in biologischer Qualität vorwiegend aus der Region.

Blütenreich
Galerie-Laden-Café

Iris Noerpel-Schneider
Füssener Str. 13, D-86975 Bernbeuren
Tel. +49 (0)8860 92 27 441
Fax +49 (0)8860 92 27 442
info@coeurfleur.de www.coeurfleur.de

Öffnungszeiten:

Donnerstag und Freitag:
10– 18 Uhr. Samstag: 10-17 Uhr.

Aus einem Bilderfundus zu über 120 Pflanzen sowie Naturthemen können Liebhaber ihr ganz persönliches ʹNaturjuwelʹ wählen

Burggen

Entspannte Ferien an der Litzauer Schleife

Die Gemeinde am Lechrain, zu der die Ortsteile Tannenberg und Haslach gehören, hat für den Gast wie auch den Einwohner viel Natur zu bieten. Burggen liegt nur wenige km westlich der Litzauer Schleife. Hier, wo der Lech noch der ursprüngliche Wildfluss sein darf, lebt es sich inmitten der milchviehwirtschaftlich geprägten Kulturlandschaft ruhig und besonnen. Die Ortsteile Tannenberg und Haslach sowie 10 Weiler gehören zum Gemeindegebiet.

In der attraktiven, landschaftlich reizvollen Umgebung inmitten des Pfaffenwinkels liegt Burggen auf 745 m ü.M. und bietet 1.700 Einwohnern einen Ort zum Leben und Arbeiten.

Kurzer Blick ins Geschichtsbuch

Nahe Rossau, einem kleinen Weiler unten am Lech, wurde eine bronzene Lanzenspitze gefunden, die die menschliche Präsenz auf Burggener Flur schon um 1000 v.Chr. beweist. Im Jahr 2007 legte man am östlichen Ortsausgang von Burggen im Rahmen einer Straßenbaumaßnahme 13 Gräber frei, die aus der Zeit um 580 bis 640 n.Chr. stammen.

Der Geschichte der Römer begegnet man hier im Auerbergland auf Schritt und Tritt. Durch die Via Claudia, der Fernhandelsverbindung zwischen Verona und Augsburg, die auch durch

Burggen
(Bilder Gemeinde Burggen)

die Burggener Flur führte, war der Ort schon zur Zeit der Römer bekannt. Im Jahr 1796 vernichtete ein Großbrand große Teile des Ortes, die später wieder aufgebaut wurden.

Sehenswürdigkeiten

Pfarrkirche St. Stephan

Aus dem Mittelalter stammt der romanische Turm der Pfarrkirche bis auf die Höhe des Giebelansatzes. Der hohe Spitzhelm ist jüngeren Datums. Beim Bau der neuen Kirche in den Jahren 1680-82 wurde der Turm in den Neubau integriert. Etwa um 1770 erhielt die Kirche ihre Innenausstattung im barocken Stil.

Das Deckengemälde in der Chorkuppel stellt das Abendmahl dar und das Mittelbild im Langhaus zeigt den hl. Stephanus im Streitgespräch mit Schriftgelehrten und Pharisäern. Die Figuren am Hochaltar und den beiden Seitenaltären stammen von dem Bildhauer Anton Sturm aus Füssen. Die Kanzel stammt aus der Zeit Ende des 17. Jh. Zunächst für die Pfarrkirche von Schongau erbaut, konnte Burggen sie im Jahr 1732 erwerben.

St. Anna Kirche

Ebenfalls romanisch ist der Turm dieser Kirche, während die Architektur des Chores gotisch ist. Einem unbekannten Künstler ist die Grisaille-, bzw. monochrome Malerei auf der Kassettendecke zu verdanken. Diese schwarz-weißen Gemälde stellen Szenen aus der St.-Anna-Legende dar.

Ab 1612 fand die Kirche ihre heutige Größe. Obwohl die Säkularisation 1803 das Ende der Wallfahrt bedeutete, blieb eine starke Verbindung der Bevölkerung zu der St. Annakirche erhalten. Durch Renovierungen und Restaurierungen in den vergangenen Jahren erstrahlt die Kirche heute wieder in ihrem ursprünglichen Glanz.

St. Eligiuskapelle

Diese Kapelle wurde 1631 geweiht. Sie stellt einen überkuppelten achtseitigen Zentralbau mit Dachreitern dar. Im Jahr 1718 wurde ein quadratischer Chor angebebaut. Das Außenfresko zeigt den hl. Eligius sowie Sylvester, Sebastian und Rochus. Das Altargemälde ist eine Darstellung des Gnadenstuhls. Obwohl der Stifter der Kapelle, Pfarrer Gallus Thoma, das

Gotteshaus der Heiligen Dreifaltigkeit widmen wollte, hatte die Burggener Bevölkerung die Kapelle dem hl. Eligius gewidmet, der als Schutzpatron vor Viehseuchen galt.

Häuserensemble in der Sankt-Anna-Straße

Das Dorf zählte im Jahr 1795 122 Gebäude. Dem großen Dorfbrand am 19. Oktober fielen 84 Häuser zum Opfer. Der Wiederaufbau beschert dem Ort heute ein historische Häuserensemble in der Sankt-Anna-Straße, das europaweit wohl einmalig ist.

Pfarrkirche St. Oswald in Tannenberg

Der kleine Ort Tannenberg auf einer Anhöhe westlich von Burggen ist seit dem Jahr 1978 ein Ortsteil der Gemeinde Burggen. 1827 wurde die Kirche erbaut. Das heutige Gotteshaus ist ein Werk des Stadtmaurermeisters Mathias Left aus Schongu. Die Inneneinrichtung des schlichten Saalbaues mit eingezogenem, dreiseitig schließendem Chor und Westturm zeigt sich in Stil des frühen Klassizismus.

Feste und Feiern

Eligiusritt

Burggen, als Dorf der Pferde, feiert auch am 1. Advent ein Reiterfest. Der Eligiusritt findet zu Ehren des Schutzpatrons gegen Viehseuchen statt. Hier trifft sich eine große Zahl von Reitern, die an einem Umzug von der Kirche durch das Dorf teilnehmen. Mit einer Segnung der Pferde endet der feierliche Zug.

Freizeit und Sport

Biotopwanderung am Burgberg

Zwei kleinere Erhebungen am nördlichen Ausgang von Burggen zählen zu einem einzigartigen Biotop. Diese Endwallmoräne bietet kleine Waldstücke und Magerrasen mit einer Vielzahl seltener Pflanzen und Tiere. Vom Gasthaus Fichtl führen bequeme Spazierwege über die Hügel, von denen man ein einzigartiges Alpenpanorama genießt.

Wanderpaddeln auf dem Lech

Das Naturschutzgebiet Litzauer Schleife ist eine Flußbiegung des

Litzauer Schleife
(Bild Gemeinde Burggen)

Lechs, wo dieser noch naturbelassen in seinem urzeitlichen Bett fließen darf. Der ehemalige Wildfluß wurde seit den 1950er Jahren mit 22 Wasserkraftwerken auf 90 Flußkilometern gezähmt.

Heute zählt die Litzauer Schleife als Naturmuseum, in dem dem Besucher gezeigt wird, wie eindrucksvoll der Lech früher einmal gewesen sein muss. Mit Haupt- und Nebenarmen verlagerte der Fluß in einer streckenweise mehrere Kilometer breiten, offenen Kiesfläche sein Bett. So wurde für seltene Pflanzen der ideale Lebensraum geschaffen. Die Zwerg-Glockenblume, die Deut-

sche Tamariske oder das Kriechende Gipskraut sind in dem Naturschutzgebiet noch heute zu finden. Auf den Kiesbänken und kleinen Inseln brüten Flussregenpfeifer und Flussseeschwalbe.

Zwischen dem kleinen Weiler Dessau und nördlich von Burggen, in Richtung Schongau, ist das Paddeln in dieser urtümlichen Landschaft ein schönes Abenteuer für Groß und Klein. Routinierte Wanderpaddler genießen die Tour auf der man eine fast unberührte Natur durchquert. (In dem Naturschutzgebiet ist das Anlanden und das Einfahren in Flachwasserzonen untersagt!)

Lecherlebnisweg

Ein Wanderweg erstreckt sich entlang des Lechs von Landsberg bis nach Füssen. Er führt auf einer Gesamtstrecke von etwa 100 km durch die herrlichen Fluß- und Seenlandschaften des Pfaffenwinkels. Der Einstieg in diese Route ist in Burggen am Sportplatz möglich, wo auch Parkplätze zur Verfügung stehen.

Bade- und Angelvergnügen am Haslacher See

Wenige km südlich von Burggen liegt der kleine Ortsteil Haslach am gleichnamigen See. Am Fuß des Auerbergs liegt dieser See, an dem ein öffentliches Strandbad mit befestigtem Uferstreifen und großen, zum Teil beschatteten Liegeflächen zum Sonnen auf die Badegäste wartet. Außerdem steht ein kleiner Kiosk mit Erfrischungen zur Verfügung.

Burggen und die Litzauer Schleife
(Bild Gemeinde Burggen)

Aber auch für den ambitionierten Angler ist der Haslacher See ein Eldorado mit reichlich Besatz. Angelkarten sind direkt am See erhältlich.

Golfspielen

Inmitten des herrlichen Voralpenlandes mit einem wunderschönen Blick in die Allgäuer und Ammergauer Alpen ist Golfspielen ein Erlebnis. Der für alle Spieler offene Golfplatz Stenz, oberhalb des Haslacher Sees, bietet ein naturnahes Ambiente, das es nur selten gibt.

Winterfreuden

Der Haslacher See ist auch im Winter ein Vergnügen. Wenn es schön knackig kalt ist, bietet die Eisfläche Schlittschuhläufern ein kleines Paradies. Doch die Landschaft rund um

Burggen weist auch ein ideales Terrain für Skilanglangläufer auf. In der hügeligen Voralpenlandschaft gibt es rund um den Ort eine Vielzahl gespurter Langlaufloipen, die den klassischen Sportler ebenso ansprechen, wie den Skater.

Orts- und Infrastruktur

Verkehrswege

Nördlich von Burggen erreicht man die B 472, die Schongau und Marktoberdorf verbindet. Von dort ist ein Katzensprung nach Augsburg und München im Norden; Richtung Süden erreicht man schnell das Füssener Land mit seinen weltberühmten Sehenswürdigkeiten, wie die Königsschlösser König Ludwig II.

Weltoffen wohnen

Am Ort finden sich viele Einrichtungen, die das Leben für Familien angenehm machen. Eine Kinderkrippe sowie ein Kindergarten stehen ebenso zur Verfügung wie eine Grundschule.

Am Ort ist für alle Notwendigkeiten gesorgt. Vom kleinen Supermarkt, über die medizinische Versorgung bis hin zu Handwerkern und Dienstleistungsbetrieben sind alle Einrichtungen vorhanden, die der Mensch für ein angenehmes Leben benötigt

Die Handwerksbetriebe und Dienstleistungsunternehmen stellen auch ein Angebot an Arbeits- und Ausbildungsplätzen zur Verfügung.

Wichtige Adressen und Telefonnummern

Gemeinde Burggen
Schwarzkreuzstr. 2
D-86977 Burggen
Tel. +49 (0)8860 251
Fax +49 (0)8860 15 82
gemeinde@burggen.de
www.burggen.de

Hohenfurch

Pforte zum Pfaffenwinkel

Malerisch im Schönachtal, umgeben von Wiesen und Wäldern, liegt Hohenfurch (1600 Einwohner (einschließlich Nebenwohnsitze), 699 m. ü. M.) nördlich der Endmoräne des Lechgletschers. Durchs Dorf zieht sich der Bach Schönach und verbindet die ehemaligen Ortsteile Ober- und Unterdorf. Die beschauliche Landschaft mit dem Blick auf die Alpenkette macht den Aufenthalt so reizvoll und erholsam.

Kurzer Blick ins Geschichtsbuch

Bis 1785 gehörte das Oberdorf zum Hochstift Augsburg und das Unterdorf zum Kloster St. Mang in Füssen.

Sehenswürdigkeiten

Pfarrkirche Mariä Himmelfahrt

Ihre heutige Gestalt erhielt die Pfarrkirche in der ersten Hälfte des 18. Jahrhunderts im Stil des Rokoko. Sie zählt mit ihren Fresken und Stucka-turen zu den schönsten Kirchen im Pfaffenwinkel.

Kapellen

St. Ursula-Kapelle

Südlich des Dorfes auf einem Hügel liegt die St. Ursula-Kapelle, erbaut in den Jahren 1520/1521 im spätgotischen Stil. Sie ist der Schutzpatronin der Flößer geweiht. Auf Gemeindegebiet stehen noch weitere drei Kapellen: die Stich-Kapelle und die Schiessl-Kapelle nordwestlich des Dorfes und die Kalkbrennerkapelle an der Straße zum Lech. Sie alle laden dazu ein, in der Hektik des Alltags einen Moment der Besinnung zu finden.

Hohenfurch
(Bilder: G. Vogelsgesang)

Freizeit und Sport

Vom Hügel der St. Ursula-Kapelle bietet sich ein herrlicher Blick auf das Dorf und seine wunderbaren Wiesen und Wälder. Großzügig angelegte Rad- und Wanderwege ermöglichen abwechslungsreiche Ausflüge. Das vielseitige Freizeitangebot lädt zu einem erholsamen Aufenthalt ein.

Wandern

Fernwanderer erreichen das Dorf an der Schönach über den LechErlebnisWeg, der von Landsberg am Lech nach Füssen führt. Die touristischen Routen der Romantische Straße, des Auerberglandes und der historischen Römerstraße Via Claudia Augusta tragen zum landschaftlichen Reiz dieser Region bei.

Orts- und Infrastuktur

Verkehrswege

Hohenfurch liegt an der Bundesstraße B 17 sowie an der Kreisstraße WM6.

Schule und Bildung

Die Grundschule Hohenfurch besuchen Kinder aus der Gemeinde Hohenfurch und dem Altenstadter Ortsteil Schwabniederhofen. Im Kindergarten Sonnenblick werden die Kleinen in einer Krippengruppe sowie zwei Regelgruppen aufs Beste betreut.

Wichtige Adressen und Telefonnummern

Gemeinde Hohenfurch
Hauptplatz 7
D-86978 Hohenfurch
Tel.+49 (0)08861 47 10
Fax +49 (0)08861 9 07 97
gemeinde@hohenfurch.bayern.de
www.hohenfurch.de

Kinsau

Liebenswerte Gemeinde am Lech

Vier Terrassenstufen führen vom Gemeindegebiet hinunter ans Lechufer. Dadurch bieten sich prächtige Aussichten auf den Fluß und die Voralpenlandschaft. Kinsau, das über 1.000 Menschen als Wohnort dient, liegt auf einer Höhe von 670 m ü.M. Die Kirche des Ortes mit seinem Pfarrhof und der Schlosswirt prägen ein imposantes Panorama, wenn sich der Reisende von der oberbayerischen Seite des Lechs nähert. Die Lage von Kinsau zwischen der Romantischen Straße im Westen und dem nahegelegenen Lech im Osten macht das Dorf für Einheimische und Feriengäste zu einem attraktiven Aufenthaltsort.

Kurzer Blick ins Geschichtsbuch

Das erste urkundliche Auftreten von Kinsau geht auf das Jahr um 1300 zurück. Im Besitz der Herren von Seefeld kam Kinsau nach dem Aussterben des Geschlechts um 1420 zum herzöglichen Niedergericht Rauhenlechsberg, dem es bis 1820 angehörte.Seit dem Jahr 1552 verkehrte eine Fähre zwischen Kinsau und Apfeldorf

und erst 1906 wurde eine Brücke über den Lech gebaut.

Sehenswürdigkeiten

Auf den Anfang des 18. Jh. geht der Bau der Pfarrkirche St. Matthäus zurück. Thomas Natterer erbaute das Gotteshaus um 1712 – 15. Sehenswert ist der Saalbau mit eingezogenem Chor und einem Chorflankenturm. In der Zeit von 1739 – 1741 entstand der umliegende Pfarrhof .

Nördlich der Sägemühle an der Lechhalde findet man die Gedächtniskapelle St. Halden, die um 1913 entstand.

Ein außergewöhnlich schönes Wirtshaus aus dem Anfang des 18.Jh. ist die Schlosswirtschaft in der Herzogstr. 3, die durch zwei Erkertürmchen und Zwiebelhauben auf beiden Seiten des nördlichen Giebels bedticht.

Einen Abstecher wert ist auch die Schullinde. Der über 110 Jahre alte Baum nahe der Schule hat einen Stammumfang von über 5,60 m.

Kinsau
(Bild Gemeinde Kinsau)

Freizeit und Sport

Ein vielfältiges Sportprogramm wird in der Gemeinde geboten. Neben einer Mehrzweckhalle stehen Kinderspielplätze, ein Sportgelände am Lech mit Fußball- und Tennisplatz sowie eine Eisstockbahn und ein Reitplatz für sportliche Betätigungen zur Verfügung.

Für eine angenehme Erfrischung an heißen Sommertagen ist der Besuch des Badeplatzes am Lech empfehlenswert.

Die Steilhalden und Flussauen des Lechs zwischen Kinsau und Hohenfurch sind als Naturschutzgebiet ausgewiesen. Auf einer Vielzahl von Fuß- und Wanderwegen die immer wieder einen herrlichen Blick auf das Alpenpanorama bieten, lässt sich die Vielfalt des Landschaftsbildes mit seiner Flora und Fauna erkunden. Immer wieder laden Ruhebänke den Spaziergänger und Wanderer zum Verweilen ein.

Der Lechhöhenweg bietet dem Wanderer und Erholungssuchenden mit seinen Hochterrassen den schönsten Aussichtspunkt des gesamten Weges. Die Römerstraße Via Claudia Augusta führt von Donauwörth her kommend direkt durch den Ort und ist entsprechend ausgeschildert.

Ort- und Infrastruktur

Die zentrale Lage von Kinsau nahe der B17 Augsburg-Füssen und der

St. Matthäus
(Bild Gemeinde Kinsau)

Staatstraße 2055 nach Dießen am Ammersee oder dann ab Rott in die Staatstraße 2057 über Wessobrunn nach Weilheim machen den Ort sehr attraktiv. Für Einheimische wie auch Gäste ist aber auch vor Ort für alles Nötige durch die ortsansässigen Gewerbebetriebe und Dienstleister gesorgt. Ein Kindergarten und eine Grundschule stehen für die heranwachsenden Dorfbewohner zur Verfügung. Ältere Mitbewohner können sich auf eine ausreichende ärztliche Versorgung im Dorf verlassen.

Die „Bürgerstiftung Kinsau" ist eine Einrichtung, die alle Projekte und Bereiche im Ort unterstützt, die außerhalb der Gemeindemöglichkeiten liegen. So dient sie der Förderung von Menschen mit Ideen und Engagement.

Wichtige Adressen und Telefonnummern

Gemeinde Kinsau
Verwaltung, Dorfstr. 9
D-86981 Kinsau
Tel. +49 (0)8869 240
Fax +49 (0)8869 92 10 32
gemeinde.kinsau@t-online.de
www.kinsau.de

Prem

Historisches Flößerdorf

Prem, ein verträumtes, idyllisch gelegenes, ehemaliges Flößerdorf am Lech mit 900 Einwohnern im oberbayrischen Alpenvorland (749 m ü M), hat sich seinen Charme bis heute bewahrt. Umgeben von Wiesen und Seen, Weiden und Moorlandschaften, kleinen Wäldern und Baumgruppen liegt Prem im Pfaffenwinkel, an der Grenze zum Ostallgäu. Vor allem Familien und Individualisten suchen hier Erholung. Ausgedehnte Wanderungen und Radtouren hinterlassen bleibende Eindrücke. Durch die drei Fernwanderwege „König-Ludwig-Weg", „Lechweg" und „Prälatenweg" ist Prem an ein weiträumiges überregionales Wegenetz angeschlossen.

Die Nähe zu den Königsschlössern Neuschwanstein, Hohenschwangau und Linderhof, zum UNESCO-Weltkulturerbe „Wieskirche" und zum Passionsspielort Oberammergau gibt Prem noch einen zusätzlichen Reiz.

Prem
(Bilder Tourist-Info Prem)

Urlauber finden ein umfangreiches Angebot an malerisch gelegenen Bauernhöfen und Landhäusern mit Ferienwohnungen sowie Gästezimmern. Ebenso steht Prem für gelebtes Brauchtum und unverfälschte Tradition, welche der Gast bei vielen Veranstaltungen erleben kann.

Kurzer Blick ins Geschichtsbuch

Flößerei

Von der Römerzeit bis zum Bau der ersten Lechstaustufe um 1914 diente der Lech als Transportweg für Holz (der Holztrift) aus den Alpen. Holzscheiter wurden von den Alpwäldern aus über den breiten kiesigen Lech nach Augsburg getriftet, dort aus dem Wasser gezogen und anschließend als Brennholz verkauft. Hauptsächlich wurde aber geflößt, wobei die Flöße auch als Transportmittel für Güter verwendet wurden. Den Höhepunkt hatte die Flößerei Mitte des 19. Jahrhunderts mit mehreren Tausend Flößen pro Jahr. Prem war bis zur letzten Jahrhundertwende ein Flößerdorf.

Sehenswürdigkeiten

Pfarrkirche St. Michael

Sehenswert ist die Pfarrkirche „St. Michael" mit ihrem romanischen Turm und der barocken Innenausstattung. Schon im Jahre 1147 stand in Prem eine Kirche zu „Unserer lieben Frau", welche den Bischöfen von Augsburg gehörte. Als Welf der VI. auf seiner Burg zu Peiting das Kloster Steinga-

den stiftete, gingen Dorf und Kirche von Prem an den dortigen Konvent über. Die Kirche blieb Besitz des Klosters bis zur Säkularisation und wurde von dort auch seelsorgerisch betreut. Bereits 1774 wird in den Klosterakten das „St. Michaels Pfarrhaus" in Prem erwähnt.

Freizeit- und Sport

Die Umgebung eignet sich bestens für gemütliche bis anspruchsvolle Wanderungen. Man folgt den Spuren des Huidingerle durchs Premer Filz oder wandert auf den Pfaden der Flößer am Lech entlang.

Im Naturpark Lechaue kann man beim Kneippschen Wassertreten etwas für die Gesundheit tun. Tennis, Tischtennis, Federball, ein Kinderspielplatz mit Seilbahn, die Grillstelle

und ein Fußballplatz bereichern das Freizeitangebot. Sehr beliebt sind die geführten Wanderungen mit Grillfesten und Lagerfeuer.

Badespaß

Der Kaltenbrunner See lädt zum Baden und Angeln ein.

Wandern

Moorlehrpfad Prem

Moorlehrpfad

Der Moorlehrpfad, eine interessante Wanderung, gewährt herrliche Ein- und Ausblicke auf das Premer Filz. Vom Moorbad-Parkplatz führt der Weg, ausgeschildert mit „Huidingerle", zunächst am Moorbad (Tafel) vorbei. Man gelangt schließlich über eine kleine Brücke zu einem Stadel an einem Feldkreuz (Tafel), wo man den herrlichen Blick auf das Ammergebirge und den vorgelagerten Trauchberg genießt. Weiter geht es in den Bruchwald (Tafeln). Beim „Huidingerle" verzweigt sich der Weg zunächst, dem rechten Weg folgend gelangt man an den Rand ehemaliger Torfstiche (Tafel), der dicht mit Heidekraut, Rauschbeer- und Heidelbeerbüschen bewachsen ist. Ein kleines Stückchen

weiter kann man an einer Tafel die Zeitgeschichte in der Moorwand ablesen. Auf dem Rückweg kommt man zur Königsfilzhütte und erfährt etwas über das „Wäsenstechen". Der Weg führt weiter gerade durch das Moor. Der Sage nach sollte man sich auf keinen Fall umdrehen, weil sonst der Moosriese „Huidingerle" den allzu Neugierigen in den Sumpf zieht. Vor der Krumbachbrücke biegt man rechts ab. Über einen Stichweg erreicht man einen Nagelfluh-Felsen (Tafel) mit Aussichtspunkt, einer der beschaulichsten Plätze im Moor. Zurück auf dem Hauptweg informieren im weiteren Verlauf Lehrtafeln über die Pflanzenwelt des Moores und seine Umgebung. Auf den Streuwiesen am Rande

des Filzes blühen u. a. Mehlprimeln, Enzian (Mai) und Arnika (August). Von einer Bank mit Tafel reicht der Blick über das Moor hinüber zum Auerberg (1055 m). Der Feldweg nach Prem endet kurz vor dem Spielplatz „Im Filz". Rechts haltend kommt man durch den Ortsteil „Im Filz" mit sehr alten Bauernhöfen aus dem 17. und 18. Jahrhundert. Auf der Röthenbachstraße verlässt man den alten Ortskern und gelangt nach wenigen hundert Metern wieder zum Ausgangspunkt.

Bei einer geführten Wanderung durch das Premer Moor (Jeden Dienstag von Ende Mai bis Ende September) erfährt man viel Wissenswertes über geologische Zusammenhänge, Geschichte und Pflanzen des Hochmoors und die Ausrüstung der Torfstecher. Nähere Informationen erteilt die Tourist Information Prem, Tel. 08862 7256

Pilgerweg

Länge: einfach ca. 10 km, Gehzeit: ca. 3 Std. Der leicht ansteigende Wanderweg führt auf Feldwegen zur Wieskirche und ist überwiegend sonnig.

Radfahren

Viele radlbare Wege knüpfen an ein weit verzweigtes Radnetz an, das allen Ansprüchen gerecht wird. In der Region gibt es auch zahlreiche Vermietungsstellen für E-Bikes. Eine Wanderkarte mit Radwegen ist im Verkehrsamt erhältlich.

Eine Wanderkarte mit Radwegen und Loipen für das Gebiet Prem - Steingaden - Wildsteig ist in den jeweiligen Verkehrsämtern erhältlich, so dass sich jeder seine individuelle Tour zusammenstellen kann.

Orts- und Infrastuktur

Bodenständige Gaststätten bieten eine gute, regionale Küche.

Verkehrswege

Prem am Lech ist wegen seiner zentralen Lage ein günstiger Ausgangspunkt für Ausflüge zu weltberühmten Sehenswürdigkeiten der Region.

Wichtige Adressen und Telefonnummern

Tourist-Info
Schulweg 6
D-86984 Prem
Tel. +49 (0)8862 7256
Fax +49 (0)8862 7639
info@prem-am-lech.de
www.prem-am-lech.de

Bildung

Der Kindergarten am Ort ist für junge Familien ein wichtiger Faktor.

Wirtschaft und Ausbildung

Prägend sind Baugewerbe sowie landwirtschaftlich genutzte Flächen.

Ingenried

Liebliche Gemeinde im Auerbergland

Die Höhenlage zwischen 760 und 900 m ü. M. macht die Gemeinde im Auerbergland zu einem gern besuchten Ferienort. In dem Dorf, zu dem die Ortsteile Erbenschwang, Huttenried, Krottenhill und Bahnhof gehören, leben etwa 1.000 Einwohner.

Kurzer Blick ins Geschichtsbuch

Durch ein Tauschgeschäft im Jahr 1785 wechselte die Gemeinde vom Kloster Steingaden zum Hochstift Augsburg, dem es bis zum Gemeindeedikt von 1818 angehörte.

Sehenswürdigkeiten

Die Pfarrkirche St. Georg stellt ein bedeutendes Kulturdenkmal dar. 1745 mit dem Bau begonnen, arbeiteten viele bekannte Handwerker an der Kirche, u.a. auch Dominikus Zimmermann, der Schöpfer der nahen Wieskirche.

Freizeit und Sport

Das zwischen Ingenried und Erbenschwang künstlich angelegte Freibad bietet Erholung und Badespaß für Jung und Alt.

Wichtige Adressen und Telefonnummern

Gemeinde Ingenried
Kirchenstr. 3, D-86980 Ingenried
Tel. +49 (0)8868 757
gemeinde@ingenried.bayern.de
www.ingenried.de

Ingenried
(Bild Flodur63)

Schwabbruck
Der ruhige Ort im Auerbergland

Nordöstlich des Auerbergs liegt die kleine Gemeinde an dem idyllischen Bachlauf der Schönach. Auf 733 m ü. M. und mit etwa 990 Einwohnern wartet Schwabbruck mit einem unvergleichlichen Panorama auf. Weit schweift der Blick über das Grün der Wiesen, moorige Filze und stille Bäche.

Kurzer Blick ins Geschichtsbuch

Erstmals urkundlich erwähnt wurde der Ort im Jahr 1059. Während der Pest wurde der Ort fast vollständig entvölkert. Der Bau einer Brauerei 1640 zog viele Siedler aus Tirol und dem Allgäu ins Schönachtal.

Sehenswürdigkeiten

In der aus dem Jahr 1493 stammenden Pfarrkirche St. Walburga, die in barockem Stil ausgestattet ist, lohnt die Besichtigung des Deckengemäldes, das von J.A. Huber um 1795 in einer vollendeten Farbharmonie geschaffen wurde.

Freizeit und Sport

Die Gegend um Schwabbruck ist ein Paradies für Naturliebhaber, die auf gut ausgeschilderten Wander- und Fahrradwegen das Schönachtal erkunden und die Schönheiten der Landschaft entdecken können. Immer wieder genießt man den weiten Blick auf das Voralpenland und die bayerische Alpenwelt.

Wichtige Adressen und Telefonnummern

Gemeinde Schwabbruck
Dorfstr. 5, D-86986 Schwabbruck
Tel. +49 (0)8868 240
Fax +49 (0)8868 18 08 12
gemeinde@schwabbruck.bayern.de
www.schwabbruck.de

St. Walburga
(Bild Flodur63)

115

Schwabsoien

Am Quellgebiet der Schönach

Schwabsoien (1305 Einwohner, 746 m ü. M.) und das eingemeindete Sachsenried (836 m ü. M.) liegen im Westen Oberbayerns, nahe an der Grenze zu Schwaben. Die Hügellandschaft wird geprägt von der Schönach, die der Region ihren malerischen Reiz gibt.

Jedes Jahr am Pfingstmontag steht das Dorf ganz unter dem Eindruck des Mühletags, der mit seinen historischen Attraktionen Tausende Besucher anlockt.

Kurzer Blick ins Geschichtsbuch

Schwabsoien wird erstmals in einer Schenkungsurkunde im Jahr 1249 erwähnt. Der Name „-soien" leitet sich ab von Seen, die längst verlandet sind.

In der ehemaligen Poststation, die bereits 1423 eingerichtet wurde, ist heute ein historisches Gasthaus etabliert.

Am 6. September 1823 ging nahezu das ganze Dorf in Flammen auf. 65 der 87 bestehenden Gebäude brannten ab. Unter anderem auch die Kirche und alle öffentliche Gebäude.

Bei den Schongauer Hexenprozessen in den Jahren 1589 bis 1592 wurden auch Frauen aus Schwabsoien und Lena, eine Frau aus Sachsenried, zum Tode verurteilt.

Sehenswürdigkeiten

Am 5. August 1827 hat der Augsburger Bischof Ignaz Albert von Riegg die Pfarrkirche St. Stephan feierlich geweiht. Die heutige Ausstattung er-

Schwabsoien
(Bild Gemeinde Schwabsoien)

St. Stephan
(Bild Gemeinde Schwabsoien)

hielt die Kirche bei der Restaurierung in den Jahren 1906 und 1907.

Die Feldkapelle westlich von Sachsenried wurde erstmals 1715 erwähnt.

Die katholische Pfarrkirche Sachsenried ist im Kern gotisch, sie wurde später erweitert und umgestaltet. – Im Friedhof ist eine Sammlung von 60 schmiedeeisernen Grabkreuzen zu besichtigen aus der Zeit von Ende 17. bis 20. Jahrhundert.

Neben den Hammerschmieden hat die Schönach die Wasserräder von Säg- und Mahlmühlen angetrieben.

Keller-Mühle

In der Kaufbeurer Straße 8 steht die ehemalige Mahlmühle von Wilhelm Keller. Die Geschichte des Anwesens reicht nach der Dorfchronik bis ins Jahr 1517 zurück. Heute befindet sich eine Hebammenpraxis in der Mühle.

Zollhaus

Die Zollstelle ging zurück auf Herzog Albrecht III. Der Bau aus dem Jahre 1824 hebt sich in seiner Bauweise deutlich von seiner Umgebung ab. Heute werden in diesen historischen Räumen Gäste bewirtet.

St. Martin
(Bild Gemeinde Schwabsoien)

Pröbstl-Mahlmühle
(Bild Gemeinde Schwabsoien)

Pröbstl-Mahlmühle

Auf dem Gelände der Familie Pröbstl in der Füssener Straße 4 stand ehemals die Hammerschmiede „Beim Schmiedfranzer".

Hammerschmiedemuseum
(Bild Gemeinde Schwabsoien)

Museen

Das Kutschenmuseum ist nach Vereinbarung zu besichtigen. Im Inneren werden auf 3 Etagen Kutschen, Schlitten und alte Handwerkskunst gezeigt. Die Sammlung umfasst ca. 30 Fahrzeuge, alle eigenhändig restauriert.

Im Hammerschmiedemuseum wird Schmiedekunst der letzten 4 Jahrhunderte präsentiert. Es ist von Mai bis September jeweils am 1. und 3. Sonntag im Monat von 14 bis 16 Uhr geöffnet. Die Schmiede wurde erstmal 1415 erwähnt und 1986 mit umfangreicher Restaurierung begonnen.

1922 wurde die Pröbstl-Mahlmühle errichtet. Im Jahre 1926 wurde ein Wasserrad mit 5 m Durchmesser ge-

Schönach
(Bild Gemeinde Schwabsoien)

baut. Hier kann man Mahlprodukte aus der Region in verschiedenen Mahlgraden erwerben.

Feste und Feiern – Ein Blick in den Jahreslauf

Am Pfingstmontag findet alljährlich das große Mühlendorf-Fest statt, bei dem die historischen Attraktionen im Mittelpunkt stehen. Auskunft zum Mühlendorf Schwabsoien gibt es bei der Gemeindeverwaltung Schwabsoien Tel. 08868 231

Freizeit und Sport

Radfahren

Das Sachsenrieder Bähnle fuhr von Kaufbeuren bis zur Haltestelle „Sachsenrieder Forst", von wo aus Wanderwege zur Ausflugsgaststätte „Waldhaus" führten. 1977 erfolgte die Stilllegung. Im Landkreis Weilheim-Schongau wird die ehemalige Bahntrasse zum Teil noch als Wirtschaftsweg genutzt.

Die Themenradroute verbindet Kaufbeuren über die Dampflok-Runde mit dem Ammer-Amper-Radweg in Richtung Peiting, Peißenberg und Weilheim sowie dem Ammersee.

Kutschenmuseum
(Bild Gemeinde Schwabsoien)

Schwabsoien
(Bild Flodur63)

Besonderes und Einzigartiges

Putzsandhügel „Am Elder" (Fegsand)

Der Putzsandhügel „Am Elder" ist eine geologische Sehenswürdigkeit aus der Eiszeit. Der Hügel besteht aus zermahlenen Muschel- und Schneckengehäusen.

Orts- und Infrastuktur

Verkehrswege

Eine Buslinie sorgt für verkehrsgünstige Anbindung.

Schule

Im Gemeindekindergarten und in der Grundschule wird den Bedürfnissen der Kleinen mit großen Engangement Rechnung getragen.

Altersgerecht

Über das Jahr verteilt wird für die ältere Generation ein ansprechendes Programm mit Ausflügen, Wanderungen und Vorträgen angeboten.

Wichtige Adressen und Telefonnummern

Gemeinde Schwabsoien
Schongauer Straße 1
D-86987 Schwabsoien
Tel. + 49 (0)8868 231
Fax + 49 (0)8868 1582
gemeinde@schwabsoien.bayern.de
www.schwabsoien.de

120

Die Schönach
(Bild Gemeinde Schwabsoien)

Steingaden
Erholungsort mit historischem Charme

Steingaden ist ein staatlich anerkannter Erholungsort (763 m ü. M.) mit ca. 2.800 Einwohnern in 53 Ortsteilen. Das malerische Voralpenland, einzigartige Baudenkmäler und hochkarätige kulturelle Veranstaltungen, machen jeden Aufenthalt zu einem nachhaltigen Erlebnis.

Auch für Sport- und Naturbegeisterte bietet Steingaden genussvolle Wander- und Radwege sowie herrliche Ausblicke über das Welfendorf und die Alpen.

Kurzer Blick ins Geschichtsbuch

Das Prämonstratenserkloster Steingaden wurde 1147 durch Herzog Welf VI. gegründet. Vor seinem Kreuzzug ins heilige Land stiftete er den Prämonstratensern das Kloster zu Steingaden. Der Glanz der klösterlichen Zeiten lässt sich auch heute noch

erkennen. Das prächtige Welfenmünster, der Welfenbrunnen und die idyllische Welfenstraße tragen heute noch seinen Namen.

Marktplatz

Sehenswürdigkeiten

Welfenmünster – Klosterkirche

Die ehemals romanische Prämonstratenser-Stiftskirche St. Johannes

Steingaden

Welfenmünster

Baptist dient seit der Säkularisation des Klosters Steingaden als katholische Pfarrkirche. Sie wurde im 17. und 18. Jahrhundert barockisiert und gilt heute als eine der bedeutendsten Sehenswürdigkeiten des Pfaffenwinkels. Ein kleiner Führer zum weitläufigen Klosterareal (Auf klösterlichen Pfaden) ist im Tourismusbüro erhältlich.

Wieskirche

Siehe Beschreibung Wieskirche auf Seite 132.

Kirche St. Maria Magdalena in Urspring

St. Maria Magdalena

Kurze Wanderung durch das Bachtal zur Kirche mit den beeindruckenden Kreuzwegbildern. Teile der Kirche (Turm, Portal mit Skulpturen, Mauerreste) sind romanisch. Ein Umbau erfolgte in der Spätgotik; Ausstattung im 16., 17. und 18. Jahrhundert.

Heilig Kreuz Kirche auf dem Kreuzberg

Höhepunkt für die Gläubigen ist der alljährliche Ulrichsritt, der jeweils am Sonntag nach dem Ulrichstag (4. Juli) stattfindet.

Kirche Maria Heimsuchung in Ilgen

Stuckateur und Baumeister der Kirche war Johann Schmuzer aus Wessobrunn.

Museen

Klostermuseum

Klostermuseum

Die altehrwürdigen Räumlichkeiten im ehemaligen Apothekentrakt des Prämonstratenser-Chorherrnstifts präsentieren sich in neuer Funktion: Dort ist inzwischen eine reichhaltige Sammlung mit vielfältigen Exponaten aus allen Epochen der 650-jährigen Steingadener Klostergeschichte entstanden. Geöffnet: April bis September jeden Donnerstag von 16.00 - 18.00 Uhr. Absolut sehenswert ist auch der Klostergarten St. Johannes nur wenige Schritte vom Klostermuseum entfernt.

Wiesmuseum

Im Wallfahrtsmuseum im Anbau der Wieskirche ist anhand von Zeugnissen die Geschichte der Wallfahrt zum Gegeißelten Heiland ausgestellt.

Galerie am Klosterhof

Kunst zwischen Tradition und Moderne ist in der Galerie am Klosterhof ausgestellt, Tel. 08862 93 24 621.

Kulturelles

Steingadener Blütentage

Alle zwei Jahre finden die „Steingadener Blütentage" statt. Die Blütentage bieten Natur- und Gartenfreunden alles, was das „grüne Herz" begehrt! Hobbygärtner und Pflanzenfreunde aus Nah und Fern werden mit allen Sinnen verführt.

Genießen Sie Blüten, Düfte, Farben und ausgefallene Blattstrukturen. Auch ein vielseitiges Angebot von Gartenaccessoires finden Sie hier.

Ausstellungen von Künstlern und Handwerkern, mit Kreationen der Floristen, mit einem breiten Vortragsprogramm, Musik- und Kinderprogramm und kulinarische Köstlichkeiten runden die Veranstaltung ab.

Blütentage

Ulrichsritt

Viele Vereine bringen sich im Dorfleben und Brauchtum ein. Trachtenfeste, Sportveranstaltungen, Dorffeste, Theateraufführungen, Konzerte, Historische Aufführungen …

Konzerte

Während des ganzen Jahres werden in der Wieskirche zahlreiche Konzerte aufgeführt, siehe separater Text Wieskirche.

Religiöse Bräuche

Fronleichnam

An Fronleichnam zieht nach dem Festgottesdienst die traditionelle Prozession durch die Straßen des ehemaligen Klosterdorfes, begleitet von festlichen Klängen der Musikkapelle.

Ulrichsritt

Nach altem Brauch, der auf ein Gelübde in der Pestzeit zurückgeht, findet alljährlich am Sonntag nach dem Ulrichtag (4. Juli) der St. Ulrichsritt statt.

Die Reiter aus der Gemeinde Steingaden treffen sich um 9.00 Uhr auf dem Marktplatz zur Prozession zu der kleinen Kirche auf dem Kreuzberg, 3 km südlich von Steingaden. Unterwegs stoßen die Reiter aus den umliegenden Gemeinden dazu, sodass es über 100 Reiter sind, die auf der Wiese unterhalb der Kreuzbergkirche in heimischer Tracht mit ihren liebevoll geschmückten Kaltblutpferden zum Festgottesdienst mit anschließender Segnung der Pferde zusammenkommen.

Sternsinger

Sternsinger

Am Dreikönigstag, 6. Januar, halten mehr als 50 Buben und Mädchen einen schönen Brauch lebendig. Als Sternsinger feiern die prächtig gewandeten Könige und ihre Sternträger den Festgottesdienst im Welfenmünster mit. Von dort werden sie anschließend in Gruppen ausgesandt in alle Straßen und Ortsteile der Gemeinde, um die Botschaft von der Geburt Jesu hinauszutragen und den Einwohnern Gottes Segen zu wünschen.

Kurioses und Originelles

Der Klostergarten St. Johannes

Als bleibendes Erbe der 1. Steingadener Blütentage im Jahr 2008 ist der Pfarrgarten in einen immer geöffneten Lehr- und Meditationsgarten verwandelt worden. In einer Führung, u. a. auch beim zentralen Labyrinth, erschließt sich die tiefe Symbolik. Der Rundgang führt durch zwölf Themenkreise mit vielerlei Heilpflanzen, duftenden Kräutern und Nutzpflanzen, Symbolpflanzen, Pflanzen der Bibel, bunten Garten- und Wildblumen.

Freizeit- und Sport

Wandern

Ein ausgedehntes Wegenetz lädt dazu ein, die unverfälschte Natur zu genießen.

Wallfahrtsweg Steingaden – Wieskirche

Kürzester und einfachster, sehr reizvoller Weg zur Wieskirche führt über Gagras und Litzau.

Panoramarundweg ca. 7 km

Tourist Information – Krankenhausstraße – herrlicher Aussichtspunkt auf

Klostergarten

der Egg – Ursprung - Oberer Lechsee
– Illach – über Storchenmoosweiher
zurück nach Steingaden.

Moorlehrpfad
Steingaden – Prem

Etwas ganz Besonderes ist die Wanderung über Ursprung, Steingädele und
den Moorlehrpfad nach Prem. (Länge:
ca. 12 km, Gehzeit: ca. 3 Std.)

Meditationsweg

Von der Wieskirche bei Steingaden bis
zum Schloss Linderhof kann man auf
dem Meditationsweg durch das Ammertal pilgern. Nähere Informationen
unter www.brennendes-herz.de

Brettleweg

Weitere Wege

Kreuzbergrunde, Osterbichlrundweg,
Lauterbachrundweg, Reitersaurund-
weg, Brettleweg.

Kräuterwanderung

„Delikatessen am Wegesrand". Unter
diesem Motto stehen die beliebten
Wildkräuterführungen von Mai bis
September. Termine nach telefonischer Anmeldung, Tel. 08862 340.

Radfahren

Die Tourist Information hält Radwan-
derkarten bereit. Die Touren reichen
von „kinderfreundlich, 4,5 km", über
Genusstouren bis hin zur anspruchsvollen Mountainbike-Tour, 50 km.

Badespaß

Der Bismarckweiher in Steingaden und
der Deutensee, ca. 7,5 km von Steingaden entfernt, laden zum Baden ein.

Im Winter

Ski und Rodel gut heißt es am Hausberg „Gagras", der gerade für die Kleinen der ideale Übungshang ist.

Skilifte

3 km nördlich von Steingaden bieten der Ilgen-Schlepplift mit ca. 500 m Abfahrt und ein kleinerer Schlepplift bei entsprechender Schneelage ein Skivergnügen für die ganze Familie.

Langlauf

Auskünfte zu den Loipen erteilt die Tourist Information.

Ganzjährig

Die Bücherei im Fohlenhof ist jeden Montag und Donnerstag von 16.00 bis 18.30 Uhr geöffnet sowie am Mittwoch von 10.00 bis 11.00 Uhr.

Orts- und Infrastuktur

Bildung

Zum Bildungsangebot für Kinder gehören Kindergarten und Kinderkrippe, Grundschule, Mittelschule.

Erwachsene finden im Bildungs- und Tagungszentrum der Kath. Landvolkshochschule Wies während des ganzen Jahres ein breit gefächertes Veranstaltungsprogramm (Tel. 08862 91 04 0).

In der Bildungs- und Erholungsstätte Langau e. V. finden Gruppen und Einzelpersonen ein harmonisches Umfeld für Freizeiten, Raum für Stille und Einkehr (Tel.08862 91 02 0).

In der Tagungs- und Bildungsstätte „Karl-Eberth-Haus" stehen passende Räumlichkeiten zum Tagen, Erholen und Genießen zur Verfügung. Verschiedene Seminar- und Gruppenräume sowie großzügige, moderne Speisesäle machen das Haus zu einem idealen Aufenthaltsort für Tagungen, Freizeiten oder eine Auszeit, Tel. 08862 281.

Altersgerecht

Senioren finden im Seniorenwohn- und Pflegeheim „Haus Charlotte von Kusserow" einen angenehmen Lebensabend.

Verkehrswege

Von Frankfurt - Stuttgart

Über die Autobahn A7, über die Romantische Straße (B17), von München über die A96 , mit der Bahn nach Schongau, Weilheim oder Füssen.

Wichtige Adressen und Telefonnummern

Tourist Information

Krankenhausstraße 1
D-86989 Steingaden
Tel. +49 (0)8862 2 00
Fax +49 (0)8862 64 70
www.steingaden.de
tourist-info@steingaden.de

Klosterbrunnen

Wieskirche

Bilder Gemeinde Steingaden,
W. Böglmüller

Essen und Trinken

Fischerhaus Steingaden

Köstlichkeiten aus fangfrischem Fisch, die Käsespezialitäten der Schönegger Käsealm sowie Kaffee und hausgemachten Kuchen wird im Verkaufsbistro des Fischerhaus in Steingaden serviert. Fischerhaus Steingaden, Fohlenhof, 86989 Steingaden, Tel. +49 (0) 8862 91 14 365, info@fischerhaus-steingaden.de, www.fischerhaus-steingaden.de

Gartenterrasse

Landgasthof Lindenhof

In dem schattigen Biergarten lässt es sich gut schmecken. Hier werden bei schönem Wetter die Schmankerl aus der Küche serviert, die der Gast mit einem frisch gezapften Bier genießt. Landgasthof Lindenhof, Schongauerstr. 35, D-86989 Steingaden, Tel. +49 (0)8862 6011, info@lindenhof-steingaden.com, www.lindenhof-steingaden.com

Fischerhaus Steingaden

Direkt an der Romantischen Straße liegt das Fischerhaus, auf dessen Gartenterrasse man köstlich fangfrischen Fisch und die Käsespezialitäten der Schönegger Käsealm genießen kann. Außerdem wird zum Kaffee hausgemachter Kuchen serviert. Fischerhaus Steingaden, Fohlenhof, 86989 Steingaden, Tel. +49 (0) 8862 91 14 365, info@fischerhaus-steingaden.de, www.fischerhaus-steingaden.de

Übernachten

Landgasthof Lindenhof

Als Übernachtungsstation an der Romantischen Straße ist der Lindenhof in Steingaden eine empfehlenswerte Adresse, sind doch die Gästezimmer im Haus modern und lieblich verspielt eingerichtet. Außerdem finden Wanderreiter, die auf dem Weg durch Steingaden sind, auch für ihre Vier-

beiner einen Platz im modern eingerichteten Pferdestall.

Landgasthof Lindenhof, Schongauerstr. 35, D-86989 Steingaden, Tel. +49
(0)8862 6011,
info@lindenhof-steingaden.com,
www.lindenhof-steingaden.com

Feiern

Ob Hochzeit oder Geburtstagsfeier,
Jubiläum oder Familientreffen - für

jeden Anlass finden sich im Gasthof
Graf Räumlichkeiten und eine unver-
wechselbare bayerische Küche, die
durch bodenständige Raffinesse verfeinert wird.

Gasthof Graf, Schongauer Str. 15,
D-86989 Steingaden, Tel. +49
(0)8862 246, Fax +49 (0)8862 6454,
gasthof-graf @gmx.de,
www.gasthof-graf.de

Weihnachten in Steingaden

Wieskirche

Tor zum Himmel, Tor zum Glauben

Zu sich finden im Gebet – bereits in der Antike haben sich Menschen auf den Weg gemacht, um eine Pilgerreise zu unternehmen, um ein religiöses Gebot zu erfüllen oder ein Gelübde abzulegen. Diese Reise, in früherer Zeit meist ins Heilige Land, nach Rom oder Santiago de Compostella, war getragen von der Hoffnung, dass das Gebet erhört werde, die Pilger fühlten sich gestärkt im Glauben an Göttliche Allmacht. Ziel einer Wallfahrt ist von alters her ein als heilig betrachteter Ort. Und so nimmt es nicht Wunder, dass die „Kirche in der Wies" bereits im 18. Jahrhundert herausragendes Wallfahrtsziel war. Die Wallfahrt als Weg zu Gott, als Weg zu sich selbst, sich zu finden im Gebet, Kraft zu schöpfen in einem spirituellen Umfeld – heute, in einer stressgeplagten Zeit, wichtiger denn je.

Wallfahrtskirche „Zum Gegeißelten Heiland auf der Wies"

Wallfahrt früher

Diese Wallfahrt entwickelte sich aus der Verehrung einer Statue des Gegeißelten Heilands, die 1730 von Pater Magnus Straub und Bruder Lukas Schweiger im Kloster Steingaden gefertigt und in den Jahren 1732 bis 1734 bei der Karfreitags-Prozession des Klosters mitgetragen wurde. 1738 ging diese Statue jedoch in Privatbesitz eines Bauern auf der Wies über. Am 14. Juni desselben Jahres bemerkte

die Bäuerin Maria Lori während ihres andächtigen Gebetes in den Augen der Christusfigur Tränen. Dieses Tränenwunder verbreitete sich wie ein Lauffeuer über die westliche Welt, Christen aller Herren Länder kamen, um zum Gegeißelten Heiland zu be-ten. Mehr und mehr Pilger und Wallfahrer kamen, um in tiefer Gläubigkeit das Bildnis des Heilands zu verehren. Dies machte den Bau einer kleinen Feldkapelle notwendig. 1744 wurde die Erlaubnis eingeholt, in dieser Kapelle die Messe zu lesen, womit die Wallfahrten den offiziellen Segen der Kirche erhielten.

Wallfahrt heute

Nun so will ich alles lassen,
auf die Wies zu Jesus geh'n,
mich begeben auf die Straßen
und mit Freuden ihn anseh'n.
Schönster Jesus auf der Wies,
der so voller Gnaden ist.

(Auszug aus einem alten Wallfahrtslied aus Franken)

Jeder ist herzlich eingeladen zu einer Fußwallfahrt zur Wieskirche. 20 Minuten oder 2 ½ Stunden – ganz individuell lässt sich der Weg nach eigener Konstitution planen. (Im Winter sind die Wege z. T. nicht begehbar.) Nach vorheriger telefonischer oder schriftlicher Anmeldung ist es möglich, mit einem Priester die Messe zu feiern. Vorschläge für die Gestaltung eines Wallfahrtsgottesdienstes werden gerne unterbreitet.

Auch eine eigene Wallfahrtsandacht kann – nach vorheriger Anmeldung – gehalten werden. Diesbezügliche Fragen werden unter der Tel.-Nr. 08862 93 2 93-0 gerne beantwortet.

Jeden Dienstag, Mittwoch und Samstag wird um 10.00 Uhr eine Wallfahrtsmesse zelebriert.
Am Sonntag sind die Gottesdienste um 8.30 Uhr und 11.00 Uhr
Fest der Tränen Christi

Am 14. Juni 1738 bemerkte die Bäuerin Maria Lori während ihres andächtigen Gebetes Tränen in den Augen einer geschnitzten Christusfigur, so dass dieser Tag für die Wieskirche zu den größten Festtagen zählt. Des Tränenwunders wird jährlich mit einem Festgottesdienst um den 14. Juni gedacht.

Kirche „In der Wies"

„Hoc loco habitat fortuna,
hic quiescit cor"
An diesem Ort wohnt das Glück,
hier kommt das Herz zur Ruhe.
(In einem Fenster des Prälatensaales der Wies)

Ruhe suchen, Ruhe finden, Ruhe zulassen. Ruhe als Ausdruck des Berührtseins, ehrfürchtige Ruhe für dieses besondere Gotteshaus, für die besondere Ausstrahlung dieses Heiligtums, Ruhe, die alle Saiten der Seele zum Schwingen bringt, Ruhe im Ankommen an einem Ort, wie er kaum schöner sein kann auf dieser irdischen Welt. Der Besucher steht und staunt über die Herrlichkeit und lauscht

hinein in dieses reiche Bilderbuch des Glaubens, wird Teil der Barmherzigkeit Gottes.

Die Wieskirche
Ein Gotteshaus

Die Barmherzigkeit (Lateinisch: misericordia) öffnet ihr Herz fremder Not und nimmt sich ihrer mildtätig an. Wem es gelingt, hinein zu lauschen in das jubelnde Lied, das der große Baumeister Dominikus Zimmermann mit diesem harmonischen Kunstwerk angestimmt hat, der sieht die Wieskirche in strahlender Verehrung des Allmächtigen.

Vater unser im Himmel …, Pater imôn o en tîs uranîs …, Abu-n d-ba-schm-ayo …, aba:-na: allazi: fi: al-sama:wa:t-i …, Vor Fader du som er i himlene …, Our Father which art in heaven …, Padre nuestro que estás en los cielos …

Vielfältig sind die Sprachen, die man in der Wieskirche vernehmen kann – Gott versteht sie alle. Vielfältig sind die Gebete, die vor den Herrn getragen werden, er erhört sie alle: Lieber

Gott, mache meine Mutter wieder gesund, lieber Gott, hilf mir bitte, zeige mir den richtigen Weg, den ich verloren habe, danke, Gott, dass ich in einem so schönen Land leben darf, danke dir für die Seen und Berge meiner Heimat … So ist es zu lesen in der Gebetsnische. Zettel liegen bereit, auf denen jeder sein Anliegen ausbreiten darf, denn Gott ist ein gütiger, ein barmherziger Gott, ER ist die Achse, um die sich die Welt dreht.

Die Wieskirche – ein Ort der Begegnung

Frieden beginnt da, wo man sich begegnet, wo Zuneigung und Verständnis füreinander wachsen können. Unter diesem Leitgedanken ist die Wieskirche ein Ort der Begegnung für alle, die an Kunst und Musik, an Kirchenfesten und –feiern Freude haben. Zu oftmals außergewöhnlichen Begegnungen kommt es auch auf dem Jakobsweg, der als historischer Pilgerweg direkt an der Wieskirche vorbei führt.

Die Wieskirche
Eine der schönsten
Rokoko-Kirchen der Welt

Aus aller Welt kamen die Pilger, um das Gnadenbild des Gegeißelten Heilands auf der Wies zu schauen. Eine kleine Kapelle, die noch heute am Parkplatz steht, und auch der später hinzugefügte hölzerne Anbau konnten die vielen Wallfahrer längst nicht mehr fassen, so dass Abt Hyazinth Gassner sich auf Drängen des gläubigen Volkes hin entschloss eine große Wallfahrtskirche bauen zu lassen.

Bereits 1745 erteilte er Dominikus Zimmermann den Auftrag zum Bau der Wallfahrtskirche. Für das Gnadenbild des 'Gegeißelten Heilandes' wurde die Wieskirche konzipiert und gebaut. Es bleibt anzunehmen, dass dieser von tiefer persönlicher Frömmigkeit und pastoraler Sorge geprägte Abt und Theologe das tiefsinnige theologische Bildprogramm der Wieskirche entworfen hat. Er verstarb am 28. März 1745.

Am 16. Mai 1745 wurde Nachfolger Marianus II. zum Abt gewählt. Die offizielle Grundsteinlegung der Kirche – ein Teil des Prälatenhauses war zu diesem Zeitpunkt bereits gebaut – erfolgte am 10. Juli 1746. Abt Marianus Mayr realisierte schließlich den begonnenen kostspieligen Bau der „Wallfahrtskirche zum Gegeißelten Heiland auf der Wiß".

Den Wessobrunner Brüdern Dominikus und Johann Baptist Zimmermann ist es gelungen, mit der Wieskirche ein Meisterwerk des Rokoko zu schaffen (1745 – 1754). Jeder Wieswallfahrer und jeder Wiesbesucher ist von diesem grandiosen Bauwerk in den Bann gezogen, vom harmonischen Licht, das die Baumeister eingefangen haben.
Die Wieskirche ist eine der berühmtesten Rokokokirchen der Welt und wurde 1983 in die Liste der UNESCO-Welterbestätten aufgenommen.

Die Orgel der Wieskirche

Dominikus Zimmermann hat den Klangkörper der Orgel in der Wies mit seinem Einfühlungsvermögen ohnegleichen in die Gesamtarchitektur eingefügt, indem der Rokokoprospekt das Oval des Raumes im Westen schließt.
Der Orgelbauer Winterhalter bekam im Jahre 2007 den Auftrag für eine Orgelerneuerung in der Wieskirche und erlebte damit die Krönung seines jahrzehntelangen Schaffens. Er verwirklichte die Idee, eine neue „Winterhalter-Orgel" zu konstruieren als konsequente Erweiterung des historischen Kerns. Dabei sollte die süddeutsche Barocktradition im Mittelpunkt stehen. Das Resultat ist eine ungewöhnliche Orgel in einem einzigartigen Kirchenraum.

Die Orgel steht im Mittelpunkt der Gottesdienste.

Die „Königin der Instrumente" erklingt auch im Rahmen der Konzertreihe „Musik und Wort in der Wieskirche". Zu dieser meditativen Kirchenmusik ist jeder herzlich eingeladen.
„Festlicher Sommer in der Wies", „Musik im Pfaffenwinkel" und weitere hochkarätige Kirchenkonzerte begleiten festlich durch das Kirchenjahr. Das aktuelle Programm mit den Terminen ist der website zu entnehmen: www.wieskirche.de

Katholische Wallfahrtskuratiestiftung St. Josef – Wies

Wies 12, D-86989 Steingaden
Tel. +49 (0)8862/93 2 93-0
Fax +49 (0)8862/93 2 93-10
www.wieskirche.de

Zu Gast im Karl-Eberth-Haus

Inmitten eines weitläufigen Parks oberhalb von Steingaden liegt das ehemalige Schloss der Reichsgrafenfamilie von Dürckheim-Montmartin. In seiner wechselvollen Geschichte diente es seit 1885 als Sommerwohnsitz, Wohnhaus, Dienstgebäude der amerikanischen Truppen 1945 und als Einrichtung für die Evangelische Seelsorge in der Bundeswehr. Erweiterungs- und Renovierungsmaßnahmen während der Jahrzehnte bescherten dem Haus sein heutiges Erscheinungsbild.

Ankommen, abschalten, auftanken

Heute verwöhnt das Haus mit einer einmaligen Atmosphäre seine Gäste, die als Gruppenreisende, Familien oder Seminarteilnehmer willkommen sind. Urlaub oder Tagen, beides ist entspannt nebeneinander möglich.

Übernachten im Schloss

Gemütlich und mit allem Komfort sind die Gästezimmer eingerichtet. Im Haus befinden sich Einzelzimmer sowie auch geräumige Doppel- und Familienzimmer. Mit einem abwechslungsreichen Frühstücksbuffet startet hier der gute Morgen.

Regionale und frische Zutaten für die Küche

Darauf wird im Karl Eberth Haus größter Wert gelegt. Gerne richtet das Team auch Buffets an und grillt in den Sommermonaten Köstliches im Schlossgarten. Diät- und Sonderkostformen werden selbstverständlich berücksichtigt.

Viel Raum für Ideen

In den hellen Tagungsräumen arbeitet man mit moderner Tagungstechnik mitten in der Natur. Auch für Familienfeiern oder Firmenanlässe bieten sich die großzügigen Räumlichkeiten an. Der vorbildliche Service und die gastronomischen Fähigkeiten im Haus runden das Angebot ab.

Karl-Eberth-Haus

Graf-Dürckheim-Str. 10
D86989 Steingaden
Tel. +49 (0)8862 281
Fax +49 (0)8862 63 03
info@karl-eberth-haus.de
www.karl-eberth-haus.de

Der Traditionsgasthof in Steingaden

Lindenhof

„Sehr gastfreundlich und mit viel Liebe eingerichtet. Gut bürgerliches Essen in schönem Ambiente. Ein großes Lob an die Chefin ...“ So, oder so ähnlich klingen die Kommentare, wenn man in den sozialen Netzwerken nach dem traditionsreichen Lindenhof in Steingaden stöbert.

Der Ruf des Lindenhof ist weit über die Region hinaus bekannt, gehen doch die Ursprünge des Anwesens bereits auf das Jahr 1800 zurück. In den 1970er Jahren wurde das Haus von dem ehemaligen, langjährigen Eigentümer zu einem gastronomischen Betrieb mit Übernachtungsmöglichkeit umgebaut. Da dieser auch Pferdezüchter war, baute er gleichzeitig einen Pferdestall aus. Damit war auf dem Lindenhof, der heute über 18 Pferdeboxen verfügt, der Grundstein

für genussvolle Reiterferien gelegt. Nach umfangreichen Umbaumaßnahmen im Lindenhof sieht die neue Eigentümerin, Silvia Hübner, die Zukunft des Hauses gesichert.

So präsentiert sich der Lindenhof heute

In der urigen Gaststube lässt man es sich schmecken. Hier werden die feinen Speisen aus der Küche serviert, in der bodenständig und gut bayerisch gekocht wird. Leicht mediterrane Einflüsse nimmt der Gast wahr und er bewundert die kreative Ader der Küchenmannschaft. Bei schönem Wetter bietet der lauschige Biergarten den geeigneten Ort für die Schmankerl aus der Küche und ein erfrischendes, frisch gezapftes Bier.

Übernachtungsgästen, die auf ihrem Weg entlang der Romantischen Straße unterwegs sind, stehen moderne und verspielt eingerichtete Gästezimmer zur Verfügung.

Für Festlichkeiten steht der große Saal zur Verfügung, der – liebevoll und dem Anlass entspechend dekoriert – 120 Personen Sitzmöglichkeiten bietet und mit seinem offenen Kamin eine einmalige Atmosphäre verspricht.

Direkt neben dem Pferdestall, der mit hochwertigen Boxen eingerichtet ist, erlebt man bei schönem Wetter pure Lagerfeuerromantik. Da verwandelt sich der Garten in ein Eldorado für Durchreisende und Wanderer. Diese Atmosphäre genießen auch die Reiter unter den Gästen, die die Wander-

reit- und Postkutschenstation gerne als Nachtquartier nutzen. Deren Vierbeiner finden in den Stallungen ein lauschiges Plätzchen mit Futter und Wasser.

Landgasthof Lindenhof

Schongauerstr. 35
D-86989 Steingaden
Tel. +49 (0)8862 6011
info@lindenhof-steingaden.com
www.lindenhof-steingaden.com

Im Herzen des idyllischen Pfaffenwinkels

Gasthof Graf

Im Herzen des idyllischen Pfaffenwinkels, direkt an der romantischen
Straße, bildet der malerisch gelegene
Ort Steingaden die Nahtstelle zwischen Oberbayern und dem Allgäu.
Dort, in einer Region, die genügend
Freiraum bietet, Freizeit aktiv zu gestalten oder sich einfach nur treiben
zu lassen, liegt der Gasthof Graf.

Das bayrische Wirtshaus mit seinen
unverwechselbaren rot-weiß gestreif-
ten Fensterläden, wird seit nahezu
100 Jahren, nun schon in vierter Generation von der Familie Graf ge-

führt, die sich seit je her mit viel
Liebe und Leidenschaft um das
Wohlergehen Ihrer Gäste kümmert.
Auf der Speisenkarte finden sich
überwiegend Spezialitäten der bayrischen Küche, verfeinert durch bodenständige Raffinesse. Die Wirtsfami-
lie legt dabei großen Wert auf regionale Produkte. So stammen nicht
nur die zubereiteten Wildspezialitäten aus den umliegenden Wäldern,
die Fleischprodukte aus der ortsan-

sässigen Metzgerei, sondern auch
die angebotenen Fische kommen
direkt aus den umliegenden Flüssen
und Seen.

Von der kleinen, stilvoll eingerichteten Stube bis hin zum großen
Festsaal finden sich beim „Grafwirt"
liebevoll eingerichtete Räumlichkeiten für jeden Anlass.

In den Sommermonaten können sich
die Gäste zu Kaffee und Kuchen oder
saisonalen Schmankerln und königlich bayrischem Bier im Biergarten
niederlassen. Dieser zählt nicht zuletzt wegen seinen 100 Jahre alten
Kastanien zu einem der schönsten
des Pfaffenwinkels.

Wer länger in dieser traumhaften Region verweilen möchte, um deren landschaftlichen und kulturellen Schönheiten zu genießen, kann in einem der behaglich eingerichteten Zimmer im ruhigen Gästegebäude erholsame Urlaubstage verbringen.

Gasthof Graf
Schongauer Str. 15
D-86989 Steingaden
Tel. +49 (0)8862 246
Fax +49 (0)8862 6454
gasthof-graf @gmx.de
www.gasthof-graf.de

Frischer Fisch aus heimischen Gewässern

Fischerhaus Steingaden

Direkt an der Romantischen Straße liegt das Fischerhaus. Hier lebt die lange Tradition der klösterlichen Teichwirtschaft fort. In mehr als zwei Dutzend Teichen werden Forellen, Saiblinge, Karpfen und Hechte gezogen, die von der Kirchenstiftung im Fischerhaus direkt vermarktet werden.

Die exzellenten Speisefische sind artgerecht in Naturteichen gehalten. Die letzten zwei Wochen verbringen die Fische in den Quellwasserbecken direkt am Fischerhaus, wodurch der einwandfreie Geschmack garantiert ist. Da der lebende Fisch immer vorrätig ist, wird nur nach Bedarf geschlachtet. Das bringt Frische, die sich auch in den geräucherten Fischspezialitäten zeigt – täglich wird der frische Fisch in den Rauch gehängt. Beliebt sind die Fisch-, Käse- und Brotzeitplatten oder Geschenkkörbe des Hauses, die ganz nach individuellem Geschmack zusammengestellt werden. Die einzigartigen Käsespezialitäten aus heimischer Heumilch von der

Schönegger Käsealm sind hier eben-falls erhältlich. In dem gemütlich eingerichteten Verkaufsbistro oder auf der sonnigen Terrasse kann der Gast sämtliche Fisch- und Käsespezialitäten sowie Kaffee und hausgemachten Kuchen genießen.

Fischerhaus Steingaden
Fohlenhof
Eberth'sche Gutsverwaltung
D-86989 Steingaden
Tel. +49 (0)8862 91 14 365
info@fischerhaus-steingaden.de
www.fischerhaus-steingaden.de

Berge, Wälder, Seen und Wiesen – das ist Riesen

Bauernhof Krötz in Riesen

Wenn die Feriengäste auf dem Bauernhof Krötz erholt aus ihrem Schlaf erwachen, frühstücken sie mit herzhaften Produkten direkt vom Bauern. Die Milch kommt frisch aus dem Stall gleich nebenan und die Eier stammen von den Hühnern, die früh am Morgen bereits fleißig um den Hof herum nach Körnern picken. Die Marmelade hat die Bäuerin selbst eingekocht – und das schmeckt man.

Doch nicht nur kulinarisch werden die Gäste hier verwöhnt. Auch die Ferienwohnungen der Familie Krötz sind komfortabel und gemütlich mit allem eingerichtet, was den Urlaubsaufenthalt zu einem unvergesslichen Erlebnis macht. Neben einem Getränkeservice bieten die Vermieter auch Babyausstattung für die Kleinsten der Gäste. Ein Waschraum mit Waschmaschine und Wäschetrockner steht zur Verfügung und der große Parkplatz vor dem Haus lässt keine Parknot aufkommen.

Kinder und Erwachsene fühlen sich bei den Gastgebern willkommen, dürfen sie doch auf dem Grünlandbetrieb mit Milchviehhaltung helfen und den Alltag eines Bauern kennenlernen. Die Kleinen haben ihren Spaß mit dem Streichelzoo und den Kühen auf der Weide. Sollte das Wetter einmal weniger schön sein, bieten Aufenthaltsraum, Spielzimmer und Tischtennisplatte genügend Abwechslung, damit keine Langeweile aufkommt.

Der Sommertag klingt hier, wo der Pfaffenwinkel am ruhigsten ist, mit einer kleinen Erfrischung auf der Terrasse oder einem leckeren Essen vom Grill gemütlich mit perfektem Bergblick aus.

Bauernhof Krötz

Familie Krötz, Riesen 7
D-86989 Steingaden
Tel. +49 (0)8862 6106
Fax +49 (0)8862 93 026
info@bauernhof-kroetz.de
www.bauernhof-kroetz.de

Landurlaub auf dem Scholderhof

In einmalig schöner Lage direkt zwischen dem UNESCO-Kulturgut, der Wieskirche, und einem Naturschutzgebiet liegt der Hof von Familie Gindhart. Der ehemalige Bauernhof bietet Genuss für Leib und Seele mit viel Natur, Kunst und Kultur.

Auf dem Hof finden sich Doppelzimmer, die mit Dusche und WC sowie Fernsehen ausgestattet sind. Von den Balkonen genießt der Gast die Ruhe und die Natur rund um das Juwel im Pfaffenwinkel. Außerdem stehen den Feriengästen drei Wohnungen zur Verfügung. Durch die ökologische Bausubstanz und das naturbelassene Holz sind alle Räume allergikerfreundlich. Ausgestattet mit Wohnküche, Spülmaschine und Fernsehgerät, steht den ungetrübten Urlaubsfreuden nichts im Wege. Die Gästezimmer und Ferienwohnungen sind mit vier Sternen ausgezeichnet. Auf Wunsch gibt es im Scholderhof einen W-Lan-Anschluss.

Für Gäste, die ihren vierbeinigen Freund mitbringen möchten, stehen ein Doppelzimmer und eine Ferienwohnung zur Verfügung. In unserem gemütlichen Frühstücksraum erwartet sie ein selbst gemachtes Frühstücksbuffet mit frischen, regionalen Produkten und fair gehandeltem Tee oder Kaffee. Für entspannende Stunden lädt der schöne Garten mit einem herrlichen Blick in die Natur ein, während sich die Kinder an einer Schaukel erfreuen, im Sandkasten spielen oder sich im Kinderplanschbecken abkühlen. Die kleinen Gäste haben ihren Spaß an den Streicheltieren auf dem Hof.

Die zentrale Lage in der reinen Natur des Pfaffenwinkels ist der ideale Ausgangspunkt für Entdeckungstouren in die Umgebung. Im Umkreis von etwa 30 km können zahlreiche Sehenswürdigkeiten der Kulturlandschaft bewundert werden.

Scholderhof

Julia Gindhart
Wies 8, D-86989 Steingaden
Tel. +49 (0)8862 468
Fax +49 (0)8862 91 18 48
scholderhof@t-online.de
www.scholderhof.de

Der Wind bestimmt die Route

SKYGATE Ballonfahrten

Die eleganteste Art, sich am Himmel zu bewegen, ist die Fahrt mit einem Ballon. Man erlebt die Magie einer Reise, deren Ziel nur der Wind bestimmt. Es ist meditativ, erfrischend und erhebend, wenn der Ballon hoch über dem Pfaffenwinkel Wälder, Auen und Seen überquert. Beschaulich zieht die Landschaft unter dem Fahrgast vorbei – im Süden sieht er die Ammergauer Alpen, an klaren Tagen schaut er bis hin zum Alpenhauptkamm. Ein Bild, welches man nie mehr vergisst.

Jo Milbert verwirklicht mit seinem Team diesen Traum. Er bietet Ballonfahrten für Einheimische und Gäste an,

die die wunderschöne Landschaft des Pfaffenwinkels aus dieser besonderen, neuen Perspektive erleben möchten. Man fühlt sich sicher bei dem erfahre-

nen Flug- und Ballonfahrlehrer mit seinen über 2.300 Stunden im Ballonkorb.

Kunstwerke aus heimischen Hölzern

Das Drechseln ist seine zweite Leidenschaft: Als Ausgleich zu seinen Ballonfahrten beschäftigt sich Jo Milbert mit

dem Werkstoff Holz und fertigt – wann immer er nicht mit seinem Ballon „in die Luft gehen" kann - wunderschöne Dekorations- und Gebrauchsgegenstände aus heimischen Hölzern.

Seine Schalen, Becher, sogar Lampen und vielfältige andere Dinge, die er mit viel Liebe zum Detail in seinem Atelier fertigt, sind Unikate, die auch als Präsent oder Mitbringsel gefragt sind.

Er freut sich jedoch über „Sonderwünsche": Zahlreiche Sonderanfertigungen – manchmal aus von Kunden selbst mitgebrachten Holz – sind schöne Herausforderungen und bringen neue Impulse.

SKYGATE Ballonfahrten

Jo Milbert, Brüder-Zimmermann-Str. 4
D-86989 Steingaden
Tel. +49 (0)8862 93 24 24
Fax +49 (0)8862 93 24 25
info@skygate-ballonfahrten.de
www.skygate-ballonfahrten.de

Lechbruck am See

Die Gemeinde mit gelebter Flößertradition

Lechbruck (735 m ü.M.) liegt am Lech, am Schnittpunkt zwischen Königswinkel im Süden und dem Pfaffenwinkel im Osten. Zwischen den Schlössern König Ludwigs II. und der Wieskirche liegt der Ferienort in schönster Allgäuer Voralpenlandschaft. Den Besucher erwarten hier freundliche Gastgeber und eine Fülle von attraktiven Freizeitangeboten.

Kurzer Blick ins Geschichtsbuch

Eine erste urkundliche Erwähnung Lechbrucks geht auf das Jahr 1398 zurück. Das Leben der Menschen war schon damals mit dem Lech verbunden. Der Fluss war ein wichtiger Handels- und Verkehrsweg auf dem Gebirgshölzer, Lechbrucker Sand-

Lechbruck
(Bild Andreas Heyl)

150

stein und Lebensmittel donauabwärts bis ans Schwarze Meer transportiert wurden. Aber schon zu Zeiten der Römer war Lechbruck – direkt an der Via Claudia gelegen - ein wichtiger Handels- und Umschlagplatz für Waren, die von Augsburg an die Adria transportiert werden mussten.

Sehenswürdigkeiten

Die Pfarrkirche Mariä Heimsuchung ist schon von Weitem zu sehen, liegt sie doch inmitten der Gemeinde auf einer Anhöhe. Der vornehm und festlich anmutende frühklassizistische Saalbau ist ein Kleinod sakraler Baukunst, die auf das Jahr 1786/88 zurückgeht.

Wenige Kilometer westlich der Gemeinde liegt die kleine Wallfahrtskapelle St. Wendelin. Das aus dem 17. Jh. stammende Kirchlein ist jedes Jahr im Oktober Ziel von Pferd, Reiter und Fuhrwerk, um sich göttlichen Beistand zu erbitten.

Einmalig im Pfaffenwinkel ist das Flößermuseum in der Ortsmitte. Das ehemalige Flößeranwesen beherbergt eine detailgetreue Ausstellung und viele Exponate mit denen das harte Arbeitsleben der Flößer in den vergangenen Jahrhunderten nachgezeichnet wird. Außerdem finden in den Räumlichkeiten Lesungen und Konzerte statt.

Freizeit und Sport

Die Natur in und um Lechbruck bietet für vielerlei Freizeitaktivitäten das ideale Terrain. Ob wandern, radeln oder reiten, Wasser- oder Golfsport (18 Loch) im Sommer, skifahren, langlaufen oder rodeln im Winter – für jeden Geschmack findet sich ein reiches Betätigungsfeld.

Flößermuseum
(Bild Andreas Heyl)

Der Lech-Erlebnisweg ist eine informative kleine Wanderung für die ganze Familie am Lech entlang, bei der verschiedene Aufgaben auf die Wanderer warten. Infotafeln vermitteln viel Wissenswertes über die Flora und Fauna der einmaligen Naturlandschaft an Fluss, See und Ruhebänke sowie Sonnenliegen laden zum Entspannen ein.

Flößer-Golf
(Bild Gemeinde Lechbruck)

Eine anregende Partie Flößer-Golf gefällig? Inmitten des Dorfes lädt eine 18-Bahnen-Adventure-Golfanlage zu anregenden Wettkämpfen ein. Die Sehenswürdigkeiten des Königswinkels bilden in Miniaturausgabe die Hindernisse auf der Bahn und zum Abschlag muss ein kleiner Wasserlauf mit einem Floß überwunden werden.

Darüber hinaus sind in der Region zahlreiche Wander- und Radwege angelegt, so kreuzen sich hier die verschiedensten Fernwanderrouten, wie der Via-Claudia-, Jakobs- und Lech-Höhenweg sowie der König-Ludwig- und Pilgerwanderweg „Heilige Landschaft Pfaffenwinkel".

Die Seen im Umland laden an heißen Sommertagen zu einem erfrischenden Bad oder einem Ausflug mit dem Boot und – einmalig im Allgäu und Pfaffenwinkel – sind die Floßfahrten auf dem Lech von Mitte Juni bis Ende September. Auf einem original nachgebauten Lechfloß erleben die Reisenden die spannende Fahrt auf dem Fluss.

Unter dem Motto „Auf dem Floß in den Ehehafen" zelebriert die Gemeinde auch individuell gestaltete, standesamtliche Hochzeiten während einer Floßfahrt auf dem Lech.

In den Wintermonaten ist in Lechbruck das Kunsteisstadion in Betrieb. Hier werden Eishockeyspiele angeboten, ebenso wie Disco-, Allgemein- und Schlägerlauf sowie Eisstockschießen.

Daneben finden sich am nördlichen Ortsausgang ein familienfreundlicher Skilift und zwei bestens präparierte Langlaufloipen mit herrlichen Panoramen auf den Ort und die im Süden liegende Alpenkette warten auf Langläufer und Skater.

Brauchtum

Neben den Veranstaltungen der Lechbrucker Vereine haben die Alphornbläser während der Feriensaison am Lechbrucker Segelhafen jede Woche ihren Auftritt. Im Oktober findet jährlich der Wendelinsritt statt, an dem etliche Pferde, Reiter und Fuhrwerke teilnehmen, um sich göttlichen Beistand in der St. Wendelinskapelle zu erbitten. Der Via-Claudia-Markt ist ein Kunsthandwerkermarkt, der an einem Wochenende im Sommer am Bootshafen abgehalten wird. Da das Markttreiben direkt an den Ufern des

Via-Claudia-Markt
(Bild Andreas Heyl)

Lechsees abgehalten wird, bietet sich den Besuchern eine einmalige Atmosphäre.

Wichtige Adressen und Telefonnummern

Gemeinde Lechbruck am See
Tourist-Information
Flößerstr. 1
D-86983 Lechbruck am See
Tel. +49 (0)8862 98 78 30
Fax +49 (0)8862 98 78 20
info@lechbruck.de
www.lechbruck.de

Floßfahrt auf dem Lech
(Bild Andreas Heyl)

Hier erhalten Sie die Leistungen der KönigsCard (siehe Seite 41)

Essen und Trinken

Ansprüchen an gehobene Esskultur wird man im Hotel Auf der Gsteig in Lechbruck mit feinsten Speisen, die in der Küche kreativ in Szene gesetzt werden und edlen Tropfen gerecht. Hotel Auf der Gsteig, Gsteig 1, D-86983 Lechbruck am See, Tel. +49 (0) 8862 98 77 0, Fax +49 (0) 8862 98 77 7, info@aufdergsteig.de, www.aufdergsteig.de

Gartenterrasse

Der Blick auf die Alpenkette ist unvergleichlich, wenn man auf der Gartenterrasse des Hotel Auf der Gsteig die Köstlichkeiten aus Küche und Keller genießt. Hotel Auf der Gsteig, Gsteig 1, D-86983 Lechbruck am See, Tel. +49 (0) 8862 98 77 0, Fax +49 (0) 8862 98 77 7, info@aufdergsteig.de, www.aufdergsteig.de

Alphornbläser
(Bild Gemeinde Lechbruck)

Wellness

Die Panoramafensterfront des Pools im Hotel Auf der Gsteig ist der Höhepunkt des 4-Sterne Wellnessbereichejs, in dem Fitnessraum, Sauna, Dampf- und Aromabad zum Entspannen einladen. Hotel Auf der Gsteig, Gsteig 1, D-86983 Lechbruck am See, Tel. +49 (0) 8862 98 77 0, Fax +49 (0) 8862 98 77 7, info@aufdergsteig.de, www.aufdergsteig.de

Freizeit und Sport

Direkt aus dem Hotel auf den Golfplatz: Die 18-Loch-Anlage ist ein abwechslungsreicher und fordernder Kurs, der geschickt und sorgsam in die einmalige Landschaft und Natur integriert ist. Hotel Auf der Gsteig, Gsteig 1, D-86983 Lechbruck am See, Tel. +49 (0) 8862 98 77 0, Fax +49 (0) 8862 98 77 7, info@aufdergsteig.de, www.aufdergsteig.de

Die Erfüllung schönster Urlaubsträume
Hotel Auf der Gsteig

Weit schweift der Blick über das Voralpenland, um vor der grandiosen Kulisse der Ammergauer und Allgäuer Alpen halt zu machen. Hier Auf der Gsteig ist ein Paradies für den Urlauber, der Ruhe und Entspannung sucht, auf dem hoteleigenen, gepflegten 18-Loch-Golfplatz sportlich aktiv sein möchte oder einfach nur die Natur auf sich wirken lassen will.

Übernachten in stilvollem Ambiente
Die Doppelzimmer und Suiten Auf der Gsteig sind zum Teil barrierefrei erreichbar und haben Balkon oder Terrasse. Die atemberaubende Aussicht, die der Gast genießt, und der Komfort in den behaglich eingerichteten Räumen machen den Aufenthalt zu einem unvergesslichen Erlebnis.
Kulinarische Finesse aus der Küche

Im gemütlich eingerichteten Restaurant, im Panorama-Wintergarten oder auf Bayerns schönster Sonnenterrasse werden die feinen Speisen und

Getränke serviert, die in der Küche kreativ in Szene gesetzt werden. Dabei wird vorwiegend auf frische und regionale Zutaten geachtet. Während die kulinarischen Leckereien den Gaumen verwöhnen, genießt der Gast den unvergleichlichen Ausblick auf den Oberen Lechsee und das wunderschöne Voralpenland des Königs-

und Pfaffenwinkels. Auf der Gsteig werden Essen und Trinken zu einem wahrlich sinnlichen Genuss.

Golfspielen mit besten Aussichten

Für Golfer und solche, die diesem Sport näher kommen wollen, ist die Gsteig ein besonderes Paradies. 18 top gepflegte Greens liegen inmitten von altem Baum- und Heckenbestand auf einer Gesamtfläche von 96 ha. Mit mittlerem Schwierigkeitsgrad bei rund 5.600 m Länge und Par 71 ist der abwechslungsreiche und fordernde Kurs geschickt und sorgsam in die einmalige Allgäuer Natur und Landschaft integriert.

Das großzügige Übungsgelände vor imposanter Kulisse bietet Einsteigern und erfahrenen Golfspielern die komplette Bandbreite an Trainingsmöglichkeiten.

Nur das Beste für Körper und Seele

Der Indoorpool mit seiner Panorama-Fensterfront verwöhnt die Wellnessgäste mit einem traumhaft schönen Blick bis weit in die Tiroler Alpenwelt. Das einmali-

ge Ambiente kann man auf gemütlichen Liegen auf sich wirken lassen. Für die körperliche Fitness ist ein eigener Raum mit Ergo-fit-Geräten eingerichtet. Gleich nebenan liegt die Saunalandschaft mit finnischer Sauna, Aroma- und Dampfbad sowie einem Kneippbecken. Im Ruheraum kann der Gast nach den körperlichen Aktivitäten entspannen und relaxen.

Hotel Auf der Gsteig

Gsteig 1
D-876983 Lechbruck am See
Tel. +49 (0)8862 98 77 0
Fax +49 (0)8862 98 77 7
info@aufdergsteig.de
www.aufdergsteig.de

Urlaubs-Vielfalt in traumhafter Seelage

Via Claudia Camping in Lechbruck am See

Direkt an der Via Claudia Augusta, der einzigen römischen Kaiserstraße über die Alpen und inmitten des Pfaffenwinkels, liegt der komfortabel ausgestattete, mit vier Sternen klassifizierte Via Claudia Camping. Das weitläufige Gelände erstreckt sich malerisch entlang der Uferlinie des smaragdgrünen Lechsees. Ein zweiter kleinerer Badesee, der platzeigene Baderwäldlesee mit seinem angenehm warmen Moorwasser, liegt wenige Fußminuten oberhalb des Areals.

Hier findet der passionierte „Freiluft-Tourist" garantiert seinen persönlichen Lieblingsplatz für unvergessliche Ferientage: vom separaten Wohnmobilstellplatz über malerische Panoramaplätze direkt am See bis hin zu königlichen Komfortstandplätzen. Im Bereich der exklusiven KönigsCard-Komfortzone sind im Übernachtungspreis sogar über 250 Leistungen, zu denen auch Bergbahnen, Bäder und Museen zählen, gratis mit dabei.

Die umfangreiche Ausstattung, zu der zahlreiche Bolz-, Spielplätze und -zimmer ebenso zählen wie gemütliche Grillkotas, eine Leihbücherei und ein Internetraum, sorgt für unvergessliche Ferientage.

Ferienwohnungen der ganz besonderen Art

Wer lieber ein festes Dach über dem Kopf hat und dennoch die natürlichen Besonderheiten eines „Freiluft-Hotels" schätzt, ist auf dem Via Claudia Camping ebenfalls genau richtig: Übernachten kann man hier nicht nur im eigenen Campinggefährt sondern auch im kultigen Pod (= urgemütliche, eiförmige Behausung aus Holz), im kuriosen grünen Familienschlaffass, in der urigen Blockhütte oder in der lauschigen Kuschelkota. Es duftet nach Holz und verspricht ein urgemütliches Übernachtungsvergnügen!

Erlebnisvielfalt direkt am Platz

Hier gibt es auch ein umfangreiches Erlebnis-Angebot, das direkt auf dem Campingplatz angeboten wird.
Es reicht von Bogenschießen, Geocaching, Yoga, geführten Wanderungen, Floßfahrten, knisternder Lagerfeuerromantik, Anekdoten über die Besonderheiten der Region und vielen weiteren professionellen Naturerlebnisangeboten bis hin zu wechselnden Kunstausstellungen.

Auch für das leibliche Wohl ist bestens gesorgt: Das platzeigene Via Claudia Restaurant mit seinem gemütlichen, schattigen Biergarten verwöhnt seine Gäste mit wechselnden regionalen Allgäuer Spezialitäten.

Via Claudia Camping

Via Claudia 6
D-86983 Lechbruck am See
Tel. +49 (0)8862 84 26
info@camping-lechbruck.de
www.via-claudia-camping.de

Hier erhalten Sie die Leistungen der KönigsCard (siehe Seite 41)

Rieden am Forggensee

Eine Perle im „Südlichen Allgäu"

Rieden am Forggensee (814 m ü. M., 1275 Einwohner) mit seinen Ortsteilen Dietringen und Osterreinen ist malerisch eingebettet in die Allgäuer Voralpenlandschaft. Das idyllische Dorf mit seinen Badeseen und seiner bäuerlich gepflegten Kulturlandschaft lädt ein zu einem erholsamen Aufenthalt.

Kurzer Blick ins Geschichtsbuch

Rieden am Forggensee gehörte zum Hochstift Augsburg, das im 11. bis 13. Jahrhundert entstand, und kam 1803 bei der Säkularisation zu Bayern.

Rieden
(Bild Gemeinde Rieden)

160

Sehenswürdigkeiten

Pfarrkirche
"Zu den hl. fünf Wunden"

Die Kirche wurde 1687 nach Plänen von Johann Jakob Herkomer erbaut. 1721 fügte Johann Georg Fischer den quadratischen Anbau an. Der Hochaltar entstand im späten 17. Jh. Das Altarblatt „Der Auferstandene offenbart sich Thomas" stammt von Josef Keller aus Pfronten. Die Seitenaltäre von 1750 bis 1760 zeigen links eine spätgotische Madonna aus dem Grödnertal. Die Altarblätter von Wiederhut stammen aus dem Jahre 1861 und stellen die Hl. Familie und die Verkündigung dar. An der linken Seitenwand ist Jakobus der Ältere zu sehen, entstanden um 1520, rechts eine Muttergottes, entstanden gegen 1500. Der Kreuzweg stammt von Andreas Miller, Nesselwang, aus der Zeit um 1725.

Filialkirche „St.Urban"

St. Urban
(Bild Flordurz63)

„St. Urban" steht südlich des Ortes auf freiem Feld an der B 16. Der Friedhof wurde 1533 angelegt. Die Kirche wurde durch Mönche aus dem Kloster St. Mang, Füssen, erbaut und 1734/1735 durch Johann Georg Fischer barockisiert. Der marmorierte Holzaufbau des Hochaltars entstand im späten 17. Jahrhundert. Das Altarblatt zwischen den Säulen, Maria Immakulata und der hl. Urban im Auszug, stammen aus dem Jahre 1882 und kommen aus der Werkstatt Jg. Schradler, Füssen. Das Kruzifix rechts und die Holzfigur, die Christus als Schmerzensmann darstellt, stammen aus dem späten 18. Jahrhundert.

Der berühmte Riedener Altar aus dem Jahr 1470 ist heute in der Staatsgalerie des Hohen Schlosses in Füssen zu bewundern.

Votivkapelle „Maria Magdalena"

Diese Kapelle wurde 2004/2005 auf einem Sandsteinfelsen südwestlich von Rieden errichtet. Der Schreiner Johann Streif erbaute sie mit vielen Helfern aus Dankbarkeit darüber, dass er ein langjähriges Leiden überlebt hatte. Die in Südtirol geschnitzte Statue der hl. Maria Magdalena auf dem Altar repräsentiert zugleich die Namenspatronin der Mutter des Stifters.

Museen

Im Puppenmuseum werden wertvolle Sammlerpuppen sowie Teddybären, Marionetten, Theaterpuppen, Puppenstuben und Clowns mit entsprechendem Zubehör ausgestellt. Das Haus selbst stammt aus dem Jahr 1827. Antikes Mobiliar und Puppenwagen geben zusätzlich Einblick in längst vergangene Zeiten.

Burnnen in Rieden
(Bild Angelika Huster)

Kulturelles

Die Theatergruppe Rieden bringt während der Saison Heiteres und Unterhaltsames auf die Bühne des Bauerntheaters.

Von Ende Juni bis Ende August finden wöchentlich Standkonzerte der Musikkapelle Rieden statt. Sehr beliebt sind auch die Darbietungen der Alphornbläser.

Feste und Feiern – ein Blick in den Jahreslauf

Die Dorffeste im Sommer mit stimmungsvollen Unterhaltungsabenden

locken Einheimische und Gäste gleichermaßen. Für musikalische Umrahmung sorgt u. a. die Musikkapelle Rieden.

Freizeit und Sport

Im Sommer

Der Forggensee bietet zum Segeln und Windsurfen ein wahres Paradies. Immer wieder etwas Besonderes ist eine Schifffahrt auf dem Forggensee (von Anfang Juni bis Mitte Oktober, Anlegestellen Dietringen und Osterreinen), der mit 12 km Länge und 3 km Breite der größte See im Allgäu ist, entstanden 1950 bis 1954 als Lechstausee.

Die am Ort ansässige Yachtschule bietet Kindern und Erwachsenen Surf- und Segelkurse auf dem Forggensee an. Ebenfalls können Boote am See gemietet werden. In der Gleitschirmschule kann man das Gleitschirmfliegen erlernen. Im Kletterzentrum in Rieden findet man eine Kletterlandschaft, die alle Schwierigkeitsgrade abdeckt.

Lachen garantiert heißt es bei den Zaubervorstellungen mit Trixini. Bei eintägigen Zauberseminaren lässt sich der Magier sogar über die Schulter schauen. Außerdem kann man sich bei Vorträgen einweihen lassen in die Kunstsprache Esperanto. Nähere Informationen dazu unter Tel. 08362 925755.

Der Eisstockverein lädt von Mai bis September jeweils am Dienstag von

19 Uhr bis 21.30 Uhr (bei trockener Witterung) zum kostenlosen Asphalt-Stockschießen ein. Von Mai bis Oktober trifft man sich jeweils dienstags um 09.00 Uhr zu Nordic Walking. Anmeldung erforderlich unter Tel. 08362 924595.

Wandern

Die Wiesenwegrunde (ca. 5 km) führt, wie der Name schon sagt, bequem durch die „Wies" zum Gebiet „Geire Dumpf". Dabei genießt man den faszinierenden Blick auf die Allgäuer Alpen.

Wer den Rundweg Sentenberg-Osterreinen wählt (ca. 4 km), wird entlang des Forggenseeufers mit märchenhaftem Panoramablick über die Bergkette belohnt.

Der unschwere Ausflug zur Dietringer Alm (ca. 6,8 km) schenkt bei herrlicher Sicht immer wieder wahre Postkartenidylle.

Den Blick auf Schlösser und Seen bietet der Forggensee-Panoramaweg.

Empfehlenswert ist auch der Waldrundweg zum schön gelegenen Faulensee, einem Moorsee, der eingebettet in einer noch sehr ursprünglichen Landschaft liegt.

Auf dem etwas längeren Rundweg (8,5 km) Rieden-Ussenburg-Alte Reite-Tiefental-Dietringen-Rieden taucht der Wanderer ein in die Geschichte der „Via Claudia Augusta", eine der wichtigsten Römerstraßen, die den süddeutschen Raum mit Norditalien verband. Mit den Römern rasten heißt es am Römischen Rastplatz zwischen den Ortsteilen Dietringen und Tiefental. Das weitläufige Freizeit- und Erholungsgelände hat mit seinem herrlichen Ausblick über den Forggensee und auf die Alpenkette seinen ganz besonderen Reiz.

Radfahren

In der neuen Radkarte Ostallgäu wird die gesamte Region flächendeckend dargestellt. Den Radfahrer erwartet in Rieden ein breites Wegenetz.

Der Forggenseerundweg, ca. 32 km lang, führt von Rieden a. F. über Roßhaupten - Staudamm am Kraftwerk - Kniebis - Greith - Brunnen - Waltenhofen - Horn - Füssen wieder zurück nach Rieden a. F. und lässt sich mit der Städtischen Forggenseeschifffahrt Füssen (01.06. – 15.10.)) ideal kombinieren.

Die Strecke Bad Faulenbach – Alatsee ist 25 km lang und führt von Rieden über Füssen - Bad Faulenbach Mittersee - Obersee - Alatsee - Weißensee - Hopfensee wieder zum Ausgangspunkt zurück. Diese Fünfseentour ist sehr gut für Familien geeignet. Am Alatsee kann man auch das Fahrrad stehen lassen und auf die Saloberalpe wandern (Aufstieg ca. 45 min.). Nähere Informationen und Flyer im Tourismusbüro erhältlich.

Im Winter

Bei ausreichender Schneelage kann man unter Anleitung jeden Dienstag eine

Schneeschuhwanderung unternehmen. Für den Langläufer werden über 20 km Loipe in diagonaler und Skating Technik präpariert.

Orts- und Infrastuktur

Verkehrswege

Anreise mit dem PKW
Autobahn A7 Ulm – Füssen bis zur Ausfahrt Füssen. Bei der Ausfahrt abfahren und weiter über die B 16 nach Rieden a. F.

Anreise mit der Deutschen Bahn
IC und ICE bis Augsburg oder München, umsteigen nach Füssen, von dort stündliche Busverbindung nach Rieden a. F. bzw. Taxi oder Sammeltaxi.

Schule - Bildung

Die Kleinen werden im Kindergarten „St. Leonhard" in Rieden betreut. Im gleichen Gebäude befindet sich auch die Grundschule.

Übernachten

In Rieden gibt es zahlreiche Unterkünfte in Hotels, Gasthäuser, Pensionen und bei Privatvermietern.

Der Terrassen-Campingplatz „Magdalena" mit Wohnmobilstellplätzen im Ortsteil Osterreinen liegt direkt am Forggensee. Im Ortsteil Tiefental liegt der idyllische Campingplatz „Seewang", ebenso steht hier den Campern auch ein Wohnmobilstellplatz zur Verfügung.

Wichtige Adressen und Telefonnummern

Gemeinde Rieden am Forggensee Tourismusbüro
Lindenweg 4
D-87669 Rieden
Tel. +49 (0)8362 37025
Fax +49 (0)8362 39625
www.rieden.de
info@rieden.de

Rastplatz am Forggensee
(Bild Gemeinde Rieden)

Fünf-Sterne-Haus direkt am See

Schnöllerhof in Dietringen

Der traumhafte Blick über den Forggensee, die Allgäuer Berge und die Königsschlösser Neuschwanstein und Hohenschwangau lässt die Herzen der Gäste höher schlagen, die eine der Ferienwohnungen im Schnöllerhof zu ihrem Urlaubsdomizil erwählt haben. Von den insgesamt acht gemütlich eingerichteten Ferienwohnungen sind zwei barrierefrei und für Rollstuhlfahrer geeignet. Die Wohnungen ha-

ben eine Größe von 45 bis 90 Quadratmeter. Paare finden ebenso Platz, wie Familien mit Kindern, welche die Kinderfreundlichkeit des Hauses zu schätzen wissen. Direkt am Haus ist ein Spielplatz für die Gäste angelegt und ein eigener Spieleraum sorgt auch bei weniger schönem Wetter für Spaß und gute Laune. Die einmalige Lage des Schnöllerhofs mit seinem eigenen

Bootssteg und dem gepflegten Badestrand, der zum Sonnen und einem Sprung ins kühle Nass einlädt, wird für jeden Feriengast zu einem unvergesslichen Erlebnis. Darüber hinaus sind die Bootsanlegestelle der Forggenseeschifffahrt, die Segelschule und eine Bootsvermietung zu Fuß in wenigen Minuten erreichbar.

Wo Urlaub am schönsten ist

Die Ferienwohnungen im Schnöllerhof sind mit allem ausgestattet, was einen Aufenthalt zu einem entspannten Urlaub werden lässt. Die moderne und geschmackvolle farbliche Harmonie in den Räumen unterstreicht dieses Wohlgefühl, welches sich auch bei einem Besuch der Sauna im Nachbargebäude einstellt. Den Hausgästen stehen kostenfrei zwei Saunen und eine Infrarotkabine zur Verfügung. Der Ruheraum, von dem man einen einmaligen Blick auf den See und die Alpenkette genießt, trägt ebenso zur Entspannung bei. In den Sommermonaten können Sie nach dem Saunagang ein erfrischendes Bad im kristallklaren Wasser des Forggensees nehmen.

Daneben werden verschiedene Massagen angeboten, welche die Erholung in den Ferientagen komplettieren.

In Ulli's Café, das sich im Haus befindet, können die Urlaubsgäste ganzjährig ihr Frühstück einnehmen. Während der Sommermonate geöffnet,lädt das Tagescafé mit einer Auswahl an selbstgemachten Kuchen, Eisbechern und kleinen Brotzeiten zum Verweilen ein. Der Schnöllerhof ist Partner der Königscard. Mit dieser Gästekarte hat man in der Region Allgäu und dem Pfaffenwinkel Urlaubsspaß zum Nulltarif. Mehr als 250 kostenlose Freizeitaktivitäten, die Sie teilweise täglich nutzen können.

Ferienhaus Schnöllerhof

Ulrike Schnöller, Seestr. 4, D-87669 Rieden/Dietringen, Tel. +49 (0)8367 469
info@schnoellerhof.de   www.schnoellerhof.de

KönigsCard PARTNER

Hier erhalten Sie die Leistungen der KönigsCard (siehe Seite 11)

Segeln lernen im Königswinkel
Forggensee-Yachtschule

Der Wind bläht die Segel. Die Boote gleiten über das türkisblaue Wasser des Forggensees. Die Segelschüler der Forggensee-Yachtschule in Dietringen genießen den Blick über die nahen Berge und die Königsschlösser.

Hier auf dem Forggensee, dem fünftgrößten See Bayerns, lernen Interessierte den Umgang mit Segel- und Motorbooten und das Surfen auf dem Surfboard. Ob man einfach einmal in den Sport hineinschnuppern möchte oder gleich den Weg zum amtlichen Sportbootführerschein für Segel- und Motorboote einschlägt – in der Forggensee-Yachtschule ist all das geboten. Moderne Boote, vom Kindersegler, dem Optimisten, über Jollen und Katamarane bis hin zu sportlichen offenen Kielbooten und Kajütbooten stehen den Segelneulingen hier zur Verfügung. Die Kursangebote beinhalten Schnupperkurse ebenso wie Küs-

ten- und Hochseescheine sowie die Binnen- und Bodenseeschifferpatente für Segel- und Motorboote.

Spezielle Ausbildungen zum Katamaransegeln und Windsurfen, Spezialseminare über Wetterkunde, Radarnavigation und Motorenkunde sowie Kurse für die Sprechfunkzeugnisse werden mehrmals im Jahr angeboten. Kindern bietet man unter der Obhut geschulter Betreuer die verschiedensten Kurse an und richtig etwas geboten ist in der Forggensee-Yachtschule, wenn die Kids auf große Piratenjagd gehen.

Forggensee-Yachtschule

Seestraße 10
D-87669 Rieden/Dietringen
Tel. +49 (0)8367 471
Fax +49 (0)8367 530
info@segeln-info.de
www.segeln-info.de
www.forggensee-yachtschule.de

Schloss Neuschwanstein vor Augen

Haus Bergblick

Das geschmackvoll eingerichtete Haus und der Garten, in dem sich so manche romantische Ecke findet, bietet das ideale Umfeld für erlebnisreiche Ferientage.

Die privat geführte Atmosphäre im Haus Bergblick spüren die Gäste schon bei ihrer Ankunft - ehrliche Gastfreundschaft, die sich auch in der Einrichtung der gemütlichen Appartements und Ferienwohnungen, niederschlägt. Die Räume sind mit allem ausgestattet, was einen Urlaub zu einem entspannenden Aufenthalt werden lässt. Der Panoramablick auf die Bergwelt des Königswinkels entlockt den Gästen so manche Entzückung.

Als Partnerbetrieb der KönigsCard, der Gästekarte im Allgäu, genießen die Gäste des Haus Bergblick über 250 kostenlose Leistungen in der Region Allgäu-Pfaffenwinkel.

Haus Bergblick

Bergblickstr. 9
D-87669 Rieden am Forggensee
Tel. +49 (0)8362 92 25 20
Fax +49 (0)8362 39 158
info@bergblickallgaeu.de
www.bergblickallgaeu.de

Hier erhalten Sie die Leistungen der KönigsCard (siehe Seite 41)

Roßhaupten

Die Auerberglandgemeinde am Forggensee

Die Gemeinde hat 2.200 Einwohner und erfreut Urlauber mit einer Kombination von Badefreuden, unter anderem im Forggensee, dem größten Stausee Deutschlands, idyllischer Voralpenlandschaft und einem Panoramablick auf die Ammergauer Alpen. Das beschauliche Leben im Dorf und der schön gelegene Kurpark mit biologischem Kneippnaturteich garantieren einen erholsamen Urlaub.

Die Anreise über die Bundesstraße von Marktoberdorf oder dem nahegelegenen Füssen ist unproblematisch. Die attraktiven Ausflugsmöglichkeiten, vor allem in die nahegelegene Berglandschaft mit den Königsschlössern, sorgen für angenehme Abwechslung.

Kurzer Blick ins Geschichtsbuch

Seinen Namen verdankt Roßhaupten der Legende des Hl. Magnus. Im 8. Jh. soll er einen Drachen getötet haben, der den Ort heimsuchte, mit Vorliebe Pferde verschlang und deren Köpfe übrig ließ. Seit dem 13. Jh. gehörte Roßhaupten zum Herrschaftsgebiet des Hochstifts Augsburg. 1803 kam die Gemeinde durch den Reichsdeputationsbeschluß zu Bayern.

Sehenswürdigkeiten

Im Ortsteil Sameister ist die kostbar ausgestattete Kapelle Mariä Sieben Schmerzen des Roßhauptener Baumeisters Johann Jakob Herkomer sehenswert. Auch die imposante

Roßhaupten
(Bild Gemeinde Roßhaupten)

Kurpark
(Bild Gemeinde Roßhaupten)

katholische Pfarrkirche St. Andreas aus dem 17. Jh., die Maria Steinach Kapelle und die St. Ulrichs Kapelle in Fischhaus sind eine Besichtigung wert. Im Dorfmuseum, dem „Pfannerhaus", sind wissenswerte Zeugnisse aus dem Dorfleben vergangener Zeiten ausgestellt.

Freizeit und Sport

Die Spielgolfanlage neben dem Kurpark verspricht Unterhaltung für alle Altersgruppen. Gleich nebenan freuen sich Kinder über den Abenteuerspielplatz. Der ortseigene Badestrand am Forggensee bietet an warmen Tagen ein erfrischendes Bad. Auf dem gut ausgebauten und beschilderten Wander- und Radewegenetz können Feriengäste die herrliche Umgebung erkunden. Im Winter ist eine Langlauftour auf den gespurten Loipen durch die romantische Schneelandschaft ein besonders schönes Naturerlebnis und ein kleiner Skilift bietet bei ausreichender Schneelage Brettlspaß für jung und alt.

Wichtige Adressen und Telefonnummern

Gemeinde Roßhaupten
Tourist Information
Hauptstraße 10, D-87672 Roßhaupten
Tel. +49 (0)8367 364
Fax +49 (0)8367 642
info@rosshaupten.de
www.rosshaupten.de

Winterstimmung
(Bild Gemeinde Roßhaupten)

Hier erhalten Sie die Leistungen der KönigsCard (siehe Seite 41)

Stötten am Auerberg

Liebliche Gemeinde am Fuß des Auerbergs

Von Weitem erblickt man aus allen Himmelsrichtungen kommend den Auerberg, der sich mit über 1.055 m ü.M. aus dem Alpenvorland erhebt. An seinem westlichen Fuße liegt Stötten a.Auerberg, eine der Gemeinden des Auerberglandes. Von den Stöttener Hochmooren umgeben liegt der Ort auf 733 m ü. M. und bietet 1.800 Einwohnern ein behagliches Zuhause.

Durch die Anbindung an die B 16 zwischen Füssen und Marktoberdorf, die aber das Dorf großräumig umfährt, ist von Stötten a.Auerberg aus der Weg nicht weit zu den kulturellen Höhepunkten des Füssener Königswinkels. Die Schlösser König Ludwig II und die vielen Burgen im Ostallgäu sind in wenigen km erreichbar. Auch zum Forggensee, dem viertgrößten See Bayerns, ist es nur ein Katzensprung.

Obwohl Stötten a.Auerberg eine aufstrebende Gemeinde ist, konnte sie sich in den vergangenen Jahren ihren dörflichen Charme bewahren, in dem sich Bewohner und Gäste gleichermaßen wohlfühlen können.

Kurzer Blick ins Geschichtsbuch

Eine erste Erwähnung Stöttens findet sich im Jahr 1314 unter dem Namen „Steten auf dem Urberc", obwohl Spuren der ersten Besiedelung um den Auerberg herum auf die Jungsteinzeit zurückgehen. Mit Einwanderung der Kelten im 8. Jh. v. Chr. kam die Eisenverhüttung und -verarbeitung ins Voralpenland – sie legten auch den Grundstein für eine intensive bäuerliche Wirtschaftskultur. Nach der Besiedelung durch die Römer kam es im 6. bis 7. Jh. n. Chr. zu ei-

Stötten am Auerberg
(Bild Gemeinde Stötten a. Auerberg)

ner keltisch-alemannisch-römischen Mischbevölkerung.

Westlich von Stötten lag im Stöttener Fils ein See, der zur Jahrhundertwende vom 18. zum 19. Jh. trockengelegt wurde. Mit der neu errichteten Straße von Füssen nach Marktoberdorf wirkte sich auch die Industrialisierung in der kleinen Gemeinde am Auerberg aus, die seit 1896 offiziell Stötten a.Auerberg heißt. Der Bau der Regionalbahn im Jahr 1899 von Lechbruck nach Marktoberdorf ließ zum einen die Bevölkerungszahlen anwachsen, zum anderen stieg dadurch auch die Zahl der Urlaubsgäste. Um 1970 wurde jedoch die Bahnlinie eingestellt und zurückgebaut – heute ist daraus ein wunderschöner Fahrradweg geworden.

Stötten am Auerberg
(Bild Gemeinde Stötten a. Auerberg)

Sehenswürdigkeiten

Pfarrkirchen St. Peter und Paul

Nach dem Bau der Kirche, der auf des 12. Jh. zurückgeht und in einer Urkunde des Kloster Stams erwähnt wird, wird die Kirche im 17. Jh. erweitert und von dem berühmten Wessobrunner Gipsmeister, Johann Schmuzer, mit einer sehenswerten Stuckdecke im Chor geschmückt. 1780 wurde die Kirche nochmals vergrößert und von Joseph Keller aus Pfronten mit einem Deckenfresko im Stil von Rokoko zum Klassizissmus versehen.

Wandern am Auerberg
(Bild Gemeinde Stötten a. Auerberg)

Besonders sehenswert sind die Kreuzigungsgruppe am Altar aus dem Jahr 1525 sowie eine Weltkugeluhr im Apsisbogen, die von den beiden Kirchpatronen St. Peter und Paul gehalten wird.

Kurioses

Mitte der 1980er Jahre, als die Faschingsveranstaltungen im Ort noch zahlreich waren, wurde der sogenannte „Stöttener Fasnachtssprecher" aus der Taufe gehoben. Alle zwei Jahre wird zur Faschingszeit in der Mehrzweckhalle ein dreitägiger Fasnachtsabend abgehalten, auf dem alle Darsteller, die Büttenreden, Sketche oder Tänze darbieten können, ein Podium erhalten.

Freizeit und Sport

Wer Ruhe und Erholung inmitten idyllischer Natur sucht, ist in Stötten a.Auerberg gut aufgehoben. Durch seine Nähe zu den Sehenswürdigkeiten des Pfaffenwinkels, des Füssener Landes mit seinen Schlössern und Burgen und den Allgäuer und Ammergauer Alpen hat sich Stötten a.Auerberg als Urlaubsort einen Namen gemacht. Doch auch in der näheren Umgebung warten vielfältige Freizeitaktivitäten.

Moorerlebnispfad MEP

Jung und Alt haben ihr Vergnügen auf dem nah gelegenen Moorerlebnispfad, der in einer gemütlichen Wanderung mit Schautafeln und verschiedenen Einrichtungen das Moor erlebbar macht. Die Menschen können hier das Moor mit allen Sinnen erfassen und die kleinen Wanderer haben ihren Spaß auf Schaukeln, Wippen und vielen anderen naturnahen Spielgeräten.

Bodenloser See

Westlich von Stötten a.Auerberg findet sich der sagenumwobene Bodenlose See, der ein Überbleibsel aus der letzten Eiszeit ist. Der einsam liegende See ist Heimat vieler Fischarten.

Römerweg

In einer 1½-stündigen Wanderung auf historischen Pfaden erreicht man von Stötten aus über den Römerweg den Auerberg. Der Kirchturm auf dem Gipfel ist begehbar. Von dessen Aussichtsplattform aus genießt man eine herrliche Rundumsicht.

Radeln und Wandern

Stötten a.Auerberg ist ein Knotenpunkt für Radler und Wanderer. Der Jakobsweg führt über Stötten, ebenso wie die Dampflokrunde, die Lechbruck mit Marktoberdorf verbindet und Anschluss an das Fernwander- und Fahrradnetz Ostallgäu und Pfaffenwinkel bietet.

Weltoffen wohnen

Die günstige Verkehrsanbindung durch die Bundesstraße B16 zwischen Füssen und Marktoberdorf und damit die gute Erreichbarkeit der allgäuer und oberbayerischen Wirtschaftsstandorte, bietet Pendlern interessante Arbeits- und Ausbildungsstellen. Aber auch die Handwerksbetriebe und kleineren mittelständischen Unternehmen in Stötten und Umgebung bieten Arbeitsplätze und sorgen für die Versorgung der Bevölkerung. In Stötten a.Auerberg, dessen dörflicher Charakter sich ausgeprägt in engagiertem Vereinsleben zeigt, werden Einwohner und Gäste von einem vielfältigen Einzelhandels- und Dienstleistungsangebot überrascht.

Wichtige Adressen und Telefonnummern

Gemeinde Stötten a.Auerberg
Füssener Str. 11
D-87675 Stötten a.Auerberg
Tel. +49 (0)8349 92 040
Fax +49 (0)8349 92 04 15
info@stoetten.de
www.stoetten.de

Stötten am Auerberg
(Bild Gemeinde Stötten a. Auerberg)

Maibaumtransport
(Bild Gemeinde Rottenbuch)

Region Schongau/Peiting

Bad Bayersoien
Heilbad und Moorkurort

Am Eingangstor zu den Ammergauer Alpen, im südlichen Pfaffenwinkel, liegt eingebettet in die Voralpenlandschaft der Kurort Bad Bayersoien (1110 Einwohner, 812 m ü. M.), seit 1968 Luftkurort und seit 1996 Heilbad. Wer für seine kostbarste Zeit des Jahres erholsame Ruhe in malerischer Umgebung sucht, hat mit Bad Bayersoien für sich den richtigen Ferienort gefunden.

Das ländliche Dorfbild mit seinen schmucken Bauernhöfen, gemütlichen Gasthäusern, seiner barocken Kirche und den blumengeschmückten Balkonen strahlt gepflegte Atmosphäre aus. Der verträumte See am unverbauten Ortsrand bietet ein Dorado für Badefreunde und Sportangler.

Kurzer Blick ins Geschichtsbuch

Geschichtlich pflegte Bad Bayersoien schon seit Jahrhunderten enge Beziehungen mit dem Werdenfelser Land, dem Kloster Ettal, aber auch mit den Gemeinden im Bereich Schongau. Dies war u. a. bedingt durch die geographische Lage an der Rottstraße. Der gesamte von Venedig kommende Warenverkehr führte zu dieser Zeit über Garmisch zur Ammerbrücke bei Echelsbach und dann weiter in Richtung Augsburg. Bereits Mitte der dreißiger Jahre des letzten Jahrhunderts begann die touristische Entwicklung Bad Bayersoiens. Der gezielte Ausbau der touristischen Infrastruktur führte dann 1995 zur Ernennung als Moor-

Bad Bayersoien
(Bild Steffi Haser)

Globus im Sonnenuhrpark
(Bild Steffi Haser)

heilbad. Heilmittel ist das heimische dickbreiige Bergkiefernhochmoor. Bis heute wird allerdings darauf geachtet, dass dabei der dörfliche Charakter des Ortes erhalten bleibt.

Sehenswürdigkeiten

Am Tor zu den Ammergauer Alpen und im Herzen des Pfaffenwinkel gelegen, bietet Bad Bayersoien den optimalen Ausgangspunkt zu den Sehenswürdigkeiten in der näheren Umgebung. Ob zu einem Ausflug in die Ammergauer Alpen, zur Wieskirche, zum Kloster Ettal oder den Königsschlössern, Sie können diese von Bad Bayersoien aus in kürzester Zeit erreichen. Hierfür ist nicht einmal ein Pkw erforderlich. Für viele Ziele können Sie kostenlos den öffentlichen Nahverkehr nutzen.
Aber auch Bad Bayersoien bietet mit

der Ammerschlucht, der Echelsbacher Brücke, unser Sonnenuhrpark oder der Pfarrkirche St. Georg lohnende Ziele für einen Besuch.

Museen

Die Bierlings waren ein Kaufmannsgeschlecht aus Bayersoien. Sie hatten das Amt des Salzfaktors (ein amtlich bestallter Verwalter der Salzdeponien, in denen das auf der Rottstraße transportierte Salz gelagert wurde) inne und waren über drei Jahrhunderte die wichtigste Familie am Ort. Das Museum lässt den Besucher eintauchen in ihr Leben.

Außerdem gibt das Museum Einblick in die verschiedenen Handwerkszünfte, die in Bad Bayersoien ansässig waren.

Der unermüdlichen Sammelleidenschaft von Martha Echtler ist es zu verdanken, dass hier zudem eine großartige Dokumentation zeitgenössischer Volksfrömmigkeit ausgestellt werden kann. Neben kolorierten Kupferstichen, Hinterglasbildern und Klosterarbeiten sind auch Wallfahrtsandenken und Skulpturen zu bestaunen. Sonderausstellungen machen einen Besuch immer wieder lohnend. Öffnungszeiten: Mittwoch 14.30 Uhr – 18.00 Uhr, Juni – Oktober 1. und 3. Sonntag im Monat 14.30 Uhr – 18.00 Uhr, Dezember – Mai nur der 1. Sonntag im Monat 14.30 Uhr – 18.00 Uhr, Tel. 08845 7030620

Berühmte Personen

Pater Othmar Weis wurde 1770 in Bayersoien geboren. 1795 trat der Pater in das Kloster Ettal ein. Im Rahmen der Säkularisation wurde 1810 das Passionsspiel in Oberammergau verboten. In ihrer Not fragten die Oberammergauer Pater Othmar Weis, ob er nicht gewillt sei, eine neue Fassung der „Leidensgeschichte unseres Herrn" zu schreiben. 1811 wurde das Passionsspiel in der erneuerten Fassung wieder genehmigt und Othmar Weis führte selbst Regie. Selbst nachdem er 1843 starb, wird der von ihm verfasste Text noch viele Jahre gespielt.

Volkstümliche Bräuche

Ludwig Lindauer hat 1934 in Bad Bayersoien die „Ammertaler" gegründet, um die Tracht zu bewahren, Musik und Gesang wieder aufleben zu lassen. Heute hat der Verein 180 Mitglieder, die mit ihren Festen den Jahreslauf prägen. Ein wichtiges Ereignis ist das jährliche „Johannifeuer" zur Sonnwende.

Freizeit- und Sport

Badespaß

Der Soier See direkt in Bad Bayersoien gilt als einer der wärmsten Badeseen Südbayerns. Das Moorwasser des Soi-

Bad Bayersoien im Winter
(Bild Gemeinde Bad Bayersoien)

Soier See
(Bild F. Bahr)

er See ist sanft und wohltuend. Der kleine See wird schnell warm und ist auch im Hochsommer nicht überlaufen. Mit der großen Liegewiese, dem Kiosk und Bootsverleih ist der Soier See beliebter Anziehungspunkt.

Neu ist die „Kleine Moorrunde", welche viel Wissenswertes über die Flora und Fauna sowie die Entstehung des Hochmoores vermittelt. Die „Kleine Moorrunde" sowie alle Wege rund um den See sind ganzjährig frei zugänglich.

Im Winter

Der idyllische Ort präsentiert sich auch im Winter als ein lohnendes Ziel für Erholungssuchende und Sportbegeisterte. Geräumte und markierte Winterwanderwege, geführte Winterwanderungen und abendliche Fackelwanderungen mit einer wärmenden Überraschung erwarten den Feriengast.

Das weitläufige Loipenverbundnetz, das bis nach Schloss Linderhof reicht, macht das Langlaufen für jeden Wintersportler sehr attraktiv.

Und wer die bequeme Tour bevorzugt, findet bei einer Fahrt mit dem Pferdeschlitten das reinste Wintermärchen.

Wandern

Bad Bayersoien ist Ausgangspunkt zahlreicher herrlicher Wanderungen durch den Naturkurpark, rund um den See oder durch die wunderschöne Voralpenlandschaft, es geht vorbei an reißenden Wildwassern oder durch romantische Schluchten. Und jeder Ausflug wird gekrönt von einem großartigen Ausblick auf das Panorama der Ammergauer Berge.

Dreimal in der Woche werden auch geführte Wanderungen angeboten. Dabei wird mit unterschiedlicher Länge und unterschiedlichem Schwierigkeitsgrad der individuellen Kondition Rechnung getragen. Die versierten Wanderführer vermitteln viel Wissenswertes über Pflanzen- und Bergwelt und gestalten die Touren stets interessant und kurzweilig. Informationen sind im Internet abrufbar: www.gf-bb.de

Radfahren

Flache Wege führen durchs idyllische Ammertal. Die Touren lassen sich so zusammenstellen, dass die Sehenswürdigkeiten der Region tangiert werden, geruhsam oder sportlich.

Besonderes und Einzigartiges

Bad Bayersoien bietet für den schönsten Tag des Lebens eine unvergessliche Kulisse. Das „Ja-Wort" mit Blick über den See, in die unverfälschte Natur, hinterlässt bei Brautpaar und Gästen bleibende Eindrücke. Einzelheiten sind bei der Gemeinde Bad Bayersoien zu erfahren, Tel. 08845 7030620

Orts- und Infrastuktur

Verkehrswege

Um den Ort führt die Bundesstraße 23, die von Peiting über Garmisch-Partenkirchen zur österreichischen Grenze bei Ehrwald führt. Die Straße ist bei Bad Bayersoien Teil der Deutschen Alpenstraße und überquert an

Bad Bayersoien
(Bild Jacques Verlaeken)

Johannifeuer
(Bild Gemeinde Bad Bayersoien)

der Gemeindegrenze zu Rottenbuch mit der Echelsbacher Brücke die Ammer. Der Ort ist an das Busnetz des RVOs über die Linie 9606 von Garmisch-Partenkirchen nach Füssen angebunden.

Weltoffen wohnen

Kindergarten und Grundschule machen den Ort besonders für junge Familien attraktiv.

Wirtschaft und Ausbildung

Bad Bayersoien ist landwirtschaftlich geprägt und hat sich bis heute unverfälscht seinen dörflichen Charakter bewahrt.

Kulinarisches

Verwöhnte Gaumen kommen bei uns ebenfalls auf ihre Kosten. Die kulinarischen Köstlichkeiten lassen kaum Wünsche offen.

Wellness

Schon Paracelsus hat „Moor" als Heilmittel bei verschiedenen Erkrankungen empfohlen. Dem Moorschlamm werden entzündungshemmende Inhaltsstoffe zugesprochen. Das alpine BergkiefernHochmoor des Moorheilbades Bad Bayersoien ist ein wertvolles Naturheilmittel. Die Moorkurbetriebe bieten medizinische Kompetenz und Wohnkomfort in den Ammergauer Alpen.

Wichtige Adressen und Telefonnummern

Gemeinde Bad Bayersoien

Dorfstr. 45
D-82435 Bad Bayersoien
Tel. +49 (0)8845 703 06-20
Fax +49 (0)8845 703 06-50
info@bad-bayersoien.de
www.bad-bayersoien.de

Hier erhalten Sie die Leistungen der KönigsCard (siehe Seite 41)

Parkhotel am Soier See ****ˢ

Juwel in den Ammertaler Alpen

Idyllisch schmiegt es sich in die Moorlandschaft rund um den Soier See, die Ruhe, die das Parkhotel umgibt, ist spürbar. Hier ist ein Ort, an dem man entspannen und neue Kraft schöpfen kann.

Gesundheit genießen

Der Vitalquell mit seinem Panorama-Pool, der afrikanischen Saunalandschaft „Amani Spa" und dem Techno Gym erstreckt sich auf 1500qm. Wellnessanwendungen, Massagen, Packungen und Bäder mit dem Torf aus dem nahegelegenen Bad Bayersoier Bergkiefern-Hochmoor, bringen die Gäste wieder ins körperliche und seelische Gleichgewicht. Heilfasten und Entgiftung nach F.X. Mayr bietet eine gelungene Mischung aus Ernährungs-Therapie, Gesundheitsvorsorge, Wellness & Urlaub in Bayern.

Gaumenfreuden vom Feinsten

Dem Körper und der Seele etwas Gutes tun, ist auch das Motto in der Küche des Parkhotels. Hier werden Gaumenschmeichler zubereitet, für die nur qualitativ hochwertige und frische Lebensmittel verarbei-

tet werden. Eine außergewöhnlich umfangreiche Weinkarte präsentiert etwa 180 preisgekrönte Weine aus den wichtigsten Anbaugebieten der Welt. Der Fokus liegt hier bei den selbst importierten Weinen aus Südafrika, die auch im Hotelshop erworben werden können.

Genießen Sie den unvergleichlichen Blick auf den See und die Berge im Seestüberl, der bayerischen Stube, oder von unserer Sonnenterrasse. In der African Lounge unternehmen Sie eine genüssliche, südafrikanische Safari mit kapholländischen Spezialitäten. Gemeinsam mit dem Küchenchef oder der Ernährungsberaterin ein Menü zu kochen – die Kochlounge des

Parkhotels ist der ideale Ort für Ihre nächste Feier oder ein Firmenevent.

Afrika im Ammergau

Die Liebe zum schwarzen Kontinent möchten die Gastgeber Familie Fehle-Friedel ihren Feriengästen vermitteln. Geschmackvolle Arrangements setzen bayerische und afrikanische Akzente im ganzen Haus gekonnt in Szene. Der afrikanische Einfluss zeigt sich insbesondere in den afrikanischen Wellnessanwendungen, dem Amani Spa und den kulinarischen Erfahrungen in der African Lounge.

Tagungen und Seminare

Die ruhige Lage des Vier-Sterne-Superior-Hotels mit seinen modern ausgestatteten Seminarräumen ist der ideale Tagungsplatz und Ausgangsort für die vielfältigsten Incentives. Der Niederseilparcours des Parkhotels bietet ideale Möglichkeiten des Team Buildings.

Parkhotel am Soier See

Am Kurpark 1
D-82435 Bad Bayersoien
Tel. +49 (0)8845-120
Fax +49 (0)8845-9695
info@parkhotel-bayersoien.de
www.parkhotel-bayersoien.de

Gastlichkeit mit Blick in die Ammergauer Berge

Gasthof zum Weißen Roß

Das Engagement der Wirtsleute, die ihren Gästen ein gemütliches Ambiente und feine Köstlichkeiten aus der Küche bieten, zahlt sich aus: Mehrfach wurde das traditionelle bayerische Wirtshaus mit dem „Stern der Gastlichkeit" ausgezeichnet.

Bereits in der vierten Generation wird das Weiße Roß von den Geschwistern Simone, Michael und Joachim Echtler in Bad Bayersoien geführt, nachdem es 1907 von Georg Echtler, einem Wirtssohn aus Echelsbach, und seiner Frau Katharina übernommen worden war. Die erste urkundliche Erwähnung des Hauses geht auf das Jahr 1436 zurück. Es dürfte damit zu den ältesten Wirtshäusern in den Ammergauer Alpen und über die Region hinaus zählen.

Michael und Joachim Echtler, die ihre Ausbildung unter namhaften Köchen durchlaufen haben, verwöhnen die Gäste mit den leckeren Schlemme-

reien aus der Küche. Bayerisch traditionell wird gekocht, mit frischen Zutaten aus der Region und mit einem guten Schuß Kreativität, die den Speisen den vollendeten Geschmack verleiht. Michael Echtler, der ausgebildete Diätkoch, berücksichtigt mit der Auswahl der Zutaten auch Sonderformen beim Kochen. Beliebt sind die Aktionen, die sich das Küchenteam während der Saison ausdenkt: So finden die XXL-Steakhouse-Wochen oder die Frühlings- und Spargelkarte zahlreiche Genießer, wie auch im Herbst – die Wald Karte mit Pfiffigem vom Pfifferling & Co, den Wild-Wochen mit Rehen aus Bad Bayersoiener Jagd oder

Gasthof zum Weißen Roß

Dorfstr. 20, D-82435
Bad Bayersoien am See
Tel. +49 (0)8845 74 020
Fax +49 (0)8845 74 02 25
www.gasthof-zum-weissenross.de
info@gasthof-zum-weissenross.de

Hier erhalten Sie die Leistungen der KönigsCard (siehe Seite 41)

Hirsch und Wildschwein aus dem Ammertal. Zum Jahresschluß wird zu Silvester das 5-Gang-Feinschmecker-Menü serviert.

Die gelernte Hotelfachfrau, Simone Echtler, ist für den Service, den Komfort der Übernachtungsgäste sowie das Ambiente im Haus verantwortlich, damit sich die Gäste wohlfühlen. Die „Alte Gaststub'n" ist der ideale Treffpunkt zum Essen, ob zu Mittag- oder Abendessen, zur Brotzeit oder einfach, um sich bei einem frisch gezapften Bier zu entspannen. Während der warmen Jahreszeit ist der originelle

bayerische Biergarten, in dem eine alte Linde den ersehnten Schatten spendet, der ideale Ort, um gepflegt eine Brotzeit oder einen Kaffee mit Kuchen zu genießen.

Übernachtungsgäste werden die Ruhe inmitten des idyllischen Dorfkerns von Bad Bayersoien zu schätzen wissen. Die Zimmer, Appartements und Ferienwohnungen im Gasthof zum Weißen Roß sind mit allem Komfort wie Dusche/WC, Fernsehen, Minibar und Telefon ausgestattet. In den Betten sorgen bandscheibengerechte Matratzen für einen erholsamen Schlaf. Aus den Appartements und Ferienwohnungen genießt man nicht nur einen fantastischen Blick auf die Ammergauer Berge, sondern hat mit Kaffeemaschine und kleinem Küchenblock auch noch die Möglichkeit, sich selber zu versorgen. Als Partner der „KönigsCard" können die Gäste über 250 Freizeit-, Kultur- und Sportangebote in der Region kostenlos nutzen.

Für Feierlichkeiten und Veranstaltungen findet man im Gasthof zum Weißen Roß die „St.Georg-Stub'n". Dies ist ein Tribut an die männlichen Nachkommen der Echtlers. Alle hörten auf den Ruf- oder Zweitnamen Georg und außerdem ist der Heilige Georg der Schutzpatron der Bayersoier Kirche. Die „St.Georg-Stub'n" verleiht kleineren Festlichkeiten einen würdigen Rahmen und der Panorama-Saal macht mit seinem einmaligen Ambiente und dem unvergleichlichen Blick in die Ammergauer Alpen auch größere Feiern zu einem unvergesslichen Erlebnis.

Einkaufen

Gesunde, biologisch erzeugte Produkte sind im Hofladen des Marxhof in Böbing erhältlich.
Marxhof Biolandhof Ferienhof, Leiten 8, 82389 Böbing, Tel. +49 (0) 8867 597, Fax +49 (0) 8867 2440, marxhof-bioland@gmx.de, www.marxhof-bioland.de

Essen und Trinken

In dem repräsentativen Ambiente des Parkhotels schmecken die Köstlichkeiten aus der Küche, die von edlen Weinen aus den wichtigsten Anbaugebieten begleitet werden.
Parkhotel am Soiener See, Am Kurpark 1, D-82435 Bad Bayersoien, Tel. +49 (0)8845 120, Fax +49 (0)8845 12 507, info@parkhotel-bayersoien.de, www.parkhotel-bayersoien.de

Gartenterrasse

Ein bayerischer Biergarten inmitten der dörflichen Idylle von Bad Bayersoien. Hier schmeckt das frisch gezapfte Bier, die deftige Brotzeit oder die kulinarischen Köstlichkeiten, die aus der Küche kommen, im Schatten einer alten Linde.
Gasthof zum Weißen Roß, Dorfstr. 20, D-82435 Bad Bayersoien am See, Tel. +49 (0)8845 74 020, Fax +49 (0)8845 74 02 25, info@gasthof-zum-weissenross.de, www.gasthof-zu-weisenross.de

Übernachten

Ob Einzel- oder Doppelzimmer, Apartement oder Ferienwohnung: In Bad Bayersoien finden sich komfortable Übernachtungsmöglichkeiten in ruhiger Lage und mit ansprechendem Service im Gasthof zum Weißen Roß. Als Partner der „KönigsCard" können die Gäste über 250 Freizeit-, Kultur- und Sportangebote in der Region kostenlos nutzen.
Gasthof zum Weißen Roß, Dorfstr. 20, D-82435 Bad Bayersoien am See, Tel. +49 (0)8845 74 020, Fax +49 (0)8845 74 02 25, info@gasthof-zum-weissenross.de, www.gasthof-zu-weisenross.de

Wellness

Afrika in Bayern: Im Wellnessbereich des Parkhotels hielt eine afrikanische Saunalandschaft Einzug. Damit vermitteln die Gastgeber ihre Liebe zum schwarzen Kontinent.
Parkhotel am Soiener See, Am Kurpark 1, D-82435 Bad Bayersoien, Tel. +49 (0)8845 120, Fax +49 (0)8845 12 507, info@parkhotel-bayersoien.de, www.parkhotel-bayersoien.de

Der Duft nach frischem Heu

Bioland Ferienhof Marxhof

Kühe und Kälber, Katzen, Ziegen und Schweine – ach ja, und Ponys gibt es hier. Doch die Familie Gretschmann, die dieses Tierparadies bewirtschaftet, bietet neben ihrem ökologisch bewirtschafteten Biolandhof auch Ferienwohnungen und einen kleinen Naturcampingplatz inmitten des Pfaffenwinkels an.

Und – welches Kind würde sich hier nicht wohlfühlen? Inmitten intakter Natur. Die Kleinen werden das abenteuerliche Leben auf dem Bauernhof genießen und die Eltern schätzen die Ruhe und den zauberhaften Ausblick in die oberbayerischen Alpen.

Die gemütlich eingerichteten Ferienwohnungen verfügen über jeweils zwei Schlafzimmer, Dusche/WC und eine komplett eingerichtete Küche. Der Blick vom großen Balkon oder aus dem Wohnmobil, Caravan oder Zelt lässt das Herz jedes Naturliebhabers höher schlagen, wenn die Abendsonne über den Bergen mit ihren Farben spielt.

Für einen Einkauf bietet sich der Hofladen der Familie Gretschmann an,

der nur gesunde, biologisch erzeugte Lebensmittel bereithält.

Marxhof Bioland Ferienhof
Leiten 8, D-82389 Böbing
Tel. (0)8867-597
Fax (0)8867-91 24 40
marxhof-bioland@gmx.de
www.marxhof-bioland.de

Böbing

Tor zum Ammertal

Böbing ist ein gemütliches oberbayrisches Dorf in 744 m Höhe mit ca. 1800 Einwohnern, eingebettet in das hüglige Voralpenland. Die malerische Voralpenlandschaft mit ihren Wiesen, Wäldern und Seen und die reine Bergluft laden zum erholsamen Aufenthalt ein.

Zu Fuß oder mit dem Fahrrad die Gegend erkunden, im Sommer ein erfrischendes Bad im Lugenauer See nehmen, oder bei Sonnenschein im Biergarten genießen. Die Blasmusik beim Dorffest oder der lustige Schwank im Bauerntheater, so stellt man sich Ferientage in Oberbayern vor. Der eine liebt Ruhe und Beschaulichkeit, ein anderer ist lieber sportlich aktiv: Böbing bietet mit seinen vielfältigen Angebot ein abwechslungsreiches Ferienprogramm.

Kurzer Blick ins Geschichtsbuch

Der Name Böbing stammt von einer Sippe eines Babo oder Bebo. Erste urkundliche Erwähnung erfolgte im Jahr 935 unter den Ortsnamen Bebingoe. Die Geschichte von Böbing ist eng mit dem Kloster Rottenbuch verbunden. Im Zuge der Verwaltungsreformen im Königreich Bayern entstand mit dem Gemeindeeditk von 1818 die heutige Gemeinde.

Sehenswürdigkeiten

Pfarrkirche St. Georg

Der Überlieferung nach soll am höchsten Punkt des Ortes, auf dem Kirchenhügel, ein Wachturm gestanden haben. Eine erste Kapelle oder

Böbing
(Bild Paul Hofacker)

190

Böbings Kirchplatz und Kirche Hl. Georg
(Bild Paul Hofacker)

Kirche ist schon im Jahre 1238 für den Ort belegt. Das Langhaus wurde 1638 neu erbaut und 1794 bzw. 1898 nach Westen hin erweitert. In ihrem Unterbau befindet sich eine große Lourdesgrotte. Die Figuren unserer lieben Frau von Lourdes und von Bernadette wurden von der Mayerischen Kunstanstalt in München gefertigt. Die Apostelbilder im geräumigen Kirchenschiff an der Vorderfront der Westempore werden Veit Benno Lederer zugeschrieben und stammen aus dem Jahre 1720. Im Hochaltar ist ein Gemälde des hl. Georg aus dem Jahr 1883 zu sehen. Im Langhaus befinden sich Figuren der Heiligen Sebastian und Rochus (2. Hälfte des 17. Jh.), des hl. Joseph, des hl. Florian und des hl. Magnus (alle 18 Jh.), des Weiteren ein Kruzifix mit schmerzhafter Muttergottes, ebenfalls aus dem 18. Jahrhundert.

Volkstümliche Bräuche

Brauchtum und Tradition werden in der Region sehr gepflegt. Ob bei Festzügen, Prozessionen, Volkstänzen, Leonhardifahrten oder bei Maibaumaufstellen. Jung und Alt sind hier mit ganzen Herzen dabei.

Freizeit- und Sport

Badespaß

Baden und Sonnen lässt es sich herrlich am Lugenauer See in Böbing. Auch der Staffelsee ist nicht weit.

Wildwasserfahren

Für Kajakfahrer ist die 4 km vom Ort entfernte Ammer ein ideales Gewässer. Die Strecke führt für geübte Kajakfahrer von Saulgrub bis zur Ammerbrücke Böbing/Rottenbuch und eine leichtere

Böbing
(Bild Paul Hofacker)

Strecke von der Ammerbrücke bis Peißenberg. Erlaubt vom 1. Mai bis 1.Dezember. Nähere Informationen unter www.kajaktour.de/ammer

Im Winter

Gespurte Loipen in einer herrlichen Winterlandschaft erwarten den Langläufer. Auch zum Rodeln, Schlitt-

schuhlaufen und Eisstockschießen bieten sich Möglichkeiten.

Bei einer Pferdeschlittenfahrt lässt sich die Landschaft ganz besonders genießen

Skifahren

Bei entsprechender Witterung ist der Bromberglift in Betrieb, Info-Tel. Skilift 08867 1781, www.bromberg-alm.de

Schlittschuhlaufen

Mehrere Seen in der Umgebung laden zum Vergnügen auf zwei Kufen ein, z. B. der Lugenauersee in Böbing und der Schwaigsee bei Wildsteig.

Wandern

Vielfältige Wanderwege erschließen die Natur um Böbing. Durch abwechslungsreiches Gelände mit herrlichem

Panorama und Einkehrmöglichkeiten können Sie die Natur auf „Schusters Rappen" erkunden. Nähere Informationen zu Wandertouren in der Region unter: www.pfaffen-winkel.de/de/wanderrouren

3 Überregionale Wanderwege laden zum ausgiebigen Naturgenuss ein:
Schnalz-Panoramaweg
Kultur Ammerschlucht
Kirnberg-3 Seenblick

Radfahren

Radler finden nahezu paradiesische Verhältnisse auf wenig befahrenen Nebenstraßen oder auf markierten Fernradwegen.

Verkehrswege

Böbing liegt an der Staatstraße 2058 von Steingaden nach Weilheim. Der Ort ist mit der Buslinie 9651 des Regionalverkehrs Oberbayern zu erreichen.

Wichtige Adressen und Telefonnummern

Tourist-Info Böbing
Kirchstr. 22
D-82389 Böbing
Tel. +49 (0)8867 9100-0
Fax +49 (0)8867 9100-16
Info.boebing@t-online.de
www.boebing.de

Lugenauer See
(Bild Paul Hofacker)

Gesunde Ferien auf dem Bauernhof

Der Stroblhof in Böbing

Die Natur im Pfaffenwinkel mit ihren Wäldern und Wiesen, mit Bächen, Flüssen und Seen, weckt bei den Gästen dieser traumhaften Landschaft das Bedürfnis nach Bewegung und Entspannung und – vor allem – etwas für die Gesundheit zu tun.

Kneipp und Wellness sind die Schlagworte im Stroblhof, bietet doch der erste, vom Kneipp-Bund anerkannte Gesundheitshof im oberbayerischen Pfaffenwinkel, eine umfangreiche Ausstattung an.

Sauna, Sportgeräte, Wassertretbassin und Armtauchbecken sowie viele andere Anwendungen finden die Gäste hier, um vorbeugend etwas für ihr körperliches und seelisches Wohlergehen zu tun. Das profunde Wissen von Maria Mayr um die Kneipp'sche Lehre rundet das Angebot ab.

Wohnen auf dem Stroblhof

Für die Feriengäste stehen auf dem Stroblhof bestens ausgestattete, große Ferienwohnungen zur Verfügung. Viel Holz in den Räumen sorgt für eine behagliche Atmosphäre. Die Kinderfreundlichkeit der Familie Mayr äußert sich hier, sind die Wohnungen doch alle mit eigenen Kinderzimmern bestückt.

Die Wohnraumküchen mit kompletter Küchenzeile in den Räumen sind ideal für Selbstversorger. Und, gesundheitsbewusst wie sich der Hof gibt, finden sich in den Duschen Kneipp-Gießhandstücke, die bereits

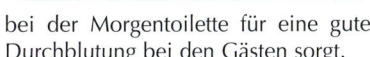

bei der Morgentoilette für eine gute Durchblutung bei den Gästen sorgt.

Urlaub auf dem Land

Der Stroblhof ist seit Generationen im Familienbesitz. Der für die Region typische landwirtschaftliche Familienbetrieb im Herzen des Pfaffenwinkels wird von Johann und Maria Mayr bewirtschaftet. Seit vielen Jahren widmen sich die Gastgeber nun schon den Gästen, um ihnen die „schönsten Tage des Jahres" zu versüßen.

Besonders die kleinen Gäste kommen bei den Mayrs auf ihre Kosten, denn hier ist für jede Menge Abwechslung gesorgt. Auch, wenn nicht jeden Tag ein Kälbchen geboren wird, machen doch Katzen, Hasen, Enten und Hühner, Schafe, acht Ponys und drei Pferde die Natur auf und rund um den Hof erlebbar. Auch die Spielscheune mit Schaukeln, Klettertum und Rutsche, mit Trampolin und vielen Kinderfahrzeugen lockt und abenteuerliche Stunden sind den Kindern garantiert.

Stroblhof

Johann und Maria Mayr
Herkulan-Schweiger-Weg 12
D-82389 Böbing-Pischlach
Tel. +49 (0)8867 452
Fax +49 (0)8867 468
info@stroblhof.de
www.stroblhof.de

Markt Peiting
Wo der Lech die Ammer küsst

Nirgendwo sonst kommen sich die beiden Gebirgsflüsse Lech und Ammer so nah wie bei Peiting. Die Ammer auf ihrem Weg zum gleichnamigen See als ungebändigter Wildfluss und der Lech, den man auf seinem Weg nach Augsburg durch Staustufen gebändigt hat. Aber es ist die Fluss- und Seenlandschaft bei Peiting, die durch Moore, Weiden und Wälder ihren starken Reiz auf Naturliebhaber und Erholungs Suchende ausübt.

Der Markt Peiting mit seinen etwa 11.500 Einwohnern liegt auf einer Höhe von 718 m ü.M. inmitten der von Moränenhügeln geprägten Landschaft. Trotz Bevölkerungszunahme und gewerblicher Ansiedlungen konnte der Ort sich seinen bayerisch-dörflichen Charakter erhalten. Dazu trägt auch die Peitnach bei, der Bach, der durch die Gemeinde fließt und das Erscheinungsbild prägt.

Peiting ist die flächengrößte Gemeinde im Landkreis Weilheim-Schongau. Auch der idyllische Ortsteil Birkland gehört zur Marktgemeinde. Birkland liegt 12 km von Peiting entfernt östlich des Lechs inmitten von Wäldern und Wiesen; 17 Weiler zählen zu dem kleinen Dorf mit derzeit 600 Einwohnern.

Kurzer Blick ins Geschichtsbuch

Funde wie Steinbeile und Tonscherben belegen die frühe Besiedelung des östlichen Lechufers und aus der Bronzezeit stammen Gräber, die am Bühlachberg gefunden wurden. Doch auch die Kelten und Römer hinterließen ihre Spuren. Urkundlich erwähnt wurde Peiting erstmals im Jahr 1055 im Zusammenhang mit der Burg Peiting, die durch die Welfen errichtet wurde. Diese nahmen auch an den

Peiting
(Bilder Markt Peiting)

St. Michael

Kreuzzügen teil und waren Gründer der Klöster Rottenbuch und Steingaden. Während des Dreißigjährigen Krieges wurde die Burg vollständig zerstört. Im Jahr 1438 erhielt Peiting erstmals das Marktrecht durch den bayerischen Herzog Ernst. Direkt nach dem 1. Weltkrieg begann im neu errichteten Kohlebergwerk der Abbau, der bis ins Jahr 1968 betrieben wurde. Während der 1950er Jahre galt Peiting als das größte Dorf Bayerns, hatte es damals doch die höchste Einwohnerzahl im Altlandkreis Schongau.

Sehenswürdigkeiten

Der Ursprung der Pfarrkirche St. Michael reicht in das Jahr 1055 zurück. Obwohl der Kirchenbau von seiner Ausstattung zu den weniger reich ausgestatteten gehört, finden sich doch einige interessante Figuren, Altäre und Kreuzwegstationen auf Hinterglasbildern sowie ein Taufstein aus dem Jahr 1331, die einen Abstecher lohnen. Tagsüber ist die Kirche für Besucher geöffnet.

Ein Prachtstück des Barock im Pfaffenwinkel, bildet die Pfarrkirche St. Anna im Ortsteil Birkland/Aich (ca. 12 km von Peiting entfernt). Die Dorfkirche

St. Anna

lässt mit ihrer Barockpracht den Besucher staunen. Das wertvollste Stück der Pfarrkirche ist der Hochaltar, der von Dominicus Zimmermann, dem Baumeister der berühmten Wieskirche, stammt. Die Pfarrkirche St. Anna ist tagsüber nicht immer geöffnet, es empfiehlt sich, einen Besuchstermin unter der Tel.-Nr. 088629-1267 zu vereinbaren.

Wallfahrtskirche Maria Egg

Im 17. Jh. begann die Entstehungsgeschichte der Wallfahrtskirche Maria Egg. Zunächst war nur ein Bildstock, um 1650 eine Kapelle und 1737 der Kirchenbau Ziel von Wallfahrern. Die Stuckarbeiten in dem prächtigen Chor und Langhaus stammen von dem Wessobrunner Johann Schmuzer. Daneben lohnt die Besichtigung der Votivbilder mit der sogenannten Jakobsbrüdertafel.

Villa Rustica

Neben der Straße zum Weiler Kreut entdeckte man 1956 ein römisches Landhaus aus dem Beginn des 2. Jh. n. Chr. bis zur Mitte des 4. Jh. n. Chr. Auf der gegenüberliegenden Flussseite des Lechs verlief die Via Claudia

Villa Rustica

Augusta. Bei der Anlage handelte es sich um eines der in Deutschland seltenen Atriumhäuser. Heizungsanlagen im Haupthaus und im Badehaus, Reste von Wandmalereien, Glasfenster und Terra-Sigillata-Funde belegen den gehobenen Wohnstandard, der bereits zu dieser Zeit gepflegt wurde. Über den freigelegten Resten des Badegebäudes errichtete man ein rundum verglastes Schutzhaus. Zusätzlich wurde ein römischer Küchen- und Heilkräuterlehrgarten angelegt.

Eine Besichtigung ist jederzeit möglich, die gesamte Anlage ist mittels Schautafeln selbsterklärend gestaltet. Zwischen Mai und Oktober finden samstags von 14-16 Uhr Führungen statt, die bei nasskaltem Wetter ausfallen können. Zusätzliche Führungen können jederzeit bei der Tourist-Information Peiting gebucht werden.

Das Museum im Klösterle

Das Museum in der Kapellenstr. 1 mit seinen verschiedenen Abteilungen ist weniger ein Heimatmuseum als vielmehr eine lebendige Dokumentation der Ortsgeschichte.

Aus dem gesamten europäischen Raum sind in der Abteilung Skimuseum Exponate zusammengetragen, die die Geschichte des Skisports nachzeichnet. Integriert ist die „Michel-Dacher-Stube", die an den deutschen Bergsteiger erinnert, der als erster Deutscher ohne Sauerstoffgerät einen Achttausender bezwungen hat. Michel Dacher lebte in Peiting.

Abteilung Skimuseum

Die Jagd, Fischerei und Imkerei haben zwischen Lech und Ammer eine lange Tradition. In einer Fachabteilung im Museum finden sich zahlreiche Gerätschaften und naturgetreue Darstellungen, die viel Wissenswertes um einen nachhaltigen Umgang mit der Natur vermitteln.

Der Bergbau hat in Peiting eine lange Geschichte. Schon im 16. Jh. wurde Kohle gefördert und zwischen 1920 und 1968 war das Bergwerk mit bis zu 1000 Bergleuten ein bedeutender Wirtschaftsfaktor. Die Kohleförderung wird im Museum mit Arbeitsgeräten, Bildern, Uniformen und Zeitdokumenten wieder lebendig. Öffnungszeiten: jeden Mittwoch von 14-17 Uhr. Wechselnde Sonderausstellungen bereichern das Angebot des ehrenamtlich geführten Museums.

Veranstaltungen

Zu einer Institution ist der Peitinger Bauernmarkt geworden. Jeden ersten Freitag im Monat (März bis Dezember) findet vormittags auf dem Hauptplatz neben der Pfarrkirche St.

Bauernmarkt

Michael Markttreiben statt. Frisches Obst und Gemüse, Eier, Brot und allerlei kulinarische Köstlichkeiten der Region werden feilgeboten.

Bei der jährlich im Juni stattfindenden Gumpenserenade ist der schöne Dorfweiher Gumpen im Herzen von Peiting Bühne für verschiedene Musikgruppen. Hunderte begeisterte Zuhörer am Ufer genießen bei einem Glas Wein die herrliche Akustik rund um das Gewässer.

Freizeit und Sport

Neben den unzähligen sportlichen Betätigungsfeldern in der schönen Natur zwischen Ammer und Lech bietet Peiting einige interessante Besonderheiten. Zahlreiche Sportstätten, von der Eissporthalle über eine Kletterwand und Sportschützenanlage bis hin zu Kegelbahnen, Reitanlage

Wellenfreibad

und Fußballplätze finden sich im Ort. Mehrere Minigolfanlagen, ein Walking- und Lauftreff und vieles andere mehr beschert den Einwohnern und Gästen der Marktgemeinde abwechslungsreiche Freizeitbeschäftigungen. Das Wellenfreibad ist beheizt, verfügt über ein großes Wellenbecken und ein Nichtschwimmerbecken mit Wasserspielelandschaft und Rutsche. Kinderplantschbecken, Spiel- und Beachvolleyballplatz laden zum Sporteln ein, während es sich auf der großen Liegewiese angenehm entspannen lässt.

Gumpenserenade

200

König-Ludwig-Weg

Der Ammerlauf-Lehrpfad verbindet Wissen mit Ästhetik und Kunst. Acht anschauliche Informationstafeln entlang des Weges informieren über Geografie, Geschichte, Flora und Fauna des Ammertales und ermuntern den Besucher, die Ammer mit aufmerksamen Augen zu betrachten.

Während des Winters entwickelt sich Peiting zu einem Eldorado für Skilangläufer: Das Nordic Zentrum bietet Klassische Loipen und Skatingloipen mit bis zu 20 km Streckenlänge und verschiedenen Schwierigkeitsgraden an.

Orts- und Infrastruktur

Peiting bildet auch eine Station für einige Fernwanderwege, die die Region durchqueren wie der Wanderweg Romantische Straße, der König-Ludwig-Weg sowie der Münchner Jakobsweg.

Der Peitinger Bergbauweg liefert auf seiner Länge von 12 km wertvolle Hintergrundinformationen über den Bergbau in Peiting.

Auf sieben Stationen wird der Wald zu einem besonderen Erlebnis: Auf dem Wald-Erlebnispfad in Peiting sieht man den Wald mit anderen Augen, da er sich erwandern, ertasten und erfühlen lässt. Startpunkt für die familienfreundliche Tour ist der Wanderparkplatz vor dem Schützenhaus „Am Sonnenbichl"

Den dörflichen Charakter konnte Peiting behalten, während die Einwohnerzahl und die Ansiedlung von Gewerbebetrieben in den vergangenen Jahrzehnten wuchs. Dies sorgt bei Einwohnern für eine hohe Lebensqualität und Gäste, die Peiting besuchen, schätzen die Ruhe und ländliche Idylle im Ort. Dazu trägt die große Zahl der Vereine bei, die für abwechslungsreiche Freizeitbeschäftigungen ebenso sorgen, wie für Festlichkeiten und Veranstaltungen im Ort.

Bachstraße

Kalkofensteg über die Ammer

Auch die Peitinger Volkshochschule trägt mit ihrem breit gefächerten Programm in der Erwachsenenbildung zum kulturellen Angebot bei.

Handel, Handwerk, Industrie und Dienstleistungen – die Bandbreite der Unternehmen ist in Peiting sehr groß. Der größte Arbeitgeber am Ort ist das Diakoniedorf Herzogsägmühle. Die im Jahr 1894 als Arbeiterkolonie gegründete Einrichtung ist heute ein eigenes kleines Dorf mit einem Ortskern, in dem 900 Einwohner leben. Heimat- und wohnungslos gewordene Menschen finden hier ebenso Hilfe und Beistand wie Menschen mit körperlicher oder seelischer Erkrankung und Kinder und Jugendliche, denen ein eigenes Schul- und Ausbildungsangebot zur Verfügung gestellt wird.

Nach dem Ende des Bergbaus und einer damit verbundenen wirtschaftlichen Flaute griffen in Peiting infrastrukturelle Maßnahmen. Die zentrale Lage und die Verkehrsanbindung waren für die Ansiedlung von Unternehmen von herausragender Bedeutung.

Die B17neu, die Füssen und Augsburg verbindet, sorgt für kurze Fahrzeiten in die Städte als auch auf die Autobahn München-Lindau. Die B17neu umfährt seit einigen Jahren die Marktgemeinde großräumig. Auf der Schiene ist mit der Bayerischen Regiobahn die Verbindung von Schongau kommend nach Augsburg und München/Ulm über die beiden Peitinger Bahnhöfe Nord und Süd möglich.

Essen und Trinken

Eine Vielzahl gemütlicher Gaststätten, gepflegter Restaurans sowie Tagescafes verwöhnen Peitinger und Gäste gleichermaßen.

Übernachten

Ruhig gelegene Stellplätze bietet die Marktgemeinde den Reisenden, die mit einem Wohnmobil eintreffen. Auf dem Parkplatz des Wellenfreibades stehen 3 Übernachtungsplätze zur Verfügung. Von dort sind es nur wenige Gehminuten ins Ortszentrum mit zahlreichen Geschäften und Gaststätten. Wohnmobil-Stellplätze des Marktes Peiting, Ammergauer Str. 20 a, 86971 Peiting

Wichtige Adressen und Telefonnummern

Markt Peiting
Tourist Information
Ammergauer Str. 2
D-86971 Markt Peiting
Tel. +49 (0)8861 65 35
Fax +49 (0)8861 59 140
touristinfo.peiting@t-online.de
www.peiting.de

Marktplatz und Rathaus

Gartenterrasse

Gasthof Zum Keppeler

Ein frisch gezapftes Bier und eine leckere Brotzeit - das läßt man sich an einem schönen Sommertag inmitten Peitings im Biergarten des Gasthaus Zum Keppeler schmecken. Gasthaus Zum Keppeler, Hauptplatz 15, D-86971 Peiting, Tel. +49 (0)8861 6201, Fax +49 (0)8861 66 004, gasthof-keppeler@t-online.de

Gasthof Lamprecht

Im Schatten alter Bäume ein frisch gezapftes Bier und bayerische Schmankerl genießen: Gewürzt mit einem traumhaften Blick in die oberbayerische Alpenwelt wird dies serviert im Gasthof Lamprecht, Helmut Hedderich, Lamprecht 1, 86971 Peiting, Tel. +49 (0)8861 66 050, Fax +49 (0)8861 25 63 110, info@gasthof-lamprecht.de, www.gasthof-lamprecht.de

Gasthof Zechenschenke

Über 100 Jahre alte Linden sorgen für ein schattiges Plätzchen, während der Gast ganz entspannt sein frisch gezapftes Bier und die Köstlichkeiten aus der Küche in dem Biergarten genießt: Gasthof Zechenschenke, Zechenstr. 2, D-86971 Peiting, Tel. +49 (0)8861 68 164, Fax +49 (0)8861 68 06 61, info@zechenschenke.de, www.zechenschenke.de

Übernachten

Gasthaus Zum Keppeler

Gemütlich eingerichtete Gästezimmer findet man in Peiting im Gasthaus Zum Keppeler und das Frühstücksbuffet entläßt den Gast gestärkt in einen spannenden neuen Urlaubstag. Gasthaus Zum Keppeler, Hauptplatz 15, D-86971 Peiting, Tel. +49 (0)8861 6201, Fax +49 (0)8861 66 004, gasthof-keppeler@t-online.de

Gasthof Zechenschenke

Behagliche Zimmer, die gemütlich und komfortabel eingerichtet und mit Dusche/WC und TV ausgestattet sind, findet man auf dem ehemaligen Peitinger Bergwerksgelände. Gasthof Zechenschenke, Zechenstr. 2, D-86971 Peiting, Tel. +49 (0)8861 68 164, Fax +49 (0)8861 68 06 61, info@zechenschenke.de, www.zechenschenke.de

Steinmandl an der Ammer

Im Herzen Peitings

Gasthaus Zum Keppeler

In der Ortsmitte von Peiting lädt das Gasthaus an der Romantischen Straße zu einer gemütlichen Einkehr ein. Zeuge aus der Zeit, als das Anwesen noch eine Brauerei war, ist der Braukessel, der inmitten der Gaststube steht und dieser ein unverwechselbares Ambiente beschert.

Im Gasthaus Zum Keppeler werden bayerische und schwäbische Schmankerl und Spezialitäten serviert. Geschmackvoll und ehrlich ist die Küche und die Speisen werden ansprechend garniert. Schließlich ißt das Auge mit. Auch für Feierlichkeiten bieten sich im Gasthaus Zum Keppeler die geeigneten Räumlichkeiten. Private Feiern, wie Hochzeiten, Geburtstage und Jubiläen, Betriebs- und Vereinsfeste finden hier den passenden Rahmen und die Krönung durch die kulinarischen Köstlichkeiten aus Küche und Keller.

Gasthaus Zum Keppeler
Hauptplatz 15
D-86971 Peiting
Tel. +49 (0)8861 6201
Fax +49 (0)8861 66 004
gasthof-keppeler@t-online.de

Treffpunkt

Gasthof Lamprecht

Direkt an der Romantischen Straße, nur wenige Kilometer südlich von Peiting, liegt der gemütliche Gasthof. Behaglich und rustikal präsentieren sich die Gasträume inmitten der Voralpenlandschaft des Pfaffenwinkels. Das Haus, das bereits seit 1874 in Familienbesitz ist, bietet bayerische Gastfreundschaft und einen herrlichen Ausblick auf das Alpenpanorama.

Feines aus der Küche

Sorgfalt und die Liebe zum Kochen bestimmen die Köstlichkeiten, die aus der Küche kommen. Darf es heute der „Lamprecht-Spieß" oder lieber die „Allgäu-Pfanne" sein? Ein frisch gezapftes Bier dazu? Bodenständig wird gekocht und traditionell bayerisch. So finden sich auch die Käsespätzle oder die Apfelküchle auf der Speisekarte.

Wechselnde Tageskarten und Aktionswochen mit saisonalen Schmankerln runden das breite Speiseangebot ab. Die frischen Zutaten, die in der Küche verarbeitet werden, stammen hauptsächlich aus der Region und dem eigenen Anbau.

Den Aufenthalt mit Speisen und Getränken genießt der Gast in der behaglich eingerichteten Gaststube oder im Wintergarten, von dem man einen Panoramablick in die Alpenwelt hat. Bei schönem Wetter ist auch der große Biergarten unter Schatten spendenden Bäumen ein Genuss.

Komfortable Gästezimmer für die Übernachtung

Freundlich und im Landhausstil eingerichtet, präsentieren sich die Gästezimmer im Gasthof Lamprecht, die mit Dusche und WC sowie

SAT-Fernsehen ausgestattet sind. Mit dem stärkenden Frühstück am nächsten Morgen, ist das Haus ein idealer Ort für Fahrrad- und Motorradfahrer, für Wanderer und Individualreisende.

Gasthof Lamprecht

Helmut Hedderich
Lamprecht 1, D-86971 Peiting
Tel. +49 (0)8861 66 050
Fax +49 (0)8861 25 63 110
info@gasthof-lamprecht.de
www.gasthof-lamprecht.de

Im ehemaligen Peitinger Bergwerksareal

Gasthof Zechenschenke

Man hat sich einiges einfallen lassen, um die ehemalige Kantine des Bergwerkes zu einem beliebten Ausflugsziel zu gestalten. Mit viel Liebe zum Detail entstand hier ein Gasthof, der keine Wünsche offen lässt.

Übernachtungsgäste finden behagliche Zimmer, die komfortabel und gemütlich eingerichtet und mit Dusche/WC und TV ausgestattet sind. Feinschmecker werden in den Gasträumen, die eine behagliche Atmosphäre verbreiten, auf das Allerfeinste verwöhnt. Aus regionalen Produkten zaubert die exzellente Küche bayerische Schmankerl und internationale Gerichte.

Für Betriebs- und Familienfeiern stehen verschiedene Räume zur Verfügung. So die Zirbelstube mit ihrer Holzvertäfelung, das Stollenstüberl – ein original nachgebauter Bergwerkstollen – der große Feststadl sowie ein großer Saal für Gesellschaften bis 180 Personen. Der echt bayerische Biergarten liegt unter 100 Jahre alten Linden und ist der ideale Ort für einen Cappuccino

oder ein erfrischendes Bier und eine deftige Brotzeit. Unterhaltsam ist ein Match auf dem Minigolfplatz direkt am Gasthof, wo 18 Bahnen verschiedener Schwierigkeitsgrade für spannende Abwechslung mit Minigolfball und -schläger sorgen.

Auch die kleinen Gäste kommen auf Ihre Kosten! Ein Zwergziegengehege, ein großer Spielplatz sowie eine „Bobby Car – Rennbahn" stehen zur Verfügung. Außerdem gibt es einen Kicker-Automaten, Tischtennisplatte und ein Fußballtor auf einer großen Wiese, welche zu einem erlebnisreichen und entspannten Familienausflug einladen.

**Gasthof
Zechenschenke**

Zechenstr. 2, D-86971 Peiting
Tel. +49 (0)8861 68 164
Fax +49 (0)8861 68 06 61
info@zechenschenke.de
www.zechenschenke.de

Lederhosen aus eigener Werkstatt

Trachtenhaus Stöger

Das Trachtenhaus Stöger, ein Familienbetrieb, wurde 1965 gegründet und kann auf 50 Jahre Erfahrung zurückschauen. Das Angebot ist breit gefächert und bietet traditionelle und modische Trachtenkleidung für die ganze Familie.

Die Meisterwerkstätte ist eine renommierte Adresse für jeden, der das Besondere liebt und es zu schätzen weiß, ein von Hand gefertigtes Kleidungsstück zu tragen, das sich deutlich abhebt von Massenfertigung – jede Hose ein Stück Individualität. Echtes sämisch gegerbtes Hirschleder ist das hochwertige Ausgangsprodukt für lange oder kurze Lederhosen sowie Kniebundhosen oder für die Dame ein Lederrock, die nach den Wünschen der Kunden auf Maß gefertigt und je nach persönlichem Geschmack von Hand mit Säcklerseide bestickt oder gesteppt werden. Jede Hose ist ein perfekt sitzendes Unikat.

Außerdem ist auch ein reichhaltiges Sortiment an Konfektionslederhosen vorrätig sowie Hosenträger und andere Accessoires.

Die fachkundige und freundliche Beratung sind der Grundstein zum guten Ruf und Erfolg von Trachten Stöger. Davon kann sich der Kunde in dem Geschäft in Peiting überzeugen.

Öffnungszeiten:
Montag - Freitag 9 – 12 Uhr und 14 – 18 Uhr, Samstag 9 – 12 Uhr; Mittwochnachmittag geschlossen

Trachtenhaus Stöger
D-86971 Peiting
Bergwerkstr. 6
Tel. +49 (0)8861 6495
Fax +49 (0)8861 69865
info@trachten-stoeger.de
www.trachten-stoeger.de

Rottenbuch

Wer hier Gast ist, ist König

Rottenbuch – staatl. anerkannter Erholungsort – liegt auf 763 m ü. M. inmitten von sanften Hügeln, dunklen Waldrücken und grünen Wiesen. Der Ort mit ländlichem Charme gliedert sich in 26 Ortsteile und hat mit dem Gemeindeteil Schönberg ca. 1700 Einwohner.

Der Erholungsort liegt an der „Romantischen Straße" sowie an den bekannten Fernwanderwegen „Münchner Jakobsweg", „Via Romea" und „König-Ludwig-Weg", der am Steilufer der Ammer entlang führt.

Kurzer Blick ins Geschichtsbuch

Rottenbuch blickt auf eine mehr als 900-jährige Geschichte zurück. Im Jahre 1073 wird Rottenbuch in einer Schenkungsurkunde von Herzog Welf IV. erstmals erwähnt. Der Name geht wahrscheinlich zurück auf die Bedeutung „gerodetes Buchenland".

Sehenswürdigkeiten

Pfarrkirche Mariae Geburt ehemals Augustiner Chorherrenstift

Hauptsehenswürdigkeit ist das ehemalige Augustiner-Chorherrenstift. Es wurde vom bayerischen Herzog Welf IV. im Jahre 1073 gegründet. Die Säkularisation am 1. April 1803 bedeutete für das Kloster das Ende. Sakrale Geräte, Ornate und Schmuck, Bücher, Sammlungen und wertvolle Kunstgegenstände wurden verschleppt und versteigert, die Klostergebäude größtenteils zerstört.

Rottenbuch
(Bild Gemeinde Rottenbuch)

Die ehemalige Stiftskirche und heutige Pfarrkirche Mariä Geburt ist das wertvollste Kulturdenkmal Rottenbuchs. Sie hat ihren Ursprung in einer romanischen Vorgängerkirche. Vollendet wurde die Ausstattung in den letzten beiden Jahrzehnten des 15. Jh.

Vom spätgotischen Hochaltar ist die Muttergottesfigur erhalten, ein Werk des Meisters der Blutenburger. Sie steht heute am Augustinusaltar der Pfarrkirche. Die Kirche zeigt sich heute als dreischiffige, kreuzförmige Basilika mit freistehendem Glockenturm. Sie ist durch den romanischen Grundriss und die architektonischen Proportionen der Gotik bestimmt. Durch Umgestaltung des Innenraums sowie durch eine neue Ausstattung wurde die Stiftskirche dem Rokoko angepasst. Romanik, Gotik und Rokoko – hier verschmelzen die verschiedenen Epochen auf wunderschöne Weise.

Für die gesamte architektonische Planung und Ausführung und als Stuckateure konnten die Wessobrunner Joseph Schmuzer und sein genialer Sohn Franz Xaver gewonnen werden. Sämtliche Fresken sind ein Werk des Hohenpeißenbergers Matthäus Günther. Die Chorherren von Rottenbuch kannten ihn bereits seit seiner Ministrantenzeit.

Franz Xaver Schmädl (* 1. November 1705 in Oberstdorf; † 16. Juli 1777 in Weilheim) erhielt den Auftrag als Bildhauer und für die Entwürfe und die Gestaltung der Altäre. Die Steinmetzarbeiten und die Verlegung der Fußböden lagen in der Hand von Anton Sturm aus Füssen, der auch den herrlichen Taufstein schuf. Die Orgeln baute Balthasar Freiwiß aus Aitrang. Der Böbinger Georg Pröbstl und der Schönberger Georg Fischer fertigten die Beichtstühle und die Kirchenbänke.

Echelsbacher Brücke

Echelsbacher Brücke
(Bild Gemeinde Rottenbuch)

Die Echelsbacher Brücke ist die weitest gespannte Melanbogenbrücke der Welt. Sie liegt im Zuge der Bundesstraße 23 Peiting - Oberau und stellt für den Durchgangsverkehr Nord-Süd-Richtung Augsburg - Schongau - Oberammergau - Garmisch-Partenkirchen, nach Österreich - Brenner - Italien eine wichtige Verbindung dar. Diese Verkehrsverbindung ist einer der ältesten Handelswege Deutschlands und wurde wahrscheinlich bereits während der Römerherrschaft benutzt. Er überquert bei Echelsbach die hier etwa 75 m tief in das Gelände eingeschnittene Ammerschlucht. Bereits im 16. Jahrhundert wurde der Verbindungsweg zwischen der Via Claudia im Lechtal und der Brennerstraße im Loisachtal im Bereich des als „Echelsbacher Steige" bezeichneten Straßenstückes als Fahrstraße ausgebaut.

Am 8. November 1928 begannen die Arbeiten für den Neubau der Echelsbacher Brücke. Mit einer im Durchschnitt 70 bis 100 Mann starken Belegschaft und teilweise mit Tag- und Nachtschichten konnte nach 422 Tagen die Brücke am 4. Januar 1930 dem Verkehr übergeben werden. Sie stellt ein bautechnisches Denkmal dar, dessen Erhaltung angesichts der ständig steigenden Verkehrsbelastung wie auch der Umwelteinflüsse zunehmend problematisch wird. Ein Neubau mit Erhalt der denkmalgeschützten Bögen ist im Moment in Planung.

Kirchturm

Mit seiner stattlichen Höhe von 67 m weithin sichtbar ist der Kirchturm, das Wahrzeichen von Rottenbuch. Freistehend, als Campanile, erhebt er sich über einem Tuffsteinquadersockel von 8,50 m Seitenlänge. Auf dem Turm hängen 7 Glocken. Das jetzige Geläut von 1947 besteht aus sechs

Kirchturm von Rottenbuch
(Bild Gemeinde Rottenbuch)

Maibaumaufstellen
(Bild Gemeinde Rottenbuch)

Gussstahlglocken (gestimmt b-des-es-ges-as-b) und hat ein Gesamtgewicht von 9000 kg, allein die größte Glocke wiegt 3600 kg.

Frauenbrünnerl

Als einzige der Nebenkirchen und Kapellen des Stiftes hat die Frauenbrünnerlkapelle bei Rottenbuch die Säkularisation überlebt. Der Frauenbrünnerlaltar wurde zum Vorbild für den Altar der Wallfahrtskirche auf dem Hohenpeißenberg. In der Wandnische der Kapelle befindet sich ein Wiesheiland (1872 S. Deschler, Oberammergau).

Museen

Dorfmuseum

In der öffentlichen Bücherei, im einzigen original erhaltenen Klostergang und im Dachgeschoss sind seit Juli 1996 zahlreiche Exponate ausgestellt, die das tägliche Leben unserer Vorfahren lebendig werden lassen, vorwiegend Gegenstände aus den beiden letzten Jahrhunderten. Öffnungszeiten: Sonntag 10.30 Uhr - 11.15 Uhr, Dienstag 17.30 Uhr - 18.30 Uhr, Freitag 10.00 Uhr - 11.30 Uhr

Feste und Feiern – Ein Blick in den Jahreslauf

In Rottenbuch werden Brauchtum und Heimatverbundenheit großgeschrieben.

Fohlenmarkt in Rottenbuch

Urkundlich erwähnt wurde der Rottenbucher Pferdemarkt bereits 1558, er ist mit Sicherheit jedoch noch älter. Seit dem Jahre 1984 stellt diese Veranstaltung mit der größten Kaltblut-

Fohlenmarkt
(Bilder Gemeinde Rottenbuch)

fohlen-Versteigerung Deutschlands, Marktständen und Festzeltbetrieb mit zünftiger Blasmusik eine besondere Attraktion dar. Der Fohlenmarkt findet jedes Jahr Anfang September statt und ist für viele Rottenbucher wie ein Feiertag. Hier packt jeder mit an, um die Gäste bei der größten Veranstaltung des Jahres aufs Beste zu versorgen.

Leonhardiritt in Rottenbuch

Im Jahre 1947 fand erstmals nach dem Krieg wieder ein Leonhardiritt statt, jeweils um den 6. November, dem Namenstag des Schutzpatrons der Tiere, an einem Sonntag. Etwa 100 bis 150 Reiter sowie Festwagen und Kutschen für Ehrengäste sind alljährlich daran beteiligt.

Mehrmals im Sommer lädt die Gemeinde zu Standkonzerten und Serenaden der Blaskapelle ein.

Freizeit- und Sport

Badespaß

Baden und Sonnen lässt es sich herrlich am Schwaigsee bei Rottenbuch.

Attraktion ist das Kajakfahren auf der Ammer vom 1. Mai bis 1. Dezember (nur bei ausreichendem Pegelstand und nur für Geübte).

Alle zwei Jahre findet unter immer größerem Andrang der Pfaffenwinkler Michweglauf statt, für Jung und Alt, für Geübte und weniger Geübte.

Im Winter

Bei entsprechender Schneelage ist eine Langlaufloipe gespurt.

Wandern

Rottenbucher Klosterrundweg

Der Rottenbucher Klosterrundweg gibt mit seinen 18 Hinweistafeln Einblick in die geschichtliche Entwicklung des Chorherrenstiftes der vergangenen Jahrhunderte.

Wanderwege

10 Rottenbucher Rundwanderwege und 4 Schönberger Rundwanderwege führen durch die reizvolle Landschaft.

Pfaffenwinkler Milchweg

Der Milchweg (4,2 km ca. 2 Std) mit 10 Stationen wird besonders gut von Familien mit Kindern angenommen und hat sich zu einem echten Highlight der Region entwickelt. Die Schönegger Käsealm mit Schaukäserei liegt am Milchweg. Zusätzlich werden Führungen angeboten.

Ein grandioses Naturschauspiel erwartet den Wanderer in der Ammerschlucht, wo die Ammer sich ihren Weg gegraben hat und über steile Felsen stürzt.

Äußerst reizvoll ist der Weg über die Echelsbacher Brücke, weitest gespannte Melan-Bogenbrücke der Welt, 76 m über der Ammerschlucht. Eine Schautafel informiert über Fakten zu Bau und Technik der Brücke.

Sowohl der **Meditationsweg Ammergauer Alpen** als auch der Wander-Pilger-Weg **„Heilige Landschaft Pfaffenwinkel"** führen über Rottenbuch mit seinem Kloster.

Der Weg von der Wieskirche nach Rottenbuch ist 10,5 km, von Rottenbuch zum Soier See 10,1 km lang.

Der König-Ludwig-Weg führt ebenfalls durch Rottenbucher Flur.

Reiten

Der Reit- und Fahrstall Mayr bietet Spring-, Dressur- und Freizeitreitern sowie Fahrern ein vielfältiges Angebot. Tel. Tel. 08867 595

Radfahren

Durch Rottenbuch führen folgende Fernradwege: „Radwanderweg Rom. Straße" (Würzburg – Füssen); „Prälatenroute" (Marktoberdorf - Kochel am See); „Ammer-Amper-Radweg" (Oberammergau - Moosburg a. d. Isar); „Königlich-Bayerische-Radtour" (Landsberg - Füssen)

Nähere Informationen zu Radtouren in der Region unter www.pfaffenwinkel.de/de/radtouren

Orts- und Infrastuktur

Verkehrswege

Mit dem Auto erreicht man Rottenbuch über die A7: Würzburg-Ulm-Kempten; über die B472: von Schongau nach Peiting, dann B23 bis Rottenbuch; über die A9: Nürnberg-München, A95: Richtung Garmisch-Partenkirchen, Ausfahrt Starnberg-B2 nach Weilheim, von Weilheim über Peißenberg, Böbing nach Rottenbuch; über die B17 Augsburg - Schongau nach Peiting, dann B23 bis Rottenbuch

Bahnverbindungen

München - Weilheim (ab Weilheim mit dem Bus nach Rottenbuch) oder München – Weilheim - Peißenberg (ab Peißenberg mit dem Bus nach Rottenbuch) oder
München – Weilheim – Peißenberg - Peiting (ab Peiting mit dem Bus nach Rottenbuch)

Busverbindungen

Weilheim – Böbing - Rottenbuch (Linie 9651 – Weilheim – Peißenberg – Steingaden - Füssen)

Schongau – Peiting – Rottenbuch - Böbing (Linie 9822 – Schongau – Rottenbuch - Echelsbacher Brücke - Saulgrub/Steingaden)

Weltoffen wohnen

Regens Wagner – Kurzzeitwohnen: Urlaub machen, zur Ruhe kommen, Zeit verbringen, die gut tut – seit August 2012 gibt es bei Regens Wagner in Rottenbuch auch eine Möglichkeit zum vorübergehenden Kurzzeitwohnen, d. h. für zeitlich begrenzte stationäre Aufnahme von Kindern mit einer geistigen oder körperlichen Behinderung, die ansonsten bei ihren Familien leben. Aufgenommen werden Kinder und Jugendliche im schulpflichtigen Alter (ca. 6 bis 21 Jahre). (Regens Wagner – benannt nach dem Dillinger Dogmatikprofessor Johann Evangelist Wagner, 1807 bis 1886. Er war Seelsorger der Dillinger Franziskanerinnen und Regens (= Leiter) des Dillinger Priesterseminars.)

Schulen

Am Ort sind die Grundschule und die Don-Bosco-Förderschule angesiedelt.

Bildung

Die katholische öffentliche Bücherei bietet mit 8000 Bänden eine breite Auswahl an Lesestoff für jeden Geschmack.

Wirtschaft und Ausbildung

Bei der Regens-Wagner-Stiftung in Rottenbuch kann man sich auch in verschiedenen Zweigen ausbilden lassen: Fachakademie für Sozialpädagogik, Berufsfachschule für Kinderpflege sowie Fachschule für Heilerziehungspflege und Heilerziehungspflegehilfe mit angegliedertem Internat.

Wichtige Adressen und Telefonnummern

Gemeinde Rottenbuch
Klosterhof 42
D-82401 Rottenbuch
Tel. +49 (0)8867 9110-0
Fax +49 (0)8867 9110-30
info@rottenbuch.de
www.rottenbuch-boebing.de

Kunst und Kultur

„Menschen wie Du und ich" liefern die Kunstwerke, die den Gastraum des Cafés schmücken. Das erfreut das Auge und die süßen Verführungen kommen aus der Backstube, in der feinste Kuchen und Torten herstellt werden. Kunstcafé am Tor, Klosterhof 1, D-82401 Rottenbuch, Tel. +49 (0)8867 92 10 40, Fax (0)8867 91 96 685, info@kunstcafe-rottenbuch.de, www.kunstcafe-rottenbuch.de

Einkaufen

Feinste Heumilchprodukte wie Käse – vom geschmeidigen Schnittkäse, bis hin zum herzhaften Bergkäse -, Joghurt, Butter und viele weitere feine Köstlichkeiten für den Gaumen findet man in den Geschäften der Schönegger Käsealm. Schönegger Käsealm, Schönegg 6, D-82401 Rottenbuch/ Schönegg, Tel. +49 (0)8867 489, info@schoenegger.com, www.schoenegger.com

Fohlenmarkt
(Bild Gemeinde Rottenbuch)

Essen und Trinken

Im Schongauer Märchenwald laden Restaurant und Terrasse zum Verweilen ein. Die Räumlichkeiten bieten sich auch an für Betriebs- und Familienfeiern und natürlich für einen märchenhaften Kindergeburtstag.
Schongauer Märchenwald Susanne Hallmann (Inhaberin), Dießener Str. 6, D-86956 Schongau, Tel. +49 (0)8861 7527, Fax +49 (0)8861 200509, info@schongauer-maerchenwald.de, www.schongauer-maerchenwald.de

Gartenterrasse

Kunst Café am Tor

Entlang der Klostermauer liegt der ruhige Biergarten des Kunst Café am Tor, Klosterhof 1, D-82401 Rottenbuch, Tel. +49 (0)8867 92 10 40, Fax (0)8867 91 96 685, info@kunstcafe-rottenbuch.de, www.kunstcafe-rottenbuch.de

Übernachten

Helle und komfortabel eingerichtet Einzel- und Doppelzimmer findet man in Rottenbuch in der Pension Garni des Kunst Café am Tor, Klosterhof 1, D-82401 Rottenbuch, Tel. +49 (0)8867 92 10 40, Fax (0)8867 91 96 685, info@kunstcafe-rottenbuch.de, www.kunstcafe-rottenbuch.de

Ein Lächeln ins Gesicht gezaubert

Kunstcafé am Tor

Hier wird dem Gaumen geschmeichelt und das Auge verwöhnt. Im Kunstcafé am Tor serviert man in dem gemütlich eingerichteten Gastraum, der mit Kunst von „Menschen wie Du und ich" dekoriert ist, feine, hausgemachte Kuchen und Torten sowie verschiedene Kaffeespezialitäten. Hier möchte man verweilen und nur genießen. Die Bistroküche liefert leckere Köstlichkeiten für den kleinen und großen Hunger. Bei sonnigem Wetter lädt der ruhig gelegene Biergarten entlang der historischen Klostermauer von Rottenbuch zu einem Bauernhofeis oder einem Bier in gemütlicher Runde.

Hier, im Kunstcafé am Tor in Rottenbuch, wird Gastfreundschaft noch groß geschrieben. Man spürt die Freundlichkeit, die von Herzen kommt – der Service ist schnell, gut und aufmerksam. Wie die Gastgeber, die Familie Kaufmann, betont, „... ist es für uns jeden Tag eine schöne Aufgabe und Herausforderung, den Gästen den Tag und den Aufenthalt hier zu versüßen ..."

In dem Café, in dem die Künstler der Region mit Gemälden und Skulpturen für immer wieder neue visuelle Eindrücke sorgen, finden auch wechselnde musikalische Veranstaltungen statt – Musik in den verschiedensten

Stilrichtungen wird dargeboten. Die auf das Jahr 1845 zurückgehende Geschichte des Anwesens war bewegt. Die Familie Kaufmann übernahm das Haus im Sommer 2010 und schon im Dezember wurde nach umfangreicher Renovierung das Café und die Pension Garni wieder eröffnet.

abwechslungsreichen Buffet starten die Gäste wohl gestärkt in einen spannenden und erlebnisreichen Urlaubstag.

Heute bieten die Kaufmanns in der Pension helle und freundlich eingerichtete Einzel- und Doppelzimmer an, die den Ansprüchen des Übernachtungsgastes gerecht werden. Nach einem üppigen Frühstück vom

Kunstcafé am Tor
Klosterhof 1, D-82401 Rottenbuch
Tel. +49 (0)8867) 92 10 40
Fax +49 (0)8867) 91 96 685
info@kunstcafe-rottenbuch.de
www.kunstcafe-rottenbuch.de

Schongau

**Unterwegs sein im „schönen Land"
und die historische Stadt am Lech entdecken**

Wunderschön gelegen vor der Kulisse der Alpen und umgeben von einer 800 Jahre alten begehbaren Stadtmauer mit Türmen und Toren erhebt sich die Altstadt von Schongau auf einem Bergrücken, vom Lech umflossen. Das mittelalterliche Stadtbild ist lebhafter Beweis für die reiche Geschichte. Als Nebenresidenz der bayerischen Herzöge und bedeutender Handelsplatz an der Via Claudia Augusta beherbergte die Stadt immer schon Händler, Pilger und Reisende.

Heute flanieren die Besucher der Altstadt durch die romantischen Gassen und geniessen die heimelige Atmosphäre. Die Romantische Straße führt auf ihrem Weg von Füssen nach Würzburg durch Schongau, das zu einem historischen Magneten entlang der Strecke zählt. Schongau liegt auf einer Höhe von 726 m ü.M. und zählt knapp 12.000 Einwohner.

Kurzer Blick ins Geschichtsbuch

Den Römern ist der Ursprung der Stadt zu verdanken, die zu dieser Zeit noch im heutigen Altenstadt an der Schönach lag. Hier kreuzten sich zwei Versorgungswege der Römer: Die Via Claudia Augusta, die Augsburg mit

Schongau
(Bilder Stadt Schongau)

Maxtor

Besucher, der die Altstadt erkundet. Ein Stück weit ist die Stadtmauer auf einem Wehrgang begehbar, der im idyllischen Klosterhof endet. An der nördlichen Stadtmauer gelegen, kommt man am Münzgebäude vorbei. Dort wurde bis in das 16. Jh. das Münzrecht ausgeübt. Auf seinem Weg durch die alten Gassen passiert der Besucher den Polizeidienerturm, der im 13. Jh. aus Tuffquadern als Schalenturm errichtet wurde. Das

der Adria verband und die Salzstraße, die von Salzburg nach Kempten führte. Im 13. Jh. zog ein großer Teil der Bevölkerung in die neu gegründete Siedlung am Lech.

Sehenswürdigkeiten

Die mittelalterliche Stadtmauer aus dem 14. Jh. ist mit ihren Türmen und Wehrgängen Wegbegleiter für den

Stadtpfarrkirche von innen

Stadtmuseum

Ballenhaus, das in frühen Jahren als Schranne für die Lagerung von Waren errichtet wurde, erkennt man am charakteristischen Merkmal des Gebäudes - den Treppengiebeln. Bei einem Besuch der Stadtpfarrkirche Mariae Himmelfahrt lässt man die Ausstrahlung des Rokoko auf sich wirken, die mit Fresken von Matthäus Günther und Stuckarbeiten aus der Wessobrunner Schule beeindruckende Beispiele für die Handwerkskunst der damaligen Zeit sind.

Kundige Stadtführer begleiten Gäste gerne zu den Sehenswürdigkeiten der Stadt und den imposanten Bauten des kunsthistorisch bedeutenden Pfaffenwinkels. Besonders beliebt sind die unterschiedlichen Erlebnisführungen, bei denen sich die Besucher auf eine interessante Entdeckungsreise in die historische Vergangenheit begeben, z.B. bei einer Führung durch die malerische Altstadt oder dem abendlichen Streifzug. Wissenswertes erfahren Gäste auch bei den Führungen „Verborgenes, Verschwundenes und kleine Juwelen", „Thürme und Thore der Churfürstlich Bairisch Gränz Stadt Schongau", „Mit der Henkerstochter durch das mittelalterliche Schongau", „Stadtführung im Advent" und „Schongaus Stadt- und Lechgeschichten". Kinder können sich auf die Führungen „Mit dem Spießbürger auf die Stadtmauer" und „Entdecke Schongau mit dem Hexenkind Hagasusa" freuen.

Die Stadtführerinnen

Museum

Den Kern des Stadtmuseums bildet die ehemalige Erasmuskirche aus dem Jahr 1445, die Rompilgern als Herberge diente. Zu besichtigen sind Sammlungen zur Stadtgeschichte, regionale Bodenfunde, eine bedeutende Münzsammlung und Votivbilder. Das kostbarste Ausstellungsstück ist der Häringer Altar, ein Rokoko-Hausaltar aus der Werkstatt von Ignaz Günther. Ständig wechselnde Ausstellungen runden das Angebot des Museums ab.
Öffnungszeiten: jeden Mittwoch, Samstag, Sonntag und Feiertag von 14.00 Uhr bis 17.00 Uhr; Tel. 08861 254605.

Veranstaltungen

Das Kulturleben ist beachtlich. Die Konzertreihen „Festlicher Sommer in der Wies" und „Musik im Pfaffenwin-

Festlicher Sommer in der Wies

kel" begeistern mit musikalischem Hochgenuss in den schönsten Kirchen im Pfaffenwinkel. Große Chor- und Orchesterwerke, aber auch alpenländische Volksmusik zeigen die musikalische Vielfalt. Im August sind der jährlich stattfindende Mittelaltermarkt mit Gauklern, Handwerkern und Spielleuten und im Dezember der Weihnachtsmarkt Magnete, die weit über die Region hinaus bekannt sind. Die heimelige Atmosphäre trägt zu dem großen Erfolg der Marktereignisse bei.

Weihnachtsmarkt

Freizeit und Sport

Ob auf Schusters Rappen auf dem neuen Themenweg „Römer und Welfen am Lech", entlang des Pilgerwegs Via Romea und LechErlebniswegs oder mit dem Rad entlang des einstigen Sachsenrieder Bähnles und auf der Via Claudia Augusta – für unternehmungslustige Freizeitsportler gibt es rund um Schongau ein umfangreiches Wander- und Radwegenetz.

Der interaktive Rundwanderweg „Römer und Welfen am Lech" beleuchtet auf Erlebnisinfotafeln die Geschichte der beiden Orte Schongau und Peiting. Auf dem Schloßberg stand einst die Welfenburg. Von dort geht es über den Kalvarienberg zur Villa Rustica, einem römischen Badehaus mit Kräuterlehrgarten und weiter über aussichtsreiche Wege zum Schongauer Lechsee. An diesem beliebten Badeplatz kann man sich erfrischen und im Bootshaus einkehren, um dann gestärkt weiter zu wandern.

Wandern am Lech

Zu einem gelungenen Urlaubstag für Familien gehört der Besuch des Erlebnisbads „Plantsch". Spiele im und am Wasser, ein paar Runden schwimmen und sich auf der Breitwellenrutsche austoben, versprechen einen Tag voller Spaß. Grimms Märchen warten auf die kleinen Besucher im liebevoll gestalteten Märchenwald.

Orts- und Infrastruktur

Die Stadt Schongau gilt als Perle im Pfaffenwinkel. Nicht umsonst, denn neben einer hervorragenden Infrastruktur bietet die Stadt reizvolle Naherholungsgebiete mit hohem Freizeitwert. Kultur- und Freizeiteinrichtungen, die für jeden Geschmack etwas zu bieten haben, ein reges Vereinsleben und ein reiches Angebot an Unternehmen der verschiedensten Branchen sorgen für eine hohe Lebensqualität in der Stadt.

Ballenhaus

Die Altstadt von oben

Verkehrswege

Auf der Straße ist Schongau über die B472, die Bad Tölz mit Marktoberdorf verbindet und die B17, die Romantische Straße von Füssen nach Augsburg, erreichbar. Auf der Schiene ist die Stadt Endpunkt der Pfaffenwinkelbahn, die von Weilheim nach Schongau führt.

Weltoffen wohnen

Die zentrale Lage der Stadt mit seinem Umland schafft die idealen Voraussetzungen für die wirtschaftliche Situation in der Lechstadt. Unternehmen der unterschiedlichsten Branchen machen Schongau zu einem florierenden Wirtschaftsstandort und einer Einkaufsstadt. Seit dem 19. Jh. konnte sich die Stadt zu einer In-dustrieansiedlung im Grünen entwickeln, in der neben Zeitungspapier und Strümpfen, Elektrogeräte und Molkereiprodukte produziert wurden. Heute ist das Versorgungs- und Dienstleistungsangebot breit gefächert und schafft Ausbildungs- und Arbeitsplätze.

Für die heranwachsende Generation bietet das Schulwesen mit Grund- und Mittelschule sowie Realschule, Gymnasium und Berufsschulzentrum mannigfaltige Ausbildungsmöglichkeiten. Die Kranken- und Altenpflegeschule bildet zielgerichtet in Spezialberufen aus. Aufgrund des ausgezeichneten Musikunterrichts besuchen zahlreiche Schüler die Musikschule Pfaffenwinkel.

In der Erwachsenenbildung ist die Schongauer Volkshochschule mit einem breit gefächerten Angebot und einer regen Lehrtätigkeit ein weiterer Baustein für die kulturelle Leistungsfähigkeit der Stadt.

Übernachten

Einen ruhig gelegenen Stellplatz bietet die Stadt Schongau den Reisenden, die mit einem Wohnmobil anreisen. Auf dem Festplatz an der Lechuferstraße direkt neben der Badelandschaft „Plantsch" stehen etwa 70 Plätze mit Ver- und Entsorgungsstation zur Verfügung. Über eine Treppe ist die Altstadt in wenigen Minuten zu Fuß erreichbar. Wohnmobil-Stellplatz der Stadt Schongau, Lechuferstraße, 86956 Schongau.

Schlossplatz

Wichtige Adressen und Telefonnummern

Stadt Schongau
Tourist Information, Münzstr. 1-3
D-86956 Schongau
Tel. +49 (0)8861 21 4-181
Fax +49 (0)8861 21 4-881
touristinfo@schongau.de
www.schongau.de

Marienplatz

Auf dem Weg in die Altstadt

Hotel Rössle in Schongau

Freundliche Zimmer empfangen den Gast im Hotel Rössle in Schongau. Das Raumangebot ist großzügig bemessen und alle Zimmer sind mit Bad und WC, Kabel-TV, Selbstwahltelefon, Minibar und teilweise mit Balkon ausgestattet. Im gesamten Hotel besteht zudem WLAN-Empfang.

Geschäftsreisende, die nach anstrengenden Arbeitstagen und Urlauber, die sich nach eindrucksvollen Ausflugsfahrten und Entdeckungstouren ein wenig Ruhe gönnen möchten, sei das Hotel empfohlen, das in mitten der Schongauer Altstadt, direkt an der historischen Stadtmauer, zu fin-

den ist. Die Sehenswürdigkeiten der Stadt, gastronomische Angebote und Shopping-Erlebnisse sind von hier fußläufig erreichbar.

Die Fahrzeuge der Gäste finden auf dem hoteleigenen Parkplatz oder in der Tiefgarage ihren Platz, bevor es am Morgen, nach einem ausgiebigen Frühstück vom reichhaltigen und abwechslungsreichen Buffet wieder auf neue Entdeckungsfahrten oder erfolgreiche Geschäftsreisen geht.

Hotel Rössle Garni
Christophstr. 49
D-86956 Schongau
Tel. +49 (0)8861 23 050
Fax +49 (0)8861 2648
info@hotel-roessle-schongau.de
www.hotel-roessle-schongau de
http://schongau.cityguide.de

Die angesagte Location in Schongau

Lagerhaus

„Sehr gute Musik, freundliches Personal, gemütliche Atmosphäre und leckeres Essen ..." so klingen die Kommentare über das Lagerhaus in Schongau in verschiedenen Social-Media-Foren.

Im Schongauer Lagerhaus fanden in frühen Jahren Pferde und Fuhrwerke ihren Platz. Es diente als Sitz eines Speditionsunternehmens und wurde 1989 zu einem trendigen Gastronomieunternehmen umgebaut. Seitdem begeistert das "Lagerhaus" Jung und Alt durch seinen außergewöhnlichen Stilmix aus alter Bauweise und aktuellem Trend. Durch die einzelnen Bereiche von Restaurant, Cocktailbar und Lounges bietet es für jedermann und jeden Anlass, wie z.B. Firmenfeiern, Hochzeiten, etc. das richtige Ambiente. Das kleine, nostalgische Kino mit seinem anspruchsvollen und abwechslungsreichen Programm komplettiert das Haus.

Lagerhaus-Restaurant

Gaumenfreuden aus der italienischen, mexikanischen und bayerischen Küche finden hier den Weg auf die Teller der Gäste im Restaurant. Das Genießen im Ambiente des altehrwürdigen Gebäudes, das trendig modernisiert und ausgestattet wurde, ist schon ein besonderes Erlebnis, das Augen und Magen verwöhnt.

Sushi-Abend am Montag

Von Dienstag bis Freitag wird täglich ein leckerer Mittagstisch geboten und den Sushi-Abend am Montag, mit frisch zubereiteten, japanischen Fischspezialitäten sollte man sich nicht entgehen lassen.

Reservierungen bitte direkt über „Koi Sushi".

Reservierung: Telefon 0171-2086856, E-Mail: reservierung@koi-sushibar.de.

Cocktailbar Cafe Club

Jeden Abend ab 19 Uhr ist die Cocktailbar der Treffpunkt für Jung und Alt, um bei einem unterhaltsamen Gespräch einen leckeren Cocktail oder ein Glas Wein den Tag Revue passieren zu lassen. Auch lädt unsere Großleinwand bei Sportveranstaltungen zum geselligen Miteinander ein.

Lagerhaus Schongau

Karmeliterstr. 5, D-86956 Schongau
Tel. +49 (0)88 61-95 00
www.lagerhaus-schongau.de

Club Moritz in Schongau

Am Anfang war es nur eine Idee und jetzt ist es Wirklichkeit! Das Moritz Schongau wird am 25. Juli eröffnet und bringt den Flair von Landsberg nach Schongau. Jeden Freitag und Samstag sowie vor Feiertagen, wird der Club seine Türen öffnen und mit einem abwechslungsreichen Programm und umfangreichen Getränkeangebot für stimmungsvolle Party-Nächte sorgen.
Nähere Information sind auf unserer Website erhältlich.

Moritz Club Schongau

Lechau-West 4
D-86956 Schongau
info@moritz-schongau.de
www.moritz-schongau.de

Schongauer Märchenwald

Es war einmal…

Der Schongauer Märchenwald ist der einzige Märchenwald, der von Hänsel und Gretel gegründet wurde (Hans und Gretl Schmid).

Im wahrsten Sinne des Wortes märchenhaft wird es, wenn man auf dem Rundweg durch den Park dem Gestiefelten Kater, Dornröschen, dem Froschkönig, den Bremer Stadtmusikanten oder Rotkäppchen quasi hautnah begegnet. Jedem dieser Märchen ist ein eigenes kleines Häuschen gewidmet, bei dem auf Knopfdruck das Licht angeht und die Puppen lebendig werden. Schneewittchen, die sieben Raben, der Wolf und die 7 Geißlein, Tischlein deck dich – all diese Märchen werden in Kurzform erzählt und die Kinder bekommen dabei große leuchtende Augen und lassen sich gerne mitnehmen in diese Märchenwelt.

Tiere

Die zahlreichen exotischen und heimischen Tiere machen den Schongauer Märchenwald zum idealen Ausflugsziel für die ganze Familie. Auf dem großräumigen Areal finden sich Wildschweine und Vogelvolieren mit bunten Papageien, Hühnern, Sittichen, Tauben und Pfauen, man geht vorbei am Hasen- und Meerschweinchendorf zum Bahnhof Märchenwald, wo die Miniatureisenbahn auf kleine und große Gäste wartet und ihre Runden dreht. Dabei lässt sich immer wieder etwas Neues entdecken. Der Oldtimerzug fährt auch durch einen märchenhaften Berg zum… das wird hier nicht verraten.

Im maleri-
schen Teich tummeln sich Enten und
Goldforellen. Schafe und Ziegen, Esel
und Ponys freuen sich auf ihre Strei-
cheleinheiten. Die meisten Tiere dürfen auch gefüttert werden. Spezielles
Tierfutter ist am Kiosk erhältlich. Neu
gestaltete Spielplätze für jedes Alter
laden mit zahlreichen attraktiven Ge-
räten zum Rumturnen ein: Kleinkin-
derklettergarten „Zauberwald", Spie-
leturm und Seilbahn. Der Park wurde
um eine Balancierstrecke erweitert.
Dieser „Pfad der Königskinder" ist
eine sehr beliebte Herausforderung
für Groß und Klein. Ein besonderes
Erlebnis für die Füße verspricht der
Barfußpfad. Viel Wissenswertes zum
Thema Wald und Natur erfährt der
Besucher in diesem „Erlebniswald".
Eine Liegewiese mit Sonnenliegen
steht auf dem Gelände kostenlos
zur Verfügung. Der Schongauer Märchenwald ist auch für Rollstuhlfahrer
gut geeignet!

Restaurant

In angenehmer Atmosphäre werden
im Restaurant mit 100 Sitzplätzen –
im Sommer auch auf der Terrasse mit
150 Sitzplätzen – regionale Gerichte, Kaffee und Kuchen, deftige Brotzeiten, verführerische Eisbecher und
erfrischende Getränke serviert. Das
Lokal ist mit seinem Angebot auch auf
Kinder und Senioren eingestellt. Und
wenn Papa und Mama, Opa und Oma
bequem auf der Terrasse sitzen, haben
sie dennoch ihre Kleinen im Auge.

Anfahrt

Man folgt der Umgehungsstraße bis
zur Ausfahrt Peiting West, fährt durch
den Ort Peiting in Richtung Schongau
und kommt direkt zur Abzweigung
Märchenwald / "Industriegebiet Ost".
Der Weg ist beschildert.

Schongauer Märchenwald

Susanne Hallmann (Inhaberin)
Dießener Str. 6, D-86956 Schongau
Tel. +49 (0)8861 7527
Fax +49 (0)8861 200509
info@schongauer-maerchenwald.de
www.schongauer-maerchenwald.de

Langeweile ist hier ein Fremdwort

Plantsch Badespaß und Saunaland in Schongau

Eine erfrischende Freizeitwelt für Jung und Alt bietet das Erlebnisbad in Schongau. Auf 20.000 qm erwarten den Besucher Erholung, Sport- und Wellnessangebote vom Feinsten.

Die Badewelt im Plantsch

In den 32° C warmen Räumen mit indirekter, stimmungsvoller Beleuchtung finden die Badegäste ein barrierefrei erreichbares Sportbecken mit fünf Bahnen und einer Sprunganlage mit 1 und 3 m Höhe. Das benachbarte Lehrschwimm- und Gymnastikbecken ist bei einer Tiefe von 80 bis 130 cm ideal für sportliche Betätigung und ungeübte Schwimmer. Kleine Gäste erfreuen sich mit ihren Eltern im Mutter-Kind-Becken, das mit u.a. einer Walrutsche, Wasserspeiern und einer Spielschlange ausgestattet ist. Die größeren Besucher haben ihren Spaß in der 86 m langen Reifenrutsche mit Rutschzeitmessung. Das ganzjährig nutzbare Wellness-Außenbecken ist im Winter auf 34° C aufgeheizt. Mit Wasserspeier, Bodensprudler, Sprudelliegen und Massagedüsen ausgestattet, können die Badegäste wunderbar relaxen und sich erholen.

Die liebevolle Saunalandschaft im Plantsch

Zu den Wellnessangeboten im Freizeitbad trägt auch die Saunalandschaft bei,

die Kneippbecken, Erlebnisduschen, heiße Steinliegen und vieles mehr anbietet. In den klassisch finnischen Saunen darf geschwitzt werden und das Tepidrium mit Lichttherapie bietet neben schweißtreibendem Aufenthalt mit Entspannungsmusik und edlen Düften ein Erlebnis für alle Sinne. In dem Kristall-Fels-Dampfstollen hat der Gast die Möglichkeit, sich mit Peelingsalz zu behandeln, um seiner Haut etwas Gutes zu tun.

In eine andere Welt entführt, fühlt man sich in der Himalaya-Sole-Inhalations-Salzgrotte: Echter Himalaya-Salzstein, Kunstfelsen, Onyxplatten und Amethysten bieten mit der imaginär erscheinenden Beleuchtung ein ganz besonderes Ambiente. Die angebotene Sole-Inhalationsanlage mit reinem Wasser und Salz aus dem Toten Meer kann manche Beschwerden der Atemwege und Haut lindern. Ende 2015 eröffnen die Erweiterungsbauten, die dem Gast noch mehr Ruhe- und Wellnessmöglichkeiten bieten.

So kommen eine große Panoramasauna, eine Infrarot-Sauna, Massageräume, ein großzügiger Ruheraum, Duschanlagen und ein Schwimmteich, eingebettet im neu gestalteten Saunagarten mit Fuß-Erlebnispfad hinzu.

Die Sommersaison im Plantsch

Neben einem großen Freibad steht den Badegästen ein Nichtschwimmerbecken und Bayerns größte Outdoor-Breitwellenrutsche zur Verfügung. Eine Vielzahl von Sporteinrichtungen wie Boccia, Tischtennisplatten, Beach-volleyball, Speedsoccercourt, Shuffleboard und vieles andere mehr, sorgt für einen abwechslungsreichen Badeaufenthalt, während sich die kleinen Besucher auf den Kinderspielplätzen im Sand oder auf Spiel- und Klettergeräten vergnügen.

Essen und Trinken beim „Hoigaata" im Plantsch

Die „Bistronomie" hält für seine Gäste eine Vielzahl von Speisen und Getränken bereit, die für jeden Geschmack etwas zu bieten hat. Außerdem sorgen die Gastgeber für das passende Ambiente, um einen unvergesslichen Kindergeburtstag zu erleben.

Plantsch Badespaß & Saunaland

Lechuferstr. 56
D-86956 Schongau
Tel. +49 (0)8861 21 44 44
Fax +49 (0)8861 21 44 45
info@plantsch.de, www.plantsch.de

Wildsteig
Malerisches Feriendorf

Von Wildsteig (888 m ü. M., 1300 Einwohner) hat man einen herrlichen Blick
auf die Ammergauer Alpen und ins Allgäu. Abseits des Touristenstroms lädt
der Ort dazu ein, die unverfälschte
Natur zu genießen. Viele Wege führen
nach Wildsteig: „Romantische Straße",
der „König-Ludwig-Weg", der „Prälatenweg" und der „Jakobsweg" sind
beliebte Fernwanderrouten, die die
Gemeinde tangieren.

Für Ruhe- und Erholungssuchende
ist das beschauliche Dorf ein ideales
Wander- und Radwandergebiet.

Kurzer Blick ins Geschichtsbuch

Das Gebiet der heutigen Gemeinde
Wildsteig war bis zur Säkularisation im
Jahr 1803 ein Teil der geschlossenen
Hofmark des Klosters Rottenbuch.

Wildsteig
(Bild Flodur63)

Sehenswürdigkeiten

Die Pfarrkirche St. Jakob stammt aus der 2. Hälfte des 18. Jahrhunderts (spätestes Rokoko mit klassizistischen Anklängen) mit Hochaltarfiguren vom Meister der Blutenburger Apostel aus der 2. Hälfte des 15. Jahrhunderts. Ebenso die 1908 erbaute Lourdesgrotte.

Auch historische Bauernhäuser prägen das Ortsbild.

Feste und Feiern – Ein Blick in den Jahreslauf

Volkstümliche Bräuche

Auf der Mühlegg wird alljährlich am Patroziniumsfest der Pfarrkirche ein Jakobifeuer entzündet. Das traditionelle Pfingstsingen findet am Pfingstsonntag in der Gemeindehalle und der Leonhardiritt mit Pferdesegnung findet immer Mitte Oktober statt.

Freizeit- und Sport

Nordic Walking Zentrum Wildsteig

Landschaftlich reizvolle Strecken unterschiedlicher Länge bieten ideale Voraussetzungen für Nordic Walking.

Badespaß

Der Schwaigsee bei Wildsteig ist ein beliebter Badesee mit warmem, gesundem Moorwasser, Steg und Flachzone.

Für Kinder – Waldgeister

Eine Dipl. Biologin und Naturpädagogin nimmt Kinder mit in den Wald, um ihnen die Natur nahe zu bringen. Informationen bei der Tourist Information.

Im Winter

Das Loipennetz (Skating und diagonal) für Anfänger und geübte Langläufer ist ca. 22 km lang. Die verschneite Landschaft lädt auch Schneeschuhwanderer ein.

Schlittschuhlaufen

Auf dem zugefrorenen Schwaigsee treffen sich Schlittschuhläufer, auch das Eisstockschießen ist sehr beliebt.

Wandern

Die Hohe Bleick mit 1688 m ist Wildsteigs Hausberg und bietet dem Bergwanderer einen herrlichen Rundblick.

Ein besinnlicher Rundweg führt über Unterbauern, Unterhäusern, Schildschwaig zur Wieskirche und über Schwarzenbach und Holz zurück nach Wildsteig.

Reizvoll, jedoch auch ein wenig anstrengend, ist eine Bergtour zur Nie-

Wildsteig
(Bild Gras-Ober)

derbleick (1589 m), Anmarsch ca. 4 km und dann Aufstieg, ca. 700 m Höhendifferenz. Gehzeit: einfach ca. 3,5 Stunden davon 2,5 Stunden teilweise steiler Anstieg. Informationen sind beim Tourismusbüro erhältlich.

Radfahren

Der Pfaffenwinkel mit seinen wunderschönen Kirchen und der bezaubernden Landschaft bildet eine herrliche Kulisse für eine abwechslungsreiche Tour entlang der bekannten Romantischen Straße von Wildsteig über Steingaden, Peiting, Rottenbuch wieder zurück zum Ausgangspunkt.

Orts- und Infrastuktur

Verkehrswege

Wildsteig ist mit dem Pkw verkehrsgünstig über die A7, die A8 oder die A95, B 17 und B 23 zu erreichen, mit der Bahn ab München oder Augsburg Richtung Weilheim bis Peiting oder Murnau bis Saulgrub.

Schule/Kindergarten

Am Ort ist eine Grundschule sowie ein Kindergarten.

Wichtige Adressen und Telefonnummern

Tourist-Information Wildsteig

Kirchbergstraße 20 a
D-82409 Wildsteig
Tel. +49 (0)8867 912400
Fax +49 (0)8867 9124018
www.wildsteig.de
infowildsteig.de

Gartenterrasse

Gasthof Zum Strauß

An warmen Sommertagen werden die leckeren Gerichte und Erfrischungen im gemütlichen Biergarten serviert.
Gasthof Zum Strauß, Riedstr. 16, D-82409 Wildsteig, Tel.+49 (0)8867 372, Fax +49 (0)8867 8468, gasthof-zum-strauss@t-online.de, www.gasthof-zum-strauss.de

Willkommen im Familienhotel

Gasthof Zum Strauß

Die freundliche und zuvorkommende Art der Betreiber im Gasthof zum Strauß wird, neben dem Lob für eine leckere, bodenständige Küche und die angenehm ausgestatteten Gästezimmer, in Internetforen von den Gästen am meisten hervorgehoben. Das familiengerechte Gasthaus und Hotel liegt direkt am Jakobs- und König-Ludwig-Weg inmitten der Gemeinde Wildsteig. Übernachtet wird in geschmackvollen Zimmern, die im ländlichen Stil eingerichtet sind.

Außerdem finden die Gäste eine Terrasse und eine gemütlichen Biergarten, in dem man sich an warmen Sommertagen verwöhnen lassen kann.

Gasthof Zum Strauß

Riedstr. 16
D-82409 Wildsteig
Tel. +49 (0)8867 372
Fax +49 (0)8867 8468
gasthof-zum-strauss@t-online.de
www.gasthof-zum-strauss.de

Dusche/WC, TV und WLAN in den Zimmern sowie ein reichhaltiges Frühstück runden den angenehmen Aufenthalt in dem Haus ab.

Die Speisen werden im rustikal und behaglichen Restaurant serviert. Der Küchenmeister, Anton Leistle, verwöhnt seine Gäste mit bayerisch-schwäbischer Handwerkskunst, die kulinarisch raffiniert veredelt wird.

Erdfunkstell Raisting
(Bild Stadt Weilheim)

Region Weilheim/Peißenberg

Eberfing

Lebendiges Dorf im Eberfinger Drumlinfeld

Eberfing
(Bilder Gemeinde Eberfing)

Die letzte Eiszeit bescherte der Region um Eberfing ihr heutiges Aussehen. Die Geländestrukturen stammen aus dieser Zeit und verliehen dem Ort im Voralpenland ihre sanften Hügel und Täler. Eberfing, das auf einer Höhe von 610 m ü. M. liegt und etwa 1.350 Menschen beherbergt, ist ein ländliches Dorf inmitten unverfälschter Bauernlandschaft. Die Schönheit der Gemeinde und seiner Umgebung erschließt sich dem, der geruhsam zu reisen bereit ist.

Kurzer Blick ins Geschichtsbuch

Die erste urkundliche Erwähnung Eberfings findet sich im Jahr 1083. Aber schon in früherer Zeit war die Region besiedelt, worauf vorge-

schichtliche Grabhügel hinweisen, die auf dem Pollinger Feld und dem Riederfeld gefunden wurden. Eberfing gehörte bis zum 17. Jh. zu den Klöstern Habach, Polling und Dießen sowie zum Rentamt München und zum Landgericht Weilheim. Mit dem Gemeindeedikt von 1818 entstand die Gemeinde. In ihren heutigen Grenzen besteht sie seit 1981.

Sehenswürdigkeiten

Die katholische Pfarrkirche St. Laurentius, deren spätromanischer Satteldachturm weithin sichtbar ist, steht unter Denkmalschutz und gilt als ältestes Denkmal in Eberfing. Erst im Jahr 1689 wurde der Grundstein für die jetzige Pfarrkirche gelegt.

Pfarrkirche

Orts- und Infrastruktur

Das aktive Dorf- und Vereinsleben macht Eberfing zu einem Ort mit hoher Wohnqualität. Mit Kindergarten, -krippe und einer Grundschule steht den jungen Einwohnern ein Bildungsangebot im Ort zur Verfügung. Mehrere Gaststätten bereichern das Dorfleben und die kleinen Gewerbegebiete schaffen Arbeitsplätze direkt vor Ort. Moderne Technik, wie Breitbandversorgung, findet sich in Eberfing ebenso, wie gelebte Tradition. All das macht den Charakter dieses lebendigen Dorfes im Eberfinger Drumlinfeld aus.

Unsere liebe Frau – die Filialkirche in der Escherstraße auf einem Hügel stammt aus den Jahren 1653/54. Gotische Figuren im Chor und ein Gnadenbild der Gottesmutter verleihen der Kirche eine besondere Würde.

Sehenswert sind auch die aus Holz gefertigten Kornkästen. Die Kästen stammen aus dem 16. Jh. und dienten den Bauern als Zwischenlager für das Getreide.

Freizeit und Sport

Die Landschaft um Eberfing ist für Naturliebhaber ein wahres Eldorado. Auf einem der zahlreichen Wander- und Radwege durch das Drumlinfeld, die sanfte Hügellandschaft von einem der Weiher zum nächsten bis hin zu Touren durch ausgedehnte Moor- und Filzgebiete sind in der Umgebung möglich.

Maibaumaufstellen

Wichtige Adressen und Telefonnummern

Gemeinde Eberfing
Ettinger Str. 7
D-82390 Eberfing
Tel. +49 (0)8802 80 02
Fax +49 (0)8802 82 41
gemeinde@eberfing.bayern.de
www.eberfing.de

Die Natur hautnah erleben

Brunner Rosi's
Wildkräuter und Deko

Wer mit Rosi durch die Natur streift, lernt allerhand Wissenswertes über die Kräuter, die am Wegrand stehen. Die Vielfalt der Vegetation, wertvolle „Un"-kräuter, Heilkräuter, Blumen, Wildgemüse und -früchte begegnen einem auf einer Wildkräuter-Wanderung. Das profunde Wissen der Kräuterpädagogin und Landerlebnisreisenführerin, Rosi Brunner, über die Geschichte der Pflanzen und ihre heilenden Kräfte für Körper und Geist bringen die Menschen zurück zu ihren Wurzeln. Daraus wird Kraft geschöpft, um den Alltagsstress zu meistern. Kulinarische Kostproben der gesammelten Kräuter und Wildfrüchte runden die Ausflüge, die zu Fuß oder auf dem Fahrrad gemacht werden, ab.

Wildkräuterprodukte, floristische Dekoration und Naturkosmetik – all das kann Einzelreisenden und Gruppen nach telefonischer Voranmeldung in der alten Hofstelle in Arnried gezeigt und zum Teil angeboten werden.

**Brunner Rosi's
Wildkräuter und Deko**

Arnried 4, D-82390 Eberfing
Tel. +49 (0)8801 1268
Fax +49 (0)8801 1323
rosi-und-hermann-brunner@t-online.de

Römerstein in Egling
(Bild Gemeinde Egling)

Eglfing
Ländliches Idyll im blauen Land

Zwischen Murnau und Weilheim im Herzen des Pfaffenwinkels findet sich ein ländliches Idyll im blauen Land. Die von der Landwirtschaft geprägte Gemeinde Eglfing (656 m ü.M.) hat etwa 1.050 Einwohner. Abseits von der B2 und B472, die Garmisch-Partenkirchen mit Weilheim verbinden, liegt der Ort eingebettet in die sanfte Hügel- und Seenlandschaft vor einer prächtigen Kulisse des Alpenpanoramas.

Obwohl Eglfing mit seinen Ortsteilen Obereglfing, Untereglfing und Tauting sowie dem Weiler Heimgarten auf eine lange Geschichte zurückblicken kann – im Jahr 2007 feierte man das 1.200-jährige Bestehen – ist es eine aufstrebende Gemeinde mit vielen Bemühungen um regenerative Energie und einem gesunden, wirtschaftlichen Wachstum.

Kurzer Blick ins Geschichtsbuch

Gräberfunde aus der Bronze- und Hallstattzeit lassen auf die frühe Besiedelung der durch die Eiszeit geformte Moränenlandschaft schließen. Nach Kelten und Rätern waren die Römer im Land und besiedelten entlang der alten Römerstraße von Augsburg nach Verona die Region. Nach den Merowingern, Alemannen und Bajuwaren findet sich eine erste Erwähnung Eglfings im Jahr 807. Nach dem Geschlecht der Agilolfinger hatte vom 11. bis zum 14. Jh. das Rittergeschlecht der Egolfinger seinen Sitz auf der „Gstoag". Dieser Rittersitz ist heute noch als prähistorische Wallanlage erkennbar. Von der Mitte des 14. bis 17. Jh. war Eglfing im Besitz der Familie Tabertshofer aus Uffing. Um die Mitte des 18. Jh. herrschte die sog.

Eglfing
(Bilder Gemeinde Eglfing)

„Russenzeit". Bürger aus Eglfing und Uffing, die als Kraxenträger (Händler, die ihre Ware auf dem Rücken transportierten) bekannt waren, betrieben im Ausland – und vor allem in Russland – Handels- und Wechselhäuser.

Sehenswürdigkeiten

Pfarrkirche St. Martin in Obereglfing

Einem Schmuckkästchen gleicht die Kirche, ist sie doch in einem glanzvollen Rokoko ausgestattet. Alles liebevoll und mit viel Blick auf das Detail bearbeitet, bieten der Wessobrunner Stuck, die Altäre, die Deckengemälde und der Chorraum mit den Fenstern ein aufeinander abgestimmtes Ensemble. Umbauarbeiten, die im 18. Jh. stattfanden, unterstreichen das positive Gesamtbild, das sich der Besucher der Kirche macht.

Römerstein

In der Dorfmitte findet sich der mit altrömischen Motiven gestaltete Glaukonit-Stein. Man fand ihn am Moosberg auf Eglfinger Flur, wo die Römerstraße Augsburg mit Verona verband.

Heimatmuseum

Im Heimatmuseum wird die Geschichte des Dorfes und der Region lebendig. Eines der Glanzstücke stellt eine alte bespannte Pferdspritze dar, die von 1922 bis 1940 bei der Eglfinger Feuerwehr im Einsatz war und vom Heimat- und Museumsverein liebevoll restauriert worden ist. Das Heimatmuseum ist an jedem 1. Samstag im Monat von 9 bis 12 Uhr geöffnet.

Der Freskenhof

In der Hauptstr. 12 liegt der Freskenhof. Eine Marmortafel, die in die Fassade des Anwesens eingelassen ist, gibt einen ersten Hinweis auf die Historie:

„Ehemaliger Wohnsitz der russischen Kaufleute Joseph & Fany Eleonora Dichtl, geb. Chanard aus Moskau, gest. 1789." Auf das 18. Jh. geht die Geschichte des Freskenhofes zurück, als „Kraxenträger" Handel betrieben. Dies waren Händler aus der Staffelseeregion, die kunsthandwerkliche

Freskenhof

Waren, wie Hinterglasmalereien und Holzschnitzereien, in Traggestellen auf ihrem Rücken trugen und feilboten. Der besonders talentierte Händler namens Joseph Dichtl aus Eglfing schuf in St. Petersburg und Moskau Filialen für die bayerische Ware und wurde von der Zarin zum Grossbankier ernannt.

Originelles aus Eglfing

Die in der italienischen Region Lazio gelegene Stadt Allumiere ist seit dem Jahr 2000 Partnerstadt der Gemeinde. Der Vater des 1806 geborenen Kardinal Theodolf Mertel war in Eglfing geboren und wanderte 1802 nach Allumiere aus. Sein Sohn diente als Kardinal unter drei Päpsten. Als Jurist stellt er den Codex juris canonici, das kirchliche Gesetzbuch, zusammen und wird heute noch in Allumiere verehrt.

Freizeit und Sport

Die Moränenlandschaft rund um Eglfing, von der man einen traumhaften Blick auf die Alpen vor Augen und das Rauschen der Staffelseewellen bei Föhnsturm im Ohr hat, wo man über Hügel wandern und stille Moore durchschreiten kann, bietet dem Sportler und Naturfreund so manche Überraschung.

Wandern und Radeln läßt sich vorzüglich über gepflegte und bestens beschilderte Routen. Hier kommen anspruchsvolle Sportler ebenso auf ihre Kosten wie Familien mit Kindern. Auch eine Kutschfahrt oder ein Ritt zu Pferd durch die sanfte Hügellandschaft sind ein unvergeßliches Erlebnis für Groß und Klein. Die Strandbäder an den schönsten Badeseen Oberbayerns, wie dem Staffel-, Rieg-

oder Froschsee liegen nur wenige Kilometer von Eglfing entfernt.

Orts- und Infrastruktur

Die verkehrsgünstige und dennoch ruhige Lage Eglfings tragen zu ihrer Beliebtheit bei. Gesunde Gewerbe-, Landwirtschafts- und Handwerksbetriebe, Industrieunternehmen und der Tourismus sind die wirtschaftlich tragenden Säulen in der Gemeinde. In den zahlreichen Vereinen findet jeder eine sinnvolle Freizeitbeschäftigung.

In Eglfing denkt man an die Zukunft. Für die Kinder steht neben dem über 4.000 Quadratmeter großen Naturerlebnis-Spielplatz, der zu den größten in Südbayern zählt, eine Kinderkrippe und ein Kindergarten zur Verfügung. Außerdem setzt die Gemeinde verstärkt auf regenerative Energien. So liefern mehrere Biogasanlagen und Biomasseheizkraftwerke Abwärme und Strom.

Ein wunderbarer Ort, der Tradition und Moderne vorzüglich zu kombinieren weiß!

Wichtige Adressen und Telefonnummern

Gemeinde Eglfing
Hauptstr. 20
D-82436 Eglfing
Tel. +49 (0)8847 6201
Fax +49 (0)8847 1271
gemeinde@eglfing.de
www.eglfing.de

Tauting, Ober- und Untereglfing

Hohenpeißenberg

Erholungsort im Pfaffenwinkel

Direkt am Alpenrand, mitten im Herzen Bayerns, liegt Hohenpeißenberg auf 780 m ü. M. Die idyllische Lage, das grandiose Alpenpanorama und die waldreiche Umgebung mit guter Luft tragen zur Erholung bei. Durch die klaren und nebelfreien Föhntage gilt Hohenpeißenberg als einer der sonnenreichsten Orte Deutschlands und beschert dem Besucher „goldene Herbsttage". Die Gemeinde liegt im oberbayerischen Landkreis Weilheim-Schongau und zählt heute etwa 4000 Einwohner. Im Jahr 1840 waren es nur 374. Heute ist, mit über 85%, der Großteil der Bevölkerung katholischen Glaubens.

Durch die vielen umliegenden Anwesen, die weit verstreut in der idyllischen, hügeligen Voralpenlandschaft liegen, gehören etwa 20 Ortsteile zum Gemeindegebiet. Zu den Nachbargemeinden zählen Peißenberg im Osten, Wessobrunn im Norden und Peiting im Westen.

Kurzer Blick ins Geschichtsbuch

Eine, ein halbes Jahrtausend bestehende Gnadenstätte, eine seit mehr als 200 Jahren existierende meteorologische Beobachtungsstation und ein über viele Jahrhunderte betriebener

Bergbau stehen für die Geschichte des Ortes Hohenpeißenberg, der untrennbar mit dem 1.000 m hohen Berg „Hoher Peißenberg" verbunden ist.

Das erste Zeichen menschlicher Ansiedlungen geht, mit dem Fund eines bearbeiteten Steinbeils, auf das 3. Jahrtausend v. Chr. zurück. Seit dem 12. Jh. herrschte das hohenstaufische Kaiserhaus über diesen Teil des Pfaffenwinkels. Nachdem diese Erblinie ausgestorben war, fiel es an Herzog Ludwig den Strengen von Bayern. Im 16. Jh. entdeckten dann die Bewohner das Pechkohlevorkommen und man begann zunächst mit vereinzelten Bergbauaktivitäten, bevor man im Jahr 1837 mit dem Anschlag des Hauptstollens im Ortsteil Brandach in den professionellen Bergbau einstieg.

Beim Vortrieb durchfuhr man mehrere kleinere Kohlenflöze, doch erst nach einer Länge von 119 Lachtern (das frühe Längenmaß in Bayern war ein Lachter, der der heutigen Länge von etwa 1,97 m entspricht) stieß man zum Hauptkohlenflöz vor. Somit konnte dann im Jahr 1840 mit der planmäßigen Kohlegewinnung begonnen werden. Die Tagesleistung der Vortriebshauer hing von der Gesteinsschicht ab – im weichen Sandstein kamen sie bis zu 42 cm pro Tag voran, im sandigen Schiefer nur etwa 18 cm.

Der Abtransport des abgebauten Gesteinsmaterials im Stollen erfolgte mit Förderkarren, welche dann auf einer Halde in der Nähe des Stollenzuganges entstand. Die tägliche Arbeitszeit

Hohenpeißenberg
(Bild Gemeinde Hohenpeißenberg)

der Hauer betrug damals 12 Stunden an sechs Tagen in der Woche. Die Verbreitung der Dampfmaschine in der aufstrebenden Industrie Augsburgs verstärkte den Bedarf an Kohle. Die Wollspinnerei und -fabrik in Augsburg schloss bereits 1842 einen Vertrag über eine Jahreslieferung von 12.000 Zentnern Kohle mit den Hohenpeißenbergern ab. Die Kohle wurde mit dem Floß über den Lech nach Augsburg transportiert. Bis ins Jahr 1937 steigerte sich die Förderung der Kohle, die in der Jahresleistung von etwa 450.000 Tonnen gipfelte.

Ab 1965 verdrängte dann so langsam das Heizöl, das damals zu extrem niedrigen Preisen angeboten wurde, die Kohle. Dies führte zum rapiden Verfall des oberbayerischen Kohlenmarktes. Auch die starke Erhöhung der Arbeitskosten, wie Lohnerhöhungen, war einer der Gründe, warum am 31. März 1970 im Hohenpeißenberger Wetterschacht die letzte Schicht verfahren wurde.

Das Wappen Hohenpeißenbergs erinnert noch an die alte Bergbautradition, beinhaltet es doch die üblichen Bergwerkssymbole, den Hammer und Schlägel sowie einen stilisierten, bewurzelten Baum, der an das einstige Augustinerchorherrenstift Rottenbuch erinnert.

Im vorigen Jahrhundert war am Hohenpeißenberg wegen seiner Quellen und dem eisenhaltigen Schwefelwasser ein Kurbad entstanden. Mit dem Wasser konnten Lähmungen, Rheuma und Gicht behandelt werden. 1828

wurde das Heilbad Sulz gegründet. Berühmte Persönlichkeiten wie die Könige Ludwig I. und Maximilian II. sowie der Münchener Apotheker Carl Spitzweg kurten hier. Erwähnenswert ist hierbei, dass er bei seinen Aufenthalten im Heilbad Sulz, am Osthang des Hohen Peißenberges, sein Talent zum Malen entdeckt hat und dadurch die Nachwelt mit seinen Kunstwerken verwöhnt wurde. Wohl bedingt durch den Bergbau versiegten die Heilquellen und in den 1930er Jahren stellte man den Kurbetrieb ein.

Fernsehturm Hohenpeißenberg
(Bild Thmsfrst)

Meteorologisches Observatorium
(Bild Rainer Lippert)

Sehenswürdigkeiten

Fernsehturm Hohenpeißenberg

Eines der Wahrzeichen auf dem Hohenpeißenberg ist der Fernsehturm. Der heute bestehende Turm wurde 1978 erbaut und misst knapp 160 m Höhe. Die Rundfunksendeanlage gehört der Deutschen Funkturm GmbH, einem Tochterunternehmen der Deutschen Telekom. Schon in den 1950er Jahren wurde die günstige Lage des Berges für Rundfunksender genutzt.

Meteorologisches Observatorium

Das Meteorologisches Observatorium auf dem Hohen Peißenberg zeichnet bereits seit dem 1. Januar 1781 meteorologische Beobachtungen auf. Damit ist dieses Observatorium die älteste Bergwetterstation der Welt. Es ist dem deutschen Wetterdienst angegliedert und der betreibt, neben den Wetterbeobachtungen, auch Ozonforschung. Zusammen mit dem Schneefernerhaus auf der Zugspitze ist es die einzige Globalstation im Global Atmosphere Watch in Deutschland. Aus luftchemischen und meteorologischen Daten können Rückschlüsse auf den Treibhauseffekt, das Ozonloch und die möglicherweise daraus resultierende Klimaveränderung gezogen werden.

Wallfahrtskirche Mariä Himmelfahrt

Auf dem Hohen Peißenberg findet der Besucher die Wallfahrtskirche Mariä Himmelfahrt. Hierbei handelt es sich um eine sogenannte Doppelkirche, die aus der älteren Gnadenkapelle und einem späteren größeren Kirchenanbau besteht. Sehenswert ist das Gemälde der Aufnahme Mariens in den Himmel am Hochaltar und die

Gnadenkapelle
(Bild Gemeinde Hohenpeißenberg)

beiden Seitenaltäre, auf denen die Kreuzigung und Auferstehung Christi dargestellt ist. 1747 erhielt die Gnadenkapelle ihre Rokoko-Ausstattung und ist somit prunkvoller als das angebaute Kirchengebäude. Das große Deckenfresko der Kapelle stammt von Matthäus Günther. Der am 7. September 1705 am Hohenpeißenberg geborene Günther war ein bekannter Maler und Grafiker des Barock und Rokoko. Das Freskogemälde zeigt die Gründung der Wallfahrt und die Übergabe der Wallfahrtsstätte an das Kloster Rottenbuch. Die Kapelle wurde in sechsjähriger Arbeit restauriert und im Jahr 2012 erstrahlte das Gotteshaus im Glanz des Jahres 1747.

Museen

Schatzkammer

Das höchstgelegene Museum im Pfaffenwinkel ist die „Schatzkammer". Im ehemaligen Oratorium von Mariä Himmelfahrt ist seit dem Jahr 1990 ein kleines Museum für sakrale Kunst,

Gold- und Silberschmiedearbeiten eingerichtet – Zeugnisse aus der reichen Wallfahrts- und Pfarrgeschichte. Eine Besichtigung ist nur nach Voranmeldung möglich.

Kulturelles

Gauwallfahrt

Seit 1951 wird, einem Gelöbnis folgend, zum Gedenken an die verstorbenen, gefallenen und vermissten Mitglieder der Trachtenvereine des Lechgaues die Gauwallfahrt am ersten Sonntag im September durchgeführt.

Feste und Feiern – Ein Blick in den Jahreslauf

Sonnwendfeier

Die Feier der Sonnenwende am 21. Juni geht auf einen heidnischen Brauch zurück. Da die Sommersonnenwende auf den Tag des heiligen Johannes fällt, nennt man die Sonnwendfeuer auch Johannifeuer. Dem Feuer wurde früher glücksbringende und unholdvertreibende Kraft zugeschrieben. Das Brauchtum findet seit langer Zeit auf dem Hohen Peißenberg statt.

Maria-Himmelfahrts-Fest

Am 15. August jedes Jahres bringen die Kirchenbesucher gesammelte Heilkräuter zur Segnung in den katholischen Gottesdienst. Nach der Segnung werden die Kräutersträuße zu Hause in eine Vase gestellt oder über dem Stall aufgehängt. Sie sollen dort ihre ganze Heilkraft entwickeln und Haus und Hof sowie Mensch und Tier vor Unheil schützen.

Erntedankfest

Am ersten Sonntag im Oktober wird in den Kirchen der „Erntealtar" mit Erntekrone, Gemüsen, Früchten, Brot und Wein aufgestellt.

Christkindlmarkt

Alle Jahre findet Ende November der Christkindlmarkt statt. Rund um die Pfarrkirche stellen die Hohenpeißenberger Vereine ihre Waren aus oder bieten weihnachtliche Leckereien an.

Volkstümliche Bräuche

Maibaumaufstellen

Seit dem Jahr 1934 stellt der Trachtenverein alle vier Jahre einen Maibaum auf. Er ist Sinnbild für das Wachstum in der Natur. Im Wald wird eine Fichte ausgesucht und gefällt. Am Wipfel befestigt man den Wetterhahn. Den Stamm schmücken die Zunftzeichen der Hohenpeißenberger Handwerkerschaft. Der Maibaum wird lange vor dem 1. Mai bewacht, denn der Brauch des Maibaumstehlens ist in Bayern noch immer lebendig. Meist Jugendliche der Nachbargemeinden versuchen, den Baum zu stehlen um ihn dann gegen eine Ablöse in Form einer deftigen Brotzeit auszulösen.

Bittgänge

Die Tage vor Christi Himmelfahrt sind Bitttage. Die Bittgänge zu „Unserer Lieben Frau" auf den Hohen Peißenberg sind Ausdruck des Dankes aber auch die Bitte um Wachstum und Gedeihen in der Natur und Fernhalten von Unwettern und Katastrophen. Am Fronleichnamstag ziehen die Gläubigen in einer Prozession durch

Maibaumaufstellen
(Bild Gemeinde Hohenpeißenberg)

den mit Tüchern, Fahnen, Blumen und Bildern geschmückten Ort.

St. Leonhard

Am 6. November ist das Fest des heiligen Leonhard. Seit 1898 beteiligt sich der Leonhardiverein Hohenpeißenberg mit Reitern, Standarte und Festwagen an der Peißenberger Leonhardifahrt, die meistens am letzten Sonntag im Oktober stattfindet. Unter Glockengeläut und Marschmusik setzt sich die Wallfahrt in Bewegung.

Freizeit- und Sport

Badespaß

Schwimmen im Lech oder Paddeln auf der Ammer – inmitten des wildromantischen Naturschutzgebietes können die Hobbysportler die Natur noch so erleben wie sie ist und manches Abenteuer bestehen.

Einige Naturseen um Hohenpeißenberg laden während der Sommermonate zu einem erfrischenden Bad im meist moorigen Gewässer ein.

Tipp: Im gemeindeeigenen Badesee, inmitten des Ortes (Ortsteil Hetten), findet in den Sommermonaten jeweils Freitag von 10 – 11.15 Uhr ein Aqua-Freiluftkurs statt. Das Training mit Musik weckt die Freude an der sportlichen Betätigung bei Jung und Alt.

Skifahren in Hohenpeißenberg

Die Loipen für Skating und den klassischen Langlauf über etwa sieben km befinden sich auf der schneesicheren Nordseite von Hohenpeißenberg. Die sogenannte Filzloipe liegt in der einmalig schönen Landschaft des Naturschutzgebietes Schwarzlaichmoor. Die Loipen sind bei entsprechender Schneelage bestens präpariert.

Schneeschuhwandern

Das gemütliche Laufen im Tiefschnee: Ein paar Schneeschuhe an den Füssen befestigt und schon beginnt die Wanderung durch eine tiefverschneite Landschaft. In der Höhenlage von Hohenpeißenberg ist am Nordhang des Hohen Peißenberg die Schneesicherheit garantiert.

Pferdeschlittenfahrt

Ganz romantisch ist eine Pferdeschlittenfahrt auf den Hohen Peißenberg. Wenn man sich von Pferden, gemütlich auf dem Schlitten sitzend und in warme Wolldecken eingepackt, durch die weiße Glitzerwelt ziehen läßt, ist dies ein Erlebnis der besonderen Art.

Wandern

Eine Wanderung von der Rigi-Alm, die im Osten von Hohenpeißenberg liegt, auf den Hohen Peißenberg bietet wohl einen der schönsten Rundblicke im bayerischen Voralpenland. Die entspannende kleine Bergwanderung von etwa 4,5 km ist auch für Familien geeignet.

Der König-Ludwig-Rad- und Wanderweg beginnt in Berg am Starnberger See. Von dort läuft die Route über Starnberg, Herrsching am Ammersee und Wessobrunn nach Hohenpeißenberg. Von hier aus führt der Weg wei-

Hauptstollen Hohenpeißenberg
(Bild Thmsfrst)

ter über Rottenbuch nach Füssen im Königswinkel.

Auf den Spuren des heiligen Jakobus kann man in und um Peißenberg ein Teilstück des bei Pilgern beliebten „Jakobsweg" absolvieren.

Der Stollenweg ist ein etwa 10 km langer Weg, der in drei Stunden Gehzeit bewältigt werden kann. Auf dem leicht zu gehenden Weg, der gut beschildert ist, findet der Wanderer auf 15 Informationstafeln viele interessante Hinweise auf die Hohenpeißenberger Bergwerksgeschichte.

Der für Familien und mit Kindern gut gehbare Seniorensteig am Südhang des Hohen Peißenberg führt auf 2,5 km durch den idyllischen Bruckwald. Über kleine Brücken, über blühende Bergwiesen und an Schafweiden vor-

bei, verläuft die Route auf den Berg. Auf den letzten 500 Metern des leichten Anstiegs erfährt man in Form eines Lehrpfades manch Wissenswertes über Wetter und Klima.

Wer gerne mit zwei Stöcken unterwegs ist, wird sich über die geführten Nordic Walking-Touren in und um Hohenpeißenberg freuen.

Eine leichte Tour stellt die Panoramarunde auf dem Hohen Peißenberg dar. Tolle Rundblicke auf das Tal und die im Süden liegende Alpenkette lohnen die Anstrengungen auf der 2,7 km langen Wanderung.

Eine gemütliche Runde ist auch die Kohlgrabenrunde. Auf 4 km führt diese Tour auf guten Forst- und Waldwegen in die südliche Umgebung der Gemeinde.

Durch ein einmalig schönes Naturschutzgebiet läuft die Runde durch das Schwarzlaichmoor. 6 km, die mit einem einmaligen Naturerlebnis belohnt werden. Informationen hält das Tourismusbüro bereit.

Radfahren

Die Ammertalrunde läßt sich mit einer gemütlichen Variante von etwa 13 km fahren oder über die erweiterte Schleife von etwa 35 km, auf der der Radler einen Abstecher zum Hohen Peißenberg machen kann. Die Anstrengungen der steilen Auffahrt werden mit dem überwältigenden Blick auf die Berge und das Voralpenland belohnt.

Außerdem bieten sich Radtouren zum Staffelsee und nach Bad Bayersoien sowie rund um den Ammersee an. Die gemütliche Schönwetter-Ganztagestour mit vielen Einkehrmöglichkeiten oder einem erfrischenden Bad im See endet nach 98 km.

Reiten und Kutschfahrten

Auf dem Rücken eines Pferdes oder gemütlich in einer Kutsche das oberbayerische Voralpenland auf sich wirken lassen: Rund um Hohenpeißenberg gibt es viele Anbieter, bei denen man sich ein Pferd leihen oder eine Kutschenfahrt buchen kann. Ein besonderes Erlebnis dürfte auch eine Nachtfahrt mit der Kutsche sein, über die das Tourismusbüro Informationen bereit hält.

Verkehrswege

Hohenpeißenberg liegt an der B 472, die vom Irrschenberg nach Marktoberdorf verläuft. Die Hauptstraße diente früher vornehmlich dem Salztransport. Diese Salzstraße benützte auch König Ludwig II., wenn er nach Hohenschwangau zu seinen beiden Schlössern reiste. Die Salzstraße führte vom Berchtesgadener Land bis ins Allgäu.

Hohenpeißenberg liegt ebenfalls an der von der Bayerischen Regiobahn betriebenen Bahnstrecke von Augsburg nach Schongau, die in malerischer Fahrt am Westufer des Ammersees vorbei führt.

Orts- und Infrastruktur

Weltoffen wohnen

Nachdem die B 472 ab 2016 als Umgehungsstraße Hohenpeißenberg weiträumig umfahren wird, wird der

Hohenpeißenberg mit Alpenpanorama
(Bild Gemeinde Hohenpeißenberg)

Ort verkehrsberuhigt. Einwohner und Gäste werden dadurch eine hohe Lebensqualität erfahren.

Eine große Anzahl von Vereinen für die unterschiedlichsten Freizeitaktivitäten führt im Ort zu einem starken Zusammenhalt unter den Bewohnern.

Schulen

Hohenpeißenberg verfügt über zwei Kindergärten und die Primus-Koch-Grundschule. Weiterführende Schulen wie die Mittelschule, eine Realschule und eine Montessori Grund- und Mittelschule mit Ganztagesschule und Hort sowie eine Volkshochschule sind im benachbarten Peißenberg ansässig.

Wirtschaft und Ausbildung

Einzelne Handwerksbetriebe wie Bau- und Möbelschreinereien, Maler- und Elektrobetriebe, Bauunternehmen sowie Autohäuser, Bauelementehandel und sogar ein Eventteam, das mit abwechslungsreichen Aktionen für unterhaltsame Stunden bei Festen und Feierlichkeiten sorgt, bescheren dem Ort eine gute Arbeits- und Ausbildungsplatzsituation.

Altersgerecht wohnen

Auch Senioren können sich in Hohenpeißenberg wohlfühlen, ist doch mit mancherlei Einrichtung für deren Wohlergehen gesorgt. Neben zwei Allgemeinmedizinern und Zahnarztpraxen, finden sich Krankengymnastik, Fußpflegeeinrichtung, Bügelstube, Nahversorger und Bäckerei in fußläufiger Entfernung. Ein Fahrdienst wurde speziell für Senioren eingerichtet.

Bewährt hat sich in Hohenpeißenberg auch die ehrenamtliche Nachbarschaftshilfe. Bestens organisiert hilft sie in Notfällen bei der stundenweisen Entlastung von Angehörigen in Pflegefällen ebenso, wie mit einem Hilfs- und Fahrdienst für Besorgungen, Behördengänge und Arztbesuche.

Wichtige Adressen und Telefonnummern

Gemeinde Hohenpeißenberg Verkehrsamt

Blumenstraße 2
D-82383 Hohenpeißenberg
Tel. +49 (0)8805 92 10-0
Fax +49 (0)8805 92 10 29
info@hohenpeissenberg.bayern.de
www.hohenpeissenberg.de

Terrassen-Café-Restaurant

„Bayerischer Rigi"

Auf knapp 1000 m Höhe schweift der Blick über das Land. Hier auf dem Hohen Peißenberg, der zu Recht als schönster Rundblick Bayerns bezeichnet wird, genießt der Besucher ein Panorama, das es nur selten gibt. Über 200 KM weit reicht die Aussicht in alle Himmelsrichtungen – vom geografischen Mittelpunkt des Pfaffenwinkels.

Seit 1604 befindet sich auf dem Plateau des Hohen Peißenbergs, neben der ältesten Bergwetterwarte der Welt und der Wallfahrtskirche Mariä Himmelfahrt, eine Gastronomie – das heutige Terrassen-Café-Restaurant „Bayerischer Rigi". Das Haus wird nun schon seit 1954 in der dritten Generation von der einheimischen Familie Fischer geführt. Die Gastgeber wissen, dass sie hier einen ganz besonderen Platz be-

wirtschaften, an dem sich der Gast wohlfühlen kann.

Was gibt es Schöneres, als auf der Terrasse in der Sonne zu sitzen und im Süden das Oberland und die gesamte deutsche Alpenkette zu bewundern. Dazu ein kühles Bier, eine leckere Brotzeit oder ein bayerisches Schmankerl von der Speisekarte, in der viele regionale Gerichte präsentiert werden. Zum Kaffee serviert man hausgemachte Kuchen und Torten. Von drei Gasträumen blicken die Gäste direkt auf die Zugspitze, den mit 2963 m höchsten deutschen Berg, während sie die Gaumenfreuden genießen. Vom Panorama-Lokal sehen die Besucher die östliche Alpenkette und der Staffelsee und Starnberger See liegen wie Smaragde in der Landschaft. Im Nordosten erkennt man aus der „Bauernstube"

„Bauernstube" in einen großen Saal verwandelt werden. Dann finden 160 Personen Platz und werden neben der grandiosen Aussicht durch Schlemmereien aus Küche und Keller und dem aufmerksamen Service verwöhnt.

Ein Besuch auf dem Bayerischen Rigi lohnt sich immer wieder und ist ein Genuss für Auge und Gaumen, der dem Besucher noch lange in Erinnerung bleiben wird.

Terrassen-Café-Restaurant „Bayerischer Rigi"

Familie Fischer
Matthäus-Günther-Platz 2
D-82383 Hohenpeißenberg
Tel. +49 (0)88 05-330
info@bayerischer-rigi.de
www.bayerischer-rigi.de

das Kloster Andechs, hoch über dem Ammersee, der sich sanft in die Hügellandschaft einschmiegt.

Das „König-Ludwig-Stüberl", ebenfalls mit einem großen Panoramafenster, bietet 28 Personen Platz und wird gerne für kleine Feierlichkeiten und Tagungen gebucht. Damit die Räumlichkeiten auch größeren Gesellschaften für feierliche Anlässe zur Verfügung stehen, können die Gasträume „Panorama" und

Huglfing

Idyllisch im Hungerbachtal gelegen

Inmitten eiszeitlicher Moränenhügel und am Rande der einmaligen Grasleitner Moorlandschaft liegt Huglfing mit seinen etwa 2.650 Einwohnern auf einer Höhe von 625 m ü.M. mit seinen Ortsteilen Deimenried, Georgenhof, Grasleiten, Rechetsberg und Weiden.

Die zentrale Lage Huglfings macht den Ort zu einem attraktiven Standort für Menschen, die die Ruhe suchen, aber dennoch mobil sein wollen - inmitten der wunderschönen Natur das ländliche Leben genießen und doch die Vorteile einer lebendigen und rührigen Gemeinde nutzen.

Kurzer Blick ins Geschichtsbuch

Eine erste urkundliche Erwähnung Huglfings findet sich im Jahr 1030, obwohl die Gegend schon während der Jungsteinzeit besiedelt war. Die wechselvolle Geschichte der Gemeinde reicht vom Besitz der Grafen von Eschenlohe über die Augsburger Bischöfe bis zum Kloster Ettal. Um 1500 vernichtete ein Großbrand zahlreiche Anwesen und die mittelalterliche Pfarrkirche. Im Zuge der Verwaltungsreform im Königreich Bayern wurde Huglfing im Jahr 1818 eine selbstständige politische Gemeinde.

Bachstraße in Huglfing
(Bilder Gemeinde Huglfing)

Sehenswürdigkeiten

Pfarrkirche St. Magnus

Weithin ist der romanische Turm der Pfarrkirche St. Magnus zu sehen. Die aus Tuffquadern erbaute Kirche präsentiert sich mit einem spätgotischen Saalbau, der um 1773 im Rokokostil ausgestattet wurde. Aus für die Gegend so typischem Tuffstein bestehen auch die Friedhofsummauerung aus dem 18. und 19. Jh. und einige Grabdenkmäler sowie zahlreiche Bauernanwesen im Ortskern.

Auf einem Hügel oberhalb von Huglfing thront die katholische Friedhofskirche St. Johann. Die Wallfahrtskirche wurde 1711 erbaut.

Um 1735 wurde die Hofkapelle Heiligkreuz im Gut Grasleiten von dem berühmten Wessobrunner Baumeister Joseph Schmuzer erbaut. Neben dem Altar erinnern die Bauernheiligen Leonhard und Isidor an das Gebet für gesunde Tiere und Glück im Stall.

Kulturelles

Mit dem Ausstellwerk Huglfing möchte der Kunst- und Kulturverein der Gemeinde dem Ort neue Impulse geben. Im Wartesaal des alten Bahnhofes wurde ein Café eingerichtet und verschiedenste Ausstellungen sind über das Jahr zu bestaunen. Das Motto der Macher lautet: „Das Näherbringen von Kultur und das Kennenlernen verschiedener Arten von Kultur".

Über die Grenzen hinaus ist auch die Musikkneipe Waldstraße 4 bekannt.

Freizeit und Sport

Die Lage Huglfings nah an den oberbayerischen Seen wie Staffelsee, Ammersee und Starnbergersee sind ideale Ausgangspunkte für Wassersportaktivitäten aller Art. Aber auch für Wanderer und Radler empfiehlt sich der Ort. Die Natur mit ihren Mooren und Feuchtwiesen, mit Wäldern, Bächen und kleinen Weihern lädt zu erholsamen Ausflügen ein.

Sicher ist die Grasleitner Moorlandschaft, die bayernweit zu den großflächigsten und bestens erhaltenen Moor- und Streuwiesengebieten gehört, einen Abstecher wert. Die bestens ausgeschilderte, 4 km lange und familienfreundliche Wanderung gehört zu den aussichtsreichsten Rundwanderwegen im Pfaffenwinkel und führt von Huglfing nach Oberhausen und durch die Grasleitner Moorlandschaft zurück nach Huglfing.

Huglfing von oben
(Bild FloDur63)

Außerdem wurde ein Erlebnispfad zum Tuffstein- und Kiesabbau eingerichtet. Der für die Region so typische Stein erwacht auf dem Steinerlebnisweg zu neuem Leben. Verschiedene Stationen geben Aufschluss über die Geologie der Region, die Gesteine und deren Abbau sowie der Bearbeitung und Verwendung als Baumaterial. Der Erlebnisweg erstreckt sich über 12 km mit einigen Einkehrmöglichkeiten, die am Weg liegen.

Orts- und Infrastruktur

Mit seiner herrlichen Umgebung im Herzen des Pfaffenwinkels konnte Huglfing seinen ländlichen Charakter wahren und sich durch die infrastruk-

turellen Maßnahmen in den vergangenen Jahrzehnten zu einer rührigen und lebendigen Gemeinde entwickeln. Bevorzugt durch die zentrale Lage ist die Gemeinde ein attraktiver Standort.

Verkehrswege

Hervorragende Verkehrsanbindungen über die B2 zwischen Garmisch-Partenkirchen und München auf der Nord-Süd-Achse und über die B472 Bad Tölz und Peißenberg in Ost-West-Richtung sowie die Nähe zur Kreisstadt Weilheim, die nur 12 km entfernt liegt, verschaffen Huglfing einen großen Vorteil. Dazu trägt auch die Bahnlinie München-Garmisch-Partenkirchen bei, die im 30- bis 60-Min.-Takt verkehrt.

Weltoffen wohnen

In der ländlichen Idylle Huglfings konnte durch ein reges Vereinsleben, das für jeden Geschmack an Freizeitaktivitäten etwas zu bieten hat, ein intaktes Dorfleben gewahrt werden. Daneben ist für Jung und Alt alles geboten, was Lebensqualität schafft: Kinderkrippe und -garten, eine Grund- und Mittelschule für die heranwachsenden Bewohner Huglfings stehen ebenso zur Verfügung wie Einkaufsmöglichkeiten und eine erstklassige medizinische Versorgung der älteren Mitbewohner. Die Ausweisung mehrerer Gewerbeflächen, u.a. in dem Gewerbegebiet „Auwiese", zog in den vergangenen Jahren viele verschiedene Unternehmen der unterschiedlichsten Branchen nach Huglfing. Das beschert dem Ort eine stattliche Anzahl von Arbeits- und Ausbildungsplätzen.

Wichtige Adressen und Telefonnummern

Gemeinde Huglfing
Hauptstr. 32
D-82386 Huglfing
Tel. +49 (0)8802 254
Fax +49 (0)8802 486
gemeinde@huglfing.bayern.de
www.huglfing.de

Rathaus Huglfing
(Bild Gemeinde Huglfing)

Freizeit

Gut Grasleiten

Urlaub auf Gut Grasleiten bedeutet Wanderungen, Spaziergänge und Fahrradtouren durch die unberührte Natur der Grasleitner Moorlandschaft, Schwimmen im eigenen Badesee und während des Winters Langlauf und Schlittenfahrten - eine Auszeit vom Alltag nehmen. Gut Grasleiten, Grasleiten 1, D-82386 Huglfing, Tel. +49 (0)8802 261, Fax +49(0)8802 90 77 56, info@grasleiten.de, www.grasleiten.de

Kultur

Stroblbühne

Konzerte bekannter Musiker und Auftritte von Künstlern, die man kennt, aber auch Talente, die erst entdeckt werden wollen, finden auf der „Stroblbühne" eine geeignete Plattform. Der Festsaal beim Stroblwirt ist das kulturelle Zentrum der Gemeinde Oberhausen. Landgasthaus Stroblwirt, Dorfstr. 6, D-82386 Oberhausen, Tel. +49 (0)8802 222, Fax +49 (0)8802 357, info@stroblwirt.de , www.stroblwirt.de

Essen und Trinken

Gasthaus zur Moosmühle

Das Wild aus heimischer Jagd, das vom Weideochsen und der Fisch aus dem hauseigenen Weiher: Im Gasthaus zur Moosmühle wird eine natürliche, bayerische Küche mit Zutaten und Rohstoffen aus der Region gepflegt.

Gasthaus zur Moosmühle, Hauptstr. 96, D-82386 Huglfing, Tel. +49 (0)8802 8135, info@zur-moosmuehle.de, www.zur-moosmuehle.de.

Waldstraße 4

Urige und genußvoll zusammengestellte Brotzeiten die zu einem frisch gezapften Bier passen, isst man hier, während die Live-Musik für den Hörgenuß sorgt: Waldstraße 4, Waldstr. 4, D-82386 Huglfing, Tel. +49 (0)8802 8016, Fax +49 (0)8802 8656, waldstrasse4@web.de, www.waldstrasse4.de

Gartenterrasse

Gasthaus zur Moosmühle

Ein traditioneller bayerischer Biergarten unter schattenspendenden Kastanienbäumen ist der Traum an einem schönen Sommerabend. Ein frisch gezapftes Bier und eine deftige Brotzeit gibt es im Gasthaus zur Moosmühle, Hauptstr. 96, D-82386 Huglfing, Tel. +49 (0)8802 8135, info@zur-moosmuehle.de, www.zur-moosmuehle.de.

Landgasthaus Stroblwirt

„Himmel der Bayern" nennt sich die Überdachung des Biergartens beim Stroblwirt. An heißen Sommertagen bietet dieser einen angenehmen Platz, um sich mit einem erfrischenden Bier und einer deftigen Brotzeit zu stärken. Landgasthaus Stroblwirt, Dorfstr. 6, D-82386 Oberhausen, Tel. +49 (0)8802 222, Fax +49 (0)8802 357, info@stroblwirt.de, www.stroblwirt.de

Echt urig, echt bayerisch

Gasthaus zur Moosmühle

Bayerische Gastfreundschaft schlägt einem entgegen, wenn man das historische Gasthaus zur Moosmühle betritt; traditionell bayerisch ist auch die Inneneinrichtung der Gaststube, die man in dieser Art nur noch selten findet. Schön, neu und g'miatlich sind

die Zirbelstube für kleinere Feierlichkeiten und der Hubertussaal für große Feste. Bereits in der dritten Generation wird der Familienbetrieb geführt, in dem gemütliche Zimmer, ausgestattet mit Dusche/WC sowie Radio und TV dem Übernachtungsgast zur Verfügung stehen. Hausgemachte Marmeladen und Wurst runden das Übernachtungserlebnis ab. Ehrliche, bayerische Küche findet sich im Gasthaus, wo nur Köstlichkeiten aus der Region und auf die Teller der Gäste kommen. Neben den traditionellen bayerischen Gerichten finden Sie Wildspezialitäten aus heimischer Jagd, köstliche Fischgerichte u.a. Forellen und Saiblinge aus dem hauseigenen Weihern – und verstärkt auch vegetarische und vegane Spei-

sen den Weg auf die Teller der Gäste. Der behagliche Biergarten, beschattet von alten Linden und Kastanien, lädt zu einem frisch gezapften Bier und einer deftigen Brotzeit ein.

Für festliche familiäre oder betriebliche Anlässe in gemütlichem Rahmen und der ausgezeichneten Küche ist das Gasthaus zur Moosmühle genau der richtige Anlaufpunkt.

Gasthaus zur Moosmühle
Hauptstr. 96, D-82386 Huglfing
Tel. +49 (0)8802 8135
info@zur-moosmuehle.de
www.zur-moosmuehle.de

Ferien machen und viel erleben

Ferien- und Erlebnisbauernhof Gut Grasleiten

Bereits im 13. Jh. bestand die Schweige und war ein Viehhof des Kloster Polling. Seit dem Jahr 1853 bewirtschaftet die Familie Schmid den Hof nun bereits in der sechsten Generation.
Inmitten großer Waldungen und an die Grasleitner Moorlandschaft mit seinen wertvollen Hochmooren und Streuwiesen grenzend, liegt der Grünlandbetrieb, der seit nunmehr 20 Jahren nach den Richtlinien des biologischen Landbaus betrieben wird. In dieser Kulturlandschaft mit ihren reichen Naturschätzen hat die Familie Schmid ein wahres Kleinod für Urlaubsfreuden geschaffen, in dem sich Groß und Klein gleichermaßen wohlfühlen.

Wohnen auf Gut Grasleiten

Die mit vier und fünf Sternen zertifizierten Ferienwohnungen und Gästezimmer strahlen bayerische Gemütlichkeit in modernem Ambiente aus. Umweltfreundliches Baumaterial und naturbelassene Innenausstattung lassen Allergiker gelassen durchatmen. Holzböden und -decken sowie massive Holzmöbel unterstreichen die Behaglichkeit in den Räumen.

Abschalten und sich wohlfühlen

In der Ruhe hier auf dem Land zwischen Uffing und Huglfing kann sich der Gast entspannen und erlebt wahre Urlaubsträume. Während die kleinen Gäste dem Bauern beim Kühe füttern helfen, eine Runde auf dem Traktor mitfahren dürfen oder eines

der vielen Tiere streicheln, können die Eltern und Erwachsenen am Badeteich vor dem Haus beruhigt ein Sonnenbad nehmen. Ist die Arbeit auf dem Hof getan, wartet ein Abenteuerspielplatz mit Spielturm und Rutschen, mit Schaukeln, Trampolin und vielem mehr darauf, von den Kleinen entdeckt zu werden. Dass ein Indianer-Tipi für abenteuerliche Übernachtung und eine Lagerfeuerstelle vorhanden ist, braucht nicht erwähnt zu werden. Schließlich steht auch die „Villa Kunterbunt" mit allerlei Spielzeug für abwechslungsreiche Beschäftigung, wenn das Wetter es einmal nicht so gut meint.

Winterfreuden auf dem Gutshof

Auch im Winter ist jede Menge Freizeitspaß geboten: Langlaufen durch die unberührte Natur, Schlittenfahren auf dem Hausberg und eine Tasse Glühwein trinken, während der Kaminofen für behagliche Atmosphäre sorgt.

Gut Grasleiten

Grasleiten 1, D-82386 Huglfing
Tel. +49 (0)8802 261
Fax +49 (0)8802 90 77 56
info@grasleiten.de
www.grasleiten.de

Das Haus der Live-Musik
Waldstraße 4 in Huglfing

Bereits seit mehr als 35 Jahren ist die Waldstraße 4 ein Treffpunkt für Musiker und Musikliebhaber. Während der Holzofen in der gemütlich eingerichteten Stube bollert und die Gäste an den urigen Holztischen Platz genommen haben, betreten die Künstler die Bühne und machen feinste Musik – live.

Der bayerische Blues hat hier Tradition, obwohl das Programm der Darbietungen breit gefächert ist: Jazz, Rock'n Roll, Funk und Hip Hop sind hier ebenso zu hören, wie echte bayerische Volksmusik.

Und dazu serviert der Wirt, Peter Hammer mit seinen Töchtern, genussvoll angerichtete Brotzeiten, die wundervoll zum Bier passen.

Öffnungszeiten:
Die Waldstraße 4 ist Dienstag bis Sonntag, jeweils ab 20 Uhr geöffnet.

Waldstraße 4

Waldstr. 4, D-82386 Huglfing
Tel. +49 (0)8802 8016
+49 (0)173 4397174
Fax +49 (0)8802 8656
waldstrasse4@web.de
www.waldstrasse-4.de

Pfarrkirche St. Magnus in Huglfing
(Bilder Gemeinde Huglfing)

Oberhausen

Im Herzen des Pfaffenwinkels

Idyllisch eingebettet zwischen Moränenhügeln liegt Oberhausen (611 m ü.M.) im Hungerbachtal. Die Gemeinde ist Mitglied der Verwaltungsgemeinschaft Huglfing. Etwa 2.100 Einwohner leben in Oberhausen und den dazugehörigen Ortsteilen Achberg, Berg, Eyach, Kimberg, Kreilhof, Maxlried, St. Nikolaus, Scheithauf und Thalhausen.

Im Herzen des Pfaffenwinkels zwischen Füssen, München und Garmisch-Partenkirchen, entwickelte sich Oberhausen zu einem Ort mit hervorragender Lebensqualität. Wenn man die verträumten kleinen Wege und Gasserl durch Oberhausen durchstreift und am Abend gemütlich im Biergarten sitzt, um den Tag Revue passieren zu lassen, denkt man an die herrlichen Eindrücke, die man während des Tages gewinnen konnte. So wird man den Blick auf Oberhausen und die Berge, die man vom Kreuzbichl im Ortsteil Berg genießt, nie mehr vergessen.

Ein Freizeitangebot, das seinesgleichen sucht, bietet die wunderschöne voralpenländische Natur mit Seen und Bergen. Oberhausen ist der ideale Standort für die Erkundung des schönen Oberbayerns. Oberhausen ist ein Ort mit Zukunft, in dem Traditionen aufrecht erhalten werden. Dazu trägt das aktive Vereinslebens bei, das das gesamte Jahr hindurch für sportliche, kirchliche und kulturelle Beschäftigung sorgt.

St. Mauritius
(Bilder Anneliese Reichert-Schwaiger)

Kurzer Blick ins Geschichtsbuch

Die Region war bereits um die Bronzezeit besiedelt, wie einige Hügelgräber in der Nähe der Bahnstation in Huglfing bezeugen. Ab dem Jahr 15 v.Chr. siedelten die Römer hier. Reste eines römischen Gutshofes wurden zufällig 1990 bei Oberhausen gefunden. Eine erste urkundliche Erwähnung Oberhausens findet sich im Jahr 950. Der Ortsteil Berg gehörte seinerzeit zum Bistum Brixen im heutigen Südtirol. Um 1170 verlegte das Weilheimer Adelsgeschlecht seinen Sitz von der heutigen Kreisstadt nach Willenberg, südwestlich von Oberhausen. Die bereits um 1070 erbaute Burg fiel dem Dreißigjährigen Krieg zum Opfer. Das sog. „Schloßbichel" ist heute mit dichtem Wald überdeckt.

Sehenswürdigkeiten

St. Mauritius in Oberhausen

Die Ursprünge der Kirche gehen auf das Jahr 1420 zurück. Im heutigen Stil wurde sie von 1684-86 von Michael Mägele erbaut. Mauritius ist der Patron der Krieger der Infanterie. Daher findet sich an der Kirche auch ein Kriegerdenkmal aus dem Jahr 1870.

St. Nikolaus in Eyach

Aus dem Mittelalter stammt der Kirchenbau, der vor etwa 200 Jahren eine Erweiterung in ihren heutigen Zustand im barocken Stil erfuhr.

St. Michael in Berg

Die Filialkirche ist ein spätgotischer Saalbau, der um 1710 im Barock ausgestattet wurde. Bekannt ist die Kirche wegen ihres sehenswerten Deckenstucks.

Maibaumaufstellen
(Bild Anneliese Reichert-Schwaiger)

Freizeit und Sport

Im Hungerbachtal liegen durch den Bach gespeiste Teiche. So auch der Oberhauser Badeweiher, der in der heißen Jahreszeit für ein erfrischendes Bad sorgt. Die gepflegte Liegewiese rund um den Weiher bietet den Badegästen einen Platz zum Entspannen. Aber auch die zahlreichen Freizeitbäder in der Umgebung locken mit ihrem vielfältigen Angebot sommerlicher Erfrischungen.

Zum Radeln und Wandern laden gepflegte Wege ein, die zur Ammer und durch die lichten Auwälder am Fluss entlang führen.

Feste und Feiern

Oberhausen mit seinen Ortsteilen Berg und Maxlried lebt mit seinen Vereinen und den Bürgern, denen Dorfgemeinschaft noch wichtig erscheint. Der Trachten- und Schützenverein, der BSC Oberhausen oder der Katholische Frauenbund tragen zum aktiven Vereinsleben bei und halten so manches Fest ab, zu denen die Besucher und Gäste zahlreich erscheinen.

So sind das Gartenfest des Trachtenvereins oder das Weinfest der Feuerwehr zu einem festen Bestandteil des Kalenders in Oberhausen geworden. Aber auch der Wandertag des BSC

Oberhausen oder der beliebte Weihnachtsmarkt finden immer mehr Zuspruch und Beachtung.

Orts- und Infrastruktur

Oberhausen verfügt mit seinen etwa 2.100 Einwohnern über eine gute Infrastruktur. Bedingt auch durch die günstige Lage, die eine Verkehrsanbindung in alle Richtungen ermöglicht. Im Ort sind eine Kinderkrippe und ein Kindergarten eingerichtet und innerhalb des Schulverbandes Huglfing kann dort die Grund- und Mittelschule besucht werden. Ärztliche Versorgung vor Ort, einige Handwerksbetriebe, ein Lebensmittelgeschäft und ein Getränkemarkt ersparen weite Wege. Darüber hinaus finden sich im Ort ein Bioladen und zahlreiche Selbstvermarkter. Eine Vielzahl von Übernachtungsmöglichkeiten ist in den vergangenen Jahren geschaffen worden, um Oberhausen auch für den Fremdenverkehr attraktiv zu gestalten.

Wichtige Adressen und Telefonnummern

Gemeinde Oberhausen
Schulstr. 1
D-82386 Oberhausen
Tel. +49 (0)8802 259
Fax +49 (0)8802 90 68 28
gemeinde-oberhausen@t-online.de
www.oberhausen-obb.de

Badeweiher
(Bild Anneliese Reichert-Schwaiger)

Tradition trifft Kultur

Stroblwirt & Stroblbühne

Als gesellschaftliches und kulturelles Zentrum versteht sich der Stroblwirt in Oberhausen im Pfaffenwinkel. Das Wirtshaus ist seiner Tradition treu geblieben und bietet ein vielfältiges Angebot an Räumlichkeiten für seine Gäste und die Vereine der Gemeinde.

Im Festsaal, der bis zu 180 Personen Platz bietet, finden nicht nur Hochzeiten, Firmen- und Familienfeiern statt. Das Kulturangebot der Stroblbühne reicht von Theateraufführungen, Blasmusik, Musikkabarett bis hin zu Rock und Pop.

Die Bühne ist eine Plattform, nicht nur für bekannte Künstler, sondern sie gibt auch unbekannten Talenten eine Chance. Das „Georg-Pschorr-Stüberl" ist die gute Stube im Wirtshaus. Hier serviert man gut bürgerliche Küche, bayerische Schmankerl und die hausgemachten Kuchen und Torten.

Der kleine Gastgarten, durch einen „Himmel der Bayern" teilweise überdacht, ist an warmen Sommertagen ein angesagter Platz, um sich mit einem kühlen Bier zu erfrischen oder eine bayerische Brotzeit zu genießen. Die Geschichte des „Stroblwirt" geht auf das 12. Jh. zurück. Das damalige Adelsgeschlecht „Edle von Wilhaim" betrieb am Hungerbach eine Schmie-

de, eine Mühle und eine Taverne. Die Familie Strobl erwarb im Jahr 1901 das Gasthaus vom Bierbrauer Georg Pschorr und betreibt es nun in der vierten Generation.

Landgasthaus Stroblwirt
Dorfstr. 6
D-82386 Oberhausen
Tel. +49 (0)8802 222
Fax +49 (0)8802 357
info@stroblwirt.de
www.stroblwirt.de

Hier werden Gartenträume wahr

Gärtnerei Staudenspatz

Für die Natur um das Haus herum gibt es im Pfaffenwinkel eine führende Adresse. In der Staudengärtnerei Staudenspatz findet der Gartenliebhaber über 1.400 Arten und Sorten von Stauden. Nach den Richtlinien des Bioland-Verbandes werden die vielseitig nutzbaren und winterharten Stauden hier gezogen und bieten dem späteren Besitzer eine Pflanzenvielfalt für jeden Standort und alle Lebensbereiche. Ob als Bodendecker oder Wildstaude, ob naturnah im Steingarten oder Blumen-

beet gepflanzt – die im rauen Voralpenklima herangezogenen Pflanzen sind abgehärtet und robust.

Außerdem finden sich in der Gärtnerei ein Bioland-Rosensortiment mit Wild- und Ramblerrosen. Diese wunderschöne, kletterfähige Rosensorte bedarf wenig Pflege und kann in naturnah angelegten Gärten sich selbst überlassen werden. Daneben wird auch der Naturliebhaber verwöhnt, präsentiert sich ihm hier doch ein wahrer Fundus von Wildgräsern, Farnen und Garten- sowie Küchenkräutern. In den Schaugärten der Staudengärtnerei holt man sich Vorschläge und Ideen für den Garten daheim: In den Muttergärten werden die einzelnen Arten und Sorten aufgepflanzt und über Jahre beobachtet und gesichtet. Von den bewährten Pflanzen werden dann Saatgut, Stecklinge und Teilpflanzen entnommen und mit

viel Liebe und Sorgfalt großgezogen. In den verschiedenen Schaupflanzungen präsentieren sich Blumen neben Kräutern, Obst neben Gemüse und die Vielfalt von Aromen und Düften, von Farben und Formen, lassen das Herz des Gartenfreundes höher schlagen. In dem Stein- und Kiesgarten harmonieren die Pflanzen mit dem rauen Gestein und im Schattengarten präsentieren sich vorwiegend Bodendecker, Farne und Blattschmuckpflanzen, die auch an von der Sonne benachteiligten Ecken des heimischen Gartens einen hübschen Anblick verschaffen.

Kreilhofer Biolandhof

Der Kreilhof in Oberhausen bietet aber noch viel mehr, verfügt er doch über Pflückbeeren. Gesunde Heidelbeeren können während der Erntezeit bequem von den 1,70 m hohen Pflanzen selbst geerntet werden. Die Heidelbeerbüsche wachsen artgerecht auf einem ehemaligen Torfstich heran. Aus einem

Rotwildgehege, das nach den Bioland-Richtlinien gepflegt wird, kommen das Frischfleisch, die Wurst- und Schinkenspezialitäten von Jungtieren direkt ab Hof zum Verkauf. Die naturnahe Umgebung der Gärtnerei mit ihren Obstgärten, Wiesen, Hecken und Wäldern ist für Bienen ein Eldorado. Auch der Honig aus der hofeigenen Imkerei wird direkt ab Hof verkauft.

Als Mitglied im Verein Gartenwinkel-Pfaffenwinkel und als ausgewiesener „Demonstrationsbetrieb Ökologischer Landbau", bietet der Bioland-Betrieb im Jahreslauf unter anderem ein Frühlingsfest und einen Sommermarkt mit Künstlern aus der Region sowie Führungen, zahlreiche Seminare und Workshops, an, um Naturliebhabern die Freude am Garten, an der Natur und Ökologie näher zu bringen.

Wegen der Öffnungszeiten lohnt sich ein Blick auf die Webseite der Gärtnerei: www.staudenspatz.de

Gärtnerei Staudenspatz
Kreilhofer Biolandhof

Kreilhof 7, D-82386 Oberhausen
Tel. +49 (0)8803 79 59 028
Fax +49 (0)8803 60 031
info@staudenspatz.de
www.staudenspatz.de

Obersöchering

Ruhig, beschaulich und modern

Am südlichen Rand des oberbayerischen Landkreises Weilheim-Schongau liegt die beschauliche Gemeinde Obersöchering (665 m ü.M.) In den Ortsteilen Ober- und Untersöchering leben 1.600 Einwohner. Das ländlich strukturierte Hinterland der Gemeinde, das landschaftlich durch die letzte Eiszeit geprägt ist, bietet einer reichen Fauna und Flora Lebensraum.

Das Leben in der Gemeinde ist durch eine Vielzahl von Vereinen geprägt, die für sportliche und kulturelle Betätigung stehen, bei der das Feiern nicht zu kurz kommt. Aus diesem Miteinander entsteht ein Zusammengehörigkeitsgefühl unter den Einwohnern.

Kurzer Blick ins Geschichtsbuch

Als Dreiländereck des Mittelalters bezeichnet, gehen die Spuren einer Besiedelung auf die mittlere und späte Bronzezeit zurück, was durch Hügelgräber im Gemeindegebiet bezeugt wird. Um Obersöchering herum berührten sich die Interessenspähren der drei großen Klöster Benediktbeuern, Staffelsee und Polling, denen die drei Kirchen der Gemeinde Frauen- und Peterskirche sowie die St. Margareten Kirche angehörten. Das Oberdorf der Gemeinde fiel im 14. Jh. der Pest zum Opfer, wodurch 1391 die St. Peter und Paul und die Marienkirche verei-

Obersöchering
(BilderGemeinde Obersöchering)

Untersöchering

nigt wurden. Im Jahr 1809 fand zwischen Obersöchering und Spatzenhausen die als „Graf-Arco-Schlacht" in die Geschichtsbücher eingegangene kriegerische Auseinandersetzung zwischen Bayern und Tirol statt. Unter Oberst Graf Arco besiegten die bayerischen Truppen die in das Land eingefallenen Tiroler.

Sehenswürdigkeiten

Frauenkirche

Die ehemalige Marienkirche entstand wohl aus einem Holzkirchlein, das schon um 700 hier erbaut worden war. Die heutige Frauenkirche geht mit ihrem hübschen, romanischen Turm auf das Jahr um 1200 zurück. Die im Kern romanische Chorturmkirche wurde 1768 barockisiert. Die Friedhofsmauer wurde im 17./18. Jh. aus Tuffquadersteinen gefertigt.

St. Peter und Paul

Während die Peterskirche dem Bischof von Augsburg unterstand, übte über der Marienkirche der Abt von Benediktbeuern sein Patronat aus. Im Jahr 1391 wurde die Peterskirche als Filialkirche der Marienkirche zugeteilt. Doch die Spannungen im Dorf waren so stark, dass man die Peterskirche zur Hauptkirche und damit zur Pfarrei „St. Peter und Paul" machte.

St. Peter und Paul

St. Margaretenkirche in Untersöchering

Die Margaretenkirche unterstand in frühen Jahren dem Patronat des Probstes des Augustiner-Chorherrenstiftes Polling und war der Pfarrei Huglfing zugeteilt. Die Säkularisation beendete die Macht der Klöster und 1805 wurde Untersöchering der Pfarrei Obersöchering zugewiesen.

Freizeit und Sport

Die Natur rund um Obersöchering hat dem Freizeitsportler einiges zu bieten. Intakte Natur mit viel Lebensraum für eine reiche Flora und Fauna begleiten den Rad- und Wandersportler, der sich auf bestens ausgeschilderten Wegen bewegt.

Der Badesee Eckenbühler Weiher bietet mit seinem angenehm warmen Moorwasser gesundes Badevergnügen, denn die Badewasserqualität wird von der EU-Badegewässerrichtlinie als ausgezeichnet eingestuft. Eine große Liegewiese ermöglicht entspannende Stunden an der frischen Luft.

Eine Vielzahl von Vereinen sorgt für abwechslungsreiche Freizeitbeschäftigungen: Der Sportverein, der Sportplatz und -halle sowie Tennis-

plätze am Ort nutzen kann oder die Maibaumburschen, die am 1. Mai eines Jahres den Maibaum nach altem Brauch noch von Hand aufstellen. Es gibt aber auch den Schützenverein, die Musikkapelle oder den Gebirgs-

Blick von Obersöchering auf die Berge
(Bilder Gemeinde Obersöchering)

trachtenerhaltungsverein „Stoaröserl Söchering", um nur einige wenige Beispiele zu nennen.

Orts- und Infrastruktur

Kramerschmid

Ländlich geprägt und mit einem hohen Freizeitwert versehen, ist Obersöchering ein angenehmer Ort zum Leben. Auch die zentrale Lage Obersöcherings trägt dazu bei, dass die Menschen sich hier wohlfühlen, ist doch die Einkaufsstadt Weilheim nicht weit und Staffel- oder Riegsee, Starnberger See oder Osterseen sind ebenfalls schnell erreicht.

Verkehrswege

Obersöchering liegt in unmittelbarer Nähe der B2 Murnau-Weilheim und der B472 Bad Tölz-Peißenberg. Die Autobahnanschlußstelle Sindelsdorf auf der A95 Garmisch-München liegt nur 10 km entfernt.

Weltoffen wohnen

Für die jüngsten Einwohner der Gemeinde stehen Kinderkrippe und -garten zur Verfügung. Die Senioren fühlen sich wohl, ist doch für die ärztliche Versorgung ebenso gesorgt, wie für Einrichtungen altersgerechten Wohnens.

Wichtige Adressen und Telefonnummern

Gemeinde Obersöchering
Egenriederweg 2
D-82395 Obersöchering
Tel. +49 (0)8847 211
Fax +49 (0)8847 69 70 11
gemeinde@obersoechering.bayern.de
www.obersoechering.eu

Weiher im Moos

Erlebnisreicher Bauernhofurlaub im Naturparadies

Berghof Walser

Wenn morgens über den Bergen des Pfaffenwinkels die Sonne aufgeht, wartet wieder ein spannender Urlaubstag auf die Gäste im Berghof Walser. Ob Jung oder Alt, jeder kommt hier auf seine Kosten.

Warmes Holz und kuschelige Wohlfühl-Atmosphäre in den Ferienwohnung und Fremdenzimmern, verbunden mit komfortabler Ausstattung warten auf dem Bauernhof der Familie Walser auf die Gäste, die einen erholsamen und erlebnisreichen Aufenthalt inmitten der bäuerlichen Kulturlandschaft des Pfaffenwinkels erleben möchten. Egal wie groß die Familie ist, hier findet jeder Gast das passende Zimmer oder die optimale Ferienwohnung.

Der Panoramablick in die bayerischen Alpen überwältigt so manchen Besucher. Und das Umland bietet viele Möglichkeiten, die Urlaubstage genussvoll zu gestalten. Die Natur des Pfaffenwinkels lässt sich erwandern und erradeln, für Mountainbike-Touren findet man anspruchsvolle Strecken, die jedem Geschmack etwas zu bieten haben. Der nahe gelegene Badesee ist im Sommer ein Paradies zum Baden und Plantschen und im Winter zum Eislaufen. Gepflegte Loipen stehen dem Langläufer zur Verfügung und die Familienskigebiete in der Region sind schnell erreicht.

Inmitten dieser Moor- und Seenlandschaft bietet die Familie Walser ihre Ferien auf dem Bauernhof an. Auf die Kinder und Jugendlichen unter den Gästen warten jeden Tag neue Abenteuer: Ob sie helfen, die Kühe zu füttern oder beim

Melken zusehen, mit dem Bauern draußen auf der Weide Heu machen oder im Kleingehege die Hasen und eine Ziege füttern – ständig gibt es

etwas zu tun und lehrt die Heranwachsenden den sorgsamen Umgang mit den Mitgeschöpfen und der Natur. Doch neben so viel Arbeit, die auf dem Hof zu erledigen ist, kommt auch das Vergnügen nicht zu kurz: Stockbrot backen oder Grillen, im Heulager übernachten, eine Fackelwanderung unternehmen oder am Fischweiher angeln, sind nur wenige Beispiele für unvergessliche Urlaubsimpressionen. Daneben steht ein Fußballplatz direkt am Hof zur Verfügung, während die Kleinsten gerne im Sandkasten ihre Burgen bauen oder im Spielhaus mit den Puppen spielen.

Der Berghof Walser bietet interessante Pauschalangebote: „Mit Oma und Opa auf dem Bauernhof" ist neben den „Familien-Wohlfühlwochen" und den „Bauernhof-Erlebniswochen" ein Arrangement, das gerne genutzt wird, um den Urlaub auf dem Bauernhof kennenzulernen. Doch die Chefin, Gerda Walser, geht noch einen Schritt weiter. Unter dem Motto „Mit der Mistgabel gegen Burnout" lädt sie ge-

stresste Arbeitnehmer ein, das Handy gegen ein Stockbrot und das Büro gegen den Stall einzutauschen.

Berghof Walser

Bergweg 5, D-82395 Obersöchering
Tel. +49 (0)8847 481
Fax +49 (0)8847 69 87 81
info@urlaub-am-berghof-walser.de
www.urlaub-am-berghof-walser.de

Pähl

Mit Blick in die Berge

Die Gemeinde Pähl (590 m ü. M., 2300 Einwohner) mit den Ortsteilen Fischen am Ammersee und Aidenried sowie dem Weiler Kerschlach ist malerisch eingebettet zwischen den Ausläufern der Endmoränen und der Ebene des Ammerseebeckens. Wer hier seine Ferientage verbringt, genießt bei guter Sicht einen herrlichen Blick auf das Karwendel- und Wettersteingebirge und auf Deutschlands höchsten Berg, die Zugspitze, sowie auf die Gebirgskette der Lechtaler Alpen.

Im Hofgut Kerschlach können Besucher regelmäßig an Führungen teilnehmen. Das Gut wird nach ökologischen Richtlinien bewirtschaftet.

Im Gebiet „Pfaffenwinkel" gilt Pähl als Hauptstadt der Pferde. Zahlreiche Kutschereibetriebe bieten Kutschfahrten für Anlässe aller Art.

Kurzer Blick ins Geschichtsbuch

Der Name des Ortes leitet sich wahrscheinlich ab von den lateinischen Wörtern bovile, bos und bovis und bedeutet „Rindergehege".

Als wichtiger Herrschaftssitz gehörte der Ort zum Kloster Andechs. Zwei der ehemals drei Schlösser sind bis heute erhalten, das Hochschloss und das Untere Schloss (siehe Sehenswürdigkeiten).

Der Weiler Kerschlach wurde bereits Mitte des 12. Jahrhunderts urkundlich erwähnt. Herrenschlösschen und Kapelle St. Ulrich gehörten ehemals zum Klostergut Kerschlach der Missions-Benediktinerinnen.

Pähl
(Bilder Gemeinde Pähl)

Sehenswürdigkeiten

Hochschloss

Hochschloss

Das Hochschloss geht zurück auf das 8. Jahrhundert. Es liegt auf einer Anhöhe über dem Dorf und kann leider nur von außen betrachtet werden, da es in Privatbesitz ist. Ehemals gehörte es zum nahe gelegenen Kloster Andechs. Von 1883 bis 1885 wurde das Hochschloss nach den Plänen des Architekten Alfred Schmidt (1841 – 1913) neu erbaut.

Unteres Schloss

Das Untere Schloss, ein Rechteckbau aus dem 16. Jahrhundert, liegt mitten

Unteres Schloss

im Ort und befindet sich ebenfalls in Privatbesitz. Nach seiner Zerstörung 1633 wurde es dreigeschossig wieder aufgebaut.

Im Gebäude finden regelmäßig Vernissagen statt (siehe Ausstellungen) und in in einem Nebengebäude sind Kunsthandwerksgegenstände wie Töpfer- oder Schmiedearbeiten erhältlich.

Hofmarkmühle

Die Korn- und Sägemühle ist über 400 Jahre alt und gehörte ursprünglich zum Unteren Schloss. 1992 wurde das Gebäude grundlegend saniert. Dabei wurde auf die Erhaltung der historischen Bauelemente besonderer Wert gelegt.

Im Kern des Gebäudes ist ein Kunst-
geschäft mit Ausstellung sowie die
Gaststätte „Müllers Lust" untergebracht.

Pfarrkirche St. Laurentius

Die barocke Pfarrkirche St. Laurentius
in Pähl geht zurück auf das 12. Jahrhundert. Zu Beginn des 15. Jahrhunderts entstand auf den Grundmauern
der Vorgängerkirche ein gotischer
Bau, der später in mehreren Epochen
verändert wurde. Die Pläne stammen
von dem Wessobrunner Baumeister
Joseph Schmuzer.

Pfarrkirche St. Pankratius

Kirchenpatron ist der Hl. Pankratius. Pankratius ist einer der fünf „Eis-
heiligen" (Mamertus, Pankratius,
Servatius, Bonifatius und die kalte
Sophie). Sein Gedenktag wird am
12. Mai gefeiert. Am gleichen Tag

werden auch die Prätorianersolda-
ten Achilleus und Nereus gefeiert. In
der Kirche haben sie ihren Platz links
und rechts des Altarblattes. Die drei
Holzfiguren des Pankratius, Achilleus und Nereus sind Kopien nach
alten Fotografien, weil die Originale eines Tages leider im November
1978 aus der Kirche gestohlen worden waren. Daneben ist der Kirche
als besondere Kostbarkeit noch die
Madonna im Rosenkranz aus dem
18. Jh. geblieben. Die 3 Glocken im
Turm der Fischener Kirche wurden
1947 neu angeschafft und geweiht.
Das jetzige Erscheinungsbild der
Kirche entstand durch den Erweite-
rungsbau 1992/93.

An weiteren Kapellen gibt es noch
die Hartkapelle zwischen Pähl und
Andechs, errichtet von Herrn Michael Fischer zum Andenken an seinen

St. Laurentius

St. Pankratius

Bruder Pfarrer Balthasar Fischer, der im Hart auf dem Heimweg von Andechs ermordet wurde, die Maria Hilf Kapelle in Vorderfischen, die 1885 erbaut wurde und die Kapelle Maria Schnee in Aidenried von 1877.

Museen

Kupfermuseum Vorderfischen

Europaweit einmalig ist das Kupfermuseum in Pähl-Vorderfischen mit der weltweit größten Sammlung. In einem denkmalgeschützten Gutshof werden über tausend künstlerisch wertvolle Exponate aus Kupfer ausgestellt. Die Palette reicht von gotischer Sakralkunst bis hin zu mitteleuropäischen Gebrauchs-

gegenständen. Der Besucher bekommt Einblick in unterschiedliche handwerkliche Techniken, die von Hinweisen zur geschichtlichen Entwicklung des Kupferhandwerks begleitet werden. Das Museum ist mittwochs bis samstags von 10 bis 16 Uhr geöffnet.

Ausstellungen

Die Renaissance-Etage im Unteren Schloss bietet einen würdigen Rahmen für wechselnde Ausstellungen. Öffnungszeiten: Freitag und Samstag 14 - 18 Uhr und Sonntag 11 - 18 Uhr.

Berühmte Personen

Thomas Müller (*1989), deutscher Fußballnationalspieler, startete seine Karriere im Verein TSV Pähl.

Peter Maffay (*1949), Sänger, Musikproduzent, Schirmherr der „Tabaluga-Kinderstiftung", kaufte 2009 das Wirtshaus „Alte Post" in Pähl.

Kulturelles

Im Hochschloss Pähl finden in unregelmäßigen Abständen kulturelle Veranstaltungen statt.

Ein kulturelles Highlight sind die jährlichen Aufführungen der Theatergruppe Pähl.

Die Gemeindebücherei bietet kostenlose Benützung der vielfältigen Medien an (Tel. 08808 924299).

Volkstümliche Bräuche

Die alljährliche Leonhardifahrt im November geht zurück auf den Heiligen Leonhard von Limoges, der im 6. Jahrhundert lebte und sich einsetzte für die Freilassung Gefangener. In Bayern wird er von den Landwirten als Nothelfer und Beschützer der Tiere verehrt. Leonhardiritte- und fahrten, in der Regel um den 6. November, gehören daher zum traditionellen Brauchtum.

Freizeit und Sport

Baden und Erholen am Ammersee im Freizeitgelände Aidenried

Als südlichstes Freizeitgelände ist Aidenried berühmt für unvergessliche Sonnenuntergänge. Daneben bietet es interessierten Vogelliebhabern eine sehr gute Möglichkeit zu Vogelbeobachtung.

Sportangebot

Seit kurzem wird vom TSV Pähl eine Turnhalle mit modernster Ausstattung betrieben. Der Verein bietet ein vielfältiges, insbesondere dem Breitensport gewidmetes Angebot. Näheres finden Sie unter www.tsv-paehl.info

Wandern

Pähler Schlucht

Die unterhalb des Hochschlosses und der Hirschbergalm verlaufende Pähler Schlucht präsentiert sich mit Nagelfluhfelsen und naturbelassenem Wald wildromantisch und urwüchsig.

Pähler Schlucht

Der Parkplatz am Rathaus und unterhalb der Kirche ist Ausgangspunkt für diese Wanderung, die zu jeder Jahreszeit ihren ganz besonderen Reiz hat. In ungefähr einer Stunde erreicht man den Wasserfall, der mit 16 m freier Fallhöhe die Attraktion der Pähler Schlucht ist.

Von Pähl nach Andechs

Ausgangspunkt für die Wanderung von Pähl nach Andechs ist die Dorfkirche. Von hier aus folgt man der Beschilderung „König-Ludwig-Weg" Richtung Norden. Vorbei am Hochschloss-Weiher führt ein schöner Höhenweg im Wald zur Hardtkapelle. Der Weg bietet immer wieder Aussicht auf den Ammersee. – Nach ca. 1½ Stunden Wanderung kann sodann in Andechs die Klosterkirche besichtigt werden. Der Biergarten des Klosterhofs lädt zu einer deftigen Brotzeit ein.

Der Rückweg lässt sich auch mit dem Bus von Herrsching oder von Andechs aus kombinieren.

Durchs Ammermoos

Ammermoos und Naturschutzgebiet Ammersee-Süd bieten einen Naturschutzraum für zahlreiche Vogelarten. Für Naturliebhaber ein lohnenswerter Ausflug!

Von Pähl nach Kerschlach

Wer nach Kerschlach wandern möchte, startet am Parkplatz vor der Gemeinde. Der Weg führt vorbei am Hochschloss und am Golfclub Hohenpähl. Eine ehrwürdige Kastanienallee führt zum Gut. Dauer der Wanderung ca. eine ¾ Stunde.

Wer eine bequemere Möglichkeit vorzieht, nimmt an der B 2 zwischen Starnberg und Pähl die ausgewiesene Zufahrtsstraße.

Eine Fünf-Sterne-Bäckerei bietet im Hofcafé mit zugehörigem Restaurant köstliche Spezialitäten zum Verzehr an.

Über den Hirschberg

Der Hirschberg ist eines der wertvollsten Biotope in Deutschland mit einer Vielzahl einzigartiger Pflanzen. Insbesondere im Frühjahr und Frühsommer bietet sich dem Besucher ein Meer blühender Pflanzen. Ein kleiner Pfad führt vom Gasthof „Hirschbergalm" zum Gipfelkreuz des Hirschbergs. Von dort kann man auch eine einzigartige Panoramasicht auf das Alpenvorland und die Alpen mit dem höchsten Berg Deutschlands, der Zugspitze (2963 m) genießen.

Außerdem bietet ein weitreichendes Wegenetz in sämtliche Richtungen eine Vielzahl an Rad- und Wandermöglichkeiten in wunderschöner Natur- und Landschaftskulisse.

Ortsteil Fischen und Ammersee

Weitere Ausflugziele

Durch die Nähe zu den Bergen sind von Pähl aus auch zahlreiche Tagesbergtouren, zum Beispiel ins Karwendel- und Wettersteingebirge oder in die Ammergauer Alpen möglich. Aber auch die Weltkulturstätten Wieskirche, Schloss Neuschwanstein oder Schloß Linderhof sind einen Besuch wert.

Radfahren

Nahezu alle Wanderwege und Ausflugsziele können auch mit dem Rad erreicht werden. Besonders zu erwähnen ist jedoch der 9 km lange, gut markierte Höhenweg von Herrsching nach Pähl. Der Weg auf dem Andechser Höhenrücken erlaubt auch einen Abstecher über Erling am Fuß des Klosterberges. Bei diesem Ausflug kommt man durch das Landschaftsschutzgebiet Kerschlacher Forst. Die herrliche Aussicht auf die Alpen und den See hinterlässt bleibende Eindrücke.

Golf

Die 18-Loch-Golfanlage zählt zu den 10 schönsten Anlagen in ganz Deutschland. Auf dem Gelände nahe des alten Gutshofes des Hochschlosses Pähl, inmitten von altem Baumbestand, zieht sich die Golfanlage Hohenpähl hin. Der Platz gilt als anspruchsvoll und ist parkähnlich geprägt von Hügeln, Bächen und einem Weiher.

Sonnenuntergang in Aidenried mit Blick auf den Ammersee

Orts- und Infrastuktur

Verkehrswege

Pähl ist bequem zu erreichen. Man fährt mit der Deutschen Bahn bis Raisting oder Weilheim i. OB, mit der S-Bahn bis Herrsching oder Tutzing, mit den Buslinien des RVO Nr. 9650 und 9653 oder mit dem Auto über die Bundesstraße der B2 Starnberg - Weilheim - Garmisch-Partenkirchen

Schule und Kindertagestätte

In den beiden Kindertageseinrichtungen sind die Kleinen gut behütet. Daneben bietet Pähl die Unterbringung in einer Kinderkrippe an. Bis zur 4. Klasse werden die Grundschüler an der Schule des Dorfes unterrichtet.

Wirtschaft und Ausbildung

Neben dem stark land- und forstwirtschaftlich geprägten Gewerbe ist Pähl Heimat vieler Klein- und Handwerksbetriebe.

Altersgerecht

„Miteinander – füreinander" – unter diesem Motto steht die Nachbarschaftshilfe Pähl-Raisting-Fischen, die sich zum Ziel gesetzt hat, bei Bedarf Hilfe für Senioren zu vermitteln und ihnen mit einem reichhaltigen Unterhaltungsprogramm einen angenehmen Lebensabend in Pähl zu ermöglichen.

Wichtige Adressen und Telefonnummern

Gemeinde Pähl
Kirchstraße 7
D-82396 Pähl
Tel. +49 (0)8808 9204-0
Fax +49 (0)8808 9204-40
gemeinde@paehl.bayern.de
www.gemeinde-paehl.de

Eine Auszeit nehmen und genießen

Alte Post zu Pähl

Seit 1590 besteht das bayerische Gasthaus inmitten des idyllischen Pähl. Hoch über den Häusern des Ortes thront auf einer Anhöhe das Hochschloss Pähl, dessen Geschichte auf das 12. Jahrhundert. zurückgeht.

Schlicht, vornehm und stilsicher präsentiert sich die Alte Post zu Pähl heute, nachdem der Deutschrocker Peter Maffay das Anwesen im Jahr 2009 gekauft hat. Das Haus wurde von der Vorbesitzerin Anfang des Jahres 2000 von Grund auf saniert und renoviert. Die gemütliche Einrichtung zeugt von erlesenem Geschmack. Marmor, spanisches Terrakotta und Naturstein- sowie Dielenböden geben den Innenräumen ein edles Ambiente. Massive Eichentische und Jugendstilleuchten runden das freundliche Erscheinungsbild ab.

In den verschiedenen Räumen der Alten Post trifft man sich zu gemütlichem Beisammensein oder zum Feiern und genießt dabei die köstlichen Speisen und Getränke. Das Schlossstüberl für bis zu 20 Personen, das Almstüberl, in dem ein Kachelofen und die Holzeinbauten für eine besonders behagliche Atmosphäre sorgen, bis zu 50 Personen, der Gastraum für bis zu 60 Personen, oder der Festsaal, in dem bis zu 180 Gäste

einer privaten Feier, einer Hochzeit oder eines Firmenevents auf das Beste versorgt werden können. Während der Sommermonate lädt der mit altem Baumbestand versehene Biergarten zu einem Aufenthalt im Freien ein. In der Küche wird vorwiegend auf bayerische Schmankerl und bodenständige Küche gesetzt. Primär regionale Zutaten werden zu köstlichen Spezialitäten zubereitet und den Gästen neben erlesenen Tropfen oder einem erfrischenden Bier serviert.

**Gasthaus
Alte Post zu Pähl**

Ammerseestr. 3, D-82396 Pähl

Ferienwohnungen mit hohem Standard

Mesnerhof

Der Mesnerhof, ein traditioneller Grünlandbetrieb in ruhiger ländlicher Umgebung, lädt mit seinen behaglichen Ferienwohnungen zum erholsamen Aufenthalt zwischen den Seen ein. Besonders gern verbringen junge Familien mit Kindern auf dem Mesnerhof ihre Ferien. Die Kleinen wissen oft gar nicht, was sie zuerst machen sollen, ist doch alles viel spannender als zu Hause. Mitarbeiten im Stall beim Füttern der Tiere, helfen beim Melken, die Ziege spazieren führen oder doch lieber nur da sitzen mit dem Kätzchen auf dem Arm? Außerdem ist da noch der Fuhrpark mit den Kettcars, mit denen sich der Platz ums Haus herum auf rasante Art entdecken lässt. Vielleicht hat auch der neue Freund Lust zu einem Wettrennen? Die Kinder genießen die Nähe zu all den Tieren, zu Kühen, Kälbern, Katzen,

Hühnern, Hasen, Pferd und Ziege und fühlen sich in der familienfreundlichen Atmosphäre sofort wohl. Das ganze Hofgelände ist ja zum Spielen für sie wie geschaffen. Da wird's wirklich nie langweilig.

Auf dem Mesnerhof heißt die Devise: Weg vom Alltag, hinein in die Wohlfühl-Atmosphäre entspannter Herzlichkeit. Der Hof liegt nur 4 km nordöstlich von Pähl und nur 40 km südlich von München, ist also auch ein idealer Ausgangspunkt für einen Ausflug in die pulsierende Hauptstadt. Die 4 Ferienwohnungen von unterschiedlicher Größe, teilweise mit Balkon, sind richtig anheimelnd urgemütlich eingerichtet und bieten standardmäßig alles, was zu einem erholsamen Urlaub gehört. Wohn-Essraum mit Küche, Schlafcouch, Bad/WC, Balkon, Sat-TV, Radio, Spülmaschine und Mikrowelle

Mesnerhof

Familie Spiel
Kerschlach 1, D-82396 Pähl

Tel. +49 (0)8808-1256
Fax +49 (0)8808-924821

www.mesner-hof.de
info@mesner-hof.de

gehören selbstverständlich dazu. Gerne können die Feriengäste auch kostenlos ein Trimm-dich-Rad benutzen.

Eine Ferienwohnung auf dem Mesnerhof, das ist mehr als nur Ferien auf dem Bauernhof. Das Wellness-Angebot ist vielfältig: Ein kurzer Aufenthalt in der Infrarotkabine bei angenehmen 40 bis 50°C lässt Stress vergessen und Spannungen verschwinden. Eine Stärkung des Immunsystems, Linderung von Gelenkschmerzen und Rückenproblemen, Verbrennung von Kalorien und positive Einflüsse auf die Haut sind angenehme Resultate. Wohlfühldusche und großes Relaxbett, da denkt man nur noch: „Augenblick verweile, du bist so schön".

Auch die Rückenmassage nach Breuß wird auf dem Mesnerhof angeboten. Das zur Anwendung kommende Johanniskrautöl unterstützt noch obendrein die Wirkung. Wohlbefinden und größere Beweglichkeit sind das Ergebnis dieser Behandlung.

Ein neues Gefühl von Zeit

Coaching in Bavaria

Reisen wie Goethe verbunden mit dem Komfort von heute – Coaching in Bavaria lässt die Fahrgäste auf seinen einzigartigen Reisen eintauchen in die Tradition der Postkutsche, hält die Zeit an, wenn man auf historischen Handels- und Reiserouten über die Alpen nach Italien, auf Goethes Spuren in Sachsen und Thüringen, nach Österreich oder zu den bayerischen Königsschlössern unterwegs ist. Die originale Postkutsche aus dem Jahr 1860 garantiert Entschleunigung vom Alltag. Die Aussicht hoch vom gelben Wagen verzaubert die Mitfahrenden auf jedem Kilometer, schenkt bleibende Eindrücke, erhebt jeden zur „Persona Grata", wenn Vorübergehende winken. Das Klappern der Hufe gibt den Takt an, beruhigt und ist aufregend zugleich, die Gangart der Pferde bestimmt das Reisetempo.

Im Mittelalter waren es zuerst die Händler, die weite Reisen unternahmen. Später waren es die Künstler, die bei ausländischen Meistern Inspiration suchten. Italienische Maler und Architekten kamen nach Deutschland, um für Fürsten und Kaiser Aufträge auszuführen. Der kleine Mozart fuhr mit seinem Vater durch Europa, um bekannt zu werden. Sie alle waren unterwegs mit der Kutsche. Goethes Reise nach Italien dauerte fast zwei Jahre, vom 3. September 1786 bis zum 18. Juni 1788. Der „Lindauer Bote" mit Andreas Nemitz auf dem Kutschbock braucht 12 Tage von Lindau nach Como, 12 spannende, 12 kontrastreiche Tage.

Man möchte mit der Poesie der damaligen Zeit fragen: „Kennst du das Land, wo die Zitronen blühn?" Und möchte antworten: „Dahin! Dahin möcht ich zieh'n!"

Mit der Postkutsche wandelt man auch auf den Spuren Goethes von Weimar nach Meiningen oder von Muskau durch die Lausitz und weiter zum Schloss Branitz. Die beeindruckenden Parkanlagen des Fürsten Pückler mit historischer Kutsche zu besuchen zählt sicher zu den herausragenden Erlebnissen des 21. Jahrhunderts.

Im historischen vierspännigen Jagdwagen werden auch Reisen in der Toskana und in Ungarn angeboten. Wer jedoch nicht gerne in die Ferne schweift, bucht eine Reise nach Österreich oder zu den bayerischen Königsschlössern, die nur einen Steinwurf vom Heimatstall entfernt sind. Und sobald der Kutscher ins Horn stößt, lässt man alles hinter sich, schüttelt den Ballast ab, konzentriert sich auf die wesentlichen Dinge des Lebens, genießt mit den Mitreisenden die nachhaltigen Eindrücke und spürt,

dass es nicht mehr auf das Tempo, sondern nur noch auf das Unterwegssein ankommt, dass es gut tut, die Welt aus einem anderen Blickwinkel zu betrachten. Auch die Übernachtungen in adäquaten Landhotels üben auf die Passagiere eine ganz besondere Verzauberung aus.

„Coaching in Bavaria" ist das einzige Unternehmen, das derartige Reisen anbietet. Die Faszination, die von historischen Kutschen ausgeht, und die Liebe zu den Pferden haben Andreas Nemitz geprägt. Besonnenheit in schwierigen Situationen und jahrzehntelange Erfahrung stehen hinter seinem Namen. Umfangreiche Informationen über Termine und Preise sowie Video-Aufnahmen und Filmausschnitte sind im Internet abzurufen. Bleibt nur noch zu sagen: „Lass scharren deiner Rosse Huf, den Reiseruf!" (C. F. Meyer)

Coaching in Bavaria

Andreas Nemitz
Kerschlach 6, D-82396 Pähl
Tel. +49 (0)8808 386
Fax +49 (0)8808 1349
info@coaching-in-bavaria.de
www.coaching-in-bavaria.com

Flüssiges Obst vom Ammersee

Edelobstbrennerei Graf

Äpfel und Birnen, Zwetschgen und Himbeeren, Kirschen und Quitten, Aprikosen und Schlehen, Orangen und Pflaumen – nur reife Früchte werden ausgewählt und schonend verarbeitet, um die hohen Anforderungen zu erfüllen, die notwendig sind für den weiteren Weg. Man sieht vor sich die Streuobstwiesen unter dem blauweißen oberbayerischen Himmel und schmeckt förmlich die Fülle des Sommers, wenn man sich ein Gläschen Edelbrand gönnt.

In dritter Generation steht Hubert Graf mit Leidenschaft und Engagement in der Brennerei. Steinobst und Beerenfrüchte, sogar Holunder und Eberesche bilden den Grundstock für sein limitiertes Sortiment, das selbstverständlich frei von künstlichen Zusätzen ist – ein Stück Natur, ein Stück Ammersee. Die feinen Destillate lagern dann zwei bis drei Jahre, ehe sie auf Flaschen gezogen werden. Große Sorgfalt bei der Herstellung gewährleistet eine charaktervolle Aromenvielfalt der etwa 20 Obstbrände und –geiste sowie Liköre, die im angegliederten Verkaufsbereich angeboten werden.

Neben der Brennerei betreibt Familie Graf noch eine Lohnmosterei. Die Leute der Umgebung können ihr Obst bringen, das innerhalb kürzester Zeit gepresst und in Flaschen oder bag in box, 3, 5 und 10 Liter, abgefüllt wird.

Öffnungszeiten:
Mo., Di., Do. Fr.:
8.30 – 13 Uhr
und 14 – 18 Uhr.
Mi. und Sa.:
8.30 – 13 Uhr.

**Brennerei &
Mosterei Graf**

Am Weidach 20
D-82396 Pähl
Tel. +49 (0)8808 924646
info@edelobstbrennerei-graf.de

Freizeit

Camping Ammertal

Direkt an der Ammer liegt der Natur-campingplatz Ammertal. Mit Kajak oder Kanu dem kristallklaren Flußlauf folgen, im Naturbadesee schwimmen oder mit dem Fahrrad die Ammer entlang - hier findet der Naturlieb-haber die schönsten Beschäftigun-gen. Campingplatz Ammertal, Badstr. 51, D-82380 Peißenberg, Tel. +49 (0)8803 2797, Fax +49 (0)8803 60 843, info@camping-ammertal.de, www.camping-ammertal.de

Einkaufen

Kajak Hütte

Bis zu 300 Boote entdeckt der Kanu- und Kajakfahrer in Peißenberg. Vom Kanadier bis zum Tourenkajak, vom Wildwasserboot bis zum SUP-Board

bietet die Kajak Hütte in Peißenberg an. Kajak Hütte, Zur Alten Bergehal-de 3, D-82380 Peißenberg, Tel. +49 (0)8803 4670, Fax +49 (0)8803 3970, info@kajak-huette.de, www.kajak-huette.de

Gartenterrasse

Gasthaus Alte Post zu Pähl

Inmitten der idyllischen Ortschaft Pähl liegt zu Füßen des Hochschloss Pähl, dessen Entstehungsgeschichte auf die Wittelsbacher und das 12. Jh. zurückreicht, die Alte Post zu Pähl mit ihrem schönen Biergarten. Dort werden Brotzeiten und bayerische Schmankerl serviert, die sich der Gast zu einem erfrischenden Bier schmek-ken läßt. Gasthaus Alte Post zu Pähl, Ammerseestr. 3, D-82396 Pähl, Tel. +49 (0)151 - 212 49 813, altepost@russer-gastro.de

Peißenberg

Mitten in der Kulturlandschaft Pfaffenwinkel

Der Markt Peißenberg, auf 585 m ü.M. zu Füßen des bewaldeten Hohenpeißenberg gelegen, der mit 988 m ü.M. ein markantes Wahrzeichen im Pfaffenwinkel bildet, liegt im Ammertal und gehört zum Landkreis Weilheim-Schongau im Regierungsbezirk Oberbayern. Bis 1919 hieß der Ort Unterpeißenberg. Zählte der Markt 1840 lediglich 634 Einwohner, so ist er heute auf etwa 13.000 angewachsen. Im Jahr 1880 – kurz nach Beginn des profitablen Bergbaus – hatte sich die damalige Einwohnerzahl innerhalb kürzester Zeit bereits verdoppelt. Durch die Eingemeindung der um den Ort herum angesiedelten Ammerhöfe erhöhte sich die Gemeindefläche auf etwa 32,69 qkm. Zu den Nachbargemeinden zählen Wessobrunn, Polling, Oberhausen, Huglfing, Böbing sowie Hohenpeißenberg.

Die hervorragende Infrastruktur von Peißenberg sowie zahlreiche größere Unternehmen und viele Handwerks-

Peißenberg
(Bild Markt Peißenberg)

306

betriebe tragen zum Wohlstand der Gemeinde bei, die in 1970er Jahren nach Beendigung des Bergbaus mit Strukturproblemen zu kämpfen hatte.

Um Peißenberg herum hat die Natur einiges zu bieten: Die bewaldeten Hänge und Ausläufer des Hohenpeißenberg mit seinem traumhaften Alpenrundblick oder das Tal der Ammer, das teilweise noch naturbelassen ist, mit Wildwasserschlucht und den Schleierfällen. Einige Moorgebiete mit Bachläufen und Eibenbestand, Magerrasen oder Streuwiesen mit seltenen Pflanzenarten sind heute zum Teil als Naturdenkmäler eingestuft.

Von Peißenberg aus, das die geografische Mitte des Pfaffenwinkels darstellt, sind alle Sehenswürdigkeiten wie die Schlösser König Ludwigs, das Weltkulturerbe Wieskirche und die Städte München, Augsburg, Garmisch-Partenkirchen, Füssen und Kempten in kürzester Zeit zu erreichen. Auch die bayerischen Seen wie der Ammersee, der Starnberger See und der Staffelsee sind nur ca. 20 km entfernt. Somit bildet der Ort einen idealen Ausgangspunkt für einen Urlaub.

Kurzer Blick ins Geschichtsbuch

Die ältesten Funde menschlicher Aktivitäten stammen aus der Bronze- und Hallstattzeit und der vorrömischen Eisenzeit der Jahre 800 bis 450 v. Chr. Bei Ausgrabungen wurden Münzen und Relikte aus der Römerzeit gefunden, inzwischen frei gelegte Reihengräber stammen aus der Merowingerzeit, dem ältesten bekannten Königsgeschlecht der Franken aus dem frühen 5. Jh.

Im frühen 19. Jh. wurde mit dem systematischen Abbau von Pechkohle begonnen. Im Zuge der Industrialisierung und der sich dadurch immer stärker entwickelnden Kohlenachfrage wurden die Bodenschätze für den Abbau immer interessanter. In der Folge entwickelte sich Peißenberg zu einem Bergwerksdorf. Aber auch als Kurort macht sich Peißenberg im 19. Jh. einen Namen. Um 1870 kam das ehemalige „Heilbad Sulz"

zu höchster Blüte. Quellen am Fuße des „Hohen Peißenberg" enthielten nämlich stark eisenhaltiges Schwefelwasser, das Kurgäste aus dem In- und Ausland anzog, so auch den Maler Carl Spitzweg und Kaiserin Sisi von Österreich.

Nach der Einstellung des Bergbaus 1966 in Hausham und Penzberg schloss 1971 schließlich auch Peißenberg seine Stollen. Um nach der Schließung den Bergleuten neue Arbeitsplätze zu verschaffen, wurden im Zuge von Umstrukturierungsmaßnahmen Fertigungsstandorte und Firmen angesiedelt. Die Gemeinde fühlte sich den Bergleuten verpflichtet, hatten sie doch über 100 Jahre lang für Wohlstand und Wirtschaftswachstum gesorgt. Allein in Peißenberg wurden in der Zeit des Abbaus über 32 Millionen Tonnen Kohle gefördert.

Das Wappen Peißenbergs besteht aus gekreuztem Schlägel und Eisen mit goldenem Stiel – Werkzeuge, die früher im Bergbau verwendet wurden. Außerdem zeigt es drei goldene Bienen, die auf die sehr verbreitete Bienenzucht hinweisen. Der Hintergrund ist schwarz und steht für die Pechkohle und ihre hohe Bedeutung für die Entwicklung der Gemeinde in der Vergangenheit.

Berühmte Söhne Peißenbergs waren die Brüder Matthäus Günther (1705-1788) und sein Bruder Joachim (1720 – 1789). Matthäus prägte entscheidend die Rokokomalerei. Neben Augsburg wirkte er in Württemberg, Franken und Tirol. Joachim war Hofbildhauer zu Bruchsal im Fürstbistum Speyer.

Sehenswürdigkeiten

Wallfahrtskirche Maria Aich

1628 wütete die Pest in Peißenberg und raffte 60 Menschen hinweg. 1631 setzten die Bauersleute Matthäus und Anna Liebhardt mitten in der Notzeit des Dreißigjährigen Krieges all ihr Vertrauen in eine von ihnen hochverehrte gotische Marienfigur. Der Gottesmutter zu Ehren erbauten sie eine kleine Kapelle. Durch Krieg und Notzeiten bedingt, erhielt die Kapelle immer mehr Zulauf, woraufhin sie schnell zu klein wurde. Daher entschied der damals regierende Probst von Polling im Jahr 1731, die Kapelle abreißen und an derselben Stelle eine größere Kirche bauen zu lassen. Nach zweijähriger Bauzeit war die Kirche im Jahr 1734 fertiggestellt und wurde vom damaligen Augsburger Weihbischof Johann Jakob von Mayr eingeweiht. Sehenswert in dieser Rokoko-Kirche sind die Deckengemälde im Chor, die der einheimische Maler Matthäus Günther geschaffen hat: Dargestellt ist die Verherrlichung Mariens durch die damals vier bekannten Erdteile Europa, Afrika, Asien und Amerika als jeweils fürstliche Frauengestalten und im Schiff die Gottesmutter Maria, die bei Pest, Hungersnöten und Krieg hilft. Die Wallfahrtskirche Maria Aich liegt in der Aichstraße am östlichen Ortsausgang von Peißenberg.

Knappengedächtniskapelle

Auf dem wohl schönsten Aussichtspunkt von Peißenberg – der neuen Bergehalde - hat der Knappenverein Peißenberg eine Kapelle zum Gedenken an die vergangene Bergbauzeit und die verstorbenen und tödlich verunglückten Bergleute errichtet. Sie ist den Schutzheiligen der Bergleute, der heiligen Barbara und dem heiligen Antonius geweiht. Ein Besuch wird sich lohnen, denn die gesamte Alpenkette ist im Hintergrund zu sehen und auch auf Schautafeln beschrieben.

St. Georgs-Kapelle

Am bewaldeten Südhang des Hohen Peißenbergs liegt dieses Kleinod unter den Gotteshäusern des Pfaffenwinkels. Es steht auf uraltem geschichtlichem Boden. Bereits im 12. Jh. soll hier eine Burg entstanden sein, deren Herren noch Dienstmannen der Welfen waren. Nach längerer Fehde zwischen dem letzten Burgbesitzer, dem Grafen von Seefeld, und dem bayerischen Herzoghaus, wurde die Burg im Jahre 1388 zerstört. Das romanische Kirchenschiff der Kapelle blieb als vermutlicher Rest jener Burg der Nachwelt erhalten. Mit dem dort um 1400 von einem unbekannten Meister geschaffenen spätgotischen Freskenzyklus vom Martyrium des hl. Georg und mit der späteren kostbaren Altarausstattung aus Gotik und Barock in dem 1497 erfolgten Choranbau wurde die Georgskapelle nicht nur zu einem Schatzkästlein für den Kunstfreund, sondern auch zu einem Ort des Glaubens.

Die Kapelle befindet sich in Privatbesitz. Der Schlüssel für eine Besichtigung ist im benachbarten Bauernhof erhältlich.

Knappengedächtniskapelle
(Bild Markt Peißenberg)

Bergbaumuseum
(Bild Markt Peißenberg)

Lourdes-Grotte

Versteckt hinter Gittern und einge-lassen in einer Wand aus Tuffstein befindet sich im Maximiliansweg die Lourdes-Grotte. Dargestellt ist Maria, die neben der Bernadette Soubirous kniet, der im Jahr 1858 erstmalig die Heilige Jungfrau erschien. Ein sehr schöner Ort zum Verweilen und Inne-halten, zumal ein kleiner Wasserlauf zusammen mit einem 160 Jahren al-ten Gedenkstein für den Bayernkönig Maximilian II. die ruhige Stimmung untermalt. Dieser König soll hier auf einer Durchreise einen Halt gemacht und aus der Quelle getrunken ha-ben.

Barbarahof

Diese vor 100 Jahren für die Berg-werksfamilien gebaute Wohnanlage im Ortsteil Wörth zeigt auf, wie die Menschen früher gelebt haben und ist architektonisch interessant. Jede der früher 56 qm großen Wohnungen hatte einen Gartenanteil mit eigenem Schuppen, in dem die Kohlen, die die Familien unentgeltlich erhielten, auf-bewahrt wurden. Die Gärten dienten zum Anbau von Gemüse, um die zum Teil sehr kinderreichen Familien zu ernähren und haben auch heute noch eine hohe Aufenthaltsqualität. Ein Spaziergang in der Umgebung lohnt sich, denn auch hier sind noch einige idyllische Bergwerkshäuschen zu entdecken.

Sandsteinhöhlen

Am bewaldeten Nordwesthang der Schnalz (Ammerschlucht) liegen etwa 100 m über der Talsohle eine Reihe von Höhlen, die vermutlich den Mönchen des Klosters Rottenbuch im Bauernkrieg um das Jahr 1525 und im Dreißigjährigen Krieg als Zuflucht-stätte dienten.

Museen

Archiv mit heimatlichen Exponaten

Bergbaumuseum mit Erlebnisbergwerk

Das Bergbaumuseum in Peißenberg erinnert an die Zeit der Pechkohleförderung. Das Museum befindet sich auf einem ehemaligen Bergwerksgelände (Tiefstollen) und informiert in 14 Räumen über die Entwicklung des Bergbaus im Pfaffenwinkel. Schautafeln zeigen einen repräsentativen Querschnitt aller bergmännischen Techniken. Zum Museum gehört auch der angrenzende Tiefstollen: Mit einem kleinen E-Zug geht es in den Stollen hinein und die Besucher erhalten einen unvergesslichen Eindruck über die schwere Arbeit eines Bergmannes und das Gefühl unter Tage zu sein.

Das Museum ist jeden 1. und 3. Sonntag im Monat von 13.30 bis 16.30 Uhr und zusätzlich in den Sommermonaten vom 15. Mai bis 15. September jeden Mittwoch von 13.30 bis 16.30 Uhr geöffnet. Besuchergruppen ab 10 Personen können auch gesonderte Termine vereinbaren. Telefon (08803) 69 01 20.

Tipp: Direkt neben dem Museum befindet sich noch eine Minidampfbahnanlage. Auf dieser sogenannten Bockerlbahn können die meist kleinen Fahrgäste auf einer etwa 370 m langen Fahrspur das Fahrgefühl auf einer 7 ¼-Zoll-Spur genießen. Fahrten sind – nur bei schönem Wetter – zu den Öffnungszeiten des Bergbaumuseums möglich.

Wer gerne einen Blick in die Vergangenheit dieses Ortes werfen möchte, findet hier neben Dokumenten und Berichten einige interessante Ausstellungsstücke: Einen Bademantel der Kaiserin Elisabeth I. von Österreich (Sisi), die im früheren Bad Sulz ebenso wie der Maler Carl Spitzweg Erholung gesucht hat; ergänzt wird dieses Einzelstück durch eine Schallplatte mit dem Originalton von ihrem Mann Kaiser Franz Joseph I. Auch der Tassilo-Kelch, eine Nachbildung des Hochzeitskelches von Herzog Tassilo sowie des berühmten Goldenen Münchner Psalters gehören zu den wertvollen Schätzen dieses Archivs.

Das Archiv in der Schongauer Straße 2 ist immer mittwochs von 14.00 bis 16.00 Uhr geöffnet.

Bademantel der Kaiserin Sisi
(Bild Markt Peißenberg)

Kulturelles

Kulturforum Tiefstollenhalle

Seit September 2004 steht die Tiefstollenhalle für Veranstaltungen aller Art zur Verfügung. Kunstausstellungen, Konzerte, Jazzwochenenden, Kabarett, Gesang, Theater und vieles mehr finden hier den passenden Rahmen. Durch das breit angelegte kulturelle Angebot entwickelte sich die Besucherresonanz sehr erfreulich. Die Halle kann auch für private Zwecke gemietet werden.

Tiefstollenhalle
(Bild Markt Peißenberg)

Veranstaltungen, Vorverkauf und Informationenüber die Tiefstollenhalle finden Sie unter www.kulturverein-peißenberg.de.

Auch architektonisch ist die Tiefstollenhalle ein kleines Juwel, denn die ehemalige Maschinenhalle hat in den Fassaden ihre Tektur erhalten und wurde innen durch moderne Elemente ersetzt, die die Robustheit der Bergwerksgeschichte widerspiegeln.

Gartenkultur

Pfarrgarten
(Bild Markt Peißenberg)

Der Hausgarten im Pfarrhof St. Johann in der Hauptstr. 7 ist im Stil des Neubarock um die Jahrhundertwende entstanden. Nachdem er im Jahr 1999 vollständig restauriert worden war, dient er heute auf einer Fläche von etwa 3.500 qm als Schul- und Lehrgarten. Nutzpflanzen, Kräuter und Heilpflanzen umgeben einen attraktiven Springbrunnen. Ein Obstgarten, verschiedene Biotope, ein Pavillon und ein Bienenhäuschen runden das Bild des Gartens ab und lassen das Herz jedes Besuchers höher schlagen. Interessant ist ein Gang entlang eines kleinen Bienenlehrpfades, auf dem Informationstafeln Einblicke in die nützliche Arbeit der Bienen und Imker vermitteln.

Werkstattgalerie

Für alle Kunstinteressierten lohnt sich ein Besuch der Werkstattgalerie von Bernd Schweizer und Irene Oreche in der Bergwerkstraße. Eine Dauerausstellung in der Werkstatt und auf dem Freigelände zeigt Werke beider Künstler aus Metall, Bronze und Mosaiken sowie dem Bereich Malerei. Auch kleinere Accessoires, wie

Windspiele, Schmuck und Lichtblüten sind hier erhältlich. Ergänzt wird die Ausstellung durch wechselnde Gastaussteller.

Öffnungszeiten: Mo - Fr 9.00 -12.00 & 14.00 -18 00, Do zusätzl. 18.00 – 21.00, Sa 9.00 -12.00; Führungen nach telefonischer Vereinbarung.

Feste und Veranstaltungen – Ein Blick in den Jahreslauf

Barbarafeier des Knappenvereins

Am ersten Sonntag im Dezember treffen sich Knappenvereine aus nah und fern in ihren schmucken Bergbauuniformen um die Schutzpatronin des Bergleute, die heilige Barbara, zu ehren. Der Festzug der Knappen entlang der Alpspitz- und Sonnenstraße endet in der Kirche St. Barbara mit einem festlichen Gottesdienst.

Dorffest

Jedes Jahr am 15.08. (Maria Himmelfahrt) findet im alten Dorfkern an der Ludwigstraße das traditionelle Dorffest statt. Blasmusik und Trachtentänze machen diese Veranstaltung zu einem typisch bayerischen Fest, bei dem auch die bayerische Küche nicht zu kurz kommt.

Leonhardifahrt

Am letzten Sonntag im Oktober lockt die Leonhardifahrt mit etwa 200 Pferden, Motivwagen und Blaskapellen viele Besucher an. Der Heilige St. Leonhard gilt als Schutzpatron der landwirtschaftlichen Tiere. Heute werden vor allem die Pferde zu den Leonhardi-Wallfahrten mit Tiersegnung mitgenommen. Motiv für die Segnung der Tiere ist ihre Rolle, die sie als Last- und Arbeitstiere für die ländliche Bevölkerung spielten.

Sommerfest in der Rigi Rutsch´n

Jedes Jahr am 14.08. wird der Freizeit- und Bäderpark Rigi Rutsch´n zu einer Spiel- und Partyzone. Nachmittags laden Wasserspiele und Wettkämpfe alle Familien und Jugendlichen zum Mitmachen ein, abends wird dann in und um die Schwimmbecken getanzt und gefeiert.

Weihnachtsmarkt der Vereine

Immer am 1. Adventsonntag sorgen die Peißenberger Vereine auf dem Tiefstollenplatz ab 13.00 Uhr für weihnachtliche Stimmung. Während auf diesem wunderschönen Platz draußen an diversen Ständen Kulinarisches und Selbstgebasteltes unter den Klängen des Posaunenchors und weiterer Chöre und Kapellen angeboten wird, ist in der Tiefstollenhalle eine Kleinkunstausstellung zu besichtigen. Wer eine Kleinigkeit für Weihnachten sucht, ist hier genau richtig.

Leonhardifahrt
(Bild Markt Peißenberg)

Volkstümliche Bräuche

Aufstellen eines Maibaumes

Alle fünf Jahre stellt der Trachtenverein Markt Peißenberg am Rathausplatz von Peißenberg einen bunt geschmückten Maibaum auf. Die Aufstellung des über 30 m langen Baumstammes erfolgt unter den Anfeuerungsrufen der Bevölkerung von 40 bis 50 starken Männern per Hand und dauert etwa eine Stunde. Das Fest wird von den Böllerschützen, den musikalischen Darbietungen der Knappschaftskapelle und bayerischen Schmankerln umrahmt.

Böllerschützen Pfaffenwinkel

Die im Jahr 1989 gegründete Gruppierung von Böllerschützen tritt zu den verschiedensten Anlässen auf, wie z.B. einem Weckruf bei einer Hochzeit, der Eröffnung eines Trachten-, Schützen- oder Jubiläumsfestes oder zur Totenehrung an Trauertagen. Weithin sind die Salven der Böllerschützen zu hören. Am 31.12 verabschieden die Böllerschützen auf der neuen Bergehalde das alte Jahr und begrüßen mit mehreren Schussvariationen das neue Jahr.

Schäfflertanz

Der Schäfflertanz basiert auf einem ernsthaften Hintergrund, der Pestepidemie, die im Jahr 1628 auch in Peißenberg wütete. Dieser Tanz ist der Zunfttanz der Schäffler, die früher mit der Herstellung von Holzfässern beschäftigt waren. Mit dem Tanz, der seit dem Jahr 1902 alle sieben Jahre

Knappen
(Bild Markt Peißenberg)

aufgeführt wird, sollte nach der Pestepidemie das öffentliche Leben wieder in Gang gebracht werden, denn die Bevölkerung wagte sich zu dieser Zeit aus Angst vor einer Ansteckung kaum mehr auf die Straßen. Die Schäfflertanzgruppe hat während der Schäfflersaison, die am 6. Januar beginnt und ca. 2 Monate dauert, über 100 Auftritte in und um Peißenberg.

Kurioses und Originelles

Peißenberger Knappentanz

Was wäre eine ehemalige Bergbaugemeinde ohne einen Spielmannsund Fanfarenzug der Knappen? Seit 1958 tanzt diese Gruppierung bei festlichen Anlässen den Original Peißenberger Knappentanz, der vom einheimischen Sepp Pfleger zusammengestellt worden ist. Die in den Formationen dargebotenen Figuren zeichnen die Arbeit unter Tage nach: vom Anmarsch zur Grube, über den Schichtwechsel bis hin zum Abmarsch. Im In- und Ausland haben die Aufführungen der Gruppe bereits großen Anklang gefunden.

Raumpatrouille Orion

In den 1960iger Jahren, als die Neue Bergehalde noch einer Mondlandschaft glich, wurden hier Szenen für die erste und bekannteste deutsche Sciencefiction Serie Raumpatrouille Orion gedreht. Das Raumschiff landete u.a. hier, um die unerklärliche Entdeckung von Vegetation auf Felsbrocken zu ergründen. Insgesamt sieben Folgen wurden ab 17.09.1966 vierzehntägig jeweils

samstags ausgestrahlt und erreichten Einschaltquoten von 56%.

Zitherclub Peißenberg

Die Gruppe von Musikanten, die seit dem Jahr 1981 besteht, hat sich der musikalischen Pflege und Erweiterung des Saitenmusikrepertoires im Pfaffenwinkel verschrieben. Ihr Programm reicht von der volkstümlichen Musik bis hin zur Klassik, umfasst die Stubenmusik und moderne Musikstücke.

Freizeit und Sport

Alpines Klettern Indoor

Der DAV (Deutscher Alpenverein) unterhält in der Alpspitzstr. 13 eine Kletterhalle. Auf 400 qm Kletterfläche und einer Wandhöhe von 11 m sind 80 Routen begehbar. Der Service des DAV umfasst Kletterkurse und Ausrüstung, die leihweise für die Trainingsstunden erhältlich ist.

Im Café-Bistro der Kletterhalle gibt´s leckere Kleinigkeiten und Getränke.

Eissporthalle

In der Eissporthalle des TSV Peißenberg in der Pestalozzistraße wird während des Winters Eishockey gespielt. Auch für das Eisstockschießen, den Publikums- oder Disco-Lauf im Eislaufen sind Zeiten reserviert. Während der Sommermonate finden in diesen Räumlichkeiten einige Konzerte und Veranstaltungen aller Art statt, denn sie bietet über 2.800 Steh- und 250 Sitzplätze.

Freibad Rigi-Rutsch´n
(Bild Markt Peißenberg)

Kajak und Kanu

Alle, die sich dem Kajak oder Kanu-Sport verschrieben haben, finden auf dem Wildwasserfluss Ammer hierfür beste Voraussetzungen. Einstiegsmöglichkeit ist z.B. an der Böbinger Ammerbrücke. Bitte die Befahrungszeiten beachten.

Kutsch- und Schlittenfahrten

Auf dem Hof der Mittelmeiers in Tritschenkreut werden Shire-Horses gezüchtet. Diese größte Pferderasse der Welt mit einer Widerristhöhe von durchschnittlich 1,78 m trug einst die Ritter in den Krieg. Heute werden sie zu friedlichen Zwecken eingesetzt und mit ihnen lassen sich wunderschöne Ausfahrten per Kutsche durch die Voralpenlandschaft durchführen.

Wer etwas kleinere Pferde bevorzugt, kann bei Karl Holl in der Hauptstr. 19 Kutschenfahrten und Ausritte mit Ponys buchen.

Freizeitbad Rigi-Rutsch´n

Dieses beheizte Freibad mit Saunalandschaft zieht ganzjährig sehr viele Gäste an. 1500 qm beheizte Wasserfläche und knapp 9.000 qm Liegewiesen warten täglich auf die Besucher. Für die Unterhaltung der kleinen und großen Besucher sorgen im Außenbereich eine Riesen-Wasserrutsche, eine Sprungturmanlage, ein Beachvolleyballplatz sowie viele weitere Attraktionen. Der Saunabereich bietet mehrere Saunen sowie einen großen Saunagarten zum Entspannen. Auch Massagen und Wellnessbehandlungen gehören zum Angebot.

Das Bistro „Rigi-Rutsch'n" serviert bei Hunger und Durst bayerische Köstlichkeiten und die große Dachterrasse gewährt einen herrlichen Blick auf das Schwimmbad und die Umgebung.

Die Rigi-Rutsch'n findet man in der Pestalozzistraße. Achtung: Öffnungszeiten schwanken in der Sommer- und Wintersaison!

Skater Park

Auf der neuen Bergehalde können Freunde des Skater-Sports von 8.00 Uhr bis 20.00 Uhr ihrem Hobby nachgehen.

Skilanglauf

Rund um Peißenberg sind während des Winters und bei passender Schneelage einige Loipen für den klassischen Langlauf wie auch Skating angelegt. Informationen erhält man im Tourismusbüro im Rathaus.

Camping

Wohnmobile-Stellplätze Peißenberg

Derzeit besteht für Wohnmobile in der Ortsmitte gegenüber der Bücherei (VHS-Büro) auf dem Parkplatz Moosleite sowie auf dem Parkplatz hinter der Rigi Rutsch'n die Möglichkeit auf ausgewiesenen Standplätzen kostenlos zu übernachten. Strom- und Wasserversorgung sind dort nicht möglich. Entsorgung ist auf dem Gelände der Wohnwagen Gérard in der Aichsstraße sowie in der Kläranlage am Ammerweg gewährleistet.

Zeltplatz für Jugendgruppen Ammerhaus

Für Jugendgruppen, die von Aufsichtspersonen begleitet werden, besteht die Möglichkeit, auf dem Jugend-Zeltplatz des Kreisjugendrings in Gruppenzelten zu campieren oder im Ammerhaus zu übernachten. Der ruhige Platz liegt direkt an der Ammer. Reservierungen sind nur über den Kreisjugendring des Landkreises Weilheim-Schongau: möglich.

Wander- und Radwegenetz

Durch die Mischwälder und auf den Hohen Peißenberg, entlang der wildromantischen Ammer zum Ammerdurchbruch und zu den Sandsteinhöhlen in der Schnalz oder in das Landschaftsschutzgebiet des Eibenwaldes bei Paterzell führen die Wander- und Fahrradwege rund um Peißenberg.

Alpiniweg

Dieser 7 km lange Rundweg wurde von der Peißenberg Sektion des Deutschen Alpenvereins angelegt. Er führt durch Wälder und Wiesen, vorbei an typisch bayerischen Weilern und sprudelnden Bächen mit Wasserfällen. Mehrere Aussichtspunkte laden zum Verweilen ein. Ausgangspunkt: Böbinger Ammerbrücke.

Jubiläumsweg

Die Wegstrecke von ca. 8,5 km führt zunächst am Ammerdamm und dann am Ammer-Altwasser entlang, danach geht's durch Wälder und Wiesen.

Wer noch genügend Ausdauer hat, dem ist ein Abstecher an die Kirche St. Nikolaus Kapelle zu empfehlen: Im Kern spätgotisch, wurde sie 1761 barockisiert; besonders schön ist die Friedhofsmauer aus Tuffquadern mit Deckplatten. Ausgangspunkt für die Wanderung ist die Wörther Ammerbrücke.

Meditationsweg auf der Bergehalde

Dieser Rund-Wanderweg (ca. 2 km) auf der neuen Bergehalde lädt zum Innehalten, zum Meditieren und Nachdenken in freier Natur ein. Den herrlichen Blick in die gesamte Alpenkette und auf den Hohenpeißenberg sollte man sich nicht entgehen lassen. Es liegt auch ein „Gipfelbuch" aus, in dem der Wanderer seine Gedanken und Wünsche eintragen kann. Ausgangspunkt: Knappengedächtniskapelle.

Schäfflerweg

Für die etwa 10 km sollten drei Stunden Gehzeit angesetzt werden. Der von der Schäfflertanzgruppe angelegte Wanderweg durch Wald und Wiesen, an Bächen entlang mit Sitzgruppen, die zur Rast einladen, bietet wunderschöne Rundblicke in die Voralpenlandschaft des Pfaffenwinkels. Ausgangspunkt: Bahnhof Peißenberg.

Stollenweg

Dieser Weg entstand in der Zusammenarbeit von Knappenverein und der Marktgemeinde. Er führt an mehreren Stollen vorbei auf den Hohen Peißenberg. Im Lauf der Jahre ergänzte man den Weg mit Schautafeln und

heute ist ein interessanter Lehrpfad für Bergbau, Geologie und Landschaft entstanden. Ausgangspunkt: Bergbaumuseum am Tiefstollen.

Jakobsweg Polling - Hohenpeißenberg

Über den Berghof und Ficht kommend führt der Jakobsweg von der Kirche St.Johann aus über den Friedhof und an der Pestsäule (1733) in der Iblherstraße vorbei hinauf zur gotischen Kapelle St. Michael. Von da aus geht's weiter auf den Hohen Peißenberg.

Radwege

Auch für Fahrradfahrer bietet der Markt Peißenberg mehrere Routen mit verschiedenen Schwierigkeitsgraden. Die Wege sind gut beschildert, eine Karte ist im Tourismusbüro im Rathaus erhältlich.

Einzigartiges

Naturschutzgebiet Eibenwald

Der Paterzeller Eibenwald ist mit über 2.000, teilweise sehr alten Eiben, einer der größten zusammenhängenden Bestände der europäischen Eibe in Deutschland. Der Wald erstreckt sich auf etwa 87,8 ha und liegt bei Paterzell in der Nähe von Wessobrunn. Die Eiben sind zum Teil bis zu 1.000 Jahre alt. Besonders sehenswert ist hier ein Eibenlehrpfad, der im Jahr 1995 vom damals zuständigen Forstamt Weilheim angelegt wurde, mit Informationstafeln versehen ist und an markanten Punkten dieses Waldes vorbeiführt. Zu Beginn des Weges stehen Faltblätter zur Information zur Verfügung. Schon im Jahr 1913 konnte der Wald unter besonderen Schutz gestellt werden, in dem er zum „staatlichen Naturdenkmal" erklärt wurde. Er ist somit einer der ältesten Naturschutzgebiete Bayerns.

Meteorologische Wetterstation auf dem Hohen Peißenberg

Am 26. Juni 2003 wurde der neue Info-Pavillon vom Präsidenten des Deutschen Wetterdienstes am Observatorium Hohenpeißenberg eröffnet. Hier können sich alle interessierten Besucher täglich ganzjährig von 8 bis 18 Uhr über die vielfältigen Arbeiten am Observatorium umfassend informieren. Die Ausstellung wird ständig aktualisiert und erweitert.

Verkehrswege

Mit der Bahn

Peißenberg verfügt über zwei Bahnhöfe, die an der direkten Linie Schongau / Augsburg liegen. Die Fahrzeit nach München und Garmisch-Partenkirchen (Umsteigen am Bahnhof Weilheim i. Obb.) beträgt jeweils 45 min.

Mit dem Auto

Peißenberg liegt an der B 472, die in die ebenfalls gut ausgebaute B2 mündet; diese führt direkt zur A 95, die München mit Garmisch-Partenkirchen verbindet (30 km); die A 96 München / Lindau ist ebenfalls 30 km entfernt.

(Bild Markt Peißenberg)

Orts- und Infrastruktur

Weltoffen wohnen

Durch die Umgehungsstraße, die im Jahr 2008 freigegeben wurde, ist der Ortskern sehr verkehrsberuhigt und damit noch lebenswerter geworden. Ein klassisches Nahversorgungszentrum mit leistungsstarken Einzelhandels- und Handwerksbetrieben trägt zu einer hohen Wohnqualität bei. Arbeitsplätze bieten Handels-, Handwerks-, Industrie- und Dienstleistungsunternehmen.

Märkte

Einige Märkte, über das Jahr verteilt, tragen zum geselligen Leben im Ort bei.

Der Frühlingsmarkt am 3. Sonntag nach Ostern; der Maimarkt, der in der Regel am letzten Sonntag im Mai stattfindet; der Kirchweihmarkt am Kirchweihmontag im Oktober; der Kathreinmarkt, am Sonntag vor dem 1. Advent. Ein Wochenmarkt wird jeden Donnerstag von 8.00 bis 13.00 Uhr auf dem Glückauf-Platz an der Sonnenstraße abgehalten.

Auf dem Moosleitenparkplatz und dem Festplatzgelände finden jährlich mehrere Flohmärkte statt

Schulen

Den Kindern und Jugendlichen des Ortes steht im südlichen und nördlichen Ortsteil je eine Grundschule

Die Ammer
(Bild Markt Peißenberg)

zur Verfügung. Außerdem befindet sich am Ort eine Montessori Grund- und Hauptschule sowie eine staatliche Realschule und Mittelschule. Das nächste Gymnasium ist in der 8 km entfernten Kreisstadt Weilheim i. Obb. angesiedelt.

Wirtschaft und Ausbildung

Nach dem Niedergang des Bergbaus siedelten sich Industriebetriebe mittlerer Größe an. Die überwiegend in der Metallbranche ansässigen Unternehmen beschäftigen bis zu 400 Mitarbeiter. Zu den größten zählen Agfa Health Care – ein Unternehmen der Medizintechnik, das seit den 1990er Jahren Pionierarbeit auf dem IT-Markt des Gesundheitswesens leistete. Bei Aerotech Peißenberg beschäftigt man sich mit der Herstellung von Komponenten für Flugtriebwerke und Gasturbinen. Das Unternehmen hat sich in dem ehemaligen Produktionsstandort der MTU Motoren- und Turbinenunion München niedergelassen. Die MTP ist im Bereich Metallverarbeitung, Oberflächenveredelung und Systemtechnik tätig.

Alle diese Unternehmen tragen zum Wohl der Gemeinde bei. Die Arbeitsplatz- und Ausbildungssituation ist entsprechend günstig. Natürlich tragen auch der leistungsfähige Handel, die Dienstleistungsbetriebe und die Handwerkerschaft einen großen Teil zu dieser positiven Entwicklung der Marktgemeinde bei.

Altersgerecht wohnen

Senioren fühlen sich in Peißenberg sehr wohl. Es gibt genügend Einrichtungen, die das Leben im Alter erleichtern. Ob es um die medizinische Versorgung, die allgemeine Betreuung oder das betreute Wohnen geht, - den Senioren werden genügend Angebote vorgehalten.

Wichtige Adressen und Telefonnummern

Markt Peißenberg
Hauptstraße 77
D-82380 Peißenberg
Tel. +49 (0)8803 690-0
poststelle@peissenberg.de
touristinfo@peissenberg.de
www.peissenberg.de

Spannende Ferien auf dem Bauernhof

Berghof Heger

Auf dem Grünlandbetrieb der Familie Heger in dem 60 Kühe ihre Milch liefern, Kälber, Hühner, Hasen und zwei Ponys das idyllische Bild des Bauernhofes prägen, erleben Kinder spannende Ferientage. Während die kleinen Gäste der Bäuerin auf der „Hofrunde" helfen, genießen die Eltern erholsame Stunden inmitten der Natur mit einem unvergleichlichen Blick auf die Alpen bis zur Zugspitze. Auf der „Hofrunde" werden die Hühner gefüttert und die Eier gesammelt. Danach holt man die Ponys von der Weide ab, sie werden

geputzt und anschließend dürfen die Kleinen zwei Runden im Hof reiten. Nachdem die Schweine, Hasen und der Hofhund gefüttert ist, haben die kleinen Gäste ihr „Arbeitspensum" vollbracht und berichten ihren Eltern ganz begeistert von ihren Eindrücken und Erlebnissen.

Fünf Ferienwohnungen in verschiedenen Größen haben die Hegers hier eingerichtet, um den Gästen unvergessliche Stunden zu bieten.

Neben der großen Ferienwohnung im Austragshaus,

in der bis zu sechs Personen Platz finden, stehen auch kleinere für Paare und Kleinfamilien zur Verfügungen. Alle Wohnungen sind mit Terrasse oder Balkon, SAT-TV und auf Wunsch WLAN ausgestattet.

Zu einem geselligen Abend lädt Familie Heger in ihre Bauernstub'n, wo man bei Weißwurst und Bier mit den Gastgebern und anderen Gästen ins Gespräch kommt. Für Kinder steht ein Spielraum mit Kicker, Puppenwagen, Auto-Spielteppich und vielen anderen Spielzeugen zur Verfügung sowie im Außenbereich ein Spielplatz mit Rutsche, Schaukel und Sandkasten. Dort finden sich auch ein Fußballfeld, Basketball, Slackline und eine Spielscheune mit Tischtennisplatte, Bobycars und Tretbulldogs. Wer eine rundum gelungenen Urlaub auf dem Bauernhof erleben und seinen Kindern das Landleben und die Liebe zu den Tieren näher bringen möchte, ist bei den Hegers bestens aufgehoben."

Berghof Heger
Ute und Bernhard Heger
Berghof 1, 82380 Peißenberg
Telefon +49 (0) 8803 2248
Telefax +49 (0) 8803 2090
post@berghof-heger.de
www.berghof-heger.de

Freizeitspaß in Peißenberg

Rigi-Rutsch'n

Mit 1.500 Quadratmetern Wasserfläche und fast 9.000 Quadratmetern Liegefläche bildet die Rigi Rutsch'n eine großzügige Badelandschaft. Eine Riesenwasserrutsche mit Spaßbecken, ein Warmwassersprudelbad und eine große Sprungturmanlage sorgen für abwechslungsreiche Stunden.

Im dem Bad steht für sportliche Schwimmer ein wettkampfgerechtes 25-Meter-Sportbecken zur Verfügung. Ein Warmbecken mit Luftsprudel- und Massagedüsen, ein Spaßbecken mit einer 60-Meter-Rutsche sowie einer Sprungturmanlage bringen Vielfalt in den Aufenthalt. Den kleinen Gästen steht ein Kinderbecken mit Wasserpilz, Sprudel und eine kleine Rutsche zur Verfügung. Außerdem ist der Kinderbereich mit großen Schirmen abgedeckt, die die Kinder vor der Sonneneinstrahlung schützen.

Zu jeder Jahreszeit ein Erlebnis

Im Außenbereich kann der Badegast vielseitigen Aktivitäten nachgehen. Neben der großen Liegewiese ist ein Kinderspielplatz, ein Beachvolleyballfeld und ein Bolzplatz angelegt.

Wärmeraum mit Lichttherapie — sowie ein römisches Dampfbad. Zwei Tauchbecken und Erlebnisduschen sorgen für die Abkühlung nach dem Besuch der Saunalandschaft.

Das Bistro für den kleinen Hunger

Köstlichkeiten, die den Besuch in der Rigi Rutsch'n krönen, werden im Bistro serviert. Mit warmen und kalten Speisen sorgt man für das leibliche Wohl der Gäste, denen in den Abendstunden sommerliche Drinks und diverse Cocktails serviert werden. So kann man den Tag auf der Sonnenterrasse entspannt ausklingen lassen. Das Bad in der Rigi Rutsch'n ist täglich von 9 – 20 Uhr, am Freitag bis 21 Uhr geöffnet. Der Saunabereich beginnt täglich um 13 Uhr.

Balsam für Körper und Seele

Ein Besuch der Saunalandschaft ist ein gesundes Erlebnis mit Wärme, Wasser und Luft. Neben einer finnischen Sauna findet der Gast eine Biosauna – einen 65° C warmer

Rigi Rutsch'n

Hauptstr. 77, D-82380 Peißenberg
Tel. +49 (0)8803-69 02 00
info@rigirutschn.de
www.rigirutschn.de

Alles rund um den Kanu- und Kajaksport

Kajak Hütte Peißenberg

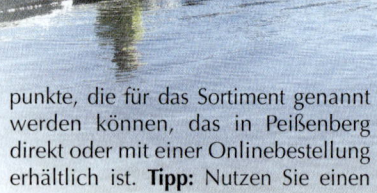

Dort, wo einer der wenigen verbliebenen Wildflüsse Deutschlands durch den hügeligen Pfaffenwinkel mäandert, musste sich zwangsläufig ein traditionsreiches Fachgeschäft für den Kanu- und Kajaksport ansiedeln.

Die Kajak-Hütte in Peißenberg sieht in ihrer Kernkompetenz den Kajak, Kanu und Canyonig-Sport in den verschiedensten Fassetten. Egal ob Sie Interesse an Kanadiern, Tourenkajaks, SUP Boards, Wildwasserbooten, oder den legendären Hobby-Kayaks mit Flossenantrieb haben, hier werden Sie fündig. Auch Faltboote, Schlauchboote und das gesamte dafür erforderliche Zubehör entdeckt man in dem umfangreichen Sortiment des Fachhändlers. Bis zu 300 Boote lagern während der Saison auf über 250 qm Verkaufsfläche des Outdoorspezialisten.

Neben dem Handel mit Booten konnte sich das Unternehmen in Wassersportkreisen aber auch durch sein reichhaltiges Zubehörsortiment und vor allem seinen Service weit über die Grenzen des Pfaffenwinkels hinaus einen Namen machen. Der Servicegedanke wird in dem erfahrenen Team, das weiß, wovon es spricht, groß geschrieben. So ist die Reparatur von Bootsrümpfen nahezu aller Art möglich. Den Geschäftsführer, Christian Lehner, der geprüfter Raft- und Canyoning-Guide ist, unterstützt ein fachkundiges Team in Beratung, Verkauf und Organisation. Paddel, Auftriebskörper, Spritzdecken und Bekleidung sind nur wenige Stich-punkte, die für das Sortiment genannt werden können, das in Peißenberg direkt oder mit einer Onlinebestellung erhältlich ist. **Tipp:** Nutzen Sie einen der vielen Testveranstaltungen um Ihr Traumboot zu finden.

Canyoning

Die Natur mal anders erleben: Spaß, Herausforderung, Abenteuer, Action – einfach Canyoning.

Durch leichtes abklettern, wasserrutschen, Sprünge in kristallklare Pools oder abseilen über imposante Wasserfälle, bahnen wir unseren Weg durch eine Schlucht mitten in einer einzigartigen Naturkulisse die Sie so schnell nicht wieder vergessen werden. Natürlich lässt sich für jeden der richtige Schwierigkeitsgrad finden. Springen und Rutschen sind kein muss, es kann an jeder Stelle auch abgeseilt werden!

Wir bieten Ihnen

- Sicherheit als oberstes Gebot
- Erfahrene Staatlich geprüfte Canyoning Guides
- Top Ausrüstung
- Fotoservice in der Tour
- Und natürlich jede Menge Spaß

Kajakfahrern die Eskimorolle bei oder wie ein überbordgegangener Kanute wieder in sein Boot kommt. Außerdem lehren sie einen Kanadier richtig und kräfteschonend zu paddeln oder das richtige Beladen für eine längere Bootstour. Für alle diese Kurse steht Leihmaterial zur Verfügung; die Kurse können aber auch mit dem eigenen Boot absolviert werden.

Verleih: Sie haben Lust bekommen einmal in die Welt des Paddelsports hinein zu schnuppern, dann nützen Sie das umfangreiche Verleihsortiment der Kajak-Hütte. Ob nur einen Tag ein ganzes Wochenende oder wochenweise, lassen Sie sich von den erfahrenen Guides beraten wohin die Tour gehen soll oder paddeln Sie auf einem Gewässer Ihrer Wahl.

Rafting: Beim Rafting stehen Teamgeist, Action, Spaß und Abenteuer im Vordergrund, wenn man mit einem Schlauchboot durch tobende Strudel und aufspritzende Gischt den Fluss hinabfährt. Durch Einsteiger- und Familientouren, sowie „do-it-your-self" Touren lässt sich für jeden die passende Tour in Deutschland oder Österreich finden.

Kurse: Die Kajak-Hütte in Peißenberg unterstützt aber auch angehende und erfahrene Wassersportler. In Form von Kursen bringen erfahrene Guides den

Tipp: Die neue Trendsportart SUP (Stand up Paddling) sind aufblasbare Surfbretter auf denen man im stehen paddeln kann. Die Bretter sind in einem kleinen Rucksack verpackt und zusammen mit Pumpe und Paddel können sie kinderleicht von Ihnen transportiert werden. Für Sportbegeisterte, die das Element Wasser auf individuelle Art erleben möchten, empfiehlt sich ein persönlicher Abstecher nach Peißenberg oder ein virtueller Besuch im Internet.

Kajak Hütte

Zur alten Bergehalde 3
D-82380 Peißenberg
Tel. +49 (0)8803) 4670
Fax +49 (0)8803) 3970
info@kajak-huette.de
www.kajak-huette.de

Naturcamping im Pfaffenwinkel

Campingplatz Ammertal

Der wunderschöne Naturcampingplatz liegt direkt an der Ammer. Mit wenigen Schritten gelangt der Feriengast an den kristallklaren Flußlauf. Außerdem gehört ein eigener Badesee zu dem Areal, der für ein erfrischendes Bad im Sommer genutzt werden kann.

Die Urlaubsaktivitäten sind vielseitig

Ob man als Wassersportler mit dem Kanu oder Kajak die vorbei ziehende Natur beobachtet, das Ufer der Ammer durchstreift auf der Suche nach den Geheimnissen eines der letzten Wildflüsse Deutschlands, oder im Natursee schwimmen geht – hier kommt jeder auf seine Kosten. Die gut ausgebauten Wege entlang der Ammer bieten auch dem Wanderer und Radler ein Terrain, in dem er sich wohlfühlen wird.

Der Campingplatz bietet Wohnmobilisten, Caravanern und Zeltbewohnern ausreichend bemessene Stellplätze, die bestens ausgestattet sind. Für Outdoorfreaks, die zu Fuß oder per Rad und ohne Gepäck und eigenes Zuhause reisen, empfehlen sich die Wohnwagen, die auf dem Campinggelände vermietet werden und alle Ausstattung bieten, um sich als richtiger Camper zu fühlen.

Familien mit Kindern und ihren Vierbeinern sind bei dem Campingplatzbetreibern, der Familie Fischer, gern gesehene Gäste. Schließlich vermietet man auch Tipis, die typischen Indianerzelte, die naturnahen Familien ein Urlaubsquartier oder Vereinen und Gruppen eine Unterkunft sind, wenn mit Freunden gegrillt und am Lagerfeuer übernachtet wird. Da wird der Aufenthalt auf dem Campingplatz Ammertal zu einem unvergesslichen Abenteuer für Jung und Alt. Im Herzen des Pfaffenwinkels gelegen, inmitten der Natur mit hohen Bergen, sanften Hügeln, klaren Seen und Bächen und blühenden Wiesen findet so mancher Urlauber die nötige Ruhe und Erholung.

Zahlreiche Ausflugsmöglichkeiten und Besichtigungstouren, die die Ferien zu einem Erlebnis machen, bietet der Pfaffenwinkel zu jeder Jahreszeit. Für das Wohl der Gäste sorgt auf

Rast einlegen. Und wer auf dem Campingplatz Ammertal auf den Geschmack des Camperlebens gekommen ist, dem werden Wohnwagenabstellflächen als Dauerstellplätze angeboten, auf denen man das ganze Jahr hindurch zum Campinggast wird.

dem Campinggelände ein Campingstüberl mit einem Biergarten, in dem feine bayerische Schmankerln serviert werden. Hier ist auch der Treffpunkt für Camper, Wanderer und Radler, die auf ihren Ausflügen eine stärkende und entspannende

Campingplatz Ammertal
Badstraße 51
D-82380 Peißenberg
Tel. +49 (0)8803 27 97
Fax +49 (0)8803 60 843
info@camping-ammertal.de
www.camping-ammertal.de

Polling
Willkommen im Klosterdorf

Zu der Gemeinde Polling, die auf 567 m ü. M. liegt, gehören die Ortsteile Etting und Oderding. In dem Dorf, das heute etwa 3.400 Einwohner zählt, blickt man auf eine über 1.250-jährige Geschichte zurück. Entsprechend groß ist das kulturelle Angebot, das Einwohnern und Gästen des Ortes zur Verfügung steht.

Kurzer Blick ins Geschichtsbuch

Pollings Historie beginnt vor etwa 1.250 Jahren. Schon in der Jungsteinzeit war der Tuffsteinrücken inmitten des sumpfigen Umlandes besiedelt. Der Kalktuff wurde zu einem beherrschenden Baumaterial für das historische Polling und wird noch heute abgebaut.

Einer Legende nach jagte der bayerische Agilofinger Herzog Tassilo III. um 750 n. Chr. eine Hirschkuh. Nach längerer Verfolgung hielt das Wild inne und scharrte auf dem Boden. Dort fand man drei Kreuze. An dieser Stelle gründete Tassilo III. das Benediktiner- und spätere Augustiner-Chorherrenstift Kloster Polling.

Polling selbst gehörte zum Kurfürstentum Bayern und bildete eine geschlossene Hofmark, deren Sitz bis zur Säkularisation im Jahr 1803 das Kloster war. Im Jahr 1818 wurde die heutige Gemeinde errichtet.

Sehenswürdigkeiten

Kloster Heilig Kreuz

Das ehemalige Augustiner- und Chorherrenstift ist seit 1892 im Besitz des Dominikanerinnenklosters Donauwörth. Heute ist in dem Kloster eine Kindertagesstätte sowie ein ambulantes Hospiz untergebracht. Telefon Kloster: (0881) 7872, Telefon Hospiz: (0881) 92 77 20

Polling
(Bilder Gemeinde Polling)

Stiftskirche St. Salvator

Der um 1416 entstandene Portalbau der Stiftskirche blickt auf eine wechselvolle Geschichte mit Bränden, Umgestaltungen und Renovierungen zurück. Den Fokus der Kirche bildet das Fichtenholzkreuz aus dem 9. Jh., das im 13. Jh. mit Pergament überzogen und bemalt wurde. Es findet sich noch heute am Hochaltar der Kirche. Dieses bemalte Tafelkreuz ist in der romanischen Malerei Deutschlands sehr selten und in Bayern einmalig. Kunsthandwerker des Rokoko, wie Tassilo Zopf, statteten die Kirche um 1760 mit stimmigen Rokoko-Stuckarbeiten oder Johann Baader, der „Lechmühlen-Hansl" mit raumfüllenden Bilderzyklen aus. Die aus dem Jahr 1765 stammende Orgel zählt zu einer der schönsten historischen Orgelprospekte des Pfaffenwinkels. Heute werden regelmäßig Konzerte mit namhaften Organisten aus dem In- und Ausland veranstaltet. Führungen können unter der Telefon-Nr. (0881) 92 54 38 83

Museum Polling

Im ehemaligen Seminaristengebäude des Klosters findet sich eine reiche Sammlung zu religiöser Kunst, zu Volksfrömmigkeit und Geschichte sowie zur Malerei und Naturkunde vergangener Jahrhunderte. Die tausendjährige Geschichte des Klosters ist ebenso aufgezeichnet wie - in der Tradition des klösterlichen Naturalienkabinetts – eine umfangreiche Sammlung von Mineralien und Fossilien. Außerdem ist eine Ausstellung zur Entstehung des Tuffs installiert, die europaweit ihresgleichen sucht.

Bäuerliche Lebenswelt und Kunstgewerbe aus den vergangenen Jahrhunderten werden durch zahlreich ausgestellte Alltags- und Gebrauchsgegenstände in Erinnerung gerufen.

Eine Bildergalerie dokumentiert die Zeit, als Polling ein Malerdorf war. In der zweiten Hälfte des 19. Jh. arbeiteten über 400 Künstler in dem Klosterdorf. Hier sind Werke von Zügel, Defregger, Wopfner, Haider, Duveneck, Crone u.v.a. zu bewundern.

Öffnungszeiten: März bis November Sonntag und an Feiertagen von 14.00 – 16.30 Uhr. Führungen vereinbaren Sie bitte unter der Telefon-Nr. (0881) 92 79 250

Molkereimuseum

Das ehemalige Molkereigebäude in der Jörg-Ganghofer-Straße ist seit 2005 ein Museum, in dem historische Gerätschaften zur Milchverarbeitung und Butterproduktion die mühsame Arbeit der Bauern und Milchverarbeiter in den vergangenen Jahrhunderten dokumentieren.

Das Museum ist auf Anfrage geöffnet und für Gruppen werden Führungen angeboten. Führungen können unter der Telefon-Nr. (0881) 40 707 vereinbart werden

Fischerbau

Johann Michael Fischer erbaute im Jahr 1745 das Bierkühlhaus für das Kloster. Das stattliche Gebäude mit freitragendem Dachstuhl und großen Gewölbekellern wird seit 2003 für Ausstellungen genutzt. Besichtigung nach Vereinbarung unter der Telefon-Nr. (0881) 92 77 99 46

Kunst im Regenbogenstadl

Zu einem besonderen Ereignis wird das Hören und Sehen in diesem ehemaligen landwirtschaftlichen Gebäude: Den beiden Künstlern, La Monte Young, einem Komponisten sowie Marian Zazeela, einer Lichtkünstlerin, ist dieses Dream-Haus gewidmet.

In dem gemeinsamen Werk verbinden sich die Klangfülle und die Dichte der Lichtskulpturen in einer Weise, die eine neue Qualität des Wahrnehmens ermöglicht.

Öffnungszeiten Mai – Oktober: Samstags von 15.00 – 18.00 Uhr, Sonntags von 13.00 – 19.30 Uhr / November – April: Samstags von 15.00 – 17.00 Uhr

Originelles

Mini's-Raritäten-Stadl

2003 eröffnete der Altbürgermeister der Gemeinde Polling, Dominikus Weiß, anläßlich der 1250-Jahr-Feier seinen Raritätenstadl. Hier findet sich

Allerlei: von zweckmäßigen Haushaltsgeräten aus den vergangenen Jahrhunderten über Kuhschellen und -glocken bis hin zu Oldtimern. Kaffee und Kuchen gibt es in einem ausgedienten Waggon der Zugspitzbahn. Der Raritätenstadl ist auf Anfrage geöffnet. Telefon-Nr. (0881) 40 707

Freizeit und Sport

Die ländliche Lage Pollings lädt zu vielfältigen Freizeitbeschäftigungen ein. Neben zahlreichen Wander- und Fahrradwegen findet sich auch der Dr.-Faustus-Weg. Auf diesem Rundweg folgt der Wanderer auf 5 km dem Schriftsteller Thomas Mann. Start und Ziel ist der Pollinger Kirchplatz, von dem auf dem historisch-literarischen Rundweg an 13 Stationen am Weg von Texten und Erläuterungen zu Thomas Mann's Roman Dr. Faustus begleitet wird.

Orts- und Infrastruktur

Polling stellt sich als lebendiges Klosterdorf mit Tradition und Zukunft dar. Die 1250-jährige Geschichte lässt mit Achtung auf die Vergangenheit blicken und die Gegenwart mit Weitblick für die Zukunft gestalten. So bleibt die jahrhundertealte bäuerliche Kultur ein wesentliches Element der unverwechselbaren Identität. Doch die Gemeinde arbeitet an ihrem Leitbild „Wohnen, leben und arbeiten" und beschäftigt sich schon seit vielen Jahren mit den Themen Nachhaltigkeit, Umweltschutz, Verkehr, wirtschaftliche Entwicklung und Kultur. Die zentrale Lage in einer der schönsten Voralpenlandschaften zwischen München und Garmisch-Partenkirchen trägt zur Lebensqualität bei.

Verkehrswege

Polling liegt an der Bahntrasse München-Garmisch-Partenkirchen. Der nächste Bahnhof ist in Weilheim oder Huglfing. Mit dem Auto ist die Gemeinde über die B2 südlich von Weilheim erreichbar und über die B472 Peißenberg-Bad Tölz, die südlich von Polling verläuft.

Wirtschaft und Ausbildung

Für die Heranwachsenden der Gemeinde stehen eine Kinderkrippe, zwei Kindergärten, ein Hort und eine Grundschule zur Verfügung. Weiterführende Schulen sind in unmittelbarer Nähe erreichbar. Eine vielfältige Gewerbestruktur in Polling sorgt für Arbeits- und Ausbildungsplätze, wobei der Standort auch für Berufspendler nach Weilheim oder München durch seinen hohen Freizeitwert attraktiv ist. Auch für die Senioren ist in Polling mit ausreichendem medizinischen Angebot sowie aktiver Nachbarschaftshilfe gesorgt.

Wichtige Adressen und Telefonnummern

Gemeinde Polling

Kirchplatz 11, D-82398 Polling
Tel. +49 (0)881 93 900
Fax +49 (0)881 9390-20
gemeindeverwaltung@polling.de
www.polling.de

Mit kulturellem Leben erfüllt

Fischerbau in Polling

Am 10 Juni 1745 vermerkt der Propst des Augustiner-Chorherrenstifts Polling, Franziskus Töpsl, in seinem Tagebuch folgende Notiz: „Weil es keinen geeigneten Keller für die Aufbewahrung des Bieres gab, ... beschloss ich einen neuen Keller für Bier von Grund auf neu zu errichten." Er beauftragt dafür den schon damals als Kloster- und Kirchenbaumeister berühmten Johann Michael Fischer.

Eine Gedenktafel an der Münchner Frauenkirche weist ihn als Erbauer von 32 Gotteshäusern und 23 Klöstern aus. Bereits vor Weihnachten 1746 wird die Nutzung aufgenommen. Durch alte Verordnungen, zu denen auch das Reinheitsgebot von 1516 zählte, war die Brauperiode für untergärige Biere auf das Winterhalbjahr beschränkt. Dadurch ergab sich die Notwendigkeit, das Bier für den Sommer gekühlt aufzubewahren.

Da eine künstliche Kühlung im 18. Jh. noch nicht möglich war, wurden über einem Grundriss von 33 mal 19,6 m acht quadratische Gewölbekellerräume angelegt. Als gut isolierendes Baumaterial diente der Tuff aus den Pollinger Steinbrüchen. Über Lüftungsschächte in den 2,40 m starken Außenwänden konnte die kalte Winterluft in die Keller geleitet werden, womit bei gleichzeitigem Luftaustausch die Temperaturabsenkung erreicht wurde. Zusätzlich wurde noch Natureis eingelagert.

Die Lagerfässer standen auf einem Pflaster aus Flussfindlingen, das neben der notwendigen Befestigung des Bodens auch die Versickerung des Schmelzwassers gewährleistete. Ein unterirdischer Gang verband den Lagerkeller mit dem Sudhaus der Brauerei auf der gegenüberliegenden Straßenseite.

Das Gebäude oberhalb diente zum Schutz der Keller vor der Sommerhitze und als Lagerraum für Getreide und Brauereigerät. Auch dieser reine Zweckbau vermittelt die Bau-

Heute wird die einmalige Atmosphäre des Fischerbaus für Ausstellungen und Veranstaltungen genutzt. Konzerte, Lesungen und Kunstausstellungen erfüllen den Fischerbau nach seiner Restaurierung zu Beginn des 21. Jahrhunderts nun mit kulturellem Leben.

Fischerbau

Weilheimer Str. 12-14
D-82398 Polling
Tel. +49 (0)881 92 77 99 46
Fax +49 (0)881 40 937
info@fischerbaukunst.de
www.fischerbaukunst.de

kunst Fischers, der auch hier seinen hohen Anspruch hinsichtlich stimmiger Proportionen und eines ästhetischen Raumgefühls beweist.

Kunst im Regenbogenstadl Polling

Im Klosterdorf Polling wird Kunst erlebbar. In einem ehemaligen landwirtschaftlichen Anwesen schuf der New Yorker Komponist   La Monte Young mit seiner Frau, der Lichtkünstlerin Marian Zazeela ein begehbares Kunstwerk, das „Dream House", das bereits in den 1960er Jahre konzipiert wurde.

In drei großen ineinander gehenden Räumen präsentiert Kunst   im Regenbogenstadl seit 2001 dieses Kunstwerk aus Klang und Licht. Musik und bildende Kunst finden hier wieder zu einer Einheit. In den Sommermonaten werden zwei herausragende Kompositionen als Videoperformances „The Well Tuned Piano in Magenta Lights" und „Der Raga Sundara in Imagic Light II" vorgestellt.

In ihrem gemeinsamen Werk verbinden und ergänzen sich Klangfülle und Dichte der Lichtarbeiten in einer Weise, die das Hören und Sehen zu einem besonderen Erlebnis werden lässt und damit eine neue Qualität des Wahrnehmens ermöglicht. Auf allen Ebenen des Kompositionsprozesses gehen beide Künstler von gleichen und komplementären Prinzipien aus, sodass Elementarformen und Muster, Symmetrien und Verschiebungen, große Klangwolken und unmerklich schwingendes Licht, BesucherInnen teilhaben lassen an einem Erleben, in dem die Zeit aufgehoben scheint. Der reingestimmte Flügel bringt alle Saiten zum Schwingen. Gleichseitig schwingen und schweben die Lichtskulpturen, Gegensätze von Ruhe und

Bewegung werden aufgehoben und verbinden dadurch Musik und Licht und Raum.

In den 1960er Jahren ging von den USA eine Entwicklung aus die als Concept Art und Minimal Art die Kunstentwicklung wesentlich beeinflusst hat. Künstler wie La Monte Young, Marian Zazeela, Andy Warhol. Walter De Maria, John Chamberlain, Dan Flavin gehörten u. a. zu diesem Kreis.

Auf unterschiedliche Weise gaben sie den Phänomenen von Raum und Zeit in sehr großen Installationen schöpferisch Ausdruck. Zu sehen sind Beispiele dieser Kunstwerke im Museum DASMAXIMUM KunstGegenwart in Traunreut im Chiemgau und eben in Polling in Kunst im Regenbogenstadl. So kann zusammen mit den großen Sammlungen Münchens in Traunreut und Polling ein umfänglicher Einblick in die Kunst der Gegenwart gegeben werden.

Öffnungszeiten:

Die einzigartigen Licht-Klang-Raum-Kompositionen sind in Kunst im Regenbogenstadl von Mai bis Oktober jeweils Samstag von 15 bis 18 Uhr und Sonntag von 13 bis 19.30 Uhr erlebbar. Von November bis April ist das Dream House Samstag von 15 bis 17 Uhr in zwei Räumen mit dem Magic Opening Chord, verbunden mit Lichtskulpturen geöffnet.

Weitere Öffnungszeiten und Führungen für Gruppen können vereinbart werden. Da auch Konzerte stattfinden, lohnt sich ein Blick auf die Webseite **www.regenbogenstadl.de**

Kunst im Regenbogenstadl

Georg-Rückert-Str. 1
D-82398 Polling
Tel. +49 (0)881 41 77 18
Fax +49 (0)881 41 77 19
mail@regenbogenstadl.de

Raisting

Liebliche Gemeinde zwischen Lech und Ammer

Im oberbayerischen Landkreis Weilheim-Schongau, der Region Oberland, liegt der Ort auf 553 m ü.M. Auf einer Gemeindefläche von 22 qkm leben etwa 2.200 Einwohner. Durch die Nähe zum Ammersee im Norden und seine zentrale Lage zu den größeren Städten wie Weilheim, Landsberg, Augsburg und München, ist Raisting ein beliebter, lebenswerter Ort. Das Ammerseeufer, das nur wenige Kilometer entfernt liegt, sorgt dafür, dass Raisting inmitten des viel besuchten Lech-Ammersee-Gebietes eine bekannte Gemeinde ist. Zu dem Bekanntheitsgrad trägt aber auch die Erdfunkstelle Raisting und das Radom bei, die der Besucher schon von Weitem erkennt.

Kurzer Blick ins Geschichtsbuch

Hockergräber nennt man Gräber aus der Frühbronzezeit, der Zeit von 1800 bis 1550 v.Chr. Hier wurden die Toten in einer Hockstellung mit angewinkelten Armen und Beinen beigesetzt. Südlich von Raisting fand man um 1964 solche Gräber, die auf eine frühe Besiedelung des Gebietes schließen lassen.

Die Römer nutzten die Lage Raistings, das verkehrsgünstig am Schnittpunkt zweier Handelsstraßen lag. In der Siedlung „Urusa" trafen die Nord-Süd-Verbindung zwischen Augsburg und dem Brennerpass sowie die West-Ost-Verbindung zwischen Bregenz, Kempten und Salzburg zusammen.

Eine erste, urkundliche Erwähnung der Gemeinde kann im Jahr 776 verzeichnet werden. Bis 1803, dem Jahr der Säkularisation, gehörte Raisting den Klöstern Dießen und Wessobrunn, die die wichtigsten Grundherren im Dorf waren. Fast alle großen Anwesen dieser Zeit waren in deren Besitz.

Raisting
(Bild Gemeinde Raisting)

Mit der Gemeinde Sölb wurde Raisting 1818 zu einer selbstständigen Landgemeinde und im Jahr 1881 dem Bezirksamt Weilheim zugewiesen. Seit Januar 2007 ist Raisting nach der Verwaltungseinheit mit Pähl wieder eine eigenständige Gemeinde.

Sehenswürdigkeiten

Im Gemeindegebiet von Raisting sind anspruchsvoll gestaltete Kirchen, Kapellen und Kirchlein zu besichtigen.

St. Remigius

Die katholische Pfarrkirche ist von dem Vorarlberger Baumeister Michael Natter ab dem Jahr 1694 erbaut worden. In den Jahren 1766 bis 1782 wurde die hochbarocke Ausstattung durch den Raistinger Künstler Thomas Schaidhauf bis auf wenige Ausnahmen im Stil des Spätrokoko umgestaltet. Der Hofmaler Christian Winck wird als Schöpfer der Deckenfresken erwähnt.

St. Stephanus

Die Kapelle liegt im Weiler Stillern, südwestlich von Raisting im Waldtal der Rott und verdient durch seine einheitlich frühbarocke Ausstattung größte Beachtung. Die bereits 1615 erwähnte Kapelle ist den drei heiligen Diakonen Stephanus, Laurentius und Vincentius geweiht.

An der Kapelle führt auch eine Variante des König-Ludwig-Weges vorbei, einem Weitwanderweg, der von Starnberg nach Füssen führt.

St. Johannes der Täufer

St. Johannes der Täufer
(Bild Gemeinde Raisting)

Diese einstige Wallfahrtskirche im Süden der Gemeinde, in unmittelbarer Nachbarschaft zur Erdfunkstelle, dürfte eines der ältesten Gotteshäuser der ganzen Gegend sein. Interessant ist der spätgotische Saalbau. Die heute angefügte Sakristei war ehemals eine Klause. Das Langhaus, der Westturm und die Zwiebelhaube wurden im Jahre 1725 erneuert.

St. Margareta

Dieses Kirchlein im Ortsteil Sölb wird heute vorwiegend von der evangelischen Kirchengemeinde genutzt. Nach der letzten Restaurierung ist es ein beeindruckendes Beispiel nazarenischer Kirchengestaltung, der romanisch-religiösen Kunstrichtung aus dem Anfang des 19. Jh. Früher wurde die hl. Margareta zum Schutz gegen das bedrohliche Wasser der nahegelegenen Ammer angerufen, die früher viele Felder überschwemmt und die Ernte vernichtet hatte.

Radom
(Bild Gemeinde Raisting)

Kulturelles

Museum in der Erdfunkstelle Raisting

Von Weitem erkennbar und ein Wahrzeichen Raistings ist das Radom, der Radar-Dom und die Parabolspiegel der Erdfunkstelle. Diese denkmalgeschützte Satelliten-Bodenstation liegt am südlichen Ortsrand. Im Auftrag der Deutschen Bundespost wurde das Radom 1963 bis 64 errichtet. Es handelt sich um eine Traglufthülle, die als Radarkuppel dient. Der Durchmesser der Kugel beträgt 49 m. Das Innere beherbergt eine Parabolantenne mit 25 m Durchmesser. Als Teil der Erdfunkstelle Raisting diente sie bis 1985 dem interkontinentalen Funkverkehr über Satelliten. Die Bilder der ersten Mondlandung im Jahr 1969 fanden über diese Antenne den Weg auf die Fernsehbildschirme der Deutschen. Als Industriedenkmal wurde sie 1999 in die Bayerische Denkmalliste aufgenommen.

„... Wer die Gegenwart verstehen möchte, muss die Vergangenheit kennen ..." ist der Leitsatz, der die Museumsbetreiber dazu veranlasste, eine Ausstellung im Radom einzurichten. Laien wie Fachleuten, Erwachsenen wie Kindern soll anschaulich erklärt werden, wie sich die Erde, dank solcher Einrichtungen wie der Erdfunkstelle Raisting, zu einem globalen Kommunikationsdorf entwickeln konnte. Das Museum konnte im Jahr 2009 eröffnet werden.

Besucher, die das Museum besichtigen möchten, haben von Juni bis Oktober, jeweils am 1. und 3. Samstag im Monat von 14 bis 17 Uhr die Gelegenheit dazu. Interessante Gruppenführungen können auf Anfrage durchgeführt werden. Informationen unter: www.pfaffenwinkler-kulturfuehrer.de

Heimatmuseum

In dem ehemaligen Pfarrhof der Gemeinde, einem Gebäude aus dem Jahr 1328, erhielt der Heimat- und Trachtenverein Raisting-Sölb Räume für ein Museum. In der mittlerweile sieben Räume umfassenden Sammlung finden sich Trachten und Hausrat, landwirtschaftliche Geräte und Zeugnisse alten Handwerks. Außerdem weisen Fundstücke, die bis in die Steinzeit reichen, auf die wechselvolle Geschichte der Gemeinde Raisting hin. Besonders interessant ist ein altes Schulzimmer mit historischen Büchern und Lehrmitteln, das aus dem Ende des 18. Jh. zusammen getragen wurde. Ebenso sehenswert ist das Behandlungszimmer eines ehemals in Raisting niedergelassenen Arztes aus der Zeit um 1950/60.

Otto Hellmeier Kulturhaus

In der Wielenbacher Straße 13 steht das gleichnamige Kulturhaus, in dem jedes Jahr während der Sommermonate die verschiedensten Ausstellungen und Veranstaltungen stattfinden. Die Otto-Hellmeier-Stiftung fördert die Bekämpfung von Krebs- und Zuckerkrankheiten und betreibt das Kulturhaus im Andenken an den Stifter. Otto Hellmeier wurde 1908 in Weilheim geboren. Der leidenschaftliche Maler und Musiker konnte mit seinen Kunstwerken eine hohe Nachfrage aus dem In- und Ausland wecken. Heute beherbergen die Ausstellungsräume des Kulturhauses in Raisting den künstlerischen Nachlass des Stifters. Hellmeier verstarb im Jahr 1996 Das Kulturhaus ist während der Sommermonate am Samstag und Sonntag jeweils von 11 – 16 Uhr geöffnet.

Kurioses und Originelles

Jeweils am Kirchweihmontag haben die ledigen Jungen und Mädchen aus Raisting ihren „Feiertag". Seit über 200 Jahren trifft sich die weibliche Jugend ab 13 Uhr in der Bahnhofgaststätte. Von dort ziehen die jungen Damen in Begleitung der Blaskapelle Raisting zum Gasthof Post, wo die jungen Burschen schon sehnsüchtig auf sie warten. Dort wird dann bis in den späten Abend hinein musiziert und getanzt.

Kultkino am Radom

Die Hülle des Radom dient als Leinwand für Filmvorführungen. Eine ehrenamtlich engagierte Gruppe aus Landsberg veranstaltet von Zeit zu Zeit Kinoabende und wirft hochwertige Filme mit einem Hochleistungsbeamer auf die 50 mal 40 m große Hülle des Radom. www.sc.scout-events.de

Erdfunkstelle Raisting
(Bild: Gemeinde Raisting)

Freizeit und Sport

Raising verfügt über ein gut ausgebautes Wander- und Radwegenetz in der Ammerseetalmulde mit ihren Streuwiesen, Hochmooren und den Altwasserarmen der Ammer sowie einem großen Staatsforst. So führen wunderschöne Spazier- und Wanderwege entlang des Vogelschutzgebietes der Feuchtbiotope zur renaturierten Roth. Wiesenbrüter wie der Große Brachvogel und sogar der Biber fand an der Roth wieder einen Lebensraum. In den ausgedehnten Streuwiesen wachsen seltene Pflanzen wie wilde Orchideen und die leuchtend blaue Sibirische Schwertlilie. Hier sollten aber die Betretungsverbote während der Brutsaison von März bis Ende August beachtet werden!

Herrenstraße
(Bild Gemeinde Raisting)

Genußradeln versprechen Ausflüge mit dem Fahrrad an den Ammersee, zum Kloster Andechs oder die Anbindung an das großzügige Weilheimer Radwegenetz.

Eisstockschießen

Der Sportverein Raisting hat sich in den vergangenen Jahren um diese traditionelle Wintersportart bemüht.

Kirchenweg
(Bild Gemeinde Raisting)

Man möchte einer der ältesten sportlichen Freizeitbeschäftigungen in den Alpenländern wieder einen höheren Stellenwert einräumen. Beim Eisstockschießen treten zwei Mannschaften mit jeweils vier Spielern an, um den Stock möglichst nahe an die Daube, das Zielobjekt, zu bringen.

Orts- und Infrastuktur

Raisting verfügt über einen Kindergarten und eine -krippe sowie einen Kinderhort und eine Grundschule. In einem Dorfladen und einigen Einzelhandelsgeschäften sind Artikel des täglichen Bedarfs erhältlich.

Verkehrswege

Erreichbar ist Raisting über die B 2, Weilheim – Starnberg und die B 17, Füssen – Augsburg sowie der Autobahn-Anschlussstelle Greifenberg auf der A 96 München – Lindau. Außerdem liegt Raisting an der Bahnlinie Augsburg – Weilheim.

Weltoffen wohnen

Das Zusammengehörigkeitsgefühl der Raistinger Einwohner wird u.a. durch eine Vielzahl von Vereinen gefördert. Der Heimat- und Trachtenverein Raisting-Sölb hat es sich zur Aufgabe gemacht, das Brauchtum wie den Volkstanz, die Tracht, die Sprache sowie Musik und Gesang zu pflegen und zu fördern. In der Blaskapelle Raisting haben sich etwa 30 Musiker gefunden, denen die bayerische Musik am Herzen liegt. Neben der original bayerischen Blasmusik gehören aber auch Polka und Marsch, Partyhits und Popmusik zum Repertoire der Musiker.

Wirtschaft und Ausbildung

Ortsansässige Handwerksbetriebe wie Glaserei, Schreinerei, Haustech-nik, Heizung-Sanitär, Maler- und Elektrowerkstätten bieten Arbeits- sowie Ausbildungsplätze. Daneben findet sich ein Autohaus, ein Gerüstbauunternehmen sowie ein Druck- und Verlagshaus. Natürlich widmen sich durch die Nähe zum Ammersee auch einige Unternehmen dem Bootsbau. Das gastronomische Angebot bilden drei Gasthöfe mit gutbürgerlicher Biergartentradition.

Wichtige Adressen und Telefonnummern

Gemeinde Raisting
Kirchenweg 12
D-82399 Raisting
Tel. +49 (0)8807 21 43 90
Fax +49 (0)8807 21 43 920
gemeinde@raisting.bayern.eu
www.raisting.eu

Raisting
(Bild Gemeinde Raisting)

343

Denkmal – Landmarke - Technik

Radom Raisting

„Wer die Gegenwart verstehen möchte, muss die Vergangenheit kennen…" Dieser Leitspruch zieht sich durch das Radom in Raisting. Schon von Weitem ist das Industriedenkmal zu sehen, das südlich des Ammersees in den Himmel ragt.

Als erste Erdefunkstelle zur kommerziellen Satellitenkommunikation ging das Radom im Jahr 1964 in Betrieb. Neben vielen anderen weltpolitischen und -gesellschaftlichen Ereignissen, konnten die erste Mondlandung 1969 sowie die Olympischen Sommerspiele 1972 in München über diese Antenne übertragen werden. Im Jahr 1985 wurde der Betrieb im Radom eingestellt. Engagierte Mitarbeiter erkannten die Bedeutung des Radom als Industriedenkmal, das 1999 in die Denkmalliste eingetragen und im Jahr 2010 saniert werden konnte.

Heute steht das Denkmal Besuchern zur Verfügung, um ihnen die Technik vor Augen zu führen.

Technik, Architektur und Geschichte erschließen sich den Interessierten in der im nahezu originalen Zustand erhaltenen Anlage.

Das Radom in Raisting ist das weltweit letzte, samt Antenne noch funktionsfähige, Antennenanlage der frühen Phase der Satellitenkommunikation. Eine Parabolantenne mit einem Durchmesser von 25 Metern sowie Betriebsräume mit Sendeanlagen und der Steuerung für die Antennenachsen sind im Inneren des „Raistinger Bovist", wie das Radom spaßeshalber genannt wird, beherbergt. Anfang der 1960er Jahre war es aus technischen noch nicht möglich, solch große Antennen freistehend aufzubauen. Daher wurde diese mit der mächtigen Traglufthülle umgeben. Diese Hülle besteht aus einer nur 2 Millimeter starken Folie und mißt 49 Meter im Durchmesser.

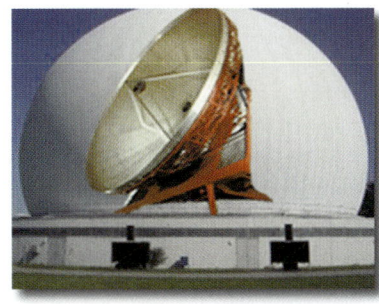

Durch den inneren Luftdruck wird die Traglufthülle, ähnlich wie bei einem Luftballon, aufrecht und in Form gehalten. Das Radom kann im Sommer regelmäßig an den Wochenenden besichtigt werden. Daneben sind Gruppenführungen nach vorheriger Anmeldung und Terminvereinbarung möglich. Nähere Informationen erhältlich unter:
www.radom-raisting-gmbh.de
www.pfaffenwinkler-kulturführer.de
und www.pfaffen-winkel.de

Radom Raisting GmbH
Pütrichstr. 8, D-82363 Weilheim
Tel. +49 (0)881 681 1134
Fax +49 (0)881 681 2467
radom@lra-wm.bayern.de
www.radom-raisting-gmbh.de

Weilheim
Charmante Stadt mit Tradition

Weilheim in Oberbayern ist die Kreisstadt des oberbayerischen Landkreises Weilheim-Schongau, das geografische Zentrum und damit eine der wichtigsten Städte im Pfaffenwinkel. Die Stadt hat für seine Bürger und Gäste sehr viel zu bieten und ist durch seine Lage inmitten von Grün und die gebotene Wohnqualität ein Ort zum Wohlfühlen. Ein Nebenfluss der Isar, die Ammer, fließt durch die Stadt, die zwischen München im Norden und Garmisch-Partenkirchen im Süden, eingebettet in die Alpenvorlandschaft des bayerischen Oberlandes, auf 563 m ü.M. liegt.

Die Kreisstadt zählt mittlerweile über 22.000 Einwohner. Zu den eingemeindeten Orten gehören seit 1978 Marnbach, Deutenhausen und Unterhausen.

Heute verfügt Weilheim über eine aufwendig sanierte Altstadt, die mit einem reichhaltigen Angebot von Geschäften, Restaurants, Gasthöfen und Cafés zum Flanieren und Bummeln einlädt. Wunderschöne Sehenswürdigkeiten, die einen Abstecher lohnen, sind in Weilheim zu finden.

Das kulturelle Angebot sorgt für gute Unterhaltung und das Museum, das viel über die Historie der Stadt und den Pfaffenwinkel preisgibt, erzählt Geschichten, wie es einst war, in Weilheim und dem Pfaffenwinkel. Die Freude am Feiern und geselligen Beisammensein teilen die Weilheimer gerne mit ihren Gästen und unterstreichen die Weltoffenheit ihrer Bewohner.

Weilheim
(Bild Stadt Weilheim)

346

Marienplatz
(Bild Stadt Weilheim)

Kurzer Blick ins Geschichtsbuch

Die ältesten Spuren menschlicher Besiedlung stammen aus der Bronzezeit. Die Römer kamen 15 v. Chr. Sie bauten die wichtigste Straße, die Via Claudia, vom Brenner kommend durch die Weilheimer Flur in ihre Provinzhauptstadt Augusta Vindelicum – das heutige Augsburg.

Die erste urkundliche Erwähnung des Dorfes "Wilhaim" entstammt einer Urkunde aus dem Jahr 1010. Darin sprach der damalige König und spätere Kaiser Heinrich II. von Bamberg dem Kloster Polling den Besitz eines Gutshofes in Weilheim zu.

Seit 1314 nachweisbar ist das Wappen der Stadt mit dem offenen Tor und den drei Türmen, auf dass sich das selbstbewusste, wehrhafte Weil-heim freundlich seinen Besuchern öffnen möge. Auf das Jahr 1238 geht die älteste urkundliche Erwähnung der Stadtbefestigung zurück. Diese Urkunde des Klosters Steingaden ist zugleich der älteste Hinweis auf den Stadtcharakter von Weilheim.

Bereits 1611 nutzten die Weilheimer die Flößerei, um aus der waldreichen Umgebung Baumstämme – zu einem Floß gebunden – auf dem Wasserweg über die Ammer bis nach Dachau zu befördern.

Zu Beginn des 17. Jh. erlebte das Kunsthandwerk im Pfaffenwinkel eine Blüte, da die zahlreichen Klöster und Kirchen geschmückt und ausgestattet werden sollten. Werke der bekannten Bildhauer aus der "Weilheimer Schule" dieser Zeit können heute im Stadtmuseum im alten Rathaus sowie in zahlreichen kirchlichen Bauten im

Pfaffenwinkel bewundert werden. Zu den bekannten Persönlichkeiten Weilheims gehört der Bildhauer Georg Petel, der im 18. Jh. den Beinamen "deutscher Michelangelo" erhielt. Er wurde 1601 in Weilheim geboren. Petel war einer der bedeutendsten Bildhauer des Frühbarock. Seine Werke kann man vor allem in Augsburg im Maximilianeum und im Dom „Unsere liebe Frau" sowie im Bayerischen Nationalmuseum in München bewundern.

In dem noch heute bestehenden Gebäude, in dem die Stadtapotheke ihren Sitz hat, eröffnete im Jahr 1561 die erste Apotheke Bayerns, die außerhalb eines Klosters geführt wurde.

Schon 1866 wurde die erste Bahnstrecke von München nach Weilheim in Betrieb genommen.

Im Jahr 1923 war Weilheim der erste Ort in der Welt, der mit einem Telefonnetz mit Selbstwählferndienst ausgestattet war. Auf eine Vermittlung konnten die Telefonierer dieser Zeit im Umkreis von etwa 25 km verzichten.

In Weilheim lebte Prof. Dr. Wilhelm Conrad Röntgen, der Entdecker der nach ihm benannten Strahlen. Seit dem Jahr 1909 ist er Ehrenbürger der Stadt Weilheim.

Als oberbayerische Stadt ist Weilheim mit der Seefahrt verbunden. Der am 13. September 1863 in Weilheim geborene Franz von Hipper war Befehlshaber der Aufklärungsstreitkräfte in der Skagerrakschlacht und später Oberbefehlshaber der Hochseeflotte der kaiserlichen Marine im Ersten Weltkrieg.

Frühlingserwachen auf dem Marienplatz.
(Bild Stadt Weilheim)

Sehenswürdigkeiten

Die Altstadt

Weilheim ist eine Einkaufs-und Erlebnisstadt. Mit herausgeputzten Fassaden rings um den Marienplatz und der Schmiedstraße als attraktiver Haupteinkaufsstraße, lockt die Innenstadt mit einer großen Auswahl an Fachgeschäften, modernen Kaufhäusern und gemütlichen Cafés mit großzügiger Außenbewirtung.

Zwei Wochenmärkte, die jeweils dienstags und freitags im Herzen der Altstadt frische Erzeugnisse aus der Region und darüber hinaus anbieten, ergänzen das reichhaltige Angebot. Mit einer Auswahl von rund 2.000 Parkplätzen in Zentrumsnähe kann man den Innenstadtbesuch jederzeit entspannt angehen und die Zeit zum Flanieren und Einkaufen nutzen.

Historisch hervorzuheben sind die Stadtmauer und der heute als Park zugängliche Stadtgraben, der noch zu Teilen erhalten ist. Die Altstadt ist historisch und zusammenhängend erhalten.

Marienplatz

Dieser zentrale Markt- und Festplatz der Stadt ist in seiner Form und Größe seit dem Mittelalter unverändert erhalten geblieben. Im Jahr 1976 wurde hier eine Fußgängerzone eingerichtet. Die Mariensäule wurde 1698 zur Verehrung der Schutzpatronin der Stadt errichtet. Die Marienstatue schuf der Weilheimer Bildhauer

Ignaz Degler. Der Stadtbrunnen ist der ehemalige Brunnen des Klosters Steingaden, der 1829 in verkleinerter Form in Weilheim aufgestellt wurde. Die vier – von Roman Anton Boos geschaffenen - Putti symbolisieren die vier Jahreszeiten.

Die katholischen Kirchen St. Pölten und Mariae Himmelfahrt

St. Pölten
(Bild Stadt Weilheim)

Dem hl. Hippolyt ist die wohl älteste Weilheimer Pfarrkirche St. Pölten geweiht, deren Ursprung bis in das frühe 8. Jh. zurück reicht. Dies belegt ein Gräberfund im Zusammenhang mit einer Kirchenrenovierung im Jahr 1996.

Bis in das 14. Jh. zurück reicht der Unterbau des Turmes der Pfarrkirche Mariae Himmelfahrt. Die Kirche, deren Namen bis zu Beginn des 19. Jh. meist mit "zu unserer lieben Frau" wiedergegeben wurde, entstand als Saalbau bereits um 1200. Nach einem

Rathaus
(Bild Stadt Weilheim)

Blitzschlag erhielt der Turm 1573 ein achteckiges Obergeschoss und eine s.g. welsche (ital.) Haube. Als die gotische Kirche baufällig war, wurde sie 1624 abgetragen und es entstand eine der ersten freitragenden Wandpfeilerkirchen Süddeutschlands.

Die Stadtpfarrkirche im Herzen der Altstadt ist eine Schmuckstück und stammt aus der Übergangszeit von der Renaissance zum Barock (1624 bis 28).

In der Kirche findet sich auch Deutschlands größte Barockmonstranz, die "Wurzel-Jesse-Monstranz" von Josepf Anton Kipfinger.

Evangelische Apostelkirche

Die im neugotischen Stil gestaltete Apostelkirche wurde um 1898 bis 1899 erbaut. Als sich nach dem Zweiten Weltkrieg auch die evangelische Kirchengemeinde durch die Flüchtlings- und Vertriebenenströme vergrößerte, wurde die Kirche zu klein und eine Erweiterung immer dringender. Hinzu kam die Notwendigkeit einer Generalsanierung des gesamten Bauwerkes. Durch den 1963 abgeschlossenen Umbau erhielt die Kirche ein völlig anderes Gesicht.

Rathaus

Die Planungen für den Bau des heutigen Rathauses stammen von dem Münchener Architekten August Simbeck. In den Jahren 1935 bis 36 wurde das Rathaus erbaut. Das Fresko auf der Nordseite des Gebäudes stellt die Verleihung des Stadtwappens dar.

Stadttheater

Das wunderschöne Stadttheater, direkt an der Fußgängerzone gelegen, ist ein traditionsreiches Haus, das zu Abendunterhaltung und Kultur einlädt.

Bereits im Jahr 1828 war am Theaterplatz in Weilheim ein Theaterstadl entstanden. Gut 100 Jahre später errichtete man einen Neubau. 1976 wurde das Gebäude erweitert und in der Form umgebaut, wie man es heute sieht. Damit besitzt Weilheim etwas, was sonst nur Großstädte haben – ein echtes, klassisches Stadttheater.

Klassisch ist auch das Programm der jährlichen "Weilheimer Festspiele". Auf dem Spielplan stehen Werke, wie "Maria Stuart", "Mutter Courage" und die "Feuerzangenbowle". Bei den Festspielen treten nicht nur professionelle Schauspieler, sondern auch begabte Nachwuchskünstler auf. Jeder Schauspieler, der vom Bezirk Oberbayern mit dem "Lore-Bronner-Preis" ausgezeichnet wird, erhält neben dem Preisgeld auch ein Engagement bei den Weilheimer Festspielen. Wie sehr sich die Weilheimer selbst für das Theater begeistern, zeigt

die aktive Theaterszene der Stadt: So sorgt das Weilheimer Kellertheater, die Theatergruppen des Heimat- und Trachtenvereins sowie das örtliche Gymnasium für Nachwuchstalente.

Das Theaterspiel hat in Weilheim eine lange Tradition. Einen frühen Höhepunkt bildete das Passions- und Auferstehungsspiel, das Stadtpfarrer Johann Älbl um 1600 verfasste. Das geistliche Drama um Leiden, Sterben und Auferstehen Jesu Christi wurde bis Ende des 18. Jh. in Weilheim aufgeführt. Älbls Werk bestand aus drei Teilen, die man an drei Tagen aufeinander mit 90 Darstellern aufführte. Diese Fassung des Weilheimer Pfarrers hat einst sogar Teile der Oberammergauer Passionsspiele beeinflußt – die weltweit bekanntesten ihrer Art.

Rosengarten

Das ehemalige Pflegschloss wurde im späten 11. Jh. als Burg der „Edlen von Weilheim" erbaut. Ab 1506 war es Sitz des Landrichters, im 19. Jh. Sitz des königlichen Rentamtes. 1909 erfolgte ein Neubau. Heute ist das Finanzamt dort untergebracht. In Anlehnung an die ursprünglich vorhandenen Gartenanlagen, errichtete

1997 der Verschönerungsverein der Stadt den Rosengarten mit mehr als 150 verschiedenen Rosenarten.

Musikschule

Die sogenannte Fronfeste war in den Jahren 1520 bis 1994 Untersuchungsgefängnis und Justizvollzugsanstalt. Zur Städtischen Musikschule wurde das historische Gebäude 1999 umgebaut.

Obere Stadt

Wie in alter Zeit fließt der Stadtbach oberirdisch durch den Ort. Er betreibt den Nachbau des historischen Wasserrades der einstigen Stadtmühle und erreicht unterirdisch die Ammer. In der Oberen Stadt findet sich eine Vielzahl von Einzelhandelsgeschäften, die das Einkaufsangebot in Weilheim ergänzen.

Alte Stadtmauer
(Bild Stadt Weilheim)

Gögerl

Weilheims Hausberg zeigt mittelalterliche Wallanlagen und der Besuch bietet eine herrliche Sicht in die Bergwelt südlich der Stadt. Zahlreiche Wanderwege über und rund um den Gögerl laden zu ausgedehnten Spaziergängen ein.

Ledererstraße und Musikschule
(Bild Stadt Weilheim)

Einkaufen in der Schmiedstraße
(Bild Stadt Weilheim)

Weilheim mit dem Handyreiseführer

Mit dem eigenen Mobiltelefon lassen sich die Sehenswürdigkeiten von Weilheim ganz individuell entdecken. Wählt man die Telefonnummer (089) 21 08 33 08 81 – 01 erfährt man einiges über die Geschichte der Stadt. Über die -02 sind Informationen über den Kirchplatz und die Stadtpfarrkirche, die -03 das Alte Rathaus und Stadtmuseum, die -04 den Marienplatz, die -05 die Kreuzgasse, Fronfeste und Lederergasse, die -06 das Stadttheater, die -07 die Kirche St. Pölten, die -08 die Pöltner Strasse, die -09 das Pflegeschloss und den Rosengarten und über die -10 die Admiral-Hipper-Straße und Obere Stadt, erhältlich. Die Beiträge dauern etwa 2 bis 3 Minuten, für die nur die Verbindungskosten zu tragen sind.

Schloss Hirschberg

Am Haarsee liegt Schloss Hirschberg. Das 1909 im Jugendstilbarock erbaute und fertiggestellte Gebäude befindet sich nach wechselvoller Nutzung in Privatbesitz und kann leider nicht besichtigt werden. Das idyllisch gelegene Schlösschen ist aber ein gerne fotografiertes Motiv in reizvoller Parklandschaft oberhalb des Haarsees. Der See ist öffentlich zugänglich und ein beliebter Badeplatz.

(Bild Gras-Ober)

Museen

Stadtmuseum

Das 1882 gegründete Stadtmuseum Weilheim zählt zu den ältesten städtischen Museen Bayerns.

Es ist im historischen Rathausgebäude direkt am Marienplatz untergebracht und zeigt auf drei Stockwerken Objekte zur Kunst- und Stadtgeschichte. Neben Gemälden, Zunftgegenständen und einer Jahreskrippe aus dem Jahr 1724 sind vor allem die Werke der Weilheimer Bildhauer des 16. und 17. Jh. von großer Bedeutung. Für sie hat die Kunstgeschichte eigens den Begriff der „Weilheimer Schule" eingeführt. Mit der Statue des Schmerzensmannes von Hans Leinberger ist auch einer der bedeutendsten Künstler der deutschen Spätgotik in der Sammlung des Museums vertreten. Im Sonderausstellungsraum finden regelmäßig Ausstellungen mit den Werken zeitgenössischer Künstler statt.

Das Museum ist von Dienstag bis Samstag von 10 bis 17 Uhr und sonntags von 14 bis 17 Uhr geöffnet. Der Eintritt ist frei. Führungen sind nach telefonischer Absprache unter der Telefonnummer (0881) 682 601 oder unter stadtmuseum@weilheim.de möglich. Informationen zum aktuellen Ausstellungsprogramm finden sich unter www.museum.weilheim.de.

Schützenmuseum

Im Jahr 1995 konnten die "Kgl. priv. FSG Weilheim" ihr eigenes Museum eröffnen. Die Sammlung vermittelt einen umfassenden Einblick in die bedeutende Schützentradition der Stadt, die bis in das späte Mittelalter zurückreicht. Zu den Exponaten, die in drei Räumen der im Jahr 1822 erbauten alten Schießstätte ausgestellt sind, gehören Pokale, Fahnen, Scheiben, Bilder, Abzeichen, Waffen und Dokumente aus dem Besitz der Feuerschützengesellschaft.

Stadtbach mit Trachtenheim
(Bild Stadt Weilheim)

Tanz um den Maibaum
(Bild Stadt Weilheim)

Kulturelles

Feste Bestandteile des Weilheimer Kulturprogramms sind die französische und die italienische Woche. Die vom Gewerbeverband Weilheim seit 1988 jährlich am ersten Juliwochenende stattfindende französische Woche ist ein kulinarisches Fest mit Gastronomiebetrieben aus Weilheim und Händlern aus der südfranzösischen Partnergemeinde Narbonne.

Am ersten Septemberwochenende veranstaltet die Vita e Cultura Italiana Weilheim seit 2007 eine "Italienische Woche". Diese beliebte Veranstaltung lockt von Jahr zu Jahr mehr Gäste an. Hier werden verschiedene Regionen Italiens vorgestellt, umrahmt von einem kulturellen Programm mit Livemusik.

Feste und Feiern

Die Weilheimer feiern gerne. Schließlich ist die Stadt als Zentrum im Pfaffenwinkel schon seit jeher der zentrale Markt- und Umschlagplatz. Dies kommt natürlich auch den zahlreichen Gästen, die jedes Jahr Weilheim besuchen, zugute – es ist immer etwas los. So finden im Jahr zahlreiche Märkte statt, die großen Anklang finden und viele Besucher anziehen.

Märkte

Der Palmmarkt findet am Sonntag vor dem Palmsonntag statt, der Gallimarkt am 2. Sonntag im Oktober. Die Geschäfte in der Innenstadt öffnen ihre Pforten und parallel auf dem Marienplatz wird ein Bauernmarkt abgehalten, auf dem vorwiegend regionale Anbieter ihre Waren feilbieten.

Auf dem Johannimarkt am letzten Sonntag im Juni und dem Andreasmarkt am letzten Sonntag im November, bieten viele Fieranten und Kaufleute ein großes Sortiment an Haushalts- und Spielwaren, Schmuck, Bekleidung und vieles mehr an. In der Oberen Stadt, rund um den Stadtbach und Rathausplatz haben sie ihre Stände aufgebaut. Der begleitende Bauernmarkt bietet den regionalen Anbietern die Gelegenheit, ihre Köstlichkeiten und Spezialitäten an den Mann und die Frau zu bringen.

Weihnachtsmarkt

In der Adventszeit ist die Innenstadt weihnachtlich geschmückt und lädt die Besucher aus nah und fern zum vorweihnachtlichen Bummeln ein. Der ca. 20 m hohe, mit mehreren hundert Kerzen versehene Weihnachtsbaum, lässt den Marktplatz hell erleuchten. In der 2. Adventswoche findet von Donnerstag bis Sonntag der Weihnachtsmarkt auf dem Marienplatz und auf dem nahegelegenen Kirchplatz der Künstler- und Kunsthandwerkermarkt statt. Bei dem Licht, dem Duft nach gebrannten Mandeln, heißen Maroni, leckeren Bratwürsten und natürlich Glühwein schlagen die Herzen der Besucher, ob klein oder groß, höher. Jeden Nachmittag gibt es ein wechselndes Musikprogramm, die kleinen Besucher können die blökenden Schafe vor der Krippe streicheln und am Samstag kommt der Nikolaus mit Kutsche und Engeln und verteilt kleine Geschenke an die Kinder.

Weilheimer Volksfest

Das Weilheimer Volksfest, das jährlich von jeweils Christi Himmelfahrt

Weilheimer Volksfest
(Bild Stadt Weilheim)

356

bis Pfingstmontag abgehalten wird, bietet einen großen Vergnügungspark mit zahlreichen Fahrgeschäften und kulinarischen Köstlichkeiten. Ein Musikprogramm im Festzelt begeistert die Besucher jedes Jahr aufs Neue und die gute Festzeltküche bietet jede Menge bayerische Schmankerl.

Oberlandausstellung

Im Zweijahresrhythmus (ungerade Jahre) im Oktober findet auf dem Volksfestplatz in Weilheim die Oberlandausstellung statt. Dort kann man unter den mehr als 300 Ausstellern nach Nützlichem und Schönem für Haus und Garten schauen, sich zu den verschiedensten aktuellen Themen informieren und einfach ein paar schöne Stunden mit Freunden und Familie zu verbringen. Ein großes Angebot an Produkten, Dienstleistungen und Informationen, ein gemütliches Festzelt und ein interessantes und abwechslungsreiches Rahmenprogramm erwarten die Besucher auf dieser mittlerweile größten Regionalmesse im gesamten Oberland. An den fünf Messetagen zählt die Oberlandausstellung etwa 40.000 Besucher.

Kurioses und Originelles

Die "Weilheim"

Auf das Jahr 1958 geht die Patenschaft der Stadt Weilheim für ein Schiff der Bundesmarine zurück. Unter den Augen des ehemaligen Verteidigungsministers, Dr. Franz Josef Strauß, und des damaligen Bürgermeisters der Stadt Weilheim, Dr. Machon, lief am 4.2.1958 die "Weilheim", das 8. Minensuchboot der Bundesmarine, vom Stapel. 1995 wurde es außer Dienst gestellt und ist heute im Marinemuseum Wilhelmshaven ausgestellt. Am 26. Februar 1998 fand der Stapellauf des neuen Minenjagdbootes "Weilheim" statt, für das die Stadt wiederum die Patenschaft erhalten hat. Das Schiff ist im Marinestützpunkt Kiel stationiert.

Zwischen der Stadt und der Besatzung der "Weilheim" findet ein reger Austausch statt. So nimmt regelmäßig eine Abordnung der Besatzung am Weilheimer Weihnachtsmarkt teil, um die Erlöse caritativen und sozialen Einrichtungen zu spenden. Alle Matrosen sind während ihres 6-tägigen Aufenthaltes ausschließlich bei Freunden und Mitgliedern der Marinekameradschaft Weilheim untergebracht.

Ein Kandinsky für Weilheim

Im Jahr 2008 brachte ein Kunstprojekt die Stadt weltweit in die Medien. Der "größte Kandinsky der Welt", den viele hundert Schüler und Bürger nach einer Idee des Architekten Florian Lechner auf die über 8.000 Bodenplatten des Marienplatzes malten. Diese "Mal-Aktion" war ein Projekt von Weilheimern für Weilheimer und unzählige Zeitungen und Zeitschriften, Fernseh- und Rundfunksender aus aller Welt berichteten über dieses Projekt.

Freizeit-und Sport

Der hohe Freizeitwert der Stadt ist auf seine zahlreichen Sportstätten und mehr als 90 ortsansässigen Vereine zurückzuführen. Direkt vor Ort laden Naherholungsgebiete zum Entspannen und Erholen ein. Tagestouristen präsentiert sich Weilheim als idealer Ausgangsort für Ausflüge in die reizvolle Region.

Dietlhofer See
(Bild Stadt Weilheim)

Erlebnis-Golfanlage

Seit Juli 2010 besteht eine Erlebnisgolfanlage am Dietlhofer See, am nordöstlichen Ortsrand der Stadt. Diese Anlage erfreut sich großer Beliebtheit bei Jung und Alt, denn die Besucher erwartet Natur pur in der beeindruckenden Lage am See. Mit den großzügig gestalteten Bahnen lädt der Parcours zu abwechslungsreichen Stunden mit Familie und Freunden ein. Golfschläger und Bälle können im angrenzenden Tennisstüberl des Tennisklub gegen eine geringe Gebühr ausgeliehen werden. Das Lokal wie auch die sonnige Terrasse laden vor und nach dem Spiel zum Verweilen ein.

Dietlhofer See

Das Naturfreibad des Sees lädt als ausgewiesenes EU-Badegewässer bei heißen Sommertemperaturen zum Baden ein. Er ist Mittelpunkt eines der beliebtesten Naherholungsgebiete der Weilheimer. Die Gesamtwasserfläche beträgt 89.000 qm und die Wassertiefe bis zu 19 m. Obwohl die Wassertemperatur im Sommer auf bis zu 25° C steigen kann, zeichnet sich der See durch eine anhaltend gute Wasserqualität aus.

Hallenbad Weilheim

Während des Jahres bietet das Hallenbad in der Jahnstr. 2 entspannende Stunden. Das Schwimmbecken bietet mit einer Wassertemperatur von 27°, das Lehrschwimmbecken mit 29° C ideale Bedingungen für angenehme sportliche Betätigung. Während der Sommerferien ist das Bad geschlossen. Informationen über die Öffnungszeiten sind in der Tourist-Info erhältlich.

Sportlich aktiv sein

Den einfachsten Einstieg in die Vertikale ist das Bouldern. Das Klettern in der Weilheimer Kletterhalle bietet Klettervergnügen vom Feinsten und ist ohne Vorkenntnisse möglich. Neben einer Kinderkletterwand und einer Spielhöhle für die kleinen Besucher, steht eine über 1.000 m? große bedachte Kletterwannd mit bis zu 11,50 m Höhe zur Verfügung. Hier sind über 100 Kletterrouten möglich. Informationen unter: www.kletterhalle-weilheim.de

Für weitere sportliche Abwechslung sorgen ein Tennis- und Squashplatz, eine Badminton-Anlage und zwei Tanz- und Ballettstudios. Eine BMX-Bahn und ein Pétanque-Platz für ein - der französischen Städte-Partnerschaft gewidmetes originales – Boulespiel bieten ebenfalls vielfältige sportliche Betätigung.

Wandern und Radfahren

Neues auf alten Wegen entdecken

Unter diesem Motto hat die Stadt Weilheim einige Wander- und Fahrradrouten zusammengestellt.

"Rund ums Gögerl" ist eine etwa einundeinhalb stündige Wanderung, die 5 km durch die herrliche Natur südöstlich von Weilheim auf der es viel zu entdecken gibt.

Nordöstlich von Weilheim verlaufen drei Wanderwege mit Längen von 4, 7 und 10 km rund um den Dietlhofer See und das Naherholungsgebiet "Hardt".

Auf dem Themenweg "Eibenwaldrunde", der nördlich von Weilheim seinen Anfang nimmt, lernt der Radler auf etwa 23 km den märchenhaften Eibenwald, das Weilheimer Moos und den Zellsee kennen, an dem viele Wasservögel beheimatet sind.

Die "Storchenrunde" startet an der Ammerbrücke im Westen Weilheims. Die 30 km lange Strecke führt an der Ammer entlang bis zu den Parabolspiegeln der "Erdfunkstelle Raisting". Mit etwas Glück bekommt man die Störche in Raisting und Sölb zu Gesicht, die hier ganzjährig ihre Heimat gefunden haben.

Ausführliche Beschreibungen der Routen können auf der Webseite der Stadt Weilheim abgerufen werden: www.weilheim.de oder liegen als Faltblätter im Tourismusbüro bereit.

Mariensäule
(Bild Stadt Weilheim)

Orts- und Infrastuktur

Verkehrswege

Die Stadt Weilheim erhielt 2010 den Umweltpreis der Bayerischen Landesstiftung. Um den motorisierten Individualverkehr zu reduzieren, bietet die Stadt mit dem "Mobilitätskompass" eine Vielfalt von Verkehrsarten. Der Stadtbusbetrieb, Car-Sharing, ÖPNV und ein gut ausgebautes Radwegenetz, um nur einige zu nennen, tragen zu einer Verringerung des CO_2-Ausstoßes bei.

Auf der Schiene

Weilheim liegt verkehrsgünstig an der Bahnstrecke von München über Garmisch-Partenkirchen nach Mittenwald und Innsbruck. Außerdem ist die Stadt Ausgangspunkt für die Pfaffenwinkelbahn, eine eingleisige Nebenbahn von Weilheim über Peißenberg und Peiting nach Schongau sowie die Ammerseebahn, die über Geltendorf nach Mering und Augsburg führt.

Auf der Straße

Die B2 führt von Garmisch-Partenkirchen kommend, über Starnberg nach München, während die B 472, die südlich der Stadt vorbeiführt, Bad Tölz mit Schongau verbindet. Zur nächsten Autobahnanschlussstelle ist es nicht weit: Die Abfahrt Seeshaupt an der A95, die München mit Garmisch-Partenkirchen verbindet, ist nur 20 km entfernt.

Mit über 2.000 zentrumsnahen Parkplätzen und einer einfachen Platzsuche mit einem modernen Parkleitsystem steht einer Anreise zum Bummeln, Einkaufen und Genießen in der Weilheimer Altstadt nichts im Wege.

Bahnhof Weilheim
(Bild Stadt Weilheim)

Stadtbach
(Bild Stadt Weilheim)

Mit dem Bus

Über den Regionalverkehr Oberbayern (RVO) ist Weilheim mit dem Bus im Pfaffenwinkel flächendeckend vernetzt und alle Ziele gut erreichbar. Der Netz- und Fahrplan sowie die Fahrpreise des Stadtbus Weilheim und die Nachbusse, die auf der Linie Ost und West verkehren, sind online abrufbar unter www.weilheim.de

Schulen

Weilheim verfügt über ein dichtes Netz an Schulen, da die Stadt von überall her gut zu erreichen ist.

Die Grundschulen an der Ammer und am Hardt arbeiten an einem Motto: "Gemeinsam geht's besser". In der Wilhelm-Conrad-Röntgen-Mittelschule wird die Schülerpersönlichkeit gefördert, indem man praxisorientiert unterrichtet und damit die Berufswahl des einzelnen Schülers erleichtert.

Daneben stehen eine Realschule und eines der größten Gymnasien Bayerns zur Verfügung. Hier wartet man mit drei verschiedenen Fachrichtungen, wie neusprachlich, humanistisch und naturwissenschaftlich auf. Zahlreiche Kontakte ins Ausland führen zu einem regelmäßigen Schüleraustausch vorwiegend nach England, Frankreich und die USA.

Begleitend zur beruflichen Ausbildung von Jugendlichen gibt es in Weilheim eine Berufsschule sowie eine Fachober-und Berufsoberschule für den zweiten Bildungsweg. Ebenso stehen eine Landwirtschafts- und die Oberlandschule zur Verfügung, die aus Wirtschaftsschule und -gymnasium, Kaufmännischer- und Fremdsprachenschule besteht. Eine Musikschule ist hier ebenso ansässig wie das Bildungs- und Technologiezentrum der Handwerkskammer München.

Weltoffen
wohnen

Durch die zentrale Lage Weilheims entwickelte sich die Stadt auch zu einer Metropole der Behörden im Oberland. Nahe Wege zu allen möglichen Dienststellen erleichtern diese Gänge. Aufgrund der Infrastruktur konnte sich Weilheim zu einem wirtschaftlichen Standort entwickeln, in dem es sich angenehm leben lässt.

Wirtschaft und Ausbildung

Eine vielseitige wirtschaftliche Ausrichtung mit den unterschiedlichsten Branchen konnte Weilheim in den vergangenen Jahrzehnten realisieren. Neben Unternehmen der Leichtmetallbranche findet sich ein weltweit führendes Unternehmen der Verkehrstechnik ebenso wie eine wissenschaftlich-technische Werkstätte, die Produkte zur Wasseranalyse anbietet. In Lichtenau, nur wenige Kilometer südwestlich von Weilheim, liegt die Satelliten-Bodenstation des deutschen Zentrums für Luft- und Raumfahrt. Hier wird das gesamte

Weilheim grüßt seine Gäste
(Bild Stadt Weilheim)

362

Kommunikationsnetz mit den erforderlichen Datenverarbeitungsanlagen für bemannte und unbemannte Raumfahrtmissionen bereitgestellt.

Nicht zu vergessen ist eine der letzten selbstständigen Brauereien im Oberland hier zu finden – der Dachsbräu, in dem auch Brauereiführungen angeboten werden. Informationen sind über www.dachsbier.de oder die Telefon-Nr. (0881) 2261 erhältlich.

Alle diese Unternehmen tragen zusammen mit wirtschaftlich starken Handwerks- und Handelsbetrieben zu einer stabilen Arbeitsmarkt- und Ausbildungssituation in Weilheim bei.

Altersgerecht

Knapp ein Drittel der Weilheimer Bevölkerung befindet sich in einem Lebensalter von 60 Jahren aufwärts. Für die Senioren stehen in Weilheim sehr viele Einrichtungen zur Verfügung, die den Alltag im Alter erleichtern. Neben Senioren- und Pflegeheimen gibt es Einrichtungen für betreutes Wohnen. In den Begegnungsstätten, die von den unterschiedlichsten Institutionen getragen werden, wird das Thema Sport und Freizeit groß geschrieben. Gymnastikgruppen für ältere Mitbürger, das gemeinsame Radeln, Biergartenbesuche und die Begegnung mit den jüngeren Generationen finden sich auf der Aktivitätenliste.

Im Mehrgenerationenhaus in der Schmiedgasse 15 finden laufend Veranstaltungen für die ältere Generation statt. Das Haus ist Montag bis Donnerstag von 8 bis 18 Uhr und am Freitag von 8 bis 14 Uhr geöffnet. Telefon (0881) 90 95 90 17

Der Seniorenkompass der Stadt Weilheim jährlich neu auflegt, bietet einen Leitfaden für alle Lebensbereiche der älteren Mitbürger.

Wohnmobilstellplatz der Stadt Weilheim

Reisende, die mit einem Wohnmobil unterwegs sind, finden in der Lohgasse 17 (GPS-Koordinaten N 47°84'00'' / O 11°13'63'') 13 Stellplätze für Wohnmobile bis zu einer Gesamtlänge von acht Metern. Die maximale Parkdauer beträgt fünf Tage. Von dem ruhig aber zentrumsnah gelegenen Stellplatz sind in fußläufiger Entfernung die historische Altstadt mit Einkaufs- und Einkehrmöglichkeiten ebenso erreichbar, wie das Ammerufer mit einem Fuß- und Radweg sowie das Naherholungsgebiet „Au", das mit einem Fitness-Parcours für Jung und Alt ausgestattet ist. Wohnmobil-Stellplatz der Stadt Weilheim, Lohgasse 17, 8262 Weilheim in OB

Wichtige Adressen und Telefonnummern

Stadt Weilheim in Oberbayern
Tourist-Info
Admiral-Hipper-Str. 20
D-82362 Weilheim in OB
Tel. +49 (0)881 68 25 32, 33
Fax +49 (0)881 68 25 30
weilheiminfo@weilheim.de
www.weilheim.de

Freizeit

Hotel Vollmann

Durch die Stadt flanieren und die schönsten Sehenswürdigkeiten in Weilheim zu Fuß erkunden. Nur 10 Gehminuten liegt das Hotel Vollmann von der Weilheimer City entfernt.

Hotel Vollmann, Eisenkramergasse 4, D-82362 Weilheim, Tel. +49 (0)881 92 77 18 60, Fax +49 (0)881 63 332, info@hotel-vollmann.com, www. hotel-vollmann.com

Brunner Rosi's Wildkräuter und Deko

Ob zu Fuß oder mit dem Fahrrad – mit Rosi Brunner erlebt man die Vielfalt der Natur. Heilkräuter, Blumen und Wildgemüse entdeckt man am Wegrand und die erfahrene Kräuterexpertin weiss so manches über die Geschichte und die heilenden Kräfte der Pflanzen zu berichten. Brunner Rosi's Wildkräuter und Deko, Arnried 4, D-82390 Eberfing, Tel. +49 (0)8801 1268, Fax +49 (0)8801 1323, rosi-und-hermann-brunner@t-online.de

Einkaufen

Schönegger Käsealm

Für Käsespezialitäten aus frischer Heumilch empfiehlt sich die Schönegger Käsealm.

Wolfgang Königbaur, Herzog-Christoph-Straße 5, D-82362 Weilheim, Tel. +49 (0)881 41 79 945

*Am Dietlhofer See
(Bild Stadt Weilheim)*

In ruhiger Altstadtlage

Hotel Vollmann in Weilheim

Inmitten der malerischen Altstadt von Weilheim liegt das Hotel in ruhiger Lage. Nur 10 Minuten Gehzeit sind es von hier zu den Sehenswürdigkeiten der malerischen Stadt im Pfaffenwinkel. Besichtigen, Shoppen, Flanieren – Weilheim hat für jeden Geschmack etwas zu bieten.

Eine freundliche und helle Atmos-phäre empfängt die Hotelgäste, deren Ziel das Hotel Vollmann ist. 35 komfortabel eingerichtete Zimmer mit Dusche/WC und Badewanne/WC sowie Telefon, TV und kostenloser WLAN-Nutzung stehen den Gästen ebenso zur Verfügung wie sechs Appartements, die ebenso eingerichtet sind, aber durch zusätzliche Küchenzeilen einen unabhängigen Aufenthalt ermöglichen.

Nach einem reichhaltigen und abwechslungsreichen Frühstück am Buffet des Hotels, starten die Gäste ihre Erkundungstouren durch den Pfaffen-winkel. Aus der zentralen Lage der Stadt erreicht man rasch die Sehenswürdigkeiten der Umgebung. Gerne ist das freundliche Personal oder der selbst Motorrad- und Fahrradfahrende Chef des Hauses bei der Planung von Touren und Ausflügen behilflich; egal, ob man mit dem Auto, dem Motorrad, mit dem Fahrrad, zu Fuß oder mit der Bahn (halbstündliche Bahnanbindung nach München und Garmisch) unterwegs ist. Das bikerfreundliche Hotel besitzt auch zwei Elektrofahrräder, die von den Gästen kostenpflichtig ausgeliehen werden können.

Hotel Vollmann

Eisenkramergasse 4
D-82362 Weilheim
Tel. +49 (0)881 92 77 18 60
Fax +49 (0)881 63 332
info@hotel-vollmann.com
www.hotel-vollmann.com

Bewusst er-leben

Naturküche Wieshof

Die Kraft der Kräuter, Gemüse und Blumen kennenlernen und längst in Vergessenheit geratene Salat-, Gemüse- und Heilpflanzen wieder entdecken – das ist auf dem Wieshof möglich.

Inmitten der Natur und umgeben von Wiesen und Wäldern liegt der Biohof der Familie Doll. Glückliche Kühe, sowie Hund und Katzen gehören zum Hofbild. Einen Zaun sucht man

Die Natur-Küche erleben

Sich bei der Ernährung auf die eigenen Wurzeln zu besinnen, ist das Anliegen der ausgebildeten Kräuterpädagogin und Gartenbäuerin. In der Naturküche bietet Sie Kochkurse an, in denen die Teilnehmer viel Wissenswertes über unbekannte Gemüsearten und Obstsorten erfahren, über deren Anbau und wie sie in der Küche zu schmackhaften und gesunden Mahlzeiten zubereitet werden. Eine Fülle von essbaren Wildkräutern wird hier ebenso geerntet, wie Ur- und Wildobst. Eins mit der Natur wird man beim Schauen, Staunen und Betrachten während einer Gartenführung im Kräuter-, Heilpflanzen-, Gemüse- und Blumengarten. Anschließend

hier vergebens, denn der Garten, der den Hof umgibt, geht fließend in die umliegende Natur über. Was der Meisterin der ländlichen Hauswirtschaft, die mit ihrer Familie Haus und Hof bewirtschaftet, so wichtig ist, ist die Vermittlung von Wissen über alte Pflanzen und Gewächse, die im Laufe der Jahrzehnte in Vergessenheit geraten sind. Zu Unrecht, wie Elisabeth Doll meint, denn die Natur beschenkt uns so reich mit ihren Gaben, dass wir uns nur zu bücken brauchen.

und Kulturpflanzen inspiriert man sich gegenseitig. Aus den teilweise unbekannten Zutaten eine schmackhafte Mahlzeit herzustellen, das schenkt Glücksmomente, in denen sich der Teilnehmer als Teil der Natur erkennt. Daneben steht ein Seminarraum für Veranstaltungen zur Verfügung, bei denen die Gäste mit Köstlichkeiten aus der Naturküche verwöhnt werden. Außerdem haben die Besucher die Möglichkeit, selbst hergestellte Produkte wie Kräutersalz, verschiedene Essige, Liköre, Gelees und weiteres zu erwerben, die sie dann zuhause genießen können.

Naturküche Wieshof

kann man sich bei Kaffee und Kuchen stärken, bei schönem Wetter natürlich im Garten.
Beim gemeinsamen Sammeln und Ernten von Kräutern, Blüten, Wild-

Wieshof 1
D-82362 Weilheim-Marnbach
Tel. +49 (0)881 2342
info@naturkueche-wieshof.de
www.naturkueche-wieshof.de

Biologische Lebensmittel aus der Region

Biolandhof Peißenberg und Biomichl in Weilheim

Die Vorteile von ökologisch erzeugten Lebens- und Nahrungsmitteln sowie Kosmetikartikeln liegen auf der Hand: Für ihre Produktion ist weniger Energie erforderlich, sie schonen die Umwelt und das Klima und erhalten damit die Artenvielfalt in Fauna und Flora.

Von diesen Vorteilen war auch die Familie Sendl schon vor vielen Jahren überzeugt. Seit 1979 wird der Biolandhof in Peißenberg ökologisch bewirtschaftet und gilt damit als einer der Pioniere in der Region für eine ökologische Landwirtschaft. Der Hof ist das Herz des Familienunternehmens und die Heimat einer großen Mutterkuhherde, die im Sommer auf den saftigen Weiden des Voralpenlandes und während der Wintermonate in einem Offenfront-Freilaufstall steht. Gefüttert wird nur gesundes, weidefrisches Gras und das Heu der Streuwiesen rund um

den Hof. Das Fleisch, das die Weidetiere liefern ist zart, saftig und gesünder, da sich viele wertvolle Mineralstoffe und Vitamine nur bei artgerechter Haltung und Fütterung entfalten können. Das Fleisch ist in der Metzgerei im Weilheimer Biomarkt erhältlich.

Biomichl in Weilheim

In dem Biomarkt gehen nur ökologisch erzeugte Lebens- und Nahrungsmittel sowie Naturkosmetik über die Ladentheke. Viele Lieferanten aus der Region finden sich auf den Herkunftslabels, was kurze Transportwege garantiert und Arbeitsplätze vor Ort sichert. Beim Biomichl kann sich der Kunde auf eine kompetente Beratung mit dem Service eines Kaufhauses verlassen. Groß ist die Auswahl und frisch sind die angebotenen Waren in der Obst- und Gemüseabteilung sowie der Bä-

ckerei, in der es neben Brot und Backwaren auch köstliche Kuchen gibt. In der Käsebedientheke fällt dem Kunden die Wahl schwer, kann er doch zwischen 200 verschiedenen Käsesorten seinen Lieblingskäse herausfinden. In der Fischtheke finden sich nur Wildfische aus nachhaltiger Fischerei oder Bio-Zuchtfische. Der Metzgermeister des Biomarktes bietet nur ökologisch erzeugte Fleisch- und Wurstwaren an. Ein wenig stolz ist die Familie Sendl auch auf ihr großes und vielfältiges Sortiment an biologisch erzeugten Weinen, das für jeden Geschmack den rechten Tropfen zu bieten hat.

Abgerundet wird das reichhaltige Angebot im Biomichl in Weilheim durch Naturkosmetik. Hier finden sich ausschließlich natürlich hergestellte Produkte führender Hersteller, die für die ökologische, nachhaltige und tierversuchsfreie Produktion ihrer Ware stehen.

Im Bistro im Biomarkt gibt es ein reichhaltiges Frühstück, täglich frisch zubereitete Mittagsgerichte und natürlich Kaffee, Kuchen und kleine Snacks.

Das Geschäft ist Montag bis Freitag von 8 bis 20 Uhr und am Samstag von 8 bis 18 Uhr geöffnet. Im Bio Bistro gibt es schon ab 7 Uhr jeden Morgen frische Backwaren.

Biomichl

Pütrichstr. 9, D-82362 Weilheim
Tel. +49 (0)881-92 79 08 50
Fax +49 (0)881-92 79 08 550
biomarkt@biomichl.de
www.biomichl.de

369

Wessobrunn

Ein Dorf schreibt Geschichte

Wessobrunn (702 m ü. M., 2150 Einwohner) mit den 4 Ortsteilen Wessobrunn, Paterzell, Forst und Haid hat seinen Bekanntheitsgrad wohl dem Kloster und der kunsthistorischen Bedeutung zu verdanken. Heute ist die idyllische Region in erster Linie landwirtschaftlich geprägt. Die waldreiche Umgebung beeindruckt durch ihre wilde Schönheit und Artenvielfalt und bietet jedem Naturliebhaber ein weitläufiges Erholungsgebiet.

Kurzer Blick ins Geschichtsbuch

Die ehemalige Benediktinerabtei stammt in ihrem Ursprung aus dem Jahre 753.

Wessobrunner Gebet

Bei dem berühmten Wessobrunner Gebet handelt es sich um einen in einer lateinischen Sammel-Handschrift gefundenen Text, entstanden um 814. Das Original ist mit kunsthistorisch interessanten Federzeichnungen verziert. Es ist das erste christliche Gedicht in althochdeutscher Sprache, das erhalten geblieben ist: „Als da nichts war von Enden und Wenden, da war doch der eine allmächtige Gott …"

Im Ortszentrum auf dem „Lindenplatz" ist der Text auf einem Findling eingemeißelt.

Kloster Wessobrunn
(Bilder Gemeinde Wessobrunn)

Blick auf Kloster Wessobrunn

Sehenswürdigkeiten

Klostergebäude

Die Pläne für die Neugestaltung der Klosteranlage stammen von Johann Schmuzer (1642 – 1701). Deckengemälde und Stuckornamente zieren die oberen Räume. Künstler wie Johann Schmuzer, Joseph Schmuzer (1683 – 1752), Franz Schmuzer (1676 – 1741) und andere Stuckatoren haben bei der Gestaltung des Ganges mitgewirkt. Nach wechselvoller Baugeschichte blieben nur der Fürsten-, der Prälaten-, und der ehem. Theatertrakt übrig. Klosterführungen: Mittwoch, Donnerstag, Freitag, Samstag um 15.00 Uhr, Sonntag und Feiertag jeweils um 14.00 und 15.00 Uhr und nach Vereinbarung, Tel. 08809 222

Grauer Herzog oder Römerturm

Der quadratische Turm (9,50 m Seitenlänge, 17 m Höhe) stammt aus der Zeit um 1250 und gehörte zur Klosterkirche.

Bibliothek

Trotz wechselvoller Geschiche, die oft mit Zerstörung einher ging, konnte der Bücherbestand durch begabte Schreiber wie die selige Diemut oder den Mönch Ludwig (gest. 1220) immer wieder vermehrt wurde. Große Bücherbestände aus Wessobrunn befinden sich heute in der Bayerischen Staatsbibliothek und in der Münchener Universitätsbibliothek.

Pfarrkirche St. Johann Baptist

Bereits im Jahre 1128 wurde für die umliegende Bevölkerung neben der

Forst
(Bilder Gemeinde Wessobrunn)

Klosterkirche eine Pfarr- und Taufkirche errichtet. Mit dem Bau der jetzigen Pfarrkirche wurde 1757 begonnen. Der Entwurf der Kirche stammt vermutlich aus der Hand von Joseph Schmuzer.

Pfarrkirche St. Leonhard in Forst

Die ursprüngliche Filialkirche und spätere Wallfahrtskirche gehörte ab 1120 zur Pfarrei Wessobrunn. Der Bau, errichtet ab 1757, stammt von Joseph Schmuzer (1683–1752). 1761/69 malte Matthäus Günther (1705 – 1788) das Deckenfresko im Langhaus mit Szenen aus dem Leben des Hl. Leonhard.

Kreuzbergkapelle

Die Kreuzbergkapelle auf einer kleinen Anhöhe an der Straße von Wessobrunn nach Landsberg erinnert daran, dass hier im Jahre 955 sechs Mönche und Abt Thiento von den Ungarn erschlagen wurden. In der Kapelle befindet sich der Findling, auf dem die Mönche enthauptet wurden.

Historisches Brunnenhaus

Die dreibögige, offene Brunnenhalle wurde 1735 von Abt Thassilo Bölzl (1706 – 1743) nach Plänen von Joseph Schmuzer erbaut.

Grotte

Die Madonnenstatue ist eine Kopie der um 1235/50 entstandenen „Mutter der Heiligen Hoffnung", deren Original heute im Nationalmuseum in München steht.

Naturdenkmale

Die Tassilo-Linde ist Teil der Gründungslegende von Wessobrunn und demnach über 1250 Jahre alt.

Paterzeller Eibenwald

Der Paterzeller Eibenwald mit über 2000 Eiben ist größter Eibenwald Deutschlands. Des Weiteren sind im gesamten Gemeindegebiet weitere ehrwürdige Linden verteilt.

Tassilolinde

Berühmte Personen

Schmuzer Johann (1642–1701), Franz (Franz * 1676, † 1741), Joseph (* 1683, † 1752) und Franz Xaver (* 1713; † 24. April 1775) sind als Baumeister und Stuckatore in die Geschichte eingegangen und untrennbar mit Wessobrunn verbunden. Der bedeutende Freskenmaler Matthäus Günther (1705 – 1788) ließ sich 1763 in Haid nieder. Neben den Stuckateuren Johann Baptist Zimmermann (1680–1758) und Dominikus Zimmermann (1685–1766) waren über 600 weitere Stuckateure in Wessobrunn tätig.

Luise Rinser, deutsche Schriftstellerin 1911 bis 2002, hat in Wessobrunn einen Teil ihrer Kindheit verbracht und ist in Wessobrunn begraben.

Feste und Feiern – Ein Blick in den Jahreslauf

Die beiden Blaskapellen Wessobrunn und Forst spielen auf einem hohen Niveau und begeistern ihr Publikum bei zahlreichen Anlässen.

Volkstümliche Bräuche

Das Maibaum-Aufstellen am 1. Mai, jedes Jahr in einem anderen Ortsteil, spielt eine wichtige Rolle. Auch der Brauch des Maifeuers wird in Wessobrunn lebendig gehalten.

Religiöse Bräuche

Die alljährichen Fronleichnamsprozessionen, in Forst und Wessobrunn, sind ein Beispiel tiefer Volksfrömmigkeit. Das Wessobrunner Fest wird am

Fronleichnamsprozession

ausragende Feste im Jahreslauf. Der jährliche Leonhardiritt am 6. November in Forst zählt zu den ältesten der Gegend und wurde bereits im 17. Jahrhundert abgehalten.

Freizeit und Sport

Badespaß

Mit dem Fahrrad nur 3,5 km entfernt ist der Engelsrieder See, der zum Schwimmen einlädt.

Wandern

Pilger auf dem Jakobsweg

1.Sonntag im August gefeiert (Fest der „Bruderschaft zur Mutter der Schönen Liebe"). Das Erntedank-Fest, das mit Pfarrfest und Künstlermarkt im Prälatentrakt des Klosters gefeiert wird, und die Wessobrunner Dorfweihnacht alle zwei Jahre sind herausragende

Der angrenzende Dießner Forst, die verschiedenen Moorgebiete Rohrmoos, Geiselmoos, Schweigwalt-Moos und Ochsenfilz laden mit ihrer Vielfalt von Flora und Fauna zu Spaziergängen und Exkursionen ein.

Blick aufs Ammertal
(Bilder Gemeinde Wessobrunn)

Der Weg zum Friedhof gibt immer wieder den Blick frei übers Ammertal oder über Forst zum Hohenpeißenberg.

Wessobrunn liegt sowohl am Jakobsweg, der in diesem Abschnitt von München zum Bodensee führt, als auch am König-Ludwig-Weg vom Starnberger See nach Füssen.

1995 wurde im Paterzeller Eibenwald ein Lehrpfad angelegt.

Radfahren

Ein gut ausgebautes Radwandernetz lädt ein die Region zu erkunden. Durch den Dießener Forst führt eine wunderschöne Strecke zum Ammersee.

Segelfliegen

Am Segelflugplatz Paterzell werden Alpenrundflüge angeboten.

Im Winter

Bei entsprechender Schneelage wird eine 4 km Langlaufrunde gespurt.

Wenn der Engelsrieder See zugefroren ist, trifft man sich hier gerne zum Schlittschuhfahren.

Orts- und Infrastuktur

Schule und Bildung

Die Kleinen sind im Kindergarten „Bärenhöhle" in Wessobrunn und im Kindergarten „St. Leonhard" in Forst gut aufgehoben. Außerdem gibt es in Wessobrunn eine Grundschule in Forst. Weiterführende Schulen sind in Weilheim und Peißenberg.

Wichtige Adressen und Telefonnummern

**Touristeninformation
Gemeinde Wessobrunn**
Zöpfstraße 1, D-82405 Wessobrunn
Tel. +49 (0)8809 31300
Fax +49 (0)8809 31302
gemeinde@wessobrunn.bayern.de
www.wessobrunn.de

Freizeit

Neben dem einmaligen Paterzeller Eibenwald, in dem man sich bei einem
Spaziergang so richtig erholen kann,
steht im Landgasthof Zum Eibenwald
auch eine vollautomatische Kegelan-
lage mit fünf Bahnen für sportliche
Wettkämpfe zur Verfügung.
Landgasthof Zum Eibenwald, Peißenberger Str. 11, D-82405 Wessobrunn/
Paterzell, Tel. +49 (0)8809 92 040,
Fax +49 (0)8809 92 04 70, info@
landgasthof-eibenwald.de,   www.
landgasthof-eibenwald.de

Feiern

Von der kleinen Gesellschaft bis hin
zu großen Feiern für bis zu 240 Personen finden im Landgasthof Zum
Eibenwald die passenden Räumlichkeiten. Kaminzimmer, Flieger- und
Ulrichstüberl sowie der große Ulrichsaal stehen für private Feierlichkeiten
und geschäftliche Events und Tagungen zur Verfügung.
Landgasthof Zum Eibenwald, Peißenberger Str. 11, D-82405 Wessobrunn/
Paterzell, Tel. +49 (0)8809 92 040,
Fax +49 (0)8809 92 04 70, info@
landgasthof-eibenwald.de,   www.
landgasthof-eibenwald.de

Essen und Trinken

Mit seinem Team kocht der Chef
selbst, jeden Tag frisch. Es wird darauf
geachtet, Produkte aus der Region zu
verwenden und diese ansprechend für
Jung und Alt zu gestalten. Man findet
traditionell bayrische Schmankerl ge-

nauso, wie innovative neue Gerichte.
Eine täglich wechselnde Karte bietet
Spezialitäten der Saison.
 Landgasthof Zum Eibenwald, Peißen-
berger Str. 11, D-82405 Wessobrunn/
Paterzell, Tel. +49 (0)8809 92 040,
Fax +49 (0)8809 92 04 70, info@
landgasthof-eibenwald.de,   www.
landgasthof-eibenwald.de

Gartenterrasse

Zu einem frisch gezapften Bier mit einer deftigen Brotzeit lädt der Biergarten im Landgasthof Zum Eibenwald
ein. Die Köstlichkeiten aus Küche
und Keller inmitten der Natur am Paterzeller Eibenwald genießen, ist ein
besonderes Erlebnis.
Landgasthof Zum Eibenwald, Peißenberger Str. 11, D-82405 Wessobrunn/
Paterzell, Tel. +49 (0)8809 92 040,
Fax +49 (0)8809 92 04 70, info@
landgasthof-eibenwald.de,   www.
landgasthof-eibenwald.de

Hunnenstadel
(Bild Gemeinde Wessobrunn)

Schöne Ferien

Ortererhof in Wessobrunn

Malerisch zwischen Hügeln, Wäldern und Wiesen liegt der Hof der Familie Marianne und Christian Orterer mit einem traumhaften Blick auf das Ammertal. In den ****Ferienwohnungen genießt der Gast seinen Urlaub und gönnt sich eine Auszeit – ohne Stress, Hektik und Termine.

Die Ferienwohnung „Sonnenseite" ist bedingt barrierefrei ausgestattet. Sie ist ebenerdig, ca. 50 m² groß, mit geräumiger, komfortabler Wohnküche und direktem Zugang zum eigenen Garten und auf die Terrasse. In der Wohnung finden sich Dusche und WC sowie ein Schlafzimmer mit Doppelbett. Die Ferienwohnung „Zugspitze" hat etwa 50m²

und liegt im 1. Stock des Hauses. Sie ist mit komfortabler Wohnküche, einem Kinderzimmer mit zwei Betten sowie Schlafzimmer mit Doppelbett, Bad mit Dusche und WC ausgestattet. Natürlich verfügen alle Wohnungen über WLAN, TV und Radio-CD-Player. Der große Südbalkon lädt zum Entspannen ein. Im Garten finden sich zahlreiche Spielmöglichkeiten wie Sandkasten, Schaukel, Spielhaus, Trampolin und viele Fahrzeuge, vom Bobby-Car bis zum Gokart. Sonnenliegen und ein Grill im Garten sorgen für gemütliche Ferienstimmung. Auf dem Hof erlebt man aktive Landwirtschaft mit vielen Milchkühen und Kälbern, einem Esel, Katzen und Hasen. Auf dem Haflinger „Wolke" können Groß und Klein sogar eine Runde reiten.

Ortererhof

Familie Orterer, Feichtmayrstr. 34
D-82405 Wessobrunn
Tel. +49 (0)8809 92 26 05
marianneorterer@t-online.de
www.ortererhof-wessobrunn.de

Lebendige Tradition in vierter Generation

Landgasthof "Zum Eibenwald"

Ruhig ist es hier und man genießt einen einmalig schönen Blick auf das Voralpenland. Der Landgasthof „Zum Eibenwald" liegt in Paterzell. Paterzell ist ein Ortsteil und gehört zur Gemeinde Wessobrunn. Ein kleiner, idyllischer Ort im schönen Oberbayern. Direkt hinterm Haus befindet sich der bekannte Paterzeller Eibenwald. Ein Naturschutzgebiet mit dem größten zusammenhängenden Bestand der europäischen Eibe. Ein einmaliger Rundweg lädt alle Naturbegeisterten zum Wandern ein. Bereits in der vierten Generation betreibt die Familie Daisenberger den Landgasthof „Zum Eibenwald". Aus einem bäuerlichen Betrieb ist der Landgasthof entstanden und feierte 2011 sein 100jähriges Bestehen.

Bayrisch, traditionell, kreativ

Ein freundlicher Familienbetrieb mit liebenswerter Gastfreundschaft.

Mit seinem Team kocht der Chef selbst, jeden Tag frisch. Es wird darauf geachtet, Produkte aus der Region zu verwenden und diese ansprechend für Jung und Alt zu gestalten. Man findet traditionell, bayrische Schmankerl genauso wie innovative neue Gerichte. Eine täglich wechselnde Karte bietet Spezialitäten der Saison.

Ulrichsaal bieten den richtige Rahmen für jede Feierlichkeit von 15 – 240 Personen. Jede Feier wird individuell gestaltet und mit den Gästen nach Ihren Wünschen geplant.

Gemütlichkeit

Übernachtungsgäste finden behaglich eingerichtete Zimmer. Der Landgasthof „Zum Eibenwald" verfügt über 28 Hotelzimmer in verschiedenen Kategorien. Aus den hellen Komfortzimmern mit Sichtdachstuhl genießt man einen herrlichen Ausblick auf die umliegende Natur.

Wanderer, Radler und Naturliebhaber finden einen Ort für einen erholsamen Urlaub.

Der passende Rahmen

In den Räumlichkeiten im Landgasthof „Zum Eibenwald" findet man Platz für jeden Anlass: Hochzeiten, Familienfeiern, Firmenfeiern oder auch Tagungen. Das gemütliche Kaminzimmer bei „offenem Feuer", das Fliegerstüberl mit Blick nach Süden, das Ulrich-Stüberl und der große

Der Pfaffenwinkel aus der Vogelperspektive

Ein besonderes Highlight wird den Gästen des Hauses mit einem Alpenrundflug geboten. Der Seniorchef des Hauses ist begeisterter Motor- und Segelflieger. Der Luftsportverein Paterzell hat sein Stammlokal im Landgasthof „Zum Eibenwald" und für Gäste besteht die Möglichkeit, einen unvergesslichen Ausflug in luftige Höhen zu buchen.

Landgasthof Zum Eibenwald

Peißenberger Str. 11
D-82405 Wessobrunn/Paterzell
Tel. +49 (0)8809 92 040
Fax +49 (0)8809 92 04 70
info@landgasthof-eibenwald.de
www.landgasthof-eibenwald.de

Wielenbach

Am Fuße der Hardtlandschaft im Ammertal

Nur wenige Kilometer nördlich von Weilheim liegt die liebenswerte Gemeinde Wielenbach abseits der Bundesstraße, die Weilheim mit Starnberg und München verbindet. Die Lage ist attraktiv, bieten sich doch für Berufspendler durch die Bahnlinie München-Garmisch kurze Wege als auch ein hoher Freizeitwert zum Leben.

Zu Wielenbach, das auf einer Höhe von 553 m ü. M. liegt, gehören die Ortsteile Bauerbach, Haunshofen, Am Hardt und Wilzhofen mit zusammen etwa 3.200 Einwohner. Östlich der Bahnlinie München – GAP erstreckt sich das Landschaftsschutzgebiet „Hardtlandschaft und Eberfinger Drumlinfelder" bis nahe Bernried

a.Starnberger See. Mittendrin, im Naturschutzgebiet „Magnetsrieder Hardt", liegt die im neugotischen Stil erbaute Hardtkapelle. In Blickrichtung Westen schweift das Auge über das Ammermoos hinweg bis hinauf zur Lichtenau.

Kurzer Blick ins Geschichtsbuch

Die Öffnung von Grabhügel beweisen, dass das Gemeindegebiet vor etwa 3.000 Jahren, in der späten Bronzezeit, bereits besiedelt war, wobei die Römer bei der Entwicklung des Ortes eine große Rolle gespielt haben. Die Via Raetia, die wichtige Römerstraße über den Brennerpass,

Wielenbach
(Bilder Gemeinde Wielenbach)

die in späteren Jahren zu größerer Bedeutung kam, als die Via Claudia, führte durch den heutigen Ortskern hindurch. Den Kirchenpatron der Wielenbacher Pfarrkirche, St. Peter, lässt eine Kirchengründung zu dieser Zeit vermuten. Römische Grablegungen, eine Villa Rustica in der heutigen Hardtsiedlung sowie Befestigungsanlagen belegen das Alter der Gemeinde somit auf etwa 1.800 Jahre.

Sehenswürdigkeiten

Hardkapelle

Die Kirchen und Kapellen in Wielenbach mit seinen Ortsteilen sind eine Besichtigung wert. Besonders die Filialkirche St. Valentin in Wilzhofen und die Filialkirche St. Leonhard in Bauerbach bestechen mit ihrer üppigen barocken Ausstattung.

Freizeit und Sport

Das Ammertal und die Hardtlandschaft bieten auf ruhigen Straßen und Wegen schönste Ziele für Ausflüge zu Fuß oder mit dem Fahrrad. Auch Fahrradtouren zu Starnberger- und Ammersee sind lohnenswert, liegen diese doch nur wenige Kilometer von Wielenbach entfernt.

Orts- und Infrastruktur

Trotz der verkehrsgünstigen Lage an der B 2, auf halbem Wege zwischen München und Garmisch sowie die Nähe zum Starnberger See und Ammersee, haben Wielenbach und die Ortsteile ihren ruhigen und ländlichen Charakter erhalten. Lebendig ist die Gemeinde aber wegen der vielen Vereine, die das Dorfleben abwechslungsreich und vielseitig gestalten.

Die Nähe zur Kreisstadt Weilheim mit einem großen Schul- und Behördenangebot sowie viele nahe gelegene Sehenswürdigkeiten runden die Attraktivität der Gemeinde ab.

Wichtige Adressen und Telefonnummern

Gemeinde Wielenbach
Peter-Kaufinger-Straße 10
D-82407 Wielenbach
Tel. +49 (0)881 93 440
Fax +49 (0)881 93 44 19
info@wielenbach.de
www.wielenbach.de

Rathaus

Osterseen
(Bild Stadt Penzberg)

Region Penzberg

Antdorf

Ferienparadies bei den Osterseen

Die liebliche Gemeinde Antdorf liegt 633 m ü.M. und gehört zum Landkreis Weilheim–Schongau im bayerischen Oberland. Zu Antdorf zählen 11 Ortsteile und kleine Weiler, die sich auf ein Gemeindegebiet von etwa 23 qkm erstrecken auf dem ca. 1.244 Einwohner leben.

Antdorf behielt seinen dörflich ruhigen Charakter, obwohl seine Natur Freizeitsportler wie Wanderer und Fahrradfahrer anzieht.

Kurzer Blick ins Geschichtsbuch

Mit einer Ansiedlung in der ersten Hälfte des 6. Jh. beginnt die Geschichte der Gemeinde, die über die Besitzung der Grafen von Antdorf – Gründer und Äbte des Klosters Benediktbeuren – bis zum Kaiser Ludwig der Bayer reicht, der die Güter und

Rechte zu Antdorf im Jahr 1330 dem neu gegründeten Kloster Ettal schenkte. Während des 30-jährigen Krieges fiel der Ort im Jahr 1632 der Plünderung und Brandschatzung durch die Schweden zum Opfer. Mit der Säkularisation ab 1804 wurden die Bauern allmählich freie Grundherren.

Sehenswürdigkeiten

Pfarrkirche St. Peter und Paul

Auf einer Anhöhe über dem Dorf bestimmt die Kirche das Ortsbild. Im Jahr 1688 begann der Bau durch den Wessobrunner Baumeister Caspar Feichtmayr, nachdem das vorher dort stehende Gotteshaus dem Dorfbrand zum Opfer gefallen war. 1895 wurde die Kirche erstmals renoviert und erhielt ihr heutiges Aussehen erst im Jahr 2002: Durch die Spendenbereitschaft der Einwohner sanierte man

Antdorf
(Bild Gemeinde Antdorf)

384

St. Peter und Paul
(Bild Gemeinde Antdorf)

das Gotteshaus. Seitdem erstrahlen die kostbaren Malereien und Stuckarbeiten wieder in ihrem alten Glanz, nachdem sie anhand historischer Vorlagen grundlegend restauriert werden konnten.

Maria Himmelfahrt in Frauenrain

Das religiöse Kleinod mit seinen trutzigen Mauern im romanischen Stil glänzt mit einem Turm aus Tuffquadern und Bruchsteinen.

Kirnberg Kapelle

Eine Fülle von Kirchlein und Kapellen schmücken die Umgebung der Gemeinde Antdorf und zeugen von der tiefen Religiosität seiner Bewohner. Hervorheben möchte man die Kirnberg Kapelle, die auf einer Anhöhe südlich des Ortes zu finden ist. Im Innenraum der Kapelle beeindruckt ein im Jahr 1794 von dem bekannten

Münchener Maler Franz Seraph Kirzinger geschaffenes Deckengemälde.

Sehenswert sind aber auch die Leonhardskapelle in Obersiffelhofen, die Wegkapelle an der Straße nach Habach sowie im Ortsteil Schwarzenbach und die Marienkapelle in Neuried.

Sühnekreuz

Am nördlichen Ortsausgang in der Iffeldorfer Straße ist ein spätmittelalterliches Kreuz zu bewundern, das aus Tuffstein hergestellt ist.

Feste und Feiern

Johannifeuer

Auf einen heidnischen Brauch geht das Sonnwendfeuer zurück, das jedes Jahr am längsten Tag des Jahres (21.

Juni) gefeiert wird. Als Ausdruck der Freude wurde der höchste Sonnenstand mit einem Feuer bejubelt, dem glücksbringende und Unheil vertreibende Kraft zugesagt wurde. Da die Sommersonnenwende auf den Tag des hl. Johannes fällt, werden in Bayern diese Feuer auch Johannifeuer genannt. In Antdorf hat sich dieser Brauch bis heute gehalten und wird jährlich gepflegt.

Kräutersegnung zu Maria Himmelfahrt

In Frauenrain werden am 15. August von den Frauen der Gemeinde Heilkräuter gesammelt, die zu Kräuterbuschen gebunden werden. Die Segnung der Kräuter in der Wallfahrtskirche von Frauenrain endet in einem Fest mit Blasmusik und bayerischen Schmankerln, das weit über die Gemeindegrenzen hinaus beliebt ist.

Kurioses und Originelles

Alle drei Jahre findet am 1. Sonntag im Mai in Antdorf das „Mailaufen" statt. Die ledigen Mädchen des Ortes werden unter der Begleitung von Musik aus ihren Häusern geholt und auf die Festwiese geleitet. Dort warten bereits die ledigen Burschen, die auf einer langen Bank mit dem Rücken zu den Mädchen sitzen. Da alle in der gleichen Tracht gekleidet sind, können die Mädels nicht wissen, wen sie beim Mailauf als Partner erwischen. Auf die Burschen, die keine Partnerin finden, warten Besen und Stalllaterne. Alle Paare und die Gäste ziehen dann zusammen in das Schützenhaus, wo bis spät in die Nacht bei Bier und Musik gefeiert wird.

Freizeit und Sport

Die Rad- und Wanderwege in der Umgebung von Antdorf führen durch Wiesen und Wälder. Besonders lohnenswert ist eine Tour an und um die Osterseen, die nur in drei km Entfernung erreichbar sind. Die frische Luft und das gesunde Klima bescheren entspannende Stunden in der Natur.

Antdorf liegt zentral und der Starnberger-, Staffel- und Kochelsee sind rasch erreichbar, um den schönsten Wassersportaktivitäten nachzugehen. Doch über die Autobahn A 95 ist man schnell in München zum Stadtbummel oder in Garmisch-Partenkirchen in den Bergen.

Aber auch in Antdorf ist für Freizeitaktivitäten gesorgt: Tennisplatz und Sommerstockbahn, Bolz- sowie Spielplätze gibt es, sodass man im Ort den verschiedensten Sportarten frönen kann.

Verkehrswege

Nur wenige Kilometer sind es von Antdorf aus über die Anschlussstelle Penzberg/Iffeldorf oder Sindelsdorf auf die Autobahn A 95, die München und Garmisch-Partenkirchen verbindet. Auch zur B 472 ist es nicht weit, über die Bad Tölz im Osten oder Schongau in Westen zu erreichen sind.

Weltoffen wohnen

Der dörfliche Charakter, den sich Antdorf über die Jahre erhalten konnte, zeigt sich auch in einer Vielzahl von Vereinen, in denen die verschiedensten Interessengruppen ihren Beschäftigungen nachgehen. Ob Sport-, Gartenbau- oder Trachtenverein, um nur einige wenige zu nennen, stets führt die Vereinstätigkeit zu dem Zusammenhalt der Gemeindemitglieder untereinander und trägt zur Pflege von Brauchtum und Traditionen bei.

Im Dorf sorgt eine Kindertagesstätte und ein Kindergarten für den Nachwuchs und Schulen finden sich in den benachbarten Gemeinden und Städten.

Wirtschaft und Ausbildung

Für den täglichen Einkauf empfehlen sich die örtlichen Einzelhändler. Handwerksbetriebe, ein Gasthof sowie Dienstleistungsunternehmen bieten im Ort eine große Anzahl von Arbeits- und Ausbildungsstellen.

Wichtige Adressen und Telefonnummern

Gemeinde Antdorf
Schleierweg 3
D-82387 Antdorf
Tel. +49 (0)8856 91 999
Fax +49 (0)8856 2001
info@antdorf.de
www.antdorf.de

Kirnbergkapelle
(Bild Gemeinde Antdorf)

Habach

Im Herzen des Pfaffenwinkels

Von der letzten Eiszeit geprägte Moränenhügel, Moore und Seen bilden die Kulisse der lebendigen Gemeinde Habach, die 652 m über dem Meeresspiegel idyllisch zwischen Penzberg und Murnau liegt. Habach hat zusammen mit seinem Ortsteil Dürnhausen etwa 1.100 Einwohner und ist Sitz der Verwaltungsgemeinschaft Antdorf, Sindelsdorf, Obersöchering und Habach.

Im beschaulichen Umland erleben Einheimische und Gäste zu allen Jahreszeiten ein abwechslungsreiches Freizeit- und Erholungsangebot in beinahe unberührter Natur. Denn hier finden viele Tier- und Pflanzenarten ihren Lebensraum, die auf Moore und Feuchtbiotope angewiesen sind.

Das intakte Gemeinwesen in Habach pflegt alte Traditionen ebenso wie es auch gegenüber neuen Entwicklungen offen ist.

Habach
(Bild Gemeinde Habach)

Kurzer Blick ins Geschichtsbuch

Bereits um 600 war die Region um Habach besiedelt, lag der Ort doch an der Salzstraße zwischen Reichenhall und Murnau. Eine erste urkundliche Erwähnung der Gemeinde findet sich um 983 in einer Lebensbeschreibung des Hl. Ulrich, Bischof von Augsburg. In den Jahren 1085 bis 1802 war Habach ein Kollegiatsstift, das zu den ältesten Gründungen der Klosterlandschaft im Pfaffenwinkel gehört. Die Säkularisation beendete 1802 die Chorherrenschaft und aus den Dörfern Habach und Dürnhausen wurde die Gemeine Habach.

Sehenswürdigkeiten

Pfarrkirche St. Ulrich

Die ehemalige Kollegiats-Stiftskirche wurde um 1668 erbaut. Überregional bekannte Künstler gestalteten die barocke Ausstattung der ehemaligen Pfarrkirche.

St. Martin in Dürnhausen

Der schlichte Saalbau stammt aus dem Jahr 1063, der spätgotische Chor und der Turm aus dem 15. Jhd. Barockisiert wurde die Kirche um 1670.

Originelles

Zum Osterfeuer lädt der Burschenverein am Abend des Ostersonntags ein und Jung und Alt freuen sich auf den Frühling. Entzündet wird das Osterfeuer in Habach auf dem Hinterfeld.

Freizeit und Sport

Die seenreiche Umgebung Habachs lädt während der Sommermonate zu einem erfrischenden Bad ein. Der Koppenberg-Weiher, der nur wenige Gehminuten von der Ortsmitte entfernt ist, bietet ein Moorfreibad mit Liegewiese und ausreichend Parkmöglichkeiten entlang der Straße. Aber auch die Osterseen, Staffelsee oder Riegsee sind von Habach aus schnell erreichbar.

Der Naturliebhaber kommt in Habach auf seine Kosten. Herrliche Wanderwege bieten Erlebnisse auf abwechslungsreichen Touren. Der Kreuzweg in Dürnhausen hinauf zum Eichlbichl endet an einem Platz mit einem herrlichen Blick auf das Alpenpanorama.

Tipp: Startpunkt für die besonders schöne Gagast-Wanderung ist der Parkplatz am Steinberg, unterhalb des Sportgeländes. Von dort aus geht es südlich Richtung Ortsmitte, vorbei an der Stiftskirche St. Ulrich und an den markanten Chorherrenhäusern entlang der Hauptstraße. Weiter geht es über den traumhaft gelegenen Koppenbergweiher Richtung Rieder Filz. Man umrundet diesen und trifft nach ca. 1 km auf den idyllisch gelegenen Wiesleitenweiher. Von dort gelangt man über den Lagerbühl und die Hirtenwiese wieder zurück zum Ausgangspunkt. Länge der Strecke: etwa 5,5 km.

Die Vereine am Ort bieten den Einheimischen wie auch den Gästen ein vielfältiges Beschäftigungsprogramm.

Dürnhausen
(Bild GrasOber)

Koppenbergweiher
(Bild GrasOber)

So finden Freunde des Schießsports eine Schießsportanlage und die Gelegenheit zum Bogenschießen. Zwei wunderschöne Tennisplätze stellt die Tennissektion des ASV Habach zur Verfügung.

Aber auch während der Wintermonate ist Habach eine Reise wert, gibt es doch in der Umgebung viele bestens präparierte Loipen. Die zentrale Lage Habachs ist für die Freunde des Alpinskisports ein großer Vorteil, haben sie es von dort doch nicht weit in die Familienskigebiete des Pfaffenwinkels.

Orts- und Infrastruktur

Die liebenswerte Gemeinde Habach bietet ihren Bürgern und Gästen Einrichtungen von hoher Qualität. Hier gibt es eine Kinderkrippe, einen Kindergarten und eine Grundschule.

Seit 2012 existiert im Ort der „Laden von Bürgern für Bürger".Hier,im Habacher Dorfladen, gibt es alles, was man jeden Tag so braucht. Und nach dem Einkauf kann man dann in gemütlicher Atmosphäre Kaffee und Kuchen genießen. Der Dorfladen ist so zum beliebten Treffpunkt für jung und alt geworden.

Verkehrswege

Habach liegt an der B472 Schongau-Bad Tölz, nur wenige km von der A95 München-Garmisch, Anschlußstelle Sindelsdorf entfernt.

Wichtige Adressen und Telefonnummern

Gemeinde Habach
Hofmark 1, D-82392 Habach
Tel. +49 (0)8847 1327
Fax +49 (0)8847 69 93 80
gemeinde@habach.bayern.de
www.habach.de

Iffeldorf

Idylle an den Osterseen

So stellt man sich ein Dorf in Bayern vor: Zwiebelturm, daneben der Maibaum, grüne Wiesen, dunkle Wälder, blaue Seen, ruhige Spazierwege, Biergärten, wo regionale Schmankerl serviert werden. Iffeldorf (603 m ü. M., 2500 Einwohner), zentral gelegen zwischen Starnberger See und Alpen, ist eine Gemeinde im oberbayerischen Landkreis Weilheim-Schongau und gehört zur Verwaltungsgemeinschaft Seeshaupt. Wie tiefblaue Augen liegen die Osterseen in der idyllischen Landschaft. Die bayerische Alpenkette breitet sich aus vor den dunklen Mischwäldern, die faszinierende Komposition einer Bilderbuchlandschaft.

2 große und 17 kleinere Seen auf 500 ha Fläche sind ein landschaftliches Kleinod, das die Osterseen

Iffeldorf und die Osterseen
(Bild Gemeinde Iffeldorf)

zum Gegenstand limnologischer Forschungen der Technischen Universität München macht. Entstehungsgeschichtlich ist es die größte Eiszerfallslandschaft. 2006 wurde die Region Iffeldorf daher mit dem Gütesiegel „Bayerns schönste Geotope" ausgezeichnet.

Die moderne, lebendige Gemeinde ist mit ihren attraktiven Freizeitmöglichkeiten ein beliebtes Ferienziel, das mit seinem sanften Tourismus einen zeitgemäßen Weg eingeschlagen hat.

Kurzer Blick ins Geschichtsbuch

Iffeldorf wurde erstmals in der zweiten Hälfte des 11. Jahrhunderts urkundlich erwähnt in den Traditionen der Klöster St. Ulrich und Afra in Augsburg sowie im Chronicon Benedictorum. Der Ort gehörte von 1653 bis zur Säkularisation 1803 zum Kloster Wessobrunn und war Teil des Kurfürstentums Bayern.

1698 verheerte ein Brand den Ort. Dabei wurde auch die Pfarrkirche ein Opfer der Flammen.

Bis zur Mitte des 19. Jahrhundert war Iffeldorf eines von vielen armen Bauerndörfern im Oberland. 1861 kaufte sich der Lokomotivenbauer Josef Anton von Maffei in Iffeldorf ein. Er und seine Erben bauten ein Torfwerk und ein landwirtschaftliches Gut in Iffeldorf auf. Viele arme Kleinbauern wurden zu landwirtschaftlichen Arbeitern. Auch aus anderen Gegenden zogen Arbeiter zu. So änderte sich die Bevölkerungsstruktur in Iffeldorf. Aus einem reinen Bauerndorf wurde ein gemischtes Arbeiter- und Bauerndorf. Zwischen 1872 und 1927 betrieb die Familie Maffei auch eine eigene Brauerei, die im Ortsteil Staltach errichtet worden war.

1877 wütete wieder ein Feuer und vernichtete erneut das Dorfzentrum. Gegen Ende des 2. Weltkrieges stieg die Bevölkerung deutlich an. Viele Flüchtlinge siedelten sich in Iffeldorf an.

Sehenswürdigkeiten

Heuwinklkapelle

Heuwinklkapelle
(Bild Gemeinde Iffeldorf)

Die Heuwinklkapelle, offiziell Wallfahrtskirche zu Unserer Lieben Frau, ist eine Marienwallfahrtsstätte und liegt am Ortsrand auf einer Anhöhe, dem Heuwinkl. Sie zählt zu den sakralen Juwelen des Pfaffenwinkels und wurde 1698 vom Wessobrunner Baumeister Johann Schmuzer im Auftrag des Klosters Wessobrunn erbaut.

In der Pfarrkirche befand sich bis 1615 eine spätgotische Marienstatue. Diese wurde bei einer Erneuerung des Hochaltars entfernt und später im Jahre 1672 in einer hohlen Eiche auf dem Heuwinkl aufgestellt. Einen Eindruck davon vermittelt die heute im Vorraum der Kapelle aufgehängte Votivtafel aus dem Jahr 1694. Nachdem immer mehr Pilger dorthin kamen, wurde in der Nähe zunächst eine hölzerne Kapelle errichtet. Diese wurde bald zu klein und so ließ das Kloster Wessobrunn, das 1653 die Hofmark Iffeldorf erworben hatte, die heutige Kapelle errichten. Die Grundsteinlegung fand am 21. November 1698

durch den Wessobrunner Abt Virgil Dallmayr statt. Obwohl 1699 ein großer Teil Iffeldorfs samt der gotischen Pfarrkirche bei einem Großbrand zerstört wurde, gelang es in der Folgezeit, die Heuwinklkapelle fertigzustellen, so dass sie am 13. September 1701 eingeweiht werden konnte.

Die heraldische Lilie im Ortswappen ist ein Mariensymbol und weist ebenfalls hin auf die hochbarocke Kapelle.

Pfarrkirche St. Vitus

Die Pfarrkirche St. Vitus in der Ortsmitte wurde ebenfalls von Wessobrunner Meistern mit kostbarem Rokokostuck versehen. Damit gehört die Pfarrkirche zu den herausragenden Sehenswürdigkeiten des Dorfes. Das kunsthistorische Juwel ist im Kern gotisch. Die ursprüngliche Kirche wurde bei dem verheerenden Großbrand von 1699 zerstört. Sofort begann man damals mit dem Wiederaufbau. Die

Pfarrkirche St. Vitus
(Bild Gemeinde Iffeldorf)

Einweihung ist für 1708 belegt. Mitte des18. Jahrhunderts erfolgte die Rokoko-Innenausstattung.

Der zart, dezent gefasste Wessobrunner Stuck stammt von Franz Xaver Schmuzer (1713-1775), der auch die Dekorationen von Steingaden und Oberammergau schuf. Die ausgezeichneten Fresken von St. Vitus malte Johann Jakob Zeiller (1708 - 1783) aus Tirol, zu dessen Werken auch das Kuppelfresko der Klosterkirche in Ettal zählt.

Kulturelles

Die Iffeldorfer Meisterkonzerte sind schon seit über 25 Jahren eine herausragende Säule im Veranstaltungskalender des Ortes.

Feste und Feiern – Ein Blick in den Jahreslauf

Volkstümliche Bräuche

Alle drei Jahre wird am 1. Mai am St. Vitus-Platz ein neuer Maibaum aufgestellt. Nachdem dieser mit reiner Muskelkraft in die Senkrechte gebracht wurde, wird ausgiebig gefeiert.

Auch in den Jahren, in denen kein neuer Maibaum aufgestellt wird, findet am 1. Mai an gleicher Stelle ein Maifest statt.

Religiöse Bräuche

Von Palmsonntag bis Karsamstag jeden Jahres können Besucher am 120 Jahre alten „Heilig-Grab-Altar" Andacht halten.

Alljährlich am zweiten Sonntag nach Fronleichnam findet in Iffeldorf nach dem Gottesdienst eine Herz-Jesu-Prozession statt.

Jeweils am 2. Sonntag im September findet abends eine Lichterprozession von der Pfarrkirche St. Vitus zur Heuwinkl-Kapelle statt.

Im Oktober wird der Leonhardiritt durchgeführt mit Andacht an der Heuwinklkapelle und 3-maligem Umritt.

Freizeit und Sport

Golf

Mit der „Golfanlage Iffeldorf" und dem „Golfclub e. V. St. Eurach" gibt es in der Gemeinde zwei wunderschöne Golfplätze in herrlicher Landschaft. Spielen, wo es in Bayern am schönsten ist. Davon träumt der Golfspieler: Eingebettet zwischen den Osterseen, den südlichen Alpen und dem Starnberger See, 104 Hektar mit altem Baumbestand, kleinen Seen und Biotopen, spielen angesichts eines faszinierenden Alpenpanoramas und hinterher prämierte Küche genießen.

Badespaß

Die südlichen und mittleren Osterseen mit dem Großen Ostersee gehören zur Gemeinde Iffeldorf. An ausgewiesenen Stellen ist an zwei kleinen Abschnitten am Ost- und Südostufer das Baden erlaubt. Die Osterseen bestechen durch ihre sehr gute Wasserqualität.

Osterseegebiet
(Bild Gemeinde Iffeldorf)

Wandern

Die Gegend ist eine der reizvollsten des bayerischen Oberlandes. Iffeldorf bietet sich als idealer Ferienort an für alle, die im schönen Voralpenland Ruhe und Erholung suchen. Zahlreiche markierte Wanderwege laden dazu ein, die ursprüngliche Natur zu genießen. Durch den Ort führt der Pilger-Wander-Weg „Heilige Landschaft", der vom Hohen Peißenberg aus in drei Wegschleifen durch den Pfaffenwinkel führt. An jeder Ecke faszinieren die Bauwerke des Bayerischen Barocks.

Urige Wirtschaften und schattige Biergärten laden zur verdienten Pause ein.

Radfahren

Der Fernradweg „Prälatenroute" führt von Marktoberdorf nach Kochel mitten durch das Osterseengebiet.

Zahlreiche Wanderwege lassen die einzigartige Landschaft an den Osterseen genießen.

Besonderes und Einzigartiges

Ausgezeichnetes Naturschutzgebiet 1981 wurde dem 1086 Hektar umfassenden Areal der Status „Naturschutzgebiet" zuerkannt. Ihren Namen (er geht auf das altgermanische Wort ‚ostan' im Sinne von ‚nach Osten' oder ‚im Osten' zurück) erhielten die Seen

vom größten der Gewässer. Informationstafeln geben einen Überblick über die Wanderrouten.

Erstmals wurde im frühen 20. Jahrhundert auf den glazialen beziehungsweise postglazialen Ursprung der Ostersen hingewiesen. Als die bislang letzte (Würm-)Eiszeit zu Ende ging und das bis weit ins Oberland reichende, gewaltige alpine Eisstromnetz sich langsam zurückzog, zerfiel auch im späteren Osterseengebiet eine Vielzahl unterschiedlich großer Toteisblöcke. Eingebettet in Ablagerungen aus Eisvorstoßphasen sowie in Schmelzwassersedimente ('Oser' und 'Kames' genannt) blieben als ihre Negativformen sozusagen zu-

meist trichterförmige Hohlräume ganz unterschiedlichen Ausmaßes in der 'Eiszerfallslandschaft' zurück. Lediglich Mulden mit Anschluss ans Grundwassersystem präsentieren sich uns heute als Seen.

Eine herausragende Artenvielfalt in der Pflanzenwelt zeichnet die Vegetation des Osterseengebietes aus. Magere Feuchtwiesen und Halbtrockenrasen sind im jahreszeitlichen Wechsel übersät mit zum Teil seltenen Blumen.

Das Nektar- aber auch Futterpflanzenangebot für Schmetterlinge, Schwebfliegen, Hummeln oder Bienen könnte vorteilhafter nicht sein.

Iffeldorf von den Ostersen aus gesehen
(Bild Gemeinde Iffeldorf)

Orts- und Infrastuktur

Verkehrswege

Iffeldorf hat sehr gute Verkehrsanbindungen: Autobahnausfahrt Penzberg/Iffeldorf der A 95 München - Garmisch; Bundesbahnhaltestelle Iffeldorf der Strecke München - Tutzing -Kochel am See.

Schule

Grundschule und Kindergarten am Ort machen das Dorf vor allem auch für junge Familien attraktiv.

Besonderer Hinweis: Auf der website der Gemeinde Iffeldorf lässt sich ein äußerst informativer Film anschauen, der in Bild und Text über den Ort und seine Region berichtet.

Camping

Der Campingplatz ist malerisch der Natur angepasst und liegt direkt am Fohnsee. Er ist von Mitte April bis Mitte Oktober geöffnet.

Wichtige Adressen und Telefonnummern

Gemeinde Iffeldorf
Hofmark 9
D-82393 Iffeldorf
Tel. +49 (0)8856 9019920
Fax +49 (0)88 56 82222
tourismus@iffeldorf.de
gemeinde@iffeldorf.de
www.iffeldorf.de

Der Duft frischen Getreides

Off-Mühle in Sindelsdorf

Früher gab es entlang des Mühlbachs bei Sindelsdorf noch mehrere Mühlen. Übrig geblieben ist nur die Off-Mühle, die das große Mühlensterben während der 1960er Jahre überlebt hat. Bekannt ist sie schon seit dem 13. Jh. und ist heute bereits in der vierten Generation in Familienbesitz.

Nachhaltig gearbeitet wird in der Mühle. So kommt der Strom für den Mahlvorgang aus dem eigenen Wasserkraftwerk und einer Photovoltaikanlage. Und das Getreide stammt nur von Bauern aus der Region. In der Off-Mühle werden über 30 Mehlsorten verarbeitet.

Qualität ist das A und O in dem Familienbetrieb. Neben Getreide aus konventionellem Anbau findet auch biologisch erzeugtes Getreide seinen Weg in die Mühle, das dort schonend verarbeitet wird. Bis zu vierzehn Mal läuft das Getreide über Walzenstuhl und Siebe vom Keller bis unter das Dach und wieder zurück. Erst, wenn das Korn komplett von der Schale gelöst ist, kann das hochwertige Mehl abgefüllt werden.

Das ganze Sortiment im Mühlenladen

Sobald sich die Tür zum Mühlenladen öffnet, nimmt man den angenehmen Duft nach frisch gemahlenem Getreide

wahr. Der Besucher fühlt sich überwältigt, angesichts der großen Vielfalt an Produkten, die er hier findet: Neben mehr als 30 Mehlsorten aus regionalem Getreide, die sich für jeden erdenklichen Einsatzzweck eignen, warten ein umfangreiches Dinkel- und Müslisortiment, Nudeln sowie Back- und Kochzutaten und leckere Naschereien auf den staunenden Kunden. Durch eine große Scheibe im Verkaufsraum kann man dem Müller bei der Arbeit zusehen. Im Mühlenladen steht man ihnen mit Rat und Tat bei ihrer Auswahl zur Seite und informiert über besondere Ernährungsformen.

Öffnungszeiten:

Montag bis Freitag von 7 bis 12 Uhr und von 13 bis 18 Uhr sowie am Samstag von 9 bis 12 Uhr geöffnet.

Off-Mühle

Mühlgasse 1, D-82404 Sindelsdorf
off.muehle@web.de www.off-muehle.de
Tel. +49 (0)8856 2755

Penzberg

Eine moderne Stadt mit Bergbauvergangenheit

Inmitten der einzigartigen Natur des Voralpenlandes liegt die ehemalige Bergarbeiterstadt Penzberg. Doch längst hat die Stadt ihre Bergbauvergangenheit hinter sich gelassen und präsentiert sich heute als moderne und kulturell vielseitige Stadt. Museen, Kino und Theater sowie die zahlreichen Sport- und Freizeitmöglichkeiten der Region machen Penzberg zu einem attraktiven Lebensraum und immer mehr zu einem interessanten Ausflugsziel.

Penzberg liegt auf einer Höhe von 596 m ü. M. und hat 16.500 Einwohner.

Kurzer Blick ins Geschichtsbuch

1275 wird Penzberg erstmals urkundlich erwähnt. Anlass war ein Tauschgeschäft zwischen dem Kloster Benediktbeuern und Adalbert von Pruckberg.

Die weitere Entstehungsgeschichte Penzbergs ist eng mit der Entwicklung des Kohlebergbaus in der Regi-

on verbunden. Grundherren waren bis zur Säkularisation das Kloster Benediktbeuern und das Angerkloster in München.

1785 wurde ein erster Bergbauversuch bei „Spensberg" unternommen. Wenige Jahre später durchforschte der Berg- und Münzrat Matthias Flurl im Auftrag des Kurfürsten Karl Theodor ganz Oberbayern nach Bodenschätzen und hielt auch die Penzberger

Denkmal Förderrad

Pechkohlevorkommen schriftlich fest. In den Folgejahren wurden die ersten Schächte abgeteuft und das Penzberger Bergwerk weiter ausgebaut.

Mit den Errungenschaften der Industrialisierung und der Erweiterung der Eisenbahnstrecke 1865 nach Penzberg nahmen das Bergwerk und der Absatz der Pechkohle einen rasanten Aufstieg.

Im Jahr 1873 entstanden die ersten Siedlungen und Wohnkolonien rund um das erfolgreich wachsende Bergwerk. Erfahrene Bergarbeiter wurden in Österreich und Südosteuropa angeworben. Bereits zu Beginn des 20. Jahrhundert beschäftigte das Bergwerk über 2.000 Mitarbeiter.

1966 wurde das Bergwerk aufgrund sinkender Absätze und nachlassen-

der Ressourcen geschlossen - eine umfassende wirtschaftliche, städtebauliche und sozialpolitische Umstrukturierung begann. Gefördert von der Landesplanung Bayern konnten innerhalb weniger Jahre Gewerbeansiedlungen und damit neue Arbeitsplätze geschaffen werden. Handwerks-, Wirtschafts- und Wissenschaftsbetriebe prägen heute das Bild einer erfolgreichen, heterogenen Stadt.

Museen und Sehenswürdigkeiten

Museum Penzberg

Das Museum Penzberg – Sammlung Heinrich Campendonk in der Karlstraße 61 ist das Ausstellungshaus der Stadt. Auf 380 m² in Alt- und Neubau können stadtgeschichtliche

Themen und die lebendige Kunstwelt des Münchener Südens erfahren werden. Dem Werk Heinrich Campendonks, dem jüngsten Mitglied der Blauen Reiter, widmet sich die eigene Sammlung. Campendonk lebte von 1911 bis 1922 in der Umgebung von Penzberg und hat die Stadt als künstlerischer Zeitzeuge geschildert. Weitere Schwerpunkte des Museums sind die Gruppe ZEN 49 mit Gerhard Fietz und die zeitgenössische Kunst.

Im ersten Obergeschoß des denkmalgeschützten Altbaus kann man in der authentisch eingerichteten Bergarbeiterwohnung dem Leben um 1920 in Penzberg nachspüren.

Texte und Originalobjekte erläutern im zweiten Obergeschoß die zeitgeschichtlichen Ereignisse der „Penzberger Mordnacht" (28. April 1944).

Bergwerksmuseum

In unmittelbarer Nachbarschaft thematisiert das neugestaltete Bergwerksmuseum in einer modernen Ausstellungsarchitektur die über 250jährige Geschichte des Penzberger Kohlebergbaus. Fotografien, Originalobjekte aus dem Bergwerk wie Grubenlampen und Gezähe, Modelle und eigens für das Museum konzipierte Medienstationen veranschaulichen das Arbeitsleben in der einstigen Bergbaustadt. Kernstücke des Museums sind die begehbaren Streckeneinbauten, die ein realistisches Bild des Betriebs unter Tage vermitteln. Mit dem Audioguide für Kinder und Jugendliche wird der Museumsbesuch zu einem einmaligen Erlebnis.

Bergwerksmuseum

Pfarrkirche Christkönig

Pfarrkirche Christkönig

Die katholische Pfarrkirche Christkönig wurde ab 1949 erbaut und 1951 geweiht. Sie steht an gleicher Stelle in der Bahnhofstraße wie der 1944 zerstörte, historistische Vorgängerbau – die Kirche St. Barbara.

In den schlichten Kirchenraum wurden zwei Fenster des expressionistischen Künstlers Heinrich Campendonk eingefügt. Neben der Orgel besticht das Jesaja-Fenster, welches der Künstler in den 1950er Jahren ursprünglich für den Kölner Dom konzipierte.

In einer kleinen Seitenkapelle kann man das Passionsfenster bewundern, für welches Heinrich Campendonk 1937 auf der Weltausstellung in Paris den Grand Prix erhielt. Die Zweit-

fassung des Fensters gemäß dem Originalkarton und dem originalen Mustersatz von Gläsern wurde 1997 in der Penzberger Christkönigskirche installiert.

Moschee

Die Moschee der islamischen Gemeinde Penzberg entstand 2005 nach einem Entwurf des Augsburger Architekten Alen Jasarevic. Innovation und Offenheit sind die Leitgedanken des modernen und doch zurückhaltenden Baus aus Stein, Stahl und blauem Glas, welcher 2008 den Wessobrunner Architekturpreis gewann. Das islamische Forum gilt mit seiner filigranen Struktur als einer der schönsten Sakralbauten der Gegenwart (SPIEGEL). Das Gebäudeensemble kann von Einzelpersonen ohne Anmeldung besichtigt werden. Für Gruppenreisende werden Führungen angeboten.

Veranstaltungen

Jedes Jahr im September findet auf der Berghalde das beliebte Penzberger Volksfest statt. Mit Bierzelt, Fahrgeschäften und Marktbuden ist das 10-tägige Volksfest weit über die Region hinaus bekannt.

Immer donnerstags wird auf dem Stadtplatz vor dem Rathaus der Wochenmarkt abgehalten. Daneben gibt es vier weitere Wochenendmärkte wie den Markt zum 1. Sonntag immer den Mai, dem Kirchweihmarkt im Oktober, dem Laternenmarkt im November sowie dem Weihnachtsmarkt im Advent.

Weitere Sonderveranstaltungen wie das Penzberger Stadtfest, die Blütentage, die KultUhrnacht oder Hannis Eismärchen finden in unregelmäßigen Abständen statt. Die jeweiligen Termine finden Sie auf der Website der Stadt www. penzberg.de.

Alle zwei Jahre wird im Herbst der Literaturpreis der Stadt, das Penzberger Urmel verliehen. Ausgezeichnet werden Autoren und Illustratoren von Kinder- und Jugendbüchern. Anreger und Schirmherr des Preises ist der Wahl-Penzberger Max Kruse, der mit seinem »Urmel« eine markante Figur der deutschen Kinderliteratur geschaffen hat.

Des Weiteren haben sich u.a. zwei Vereine/Organisationen in den vergangenen Jahren um die Kulturszene verdient gemacht. Die Musikfreunde Penzberg mit der musikalisch hochwertigen Reihe der Ländlichen Konzerte, als auch die Aktion kleinKUNST mit einem vielseitigen Programm.

Freizeit und Sport

Für Wanderer und Fahrradfahrer bietet sich eine Fülle an wunderschönen Touren durch das Penzberger Umland. Auch kreuzen sich hier Fernwanderwanderwege wie der Jakobsweg und der Prälatenweg.

Eine Attraktion ist der Barfußpfad entlang Gut Hub im Nordwesten Penzbergs. Die für Familien geeignete Barfußwanderung ist etwa 1,8 km lang und dauert eine Stunde. Unterschiedliche Bodenstrukturen erwarten den Barfußwanderer und bieten diesem ungewöhnliche Sinneseindrücke.

Freizeitgebiet Gut Hub

Daneben gibt es Themenspaziergänge durch das Penzberger Stadtgebiet wie z.B. den Penzberger Geschichtslehrpfad. Auf 32 Stationen wird die Geschichte der ehemaligen Bergarbeiterstadt nachgezeichnet.

Auf dem Bergbaurundweg kann sich der interessierte Spaziergänger an 13 Stationen über historisch bedeutsame Standorte des Penzberger Bergbaus informieren.

Für Radwanderer finden sich zahlreiche, gut ausgeschilderte Strecken zwischen Loisach und Osterseen. Mit der Radwanderkarte „Penzberg – zwischen Starnberger See und Kochelsee, Riegsee und Isar" kann der Radtourist seine individuelle Route zusammenstellen. Die Karte ist im Bürgerbüro im Rathaus erhältlich.

Badevergnügen zu jeder Jahreszeit bietet das Penzberger Wellenbad

mit Wellenanlage, Sauna, Solarium und Heißwasser-Sprudelbecken. Verschiedene Veranstaltungen wie der Pio Fun Day oder das Candle-light-Schwimmen laden zu besonderen Badeerlebnissen ein.

In den Sommermonaten stehen die Freibäder am Eizenberger Weiher oder am Hubersee für Wassersport und Abkühlung zur Verfügung.

Orts- und Infrastruktur

Penzberg präsentiert sich 50 Jahre nach Bergwerksschließung als gelungenes Beispiel für Strukturwandel und Integration.

Kulturveranstaltungen wie Ausstellungen, Konzerte, Theateraufführungen und Lesungen sowie die Vielzahl von Sport- und Freizeiteinrichtungen üben eine überregionale Anziehungskraft aus.

Huber See
(Bilder Ralf Gerard, www.gerardfotos.de)

Rathaus

bis heute eine Besonderheit in der Region dar – und macht Penzberg nach wie vor zu einem beliebten Zuzugsraum.

Ein breites Angebot an Arbeits- und Ausbildungsplätzen schaffen die Betriebe aus Handel, Handwerk, produzierendem Gewerbe, Industrie und Dienstleistung. Neben dem weltweit agierenden Biotechnologie- Unternehmen Roche sorgen viele kleine und mittelständische Unternehmen für eine bunte Unternehmenskultur in Penzberg.

Der wirtschaftliche und gesellschaftliche Wandel in den vergangenen Jahrzehnten schuf ein ausgeprägtes Bildungswesen. So findet sich heute neben Kindergärten, -horten und –krippen ein breites Schulangebot von Grundschule bis Gymnasium.

Die durch den Bergbau und seine zugewanderten Beschäftigen geprägte multikulturelle Stadtgeschichte stellt

Wichtige Adressen und Telefonnummern

Stadt Penzberg
Karlstr. 25, D-82377 Penzberg
Tel. +49 (0)8856 813-0
Fax +49 (0)8856 813-136
fremdenverkehr@penzberg.de
www.penzberg.de

Meeresrauschen am Alpenrand

Wellenbad Penzberg

Action, Spannung und Abenteuer erlebt man in den Brandungswellen im Wellenbad Penzberg.

In der Badelandschaft finden die Gäste ein Hallen-Wellenbecken, das mit einer Wassertemperatur von 28°C angenehme Badefreuden erleben lässt. Wenn sich die Wellen am Strandauslauf brechen, fühlt man sich wie inmitten tosender Brandung.

Das Auf und Ab der Wellen genießen und das Gefühl, wie im Meer zu schwimmen, begeistert die Besucher des Wellenbades stets aufs Neue. Das 35 m lange Wellenbecken lädt aber nicht nur zum genießen ein, auch sportlich orientierte Schwimmer kommen hier auf Ihre Kosten.

Im Sommer wie auch im Winter steht daneben ein Outdoor-Warmwasser-

Viel Spaß für die kleinen Gäste

Die jüngsten Besucher des Bades vergnügen sich in einem Kinderplanschbecken. Dort haben sie auch eine kleine Rutsche, die für viel Spaß sorgt und eine Wasserfontäne. Jeden Freitag sind die Kids von 14 bis 18 Uhr zum Kinderspielnachmittag eingeladen.

Gutes für Leib und Seele

Wer es sich im Wasser und den anderen Annehmlichkeiten des Bades so richtig gut hat gehen lassen, bekommt irgendwann Appetit. In der wohligen Atmosphäre der Penzberger Badstuben kann sich der Gast mit Speisen und Getränken stärken, bevor er wieder in die Fluten springt.

Das Wellenbad Penzberg ist Dienstag bis Sonntag von 9 bis 21 Uhr und am Montag von 9 bis 18 Uhr geöffnet.

Wellenbad Penzberg

Seeshaupter Str. 24
D-82377 Penzberg
Tel. +49 (0)8856 81 34 40
Fax +49 (0)8856 81 34 49
wellenbad@penzberg.de
www.wellenbad-penzberg.de

becken zur Verfügung, das mit 32°C temperiert ist. Mehrere Massagedüsen sorgen hier zusätzlich für einen abwechslungsreichen Badespaß. Im Sommer steht den Badegästen zudem eine große Liegewiese mit Kinderspielgeräten zur Verfügung.

Neben den Badefreuden genießt man die entspannenden und wohltuenden Einrichtungen im Wellnessbereich. Der Massagestuhl verwöhnt den Gast ebenso, wie die Infrarotkabine. Sonnenhungrigen Badegästen steht ein Solarium der neuesten technischen Generation zur Verfügung, in dem sie ihre Haut mit Sonnenlicht und Wärme pflegen können. Zwei finnische Saunen mit Farblicht runden das Wellness-Angebot im Wellenbad Penzberg ab.

Sindelsdorf

Reizvoller Ort an der Loisach

Sindelsdorf
(Bild Elodur63)

Sindelsdorf gilt als eine der ältesten Gemeinden im oberbayerischen Voralpenland. Weit schweift der Blick über das Loisach-Kochelsee-Moor hin zum Karwendelgebirge mit der Zugspitze. Diese liebliche Landschaft zog schon im frühen 20. Jh. Künstler von Weltruhm an. Der fast magische Charakter dieser Landschaft inspirierte den Expressionisten Franz Marc zu seinen Werken und der Gründung der Künstlervereinigung des „Blauen Reiters", die in einer Gartenlaube in Sindelsdorf vonstatten ging.

In Sindelsdorf, das auf einer Höhe von 609 m ü. M. liegt, leben etwa 1.100 Menschen, die das dörfliche Ambiente zu schätzen wissen. Zahlreiche Vereine tragen im Ort zu vielfältigen Freizeitbeschäftigungen bei und prägen das einträchtige Miteinander unter den Bewohnern.

Kurzer Blick ins Geschichtsbuch

Um 550 n.Chr. siedelten bereits Bajuwaren im Ortsgebiet, wie Ausgrabungen belegen. Urkundlich erwähnt wurde Sindelsdorf zum ersten Mal im Jahr 763 anlässlich der Gründung von Kloster Scharnitz. Um das Jahr 1100 herum hatte sich in Sindelsdorf ein Dorfadel gebildet. Im Jahr 1716 übergab Kurfürst Max Emanuel im Tausch die Hofmark Sindelsdorf an das Kloster Benediktbeuern. Im Jahr 1818 entstand die heutige politische Gemeinde.

Einen wichtigen Umschlagplatz für Salz, das in frühen Jahren ein begehrter Rohstoff war, bildete Sindelsdorf, das zentral zwischen Reichenhall und dem Salzweg in die Schweiz lag.

Schon im frühen Mittelalter war die Flößerei auf der Loisach ein einträgliches Geschäft. Holz, Vieh, Milch und Baumaterial wurde auf dem Fluss bis zu Isar und Donau und somit nach Wien, Budapest und Belgrad transportiert.

Sehenswürdigkeiten

Pfarrkirche St. Georg

Auf dem Boden einer Vorgängerkirche, die bis 1694 hier gestanden hatte, baute man 1698 die neue Kirche. Bauherr war der Habacher Stiftsherr, Matthias Pauhofer, dessen Namensinitialen noch heute über dem südlichen Eingang zu finden sind. Am linken Seitenaltar findet sich eine spätgotische Madonna, die wohl aus dieser Zeit stammt. Sehenswert ist auch der schöne Dorffriedhof, der 1910 errichtet wurde.

Freizeit und Sport

Der Ort in der malerischen Umgebung bietet vielfältige Möglichkeiten der aktiven oder entspannenden Freizeitgestaltung. Durch die verkehrsgünstige Lage ist Sindelsdorf ein idealer Standort für Ausflüge und Unternehmungen.

Wichtige Adressen und Telefonnummern

Gemeinde Sindelsdorf
Verwaltung
Schulgasse 2
D-82404 Sindelsdorf
Tel. +49 (0)8856 2661
Fax +49 (0)8856 93 31 01
gemeinde@sindelsdorf.bayern.de
www.sindelsdorf.de

Urthal bei Sindelsdorf
(Bild Gras-Ober)

Geißelstein in den Ammergauer Alpen
(Bild: hakanahito, fotolia.com)

Ammergauer Alpen

Ammergauer Alpen

**Bad Bayersoien – Bad Kohlgrub – Ettal – Oberammergau –
Saulgrub – Unterammergau**

Eingebettet in einer der schönsten bayerischen Landschaften liegen die Orte Bad Bayersoien, Bad Kohlgrub, Ettal/Graswang, Ober- und Unterammergau sowie Saulgrub/ Altenau/Wurmansau. Wellness und Kultur zwischen München, Zugspitze und Neuschwanstein versprechen unvergessliche Urlaubstage. Seele, Körper und Geist sollen hier, begleitet von den schönsten Sehens- würdigkeiten in Bayern, inspiriert werden. Diese Naturregion, die bereits König Ludwig II. faszinierte, ist Bayerns größtes Naturschutzgebiet. Wanderungen durch blühende Wiesen und Wälder wirken schon fast meditativ. Hoch hinaus geht es im Sommer und im Winter mit den Bergbahnen und Liften, die Gäste in die aussichtsreichsten Höhen der Voralpen bringen.

Blick auf die Ammergauer Alpen
(Bild Ammergauer Alpen GmbH, Martin Doll)

416

Die berühmtesten Sehenswürdigkeiten, wie Schloss Linderhof, unzählige Kirchen, Kapellen und Kloster Ettal warten darauf, von den Urlaubsgästen entdeckt zu werden.

In der Region Ammergauer Alpen ist für jeden sportlichen Geschmack etwas geboten: Wandern oder Radeln im Sommer und während der Wintersaison stehen über 150 km gepflegte Langlaufloipen zur Verfügung sowie drei Skigebiete mit familienfreundlichen Pisten.

Brauchtum und Tradition wird in dieser Region noch gelebt und die Gäste können bei Feierlichkeiten und Heimatabenden daran teilnehmen. Ehrlich und unverfälscht wird das Alte geehrt und bewahrt und dennoch steht man dem Neuen aufgeschlossen gegenüber.

Zu allen Jahreszeiten sind die Ammergauer Alpen eine Reise wert. Das zweitgrößte Naturschutzgebiet Deutschlands bietet herrliche Wanderrouten und Radtouren. Aber auch Nordic Walking, Segelfliegen oder Baden sind beliebte Sommersportarten.

Sehenswürdigkeiten

Schloss Linderhof

Eine Traumwelt erschließt sich dem Besucher in Schloss Linderhof. Hier, wo König Ludwig II. zeitweise lebte und als König residierte, umfängt den Besucher der Hauch der barocken Zeit. Das Schloss und der Park entstanden in den Jahren 1869 bis 78. Den Namen verdankt das Schloss einem bestehenden Landwirtschaftsgut. Von diesem ehemals klösterlichen Gut ist heute nur noch die alte Kapelle vorhanden. Das väterliche Jagdhaus, König Ludwigs II., wurde als Königshäuschen in den Park versetzt, wo es heute noch besichtigt werden kann (siehe Seite 426).

Kloster Ettal

Kaiser Ludwig der Bayer gründete 1330 das Benediktinerkloster. Nach 40jähriger Bauzeit konnte die Kirche 1370 eingeweiht werden. Um 1710 war das Kloster eine Ritterakademie und galt als eine der bedeutendsten Schulen dieser Zeit. Der Hofarchitekt Enrico Zucalli und der aus Wessobrunn stammende Josef Schmutzer gestalteten die heutige Form von Kirche und Kloster, die nach einem Großbrand im Jahr 1744 zerstört waren. Die Stuckdekoration in dem 12eckigen Grundriss stammt von Johann Baptist Zimmermann und Johann Georg Üblherr (siehe Seite 430).

Am beeindruckendsten ist wohl die 52 m hohe, mit einem prächtigen Fresko versehene, Kuppel der Basilika.

Basilikakuppel Kloster Ettal
(Bild Ammergauer Alpen GmbH, Stephan de Paly)

Schleifmühle Unterammergau

Das Wetzsteinmachen hat in Unterammergau Tradition. Überall in der Umgebung finden sich auch heute noch Steinbrüche, in denen über Jahrhunderte Steine abgebaut wurden. In der „Schneiderlas Schleifmühle" arbeitete bis in die 1960er Jahre der letzte Wetzsteinmacher in Unterammergau. Der „Historische Arbeitskreis" restaurierte die Mühle in der Schleifmühlklamm, in der heute die Herstellung eines Wetzsteins zu sehen ist. Im Museum am Ende der Klamm sowie im Dorfmuseum erfährt der Besucher alles über die Wetzsteinherstellung, die im 16. Jh. ihren Anfang nahm und dem Ort über viele Jahrhunderte zu Wohlstand verhalf.

Passionstheater Oberammergau

Bild Bundesarchiv, R. Unterberg

Während des Dreißigjährigen Krieges hatte der Ort unter einer verheerenden Pestepidemie zu leiden. Das Versprechen der Oberammergauer, alle 10 Jahre die Passionstragödie aufzuführen, wenn das Dorf von der Pest befreit würde, erfüllte sich zum Pfingstfest im Jahr 1634 zum ersten Mal. Über den frischen Gräbern der Pesttoten auf dem Gemeindefriedhof wurde die Bühne gebaut. An diesem Spielort hielt man bis 1820 fest. Während des 17. und 18. Jh. stattete man die einfache Holzbühne mit Kulissen und Bühnentechnik aus. 1830 wurde die Bühne zum ersten mal auf dem Platz des heutigen Passionstheaters errichtet. Das Theater selbst wurde 1890 erbaut und erstmals für die Passionsspiele 1900 genutzt.

Fatimakapelle bei Saulgrub
(Bild Ammergauer Alpen GmbH, Alois Schindler)

Museen

Oberammergau Museum

In der Dorfstraße entdeckt der Besucher das Oberammergau Museum, das Einblicke in die Schnitzkunst im Ort gewährt. Bereits 1910 gegründet, erzählt es Geschichte und Geschichten rund um Oberammergaus ältestes Kunsthandwerk.

Des weiteren befindet sich eine ganzjährige Krippenausstellung im Museum sowie wechselnde Ausstellungen.

Lebende Werkstatt im Pilatushaus

Ein ganz besonders sehenswertes Haus findet sich in der Ludwig-Thoma-Str. 10. Hier kann man den Kunstschaffenden über die Schulter schauen, wenn sie an ihren Werken arbeiten. Gerne beantworten diese auch Fragen über die verwendeten Techniken und Arbeitsweisen.

Da Oberammergau gewissermassen ein Synonym für traditionelle Handwerkskunst ist, sind im Pilatushaus neben Holzschnitzern u.a. auch Töpfer und Fass- sowie Hinterglasmaler anzutreffen.

„Welten hinter Glas" nennt sich die Hinterglasbildersammlung des Museums, die zu den größen Europas zählt. Berühmte Bilder, auch heimischer Künstler wie Kandinsky und Marc, sind im ersten Stock des Pilatushauses im Original oder als Reproduktion zu finden.

Dorfmuseum Unterammergau

Neben der Archäologie und Ortsgeschichte finden sich hier viele Informationen aus frühen Zeiten über die traditionelle Wetzsteinmacherei, die Forst- und Landwirtschaft sowie die Textilverarbeitung.

Museum im Bierlinghaus in Bad Bayersoien

Über drei Jahrhunderte war das Kaufmannsgeschlecht Bierling die honorige Familie am Ort - war sie doch der amtlich bestallte Verwalter der Salzdeponien. In dem kleinen Museum in Bad Bayersoien ist deren Leben aufgezeichnet. Außerdem finden sich zahlreiche Ausstellungsstücke zu den alten Handwerken, wie Schmied, Wagner, Zimmerer, Sattler,

Schleifmuehlklamm Unterammergau
(Bild Ammergauer Alpen GmbH, Stephan de Paly)

Schuhmacher und Steinhauer sowie zum Torfabbau im Moos.

Kultur und Tradition

Mehr als 100 Vereine in den einzelnen Gemeinden haben es sich zur Aufgabe gemacht, alte Trachten zu bewahren, Brauchtum, Musik und Gesang aufleben zu lassen. Der Gast erlebt dies auf den Heimatabenden und bei vielen Festen und Feierlichkeiten, wie dem Unterammergauer Leonhardiritt oder beim Kirchta-Singen.

Lüftlmalerei im Ammertal

Die farbige Gestaltung von Hausfassaden findet sich bereits in der Antike. Der Oberammergauer Maler Franz Seraph Zwinck brachte im 18. Jh. die spezielle Maltechnik von einer

Italienreise mit: Auf den glatten Wänden sollte die Illusion von Architektur vermittelt werden; Säulen, Treppen, Fenster und Türen wurden dargestellt. Die Gläubigkeit der katholischen Bevölkerung findet sich in den Lüftmalereien mit der Darstellung von Heiligen und biblischen Szenen.

Köhlertage

Bei den Köhlertagen in Bad Kohlgrub gewinnen die Besucher einen Einblick in die Arbeit der Köhler und der Holzkohlegewinnung. Der Berufsstand, der am Ort auf eine lange Tradition blickt, war ein ungeliebtes Gewerbe und stellten den Köhler an den Rand der Gesellschaft.

Almfest in Graswang

Ein über die Region hinaus beliebtes Fest und Brauchtum in seiner reinsten Form wird an einem Sonntag im Juni an dem landschaftlich schön gelegenen Kohlflecken in Graswang veranstaltet. Die Ettaler Blasmusik unterhält die Gäste, die sich mit Ettaler Klosterbier und gegrillten Schmankerln stärken.

König-Ludwig-Feuer

Jedes Jahr am 24. August, dem Vorabend des Geburtstages von König Ludwig II., werden auf den Bergen rund um Oberammergau Höhenfeuer entfacht. Mit Einbruch der Dunkelheit spielen Oberammergauer Musiker vom Berg zu Ehren des königlichen Geburtstages. Auf dem Kofel hoch oberhalb des Ortes wird eine riesige Königskrone entzündet. Die sogenannten „Feuermacher" bewegen sich spät abends in einem langen Zug mit Fackeln ins Dorf hinab, wo in den Gasthöfen bis in die frühen Morgenstunden gefeiert wird.

Adventsmärkte

In der Vorweihnachtszeit laden die Ortschaften in den Ammergauer Alpen zu zahlreichen, besinnlichen Weihnachts- und Adventsmärkten ein, auf denen vorwiegend von Hand gefertigte Waren und regionale Produkte angeboten werden.
Oberammergau veranstaltet am 1. Adventssonntag den traditionellen Weihnachtsmarkt mit altbayerischem Adventssingen und am 3. Adventswochenende einen Kunsthandwerkermarkt im Ammergauer Haus.
Bad Kohlgrub lädt am 2. Adventssonntag zum traditionellen Christkindlmarkt.
In Bad Bayersoien findet am 3. Adventssonntag der „Weihnachtsmarkt in der Brandstatt" statt.

Naturerlebnis Ammergauer Alpen

Meditationsweg

Durch das Ammertal führt der Meditationsweg auf einer Gesamtstrecke von 87 km über 15 abwechslungsreiche Stationen. Weltbekannte Bauwerke wie die Wieskirche bei Steingaden oder Schloss Linderhof im Graswangtal, aber auch einsame Kapellen und einzigartige Naturdenkmäler wie der Ammerdurchbruch bei Saulgrub liegen am Weg. Das Pilgern zu diesen Kraftorten ist eine Reise zu sich selbst,

auf der der Wanderer entspannen und abschalten kann. Ein Körpertherapeut bietet auch geführte meditative Wandertouren an.

Das Hörnle bei Bad Kohlgrub – der Zeitberg

Ein über 4 km langer Rundwanderweg auf dem Hörnle verbindet interessante Informationen mit Ruhe-Inseln, die zu einer Auszeit einladen. Ob 3D-Naturkino, Leseecke oder Massageliege – ständig findet der Wanderer neue Überraschungen. Schautafeln am Wegrand beantwor-

ten viele Fragen zur Region. Wer nicht zur Bergstation laufen möchte, kann den historischen Doppelsessellift „Hörnle-Schwebebahn" nehmen.

Der Ammerdurchbruch bei Saulgrub

Über Jahrtausende schaffte sich die Ammer einen Weg durch die Felsen. Die Scheibum – die Stelle des Durchbruchs - befindet sich in einer Wildwasserschlucht, die bereits seit 1949 unter Naturschutz steht. Von Saulgrub geht es in Richtung Achele/Scheibum. Vom Parkplatz an der Ammer, vor dem Kraftwerk Kammerl, verläuft

ein herrlicher Wanderweg durch den Mischwald entlang des Flusses.

Nostalgische Bergbahn am Laber

Eine Bergbahn zum Entschleunigen führt auf den Berg Laber. Bis auf eine Höhe von 1.684 m befördert die Bahn den Gast. Die Aussicht auf Zugspitze, Wetterstein-, Ester- und Ammergebirge ist während aller Jahreszeiten ein Augenschmaus und auf der Höhe lässt sich im Sommer und Herbst vorzüglich Wandern. Im Winter bietet sich Freeridern eine der steilsten unpräparierten Talabfahrten.

Soier See
(Bild Ammergauer Alpen GmbH, Daniela Blöchinger)

Die Ortschaften in den Ammergauer Alpen

Bad Bayersoien

Bild Ammergauer Alpen GmbH. J. Verlaeken

Malerisch am Soier See gelegen, zwischen Wiesen und Mooren, befindet sich das jüngste Moorheilbad Bayerns. Zu allen Jahreszeiten ist die Gemeinde am See eine Reise für Menschen wert, die Ruhe und Erholung suchen - Wandern durch das Moor, im Soier See schwimmen oder während des Winters auf einer der bestens präparierten Loipen das Winterwunderland genießen. Im Ort werden Kuren aus dem heilenden Bergkiefern-Hochmoor angeboten (siehe auch Seite 178).

Bad Kohlgrub

Bild Ammergauer Alpen GmbH.P. Hutzler

Prächtige Bauernhäuser mit Lüftlmalereien und blumengeschmückten Gärten sind in dem idyllischen Dorf zu finden, das seit 1870 auf eine lange Kurtradition zurückblicken kann. Ein Bad im dickbreiigen Bergkiefern-Hochmoor hilft Heilungs- und Erholungssuchenden. Für die Kultur am Ort sorgen die Blaskapelle und verschiedene Bauerntheatergruppen. Am Hörnle, dem Hausberg Bad Kohlgrubs, herrscht zu jeder Zeit Saison. Wandern, Radeln, Snowboarden oder Skifahren auf familienfreundlichen Pisten bietet Bewegungsspaß für jedes Alter.

Ettal/Graswang

Bild Ammergauer Alpen GmbH.H. P. Schöne

Das Kloster, das am 28. April 1330 durch ein Gelöbnis von Kaiser Ludwig dem Bayern, gegründet wurde, machte den Ort weltberühmt. Mit dem Gründungsgelübde ging auch die Erschließung der Region einher und der Ausbau eines bedeutenden Handelsweges von Augsburg nach Verona.

Oberammergau

Weltoffen und bodenständig, so präsentiert sich Oberammergau dem Gast, der begeistert ist von der bunten Palette aus Kunst, Kultur, Tradition

Bild Ammergauer Alpen GmbH,T. Klinger

rern, Radlern oder Skilangläufern ein wahres Paradies mit herrlichen Panoramen, wie z.B. vom Aussichtspunkt Wetzsteinrücken.

Unterammergau

Bild Ammergauer Alpen GmbH, H. P. Schöne

und kreativem Flair. An zahlreichen Hausfassaden prangen prächtige Lüftlmalereien und überall erblickt man Kunsthandwerk in all seinen Facetten. Das kulturelle Erbe und der spirituelle Lebensinhalt ist die Passion Christi, die alle 10 Jahre einem Gelübde folgend, aufgeführt wird.

Saulgrub/Altenau/ Wurmansau

Bild Ammergauer Alpen GmbH, H. P. Schöne

Eingebettet in die liebliche Hügellandschaft der nördlichen Ammergauer Alpen liegt die Gemeinde mit den drei Ortsteilen, die Oasen der Ruhe und Entspannung bilden. Hier hat die Natur dem Erholungssuchenden vieles zu bieten: Bunte Moorwiesen mit prächtiger Flora oder der Ammerdurchbruch Scheibum bieten Wande-

Der Ort der Wetzsteinmacher bietet ursprüngliche Dorfromantik. Kunstvoll bemalte Bauernhäuser zeugen vom frühen Wohlstand durch die Herstellung von Wetzsteinen, die ein begehrtes Produkt zum Schärfen von Sensen und Sicheln aus dem Ammertal waren. Heute kann sich der Besucher über die Historie der Wetzsteinmacherei informieren. Unterammergau bietet zahllose Möglichkeiten für Wanderungen, Sport und Spiel und ist somit Synonym für pure Entspannung.

Wichtige Adressen und Telefonnummern

Ammergauer Alpen GmbH
Eugen-Papst-Str. 9 a
D-82487 Oberammergau
Telefon +49 (0)8822 92 27 40
Telefax +49 (0)8822 92 27 45
info@ammergauer-alpen.de
www.ammergauer-alpen.de

Hier erhalten Sie die Leistungen der KönigsCard (siehe Seite 41)

Auf den Spuren des Bayernkönigs Ludwig II.

Schloss Linderhof

Die geheimnisvolle Aura des 1845 geborenen Bayernkönigs Ludwig II. fasziniert noch heute. Da sein Ideal von einem heiligen Königtum von Gottes Gnaden nicht der alltäglichen Wirklichkeit eines konstitutionellen Monarchen entsprach, träumte er sich in eine märchenhafte Gegenwelt, in der er sich als wahrer König fühlen konnte. Die von ihm errichteten Märchenschlösser, darunter Schloss Linderhof mit seiner prachtvollen Parkanlage, zeugen von der unerschöpflichen Phantasie Ludwig II., der am 13. Juni 1886 auf ungeklärte Weise im Starnberger See ums Leben kam. "Ein ewig Rätsel will ich bleiben mir und anderen", schrieb König Ludwig II. einst. Zahlreiche Menschen aus aller Welt versuchen seither, dieses Rätsel zu erforschen. Am besten gelingt dies bei einem Besuch eines seiner Schlösser, in diesem Fall Schloss Linderhof.

Was erwartet die Besucher, wenn sie den Eingang zum Schlosspark betreten? Zunächst werden sie von einer König Ludwig II.-Büste willkommen geheißen

und passieren dann das historische Parktor und die historische Brücke, ursprünglich Zugang zum Park für Bedienstete und Gäste. Entlang des künstlich angelegten Schwanenweihers führt der Weg zum Marokkanischen Haus, das 1878 auf der Weltausstellung in Paris als Ausstellungspavillon erworben und im Inneren nach den Wünschen von Ludwig II. umgestaltet wurde. Das als nächstes folgende, im ländlichen

Stil erbaute Königshäuschen stand bis 1874 an der Stelle des Schlosses. In den unteren Räumen befindet sich heute eine Ausstellung über die Nutzung des Hauses, seine Vorgeschichte und Bedeutung beim Bau von Schloss und Park.

Weiter auf dem Rundweg gelangen Spaziergänger jetzt zum Mittelpunkt der königlichen Anlage: Schloss Linderhof, ein romantisches weißes Schloss mit buchstäblich bewegter Vergangenheit, denn es entstand ursprünglich aus einem hölzernen Forsthäuschen, das der König bereits als Kronprinz mit seinem Vater für Jagdausflüge nutzte. 1869 ließ der König das Forsthaus in das oben genannte Königshäuschen umbauen. Danach entstand in mehreren Bauphasen ein Anbau, der das Königshäuschen

schließlich ersetzte. Dieses wurde an seinen heutigen Standort etwa 200 Meter vom Schloss entfernt versetzt und blieb somit in der Nähe – und im Herzen - des Königs, der hier glückliche Stunden verbracht hatte.

Schloss Linderhof ist der einzige größere Schlossbau, dessen Vollendung König Ludwig II. noch erlebte. Der Geist des Königs weht auch heute noch durch die prachtvollen Gemächer. Wie lebte der „Märchenkönig", welche Ideen hat er im Schloss Linderhof verwirklicht? Antworten auf diese Fragen finden Besucher während des Rundgangs durch das Schloss. Vom Eingangsbereich, dem Vestibül, betreten Besucher das Westliche Gobelinzimmer, dessen goldener Glanz und prächtige Wandbehänge das Auge erfreuen. Im darauf folgenden Gelben Kabinett findet sich unter anderem eine reich verzierte Hängekonsole. Der Besucher wird dann ins angrenzende Audienzzimmer geführt. Hat König Ludwig II. hier auch seinen Freund, den berühmten Komponisten Richard Wagner empfangen, dem er Zeit seines Lebens unterstützend zur Seite stand? Vielleicht haben die beiden im angrenzenden Lila Kabinett auf den zierlichen Möbeln gesessen und seelenvolle Gespräche geführt? Im Gegensatz zu dem kleinen lilafarbenen Raum ist das königliche Schlafzimmer nebenan riesengroß. Das in königsblauen Samt gehüllte Bett steht auf einem Podest in Richtung eines prunkvollen Saales, an dessen Decke ein großer Kronleuchter erstrahlt. Gegenüber dem Lila Kabinett, befindet sich das Rosa Kabinett, wo Ahnenbilder die Wände schmücken. Danach gelangen Besucher ins Speisezimmer. Man kann nur erahnen,

welche kulinarischen Köstlichkeiten hier einst aufgetischt wurden. Im angrenzenden Blauen Kabinett können kunstvoll bestickte Stoffe und Polstermöbel bewundert werden. Über das Östliche Gobelinzimmer erreicht man nun den Höhepunkt königlicher Herrlichkeit, den Spiegelsaal. Hier endet der Rundgang durch das Schloss.

Wenn König Ludwig II. von seinem Schloss auf den geometrisch angeordneten Gartenbereich blickte, sah er unter anderem ein großes Wasserbecken mit 22 Meter hoher Fontäne, eine vergoldete Figurengruppe und eine 300-jährige Linde. Den Mittelpunkt der dahinter liegenden dreistufigen Terrassenanlage bildet die Büste der Königin Marie Antoinette von Frankreich. Krönender Schluss ist der Venustempel, ein griechischer Rundtempel, in dem sich eine überlebensgroße Venusfigur befindet.

Von hier aus führt der Rundweg weiter zum ältesten Gebäude in der Schloss-anlage, der 1684 errichteten Kapelle St. Anna. Über das Ostparterre, einem Gartenbereich mit ornamentalen Blumenrabatten, Steinskulptur, Springbrunnen und einer Steinbüste König Ludwigs XVI. von Frankreich lustwandeln Besucher weiter zum ältesten Gartenteil, dem farbenfrohen Westparterre und zum Neptunbrunnen. Auf den ansteigenden Hängen wurde von der Nordseite des Schlosses aus eine über 30 Stufen fließende Wasserkaskade angelegt, flankiert von Lindenlaubengängen. An deren Endpunkten symbolisieren Steinfiguren die vier Kontinente. Den obersten Abschluss bildet als nördlicher Aussichtspunkt der hölzerne Musikpavillon, der einen herrlichen Blick über Schloss und Gartenparterre sowie Venustempel und Kuchelberg bietet. Auf dem Rundweg gelangen Besucher nun zur sinnlich-verträumten Venusgrotte, einer künstlichen Tropfsteinhöhle mit See, Wasserfall und vergoldetem Muschelkahn. Sie wurde nach dem Vorbild des Hörselberges aus der Wagneroper „Tannhäuser" gestaltet. Hiernach passiert man den Maurischen Kiosk und gelangt dann zur ehemaligen Bauhütte. Am äußersten Zipfel der Parkanlage befindet sich das Verbotene Tor. Dieser Zugang war ausschließlich dem König vorbehalten, eine Holzbrücke führte über die Linder zur Straße nach Ettal. Vom Tor aus ist es nicht weit bis zum Nachbau der Hundinghütte nach dem Vorbild der Behausung Hundings in der Wagneroper „Walküre" aus dem „Ring der Nibelungen", gefolgt von einer Rekonstruktion der Einsiedlerhütte des Gurnemanz. Vorbild hierfür war die Wagneroper „Parsifal".

An dieser Hütte endet der Rundweg durch die Schlossanlage. Wer möchte, spaziert weiter auf den königlichen Wegen, genießt die Schönheit der Anlage und atmet den Duft längst vergangener Zeiten. Vielleicht schaut der „Kini" von oben zu, wer weiß. Er hätte bestimmt große Freude an der Begeisterung der Menschen für seine wahr gewordenen Träume.

Öffnungszeiten:

28. März - 15. Oktober: 9 bis 18 Uhr,
16. Okt. - 27. März: 10 bis 16 Uhr, tägl.
außer am 1. Januar, Faschingsdienstag,
24. + 25. sowie 31. Dezember.

Schloss- und Gartenverwaltung Linderhof

Linderhof 12, D-82488 Ettal
Tel.:+49 (0)8822 9203 0
Infotelefon: +49 (0) 8822 9203 49
Fax +49 (0)8822 9203 11
sgvlinderhof@bsv.bayern.de
www.linderhof.de

Zwischen Garmisch und Oberammergau

Benediktinerabtei Ettal

Kloster – Klosteranlage

35 Mönche leben in der Klostergemeinschaft Ettal nach dem Evangelium und der Regel ihres Ordensgründers Benedikt von Nursia. Die Abtei zählt zu den bedeutendsten Benediktinerklöstern im Alpenraum. Die Basilika, die Kirche des Klosters,

steht monumental als architektonischer und geistlicher Mittelpunkt im Zentrum der Klosteranlage. Ihre majestätische Kuppel erhebt sich mächtig vor den schroff aus dem Bergwald hervorragenden Felsen der Alpen. Das Innere des Rundbaus wirkt sehr hell und farbig. Wie einen Blick in den offenen Himmel hat der Maler Johann Jakob Zeiller im Jahre 1746 das riesige Fresko der großen Kuppel gestaltet: über einem Wolkenmeer erhält der hl. Benedikt vom dreieinigen Gott die Krone des Lebens. Eine Schar Heiliger ist hier versammelt um die Größe Gottes zu

preisen. Über dem Chorbogen zeigt eine Darstellung die Gründungslegende: Ein Engel in Gestalt eines Mönches erscheint Kaiser Ludwig dem Bayern und übergibt ihm die Marienfigur, die seither als Gnadenbild das Ziel zahlreicher Wallfahrer ist. In der Pracht des Kirchenraumes wird sichtbar, dass der Gottesdienst im Mittelpunkt des klösterlichen Lebens steht.

Orgel

Die Ausgestaltung der Orgelempore geht zurück auf Johann Baptist Zimmermann, der auch das Kuppelfresko der Wieskirche geschaffen hat. Die Barockorgel wurde um 1763 von dem Orgelbauer Johann Georg Hörterich aus Dirlewang bei Mindelheim konstruiert. Bei der letzten Restaurierung Ende der 1960er Jahre durch die Firma Zeilhuber & Sohn (Altstädten bei Sonthofen) galt der besondere Augenmerk dem Ziel, den ursprünglichen historischen Charakter des Instruments wiederherzustellen.

Besichtigung & Führungen

Die Basilika ist in den Wintermonaten von 8.00 bis 18.00 Uhr und in den Sommermonaten von 8.00 bis 19.45 Uhr geöffnet. Außerhalb der Gottesdienstzeiten kann sie gerne besichtigt werden. Nach Voranmeldung für Gruppen mit mindestens 25 Personen sind Führungen durch die Kirche möglich. Ebenso können nach Voranmeldungen die Klosterdestillerie und das Brauereimuseum besichtigt werden.

Aufnahme von Gästen

Gäste werden innerhalb der Klausur in das klösterliche Leben einbezogen. Durch die Ruhe der Klausur und die Teilnahme an den Gottesdiensten sowie an den gemeinsamen Mahlzeiten taucht man ein in einen Raum der Stille und kann so wieder den Weg zu sich selbst und zu Gott finden.

Geschichte

Das Kloster Ettal blickt heute auf eine fast 700 jährige sehr wechselhafte Geschichte zurück. Gegründet wurde es im Jahre 1330 durch den exkommunizierten Kaiser Ludwig den Bayern. Seine Blütezeit fiel ins 17./18. Jahrhundert. Die Säkularisation im Jahre 1803 brachte für das gesamte klösterliche Leben einen großen Einschnitt.
Die benediktinische Bildungstradition konnte schließlich durch die Eröffnung des **Gymnasiums** und **Internats** zu Beginn des 20. Jahrhunderts wieder aufgenommen werden. Bildung und christliche Erziehung zählen bis heute zu den Hauptaufgaben des Klosters.

Ora et labora

Mit diesen drei Worten wird häufig das Leben nach der Regel des hl. Benedikt zusammengefasst. „Gebet und Arbeit" prägen nämlich den Tagesablauf der Mönche in der klösterlichen Gemeinschaft. Nach dem Gottesdienst gehört also die Arbeit unverzichtbar zum Leben der Benediktiner. So trägt eine Vielzahl von Betrieben zur wirtschaftlichen Versorgung des Klosters bei: Gärtnerei, Ökonomie, Land- und Forstwirtschaft, Klostermarkt, Brauerei, Destillerie, Hotel und Ferienwohnungen, Schneiderei, Schreinerei, Schlosserei, Wäscherei und ein Elektrizitätswerk. Damit gehört das Kloster auch zu den größten Arbeitgebern in der Region.

Das Klosterhotel „Ludwig der Bayer"

Das Klosterhotel geht auf die jahrhundertelange Tradition der Gästebetreuung in Ettal zurück. Ob Sie sportlich aktiv sein oder in Ruhe entspannen möchten – Sie werden von den vielfältigen Möglichkeiten des Hauses zu allen Jahreszeiten begeistert sein. Hier findet jeder Gast die stilvolle Atmosphäre, die er sucht.

Veranstaltungsräume unterschiedlicher Größe (von 10 bis zu 400 Personen) und in einzigartiger Atmosphäre, z.B. den barocken Räumen im Gästetrakt des Klosters, machen sowohl Tagungen wie auch Familienfeiern zu einem besonderen Erlebnis.

Klosterlikör

Seit Jahrhunderten wird klösterliches Wissen um die Heilkräfte der Natur gehütet und abgefüllt in die traditionelle barocke Flasche mit Glasrelief. Aus einer Komposition edelster Kräuter fachkundig destilliert, erhält der Kräuterlikör sein blumiges reiches Bouquet durch die Reife in Eichenfässern, wo er auf natürliche Weise gealtert ist. Die Kräfte der Natur für das Wohlbefinden der Menschen nutzen und im Einklang mit der Natur leben, das ist die Maxime der Ettaler Benediktiner.

Klosterladen

Der Klosterladen bietet neben den eigenen Produkten der verschiedenen Biere und des Likörs ein reichhaltiges Sortiment an sakralen Kunstgegenständen und Geschenkartikeln und führt in seiner Buchabteilung u. a. verschiedene Ausgaben der Heiligen Schrift sowie Literatur zum geistlichen Leben für den interessierten Leser.

Öffnungszeiten:
Montag bis Samstag: 9.30 bis 17.30 Uhr u. sonntags: 13.30 bis 17.30 Uhr.
Tel. +49 (0)8822 74-6430

Benediktinerabtei Ettal

Kaiser-Ludwig-Platz 1
D-82488 Ettal
Tel. +49 (0)8822 740
Fax +49 (0)8822 746228
verwaltung@kloster-ettal.de
www.abtei.kloster-ettal.de

Gastaufenthalt im Kloster

(nur für Männer möglich)
gastpater@kloster-ettal.de

Klosterhotel „Ludwig der Bayer"

Kaiser-Ludwig-Platz 1, D-82488 Ettal
Tel. +49 (0)8822 915-0
Fax +49 (0)8822 915-420
www.ludwig-der-bayer.de

Das Blaue Land

Staffelsee
(Bild Tourismusgemeinschaft DAS BLAUE LAND)

Das Blaue Land
Eglfing – Grafenaschau – Großweil – Murnau - Ohlstadt – Riegsee – Seehausen – Spatzenhausen - Uffing

Idylle rund um den Staffelsee

Das Blau der Seen, der Berge, der Landschaft – all die verschiedenen Blautöne verliehen dem Blauen Land seinen Namen. Zu jeder Jahreszeit ist diese Region eine Reise wert. Die drei Seen – Staffelsee – Riegsee und Froschsee – bieten mit ihren neun Gemeinden eine Naturidylle, die sonst kaum zu finden ist. Das bayerische Voralpenland inspirierte schon in frühen Jahren Monarchen und Künstler.

Die Seen zählen zu den wärmsten Badegewässern in Bayern. Zahlreiche Strandbäder und idyllische Badeplätze laden ein zu Sport, Spiel, Spaß und Entspannung. Das Murnauer Moos ist hinsichtlich seiner Größe und seiner Geschlossenheit, seiner Landschaftsformen einmalig in Mitteleuropa. Das größte intakte Moorgebiet in der Alpenregion beherbergt eine Vielzahl der verschiedensten und selten gewordenen Tier- und Pflanzenarten.

Durch das Blaue Land fließt die Loisach, die an der Zugspitze entspringt. Als Alpenfluss bietet sie beste Gelegenheiten für sportliche Aktivitäten. Wanderer und Fahrradfahrer genießen die Touren, die entlang des Flusses verlaufen.

Während der Wintermonate lässt sich die Natur auf präparierten Loipen entdecken. Ob mit dem Pferdeschlitten, bei einer gemütlichen Schneeschuh- oder Fackelwanderung – es gibt unzählige Möglichkeiten, abseits vom Trubel die Region zu erkunden und zu entspannen.

Auf dem Staffelsee
(Bilder Tourismusgemeinschaft DAS BLAUE LAND)

Murnauer Moos

Kunst und Kultur im Blauen Land

Schon in frühen Jahren fühlten sich Monarchen, Künstler und Kunstliebhaber von der Natur und den idyllischen Dörfern und Gemeinden mit ihren Menschen inspiriert. So nächtigte König Ludwig II. jedes Mal auf seiner Reise von München zum Schloss Neuschwanstein in Murnau. Im Jahre 1911 gründeten die Künstler Franz Marc (1880-1916) und Wassily Kandinsky (1866-1944) in Murnau ihre Künstlergruppe „Der Blaue Reiter", der sich schon bald viele weitere Kunstschaffende anschlossen.

Heute sind die Nachlässe der Künstler in verschiedenen Museen und Galerien zu bewundern. So zeigt das Schlossmuseum in Murnau international bedeutende Kunst- und Literaturgeschichte aus dem ersten Drittel des 20. Jh.

Ebenfalls in Murnau präsentieren sich im Münter-Haus die Werke der expressionistischen Malerin, Gabriele Münter (1877-1962). In der Kaulbachvilla in Ohlstadt sind die Werke von Friedrich August von Kaulbach (1850-1920) zu bestaunen. Der Maler porträtierte vornehmlich die weibliche Gesellschaft im französischen Stil des 19. Jh.

In den Murnauer Galerien werden in ständig wechselnden Ausstellungen Werke von international bekannten Malern und Bildhauern sowie heimischen Künstlern gezeigt.

Die Heimatmuseen in Uffing und Seehausen verschaffen dem Kunstliebhaber Einblicke in das künstlerische Schaffen der Region.

Das Freilichtmuseum Glentleiten zählt zu den größten in Südbayern. Sehr anschaulich wird dort das Leben im ländlichen Alltag der Menschen in den vergangenen Jahrhunderten dargestellt. Jahrhunderte alte Bauernhöfe wurden samt ihrer Einrichtung inmitten einer nach historischen Vorbildern gepflegten Kulturlandschaft wieder aufgebaut.

Feste feiern
im Blauen Land

Die einzige bayerische Seeprozession findet am Fronleichnamstag in Seehausen statt. Nach der heiligen Messe begibt sich der Festzug auf einer Fähre zur Insel Wörth und wird von Gläubigen in unzähligen kleinen Booten begleitet.

Ein weiteres Highlight während der Sommermonate sind die Besuche der Seefeste, die eine ganz besondere Stimmung vermitteln. Biergartenatmosphäre direkt am Wasser, der Genuss bayerischer Schmankerl und all das zu traditionell ländlicher Musik. Die Seefeste in Uffing und Seehausen und das Fischerstechen an der Bootslände in Seehausen Mitte August sind einen Besuch wert.

Eine der traditionsreichsten und eindrucksvollsten Wallfahrten im Oberland ist die Leonhardifahrt in Murnau,

die jedes Jahr am 6. November stattfindet. Mehrere hundert Pferde mit
Gespannen, Kutschen und Festwagen
ziehen von Murnau nach Froschhau-
sen. Dort findet ein Feldgottesdienst
mit Pferdeweihe statt.

Die gemütliche Atmosphäre am
Murnauer Ober- und Untermarkt
zieht in der Vorweihnachtszeit viele
Besucher an, die auf dem Murnauer Christkindlmarkt Mitte Dezember
eine reiche Auswahl an Geschenken,
Leckereien und Weihnachtsschmuck
finden.

Kulinarische Spezialitäten

Nach der großen Auswahl an Sport,
Natur und Kultur wird es höchste
Zeit, etwas für das leibliche Wohl
tun. Hier empfiehlt sich ein Besuch
bei den Staffelseewirten im Blauen
Land. Sie sind ein Zusammenschluss
von acht Wirten in der Region, bei
denen gesunde Küche, Qualität, Re-

gionalität und ein zuvorkommender
Service in gepflegtem Ambiente groß
geschrieben werden.

Unter dem Gütesiegel „Gesund genießen im Blauen Land" ist auf ihren
Speisekarten eine Vielzahl frischer
und möglichst regionaler Produkte
zu finden: Wild und Pilze stammen
aus heimischen Wäldern, der Fisch
kommt aus dem Staffelsee und das
Gemüse aus der Region.

Die Ortschaften im Blauen Land

Eglfing

Grafenaschau

Malerisch liegt der Urlaubsort nördlich des Staffelsees. Vor der prächtigen Kulisse des Alpenpanoramas bietet das ursprüngliche Dorf inmitten von Weiden und Wäldern erholsame Urlaubs- und Ferientage. Eglfing ist wegen seiner ruhigen, aber zentralen Lage ein idealer Ausgangspunkt für Wanderungen und Spaziergänge sowie für Ausflüge zu den nahegelegenen Sehenswürdigkeiten in der Umgebung (siehe auch Seite 250.

Grafenaschau

Am westlichen Rand des Murnauer Moos liegt die Gemeinde abseits vom Durchgangsverkehr. Dörfliche Ruhe findet der Urlaubsgast hier, der Grafenaschau als idealen Ausgangspunkt für Wanderungen und Radtouren ins Murnauer Moos im Osten sowie auf das nahegelegene 1.548 m hohe Hörnle nutzt. Wer den Weg zum Gipfel bewältigt hat, zu Fuß, per Rad oder mit der Sesselbahn, wird mit einem einmaligen Rundblick auf die alpine Bergwelt und die Seenplatte des oberbayerischen Voralpenlandes belohnt.

Großweil

Die kleine aufstrebende Gemeinde an der Loisach hat ihren ländlichen Charakter bis heute erhalten können. Das Dorf bietet neben einem Freibad mit Liegewiese auch Schlauchbootfahrten auf der Loisach an. Den Feriengast, der den Ort verlässt, um die nähere Umgebung zu erkunden, erwartet das Freilichtmuseum Glentleiten mit originalgetreuen Bauernhöfen, Almen, Kramerläden, Mühlen und Werkstätten, die das bäuerliche Leben der vergangenen Jahrhunderte widerspiegeln.

Murnau

Mit etwa 12.000 Einwohnern ist Murnau die wirtschaftliche und kulturelle Metropole im Blauen Land. Der staatlich anerkannte Luftkurort bietet einen freien Blick auf die Alpenkette mit ihren wechselnden blauen Lichtstimmungen. Hier, wo sich Künstler von Weltrang niederließen, laden malerische Winkel und Gässchen zum Bummeln ein. Entspannte Stunden verspricht der Besuch in verträumten Gasthöfen und traditionellen Biergärten. Ein besonderes Kleinod ist der von dem Münchner Architekten, Emanuel von Seidl (1856-1919) geschaffene gleichnamige Park. Historisch und geheimnisvoll wirkt die Anlage, in der hochgewachsene Bäume stehen und viele Denkmäler an den Parkgestalter und seine zahlreichen prominenten Besucher aus München erinnern. Der Teich inmitten des Parks verzaubert durch seine idyllische Lage.

Ohlstadt

Am Fuß des 1.790 m hohen Heimgarten liegt die Gemeinde inmitten unberührter Natur. Gäste, die ihre Urlaubstage hier verbringen, genießen das bäuerliche Leben und das gelebte Brauchtum. Eine Wanderung oder eine Mountainbike Tour auf die Höhen des Heimgarten führen an der Ruine Schaumburg vorbei. Manch ein Wanderer oder Radler wird die Eindrücke, die er von seiner Tour mitbringt, niemals vergessen. Kunstliebhaber können in Ohlstadt die Kaulbachvilla besichtigen.

Ohlstadt

Riegsee

Direkt am südöstlichen Ufer des Riegsees liegt die Gemeinde, die dem See ihren Namen gibt. Hier ist der dörfliche Charakter und ländliche Lebensstil erhalten geblieben. Bauernhöfe im oberbayerischen Baustil und sehenswerte Kirchen und Kapellen prägen das Bild der lebendigen Gemeinde.

Seehausen

Unmittelbar am Staffelsee liegt dieses alte Fischerdorf. Die einmalige Landschaft am Staffelsee und die alten Bauernhäuser, die mit Lüftlmalereien geschmückt sind, tragen zum Flair der Gemeinde bei. Seehausen ist ein staatlich anerkannter Luftkurort. Zum Gemeindegebiet gehören der Staffelsee sowie die in ihm liegenden sieben Inseln.

Spatzenhausen

Zwischen dem Westufer des Riegsees und dem Staffelsee liegt die flächenmäßig kleinste Gemeinde im Landkreis Garmisch-Partenkirchen. In den drei kleinen Dörfern hat sich insbesondere der dörfliche Charakter mit aktiver Landwirtschaft erhalten. Hauptattraktion ist der idyllisch gelegene Riegsee mit dem herrlichen Alpenpanorama.

Ausblick auf Murnau

Uffing

Am nördlichen Ufer des Staffelsees liegt die kleine Gemeinde, die ländliche Idylle am Seeufer des Staffelsees verspricht. Zahlreiche Wander- und Radwege führen durch die herrliche Natur rund um den Staffelsee, dessen warmes Wasser zu einem Bad einlädt. Der Bahnhof Uffing an der Hauptlinie zwischen München und Garmisch-Partenkirchen ist ein idealer Ausgangspunkt für Touren. Stärken können sich Gäste aber auch bei dem vielfältigen Gastronomieangebot, das nicht nur Biergärten in traumhafter Lage bietet.

Wichtige Adressen und Telefonnummern

**Tourismusgemeinschaft
DAS BLAUE LAND**
Kohlgruber Str. 1
D-82418 Murnau am Staffelsee
Tel. +49 (0)8841 61 410
Fax +49 (0)8841 61 41 21
touristinformation@murnau.de
www.dasblaueland.de

Hier erhalten Sie die Leistungen der KönigsCard (siehe Seite 41)

Märchen, Geschichten und viel mehr

Der Blaslhof in Schöffau

Seit mehr als 10 Jahren erzählt Bauer Sepp nun schon Märchen und Geschichten und er begeistert damit eine stetig wachsende Zahl von Besuchern und Märchenbühnenfans, den kleinen wie den großen.

Aus einem kleinen Fenster neben der Puppenbühne erzählt er seine Abenteuergeschichten, während direkt daneben, auf der Bühne, die Puppen tanzen. Die selbst gemachten Handpuppen und das aufwendig gestaltete Bühnenbild stammen von der bekannten Künstlerin, Christina Dichtl. Der Blaslhof ist ein Paradies für Kinder. Neben der Märchenbühne, die die Kinder in ihren Bann zieht, sorgen Ponys, Esel und Großpferde für reichlich Abwechslung. Kleine Gäste aus Nah und Fern können auf Ponys den Umgang mit den Tieren und das Reiten lernen. Ausflüge in den nahegelegenen Wald lassen die Herzen der jungen Reiter und Reiterinnen höher schlagen.

Übernachtung am und im Blaslhof

Übernachtungsgästen stehen auf dem Bauernhof zwei große Ferienwohnungen für vier bis acht Personen und eine kleine Ferienwohnung zur Verfügung. Die Wohnungen sind gemütlich eingerichtet und bieten alles, was man als Selbstversorger braucht. Außerdem finden sich vier Mehrbettzimmer,

in denen – bäuerlich rustikal – viel massives Holz für eine behagliche Atmosphäre sorgt. Alle Zimmergäste können zwei große Küchen sowie zwei gemütliche Bauernstuben im Erdgeschoß nutzen. Einen Fernseh- und Internetanschluss sucht man hier vergebens, denn der Hof und die ihn umgebende Natur und die Tiere lassen die Gäste abschalten und zur Ruhe kommen.

Gäste, die mit eigenem Wohnmobil, Caravan oder Zelt anreisen, finden drei Stellplätze mit Stromanschluss in idyllischer Lage sowie große Wiesenflächen für mehrere Zelte. Neue Sanitäranlagen runden das Outdoor-Angebot ab.

Blaslhof

Kalkofen 10, D-82449 Uffing am Staffelsee Schöffau
Tel. +49 (0)8846 224
Fax +49 (0)8846 8148
info@blaslhof.de
www.blaslhof.de

Starnberger See mit Alpenpanorama
(Bild franke 182, fotolia.com)

Starnberger
Fünf-Seen-Land

Fünf-Seen-Land

Starnberger See, Ammersee, Wörthsee, Pilsensee und Weßlinger See bilden das Starnberger Fünf-Seen-Land in Oberbayern. Eiszeitliche Gletscher haben die hügelige Moränenlandschaft geschliffen und diese wunderschönen Seen zurückgelassen. Mit seinen zahlreichen Sehenswürdigkeiten ist das Fünf-Seen-Land nicht nur für Wassersportler ein beliebtes Urlaubsziel. Die idyllischen Badeplätze, gepflegte Radstrecken und ein gut beschildertes Wanderwegenetz durch die malerische Landschaft bieten nahezu unbegrenzte Möglichkeiten zur aktiven Freizeitgestaltung.

Kloster Andechs
(Bild Tourismusverb. Starnberger Fünf-Seen-Land)

Schöne Plätze, original bayerische Gaststätten und Biergärten laden zu einer Brotzeit und zum Verweilen ein. Ein Ausflug auf dem Starnberger See oder auf dem Ammersee lässt die Region unter einer neuen Perspektive erscheinen.

Berühmte Persönlichkeiten

Das Fünf-Seen-Land wurde auch schon früher von Menschen entdeckt, die hier ihr kleines Paradies gefunden haben: 1834 gelangte Schloss Possenhofen in den Besitz von Herzog Max Joseph in Bayern. Seine Tochter Elisabeth, genannt Sisi, und ihre zahlreichen Geschwister verbrachten hier eine unbeschwerte Kindheit. König Ludwig II floh vor seinen Amtsgeschäften aus der Großstadt München nach Berg am Starnberger See. Zeitgenössische Prominente wie Peter Maffay, Heiner Lauterbach u. v. a. haben hier ihre Heimat gefunden. Das Fünf-Seen-Land – richtig bayerisch.

Kultur, Tradition und Brauchtum

Lang ist die Liste der kulturellen Höhepunkte, an denen kein Weg vorbei führt. Seit 23. Mai 2001 ist das „Buchheim Museum" in Bern-

MS Herrsching auf dem Ammersee
(Bild Gemeinde Dießen, Edgar Maginot)

ried ein Publikumsmagnet und zieht Besucher an, weit über bayerische Grenzen. Doch auch das Starnberger See Museum, das Kaiserin Elisabeth Museum in Possenhofen, das Carl-Orff-Museum in Dießen am Ammersee oder das Kloster Andechs lohnen den Besuch. Wiederkehrende Veranstaltungen, z. B. die Tutzinger Fischerhochzeit, die Französische Woche in Starnberg oder die Brahmstage in Tutzing sollte sich kein Feriengast entgehen lassen.

Kaiserin Elisabeth Museum
(Bild Tourismusverb. Starnberger Fünf-Seen-Land)

Überlieferte Tradition und gelebtes Brauchtum sind Werte, die im Fünf-Seen-Land auch heute noch hochgehalten werden, vor allem in Trachten- und Schützenvereinen. Kirchweih, Leonhardiritt oder Maibaumaufstellen sind ohne Blaskapellen nicht denkbar. Festumzüge, bei denen die Männer ihre Lederhose anlegen und den Hut mit Gamsbart tragen und die Frauen in der Festtagstracht mitgehen, gehören zum bunten Dorfleben.

Kulinarik

Steckerlfisch
(Bild Tourismusverb. Starnberger Fünf-Seen-Land)

Jede Reise ins Starnberger Fünf-Seen-Land ist gleichzeitig auch ein kulinarisches Erlebnis, das bleibende Eindrücke hinterlässt. Gaststätten, Biergärten, Hotels und Pensionen bieten selbst für den verwöhnten Gaumen bodenständig bayerische Küche oder Haut Cuisine auf Sterne Niveau. Viele Landwirte im Fünf-Seen-Land haben ihren Betrieb auf biologische Produktion umgestellt und verkaufen ihre Schmankerl im eigenen Hofladen.

Wichtige Adressen und Telefonnummern

Tourismusverband
Starnberger Fünf-Seen-Land
Hauptstraße 1
D-82319 Starnberg
Tel. +49 (0)8151 90600
Fax +49 0(8)151 906090
info@sta5.de
www.sta5.de

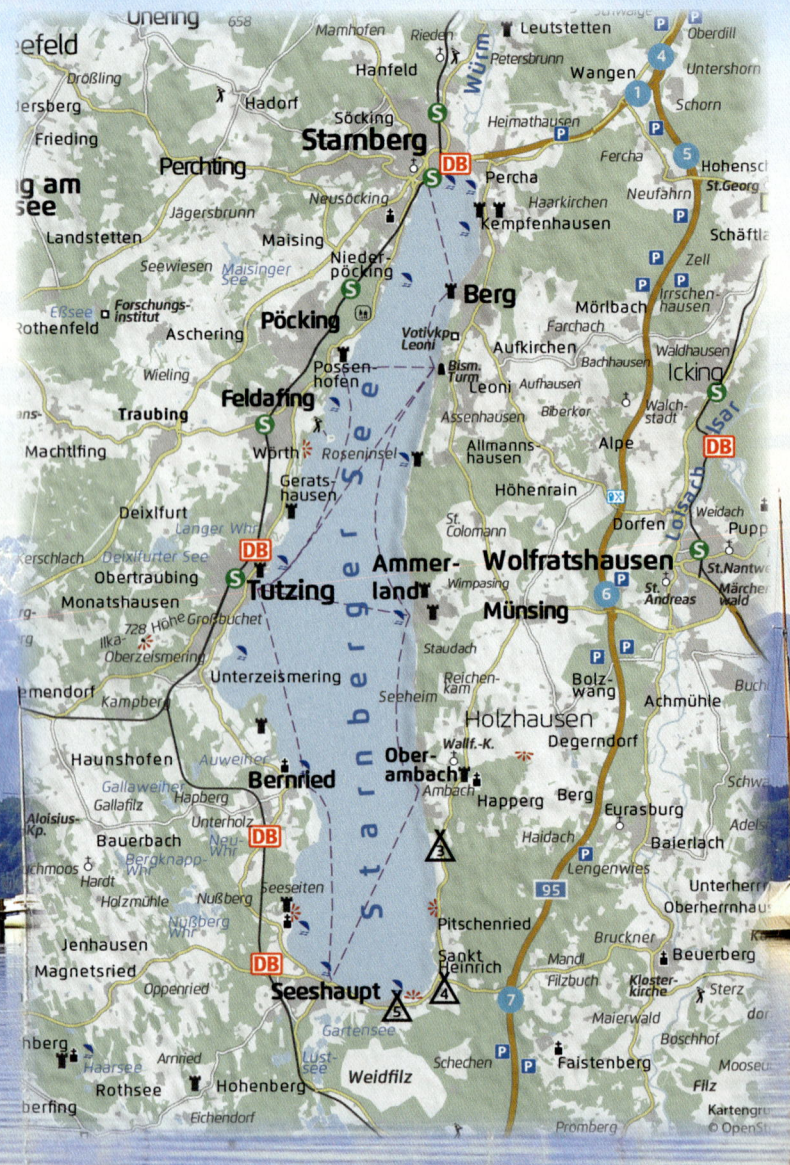

Rund um den
Starnberger See

Starnberger See
Kreuzfahrtfeeling mit Alpenkulisse

Der zweitgrößte See Bayerns, mit dem Heimathafen in Starnberg, faszinierte schon Märchenkönig Ludwig II. und die österreichische Kaiserin „Sisi". Wahre Genießer erkunden die Schönheiten vom Wasser aus. Leinen los! Eine Schiffsrundfahrt – z. B. auf dem hochmodernen und beliebten Galerie-Katamaran MS STARNBERG – führt vorbei an eindrucksvollen Sehenswürdigkeiten wie die Schlösser Berg, Ammerland und Allmannshausen, der Seeburg, Kaiserin Sisis Schloss Possenhofen, der Votivkapelle und vielen mehr. Ein großzügiges Sonnendeck lädt mit einem atemberaubenden Salon zum Verweilen ein und lässt Kreuzfahrtatmosphäre für bis zu 800 Personen aufkommen. Für die kleinen Freizeitkapitäne geht es vom Aussichtsturm aus über eine tolle Rohrrutsche abwärts. Aber auch das jüngste Kind der Starnberger See-Flotte, das MS SEESHAUPT (Baujahr 2012), sorgt für gute Laune. Mit seinem Ruhedeck, einem tollen Spielplatz und dem Aussichtsturm vermittelt dieses Schiff Erholung pur. Als besonderer Tipp gilt der Besuch des Buchheim Museums. Bernried erreicht man mit den Linienschiffen. Nach einem kurzen, schönen Spaziergang gelangt man zur berühmten Sammlung deutscher Expressionisten von Lothar-Günther Buchheim.

Die weiß-blaue Flotte unterwegs

Jedes Jahr am Ostersonntag startet die Flotte ihre Ausflugs- und Panoramafahrten, die bis Ende Oktober andauern. Neben der MS STARNBERG und MS SEESHAUPT sind weitere vier kleinere aber dennoch charismatische Schiffe im Einsatz, um den Besucher den Starnberger See mit all seinen Reichtümern näher zu bringen. Zahlreiche Schlemmer-, Tanz- und Unterhaltungsfahrten bieten neben den fahrplanmäßigen Rundfahrten ein abwechslungsreiches Programm.

die Fahrgäste in die kaiserlich-königliche Epoche im Freistaat entführt, oder die vielgebuchten Brunchfahrten – abwechslungsreich und unterhaltsam ist das Programm, das die Bayerische Seenschifffahrt anbietet. Tanzfahrten und auch die Ü30-Party versprechen für die jüngere Generation zusätzlich ein besonderes Programm-Highlight.

Den Fahrplan und detaillierte Informationen zur Schifffahrt am Starnberger See findet man unter: www.seenschifffahrt.de

Auf dem Wasser den Bund fürs Leben schließen

Auf dem Starnberger See können Brautpaare ihre Hochzeit zelebrieren. Die standesamtliche Trauung kann an Bord stattfinden, für die kirchliche wird z. B. die Klosterkirche Bernried oder die romantische Kirche „St. Peter und Paul" in Tutzing angesteuert. Die Motorschiffe MS BERNRIED, MS SEESHAUPT und MS STARNBERG stehen dort zur Verfügung und bieten Gruppen von 100 bis 300 Personen Platz.

Die Fahrten nach Plan

Der Starnberger See bietet neun Anlegestellen an denen sich für die Fahrgäste die Möglichkeit des Ein- und Ausstiegs bietet sowie die Teilnahme an einer großen Rundfahrt, für die man ca. 3,5 Std. einrechnen sollte. Möglich ist aber auch eine kleine nördliche oder südliche Rundfahrt. Die Mitnahme von Fahrrädern ist auf einigen Schiffen möglich.

Unterhaltung, Tanz und Kulinarik

Auf den Schiffen der Starnberger Flotte finden Erlebnisfahrten der Extraklasse statt: Ob es eine Mondscheinfahrt zum Buchheim Museum in Bernried ist, eine Fahrt auf königlichen Spuren, die

Bayerische Seenschifffahrt GmbH
Betriebsteil Schifffahrt Starnberger See

Nepomukweg 4, D-82319 Starnberg
Tel. +49 (0)8151 8061
Fax +49 (0)8151 15229
starnbergersee@seenschifffahrt.de

Berg
Die königliche Gemeinde

Hoch über dem Starnberger See liegt die Gemeinde Berg. Bekannt wurde der Ort am 13. Juni 1886, als man die sterblichen Überreste von König Ludwig II. und seinem Arzt aus dem See geborgen hatte. Heute erinnert ein Kreuz im See an die mutmaßliche Unglücksstelle. 10 Jahre später errichtete man am Ufer eine Votivkapelle.

Das bekannte Bauern- und Fischerdorf wurde 1975 durch die Zusammenlegung der ehemals selbstständigen Gemeinden Bachhausen, Berg und Höhenrain zur Gemeinde Berg. Heute bietet der aufstrebende Fremdenverkehrsort 8.200 Einwohnern einen Ort, um gut zu leben. Die Gemeinde besteht aus 14 Ortsteilen: Aufhausen, Aufkirchen, Allmannshausen, Assenhausen, Bachhausen, Berg, Farchach, Harkirchen, Höhenrain, Kempfenhausen, Leoni, Martinsholzen, Mörlbach und Sibichhausen.

Neben den königlichen Sehenswürdigkeiten gibt es zahlreiche Stätten, die der Gast gesehen haben sollte.

Kurzer Blick ins Geschichtsbuch

Auf eine germanische Ansiedlung deuten prähistorische Funde hin, wobei der Ort 822 erstmals urkundlich erwähnt wurde. Im 15. Jh. zog es bereits Münchener Patrizierfamilien an den Starnberger See, die zur Bildung der Berger Hofmark führte. Im 17. Jh. erwarb Kurfürst Ferdinand Maria ein Grundstück am See und damit begann der Einfluss der Wittelsbacher auf die Gemeinde.

Das Schloss Berg ist noch heute im Besitz der Familie. In der ehemaligen Sommerresidenz von König Ludwig II. waren u.a. die russische und österreichische Kaiserin oft zu Gast.

Blick auf Aufkirchen
(Bild Christiane Hoffelner)

456

Blick auf Allmannshausen
(Bild Christiane Hofelner)

Sehenswürdigkeiten

Die Kirchen im Gemeindegebiet

Auf das Jahr 1500 geht die Fertigstellung der alles überragenden Wallfahrtskirche Mariä Himmelfahrt in Aufkirchen zurück. Dieser spätgotische Bau hat sich in seinem Aussehen während der vergangenen Jahrhunderte kaum verändert. Der bekannte Wallfahrtsort, den Pilger im 16. Jh. zahlreich besuchten, um die Mutter Gottes zu verehren, gehörte bis zur Säkularisation 1803 dem Augustinerorden. 1896 zog der Orden der Unbeschuhten Karmeliterinnen ein, die bis heute in Aufkirchen ansässig sind.

Wunderschöne Stuckarbeiten sind in der St. Valentinskirche in Allmannshausen zu finden. Das 1651 errichtete Gotteshaus ist ein Saalbau mit Korbbogengewölbe. Geschmückt ist die Kirche mit einer Reihe von Votivtafeln aus dem 17. bis 19. Jh. Über Jahrhunderte diente die Kirche am Valentinstag den Flößern aus Wolfratshausen als Wallfahrtsort.

Im Jahr 1315 wurde die Kirche, die den Schutzheiligen St. Martin und St. Nikolaus geweiht ist, in Farchach erstmals erwähnt. Die heutige Form erhielt sie im 18. Jh. In der im Zopfstil errichteten Kirche schützt ein kräftiges Eisengitter vor ungebetenen Gästen, Besucher haben aber die Möglichkeit, sich mit einem Blick durch die Guckfenster in der Eingangstüre von der wertvollen Ausstattung des Gotteshauses zu überzeugen.

Neben diesen Kirchen sind die Herz-Jesu-Kirche in Höhenrain, die Stephanskirche in Mörlbach mit ihrem berühmten Schnitzaltar sowie die Johanneskirche in Berg, die zu den ältesten Sakralbauten im Fünfseenland gehört, sehenswerte Gotteshäuser, zu denen sich ein Abstecher lohnt.

Schloss Berg

Im Jahr 1676 vom Kurfürsten Ferdinand Maria erbaut, wurde das Schloss in seiner wechselvollen Geschichte von König Ludwig II. als Sommerresidenz genutzt. Nach seiner Entmündigung im Jahr 1886 wurde er nach Schloss Berg gebracht. Von einem Spaziergang mit seinem Arzt, Professor von Gudden, kehrten beide nicht mehr zurück.

Votivkapelle

Dort, wo am 13. Juni 1886 die Leiche von König Ludwig II. aus dem Starnberger See geborgen wurde, ließ

Prinzregent Luitpold am 10. Todestag des Königs eine Kapelle errichten. Diese ist im neuromanischen Stil erbaut. Jedes Jahr treffen sich „Königstreue" und „Monarchiefreunde" am Todestag zu einem Gedenkgottesdienst in dieser Kapelle.

Christian-Jutz-Volkssternwarte

Abseits von störenden Lichtquellen wurde 1992 auf einer Anhöhe in der Gemeinde Berg eine Volkssternwarte eingerichtet. Eine 3-m-Kuppel mit einem 14-Zoll Spiegelteleskop sowie Rolldachhütten, die einen Refraktor und Teleskope beherbergen, bieten den Astronomiefreunden ungetrübte Einblicke ins Universum. Die Sternwarte liegt bei der Lindenallee in Berg. Öffentliche Beobachtungsabende sind bei klarem Himmel jeweils Dienstag und Freitag.

Votivkapelle
(Bild Christiane Hoffelner)

Bismarckturm
(Bild Christiane Hoffelner)

Bismarckturm in Leoni

In Leoni findet sich ein außergewöhnliches Bauwerk: Ein Ehrendenkmal in Bayern für den preußischen Politiker Bismarck. Durch die Verhandlungstaktik des Politikers schloss sich Bayern als letzter süddeutscher Staat dem Deutschen Reich an. Aus Dankbarkeit errichtete die „Gesellschaft zur Ehrung seiner Durchlaucht des Fürsten von Bismarck" im Jahr 1896 das Denkmal.

Kulturspaziergang Berg

Tafeln mit lesenswerten Texten und Bildern entdeckt der aufmerksame Besucher im Gemeindegebiet. Informationen zu zahlreichen kulturellen Höhepunkten findet man hier und kann 500 Jahre Kulturgeschichte unterhaltsam miterleben.

Freizeit- und Sport

Ob Wassersport, Reiten, Wandern oder Radeln - die sanften Hügel, der Starnberger See, Wälder und Weiden laden ein, um entspannte Stunden in der Natur zu verbringen.

Eine Wanderung vom Dampfersteg in Leoni führt direkt am Starnberger See entlang zum Bismarckturm und parallel dazu über Assenhausen zurück. Die etwa 5,5 km lange Strecke legt man in etwa einer Stunde zurück und genießt dabei wunderschöne Ausblicke auf den See.

Wer den Starnberger See einmal ganz unverfälscht erleben möchte, sollte sich auf das Fahrrad schwingen und den gut ausgeschilderten Wegen folgen. Dies sind 49 km, die sich vom

Naturerlebnis her lohnen. Kleiner Tipp: Da der Radwanderer an allen Anlegestellen der Starnberger Seenschifffahrt vorbei kommt, kann er die Tour abkürzen und mit dem Schiff nach Berg zurückkehren. Der Dampfersteg in Berg bietet sich auch für eine Schiffsrundfahrt an.

Den Starnberger See von der Seeseite her kennenlernen ist durch zahlreiche Bootsvermietungen möglich. Der Bootsverleih in Berg verfügt über Elektro-, Ruder- und Tretboote sowie Kajaks.

Für ein erfrischendes Bad an heißen Sommertagen empfiehlt sich der Besuch des Badeplatzes in Unterallmannshausen.

Orts- und Infrastruktur

Die zentrale Lage der Gemeinde Berg, ein vielfältiges Vereinsleben und der reiche Schatz von Kulturgut und Natur macht Berg zu einem lebenswerten Ort.

Verkehrswege

Die Gemeinde Berg liegt am nordöstlichen Ufer des Starnberger See, unweit der Anschlussstelle Starnberg an der A95, die München mit Garmisch-Partenkirchen verbindet.

Starnberger See
(Bild Christiane Hoffelner)

Weltoffen wohnen

Für den Nachwuchs in der Gemeinde Berg ist mit Kitas, Kindergärten und -häusern sowie einer Grundschule und einer Montessorischule und einem Gymnasium (Ausbildungsrichtungen naturwissenschaftlich-technologisch und wirtschafts- und sozialwissenschaftlich) bestens gesorgt. In einigen der Institutionen ist auch ein betreuter Mittagstisch geboten.

Um die Senioren sorgen sich verschiedene Vereine und Verbände. Außerdem entstand vor wenigen Jahren das Wohnzentrum Etztal, in dem 26 barrierefrei erreichbare Wohneinheiten mit einem Gemeinschaftsraum eingerichtet wurden.

Wirtschaft und Ausbildung

Zahlreiche Handwerks-, Produktions- und Handelsbetriebe sowie Dienstleistungen sind in Berg vertreten. Sie sichern, neben dem Tourismusgewerbe, die wirtschaftliche Kraft der Gemeinde, die in ausreichender Anzahl Arbeits- und Ausbildungsplätze zur Verfügung stellt.

Energiewende in Berg

Dem schonenden Umgang mit den vorhandenen Ressourcen und dem Erhalt der einzigartigen Naturlandschaft am Starnberger See fühlt man sich in Berg verpflichtet. Daher hat man sich das Ziel gesetzt, sich bis zum Jahr 2035 vollständig mit erneuerbaren Energien möglichst aus der Region zu versorgen. Dabei strebt man neben der Energieeinsparung die Energieeffizienz sowie die Gewinnung von Strom und Wärme aus regenerativen Energiequellen an. Hier setzt die Gemeinde vor allem auf die Energie aus Sonne, Wind und Erdwärme sowie in begrenztem Umfang Wasserkraft.

Wichtige Adressen und Telefonnummern

Gemeinde Berg
Verwaltung, Ratsgasse 1
D-82335 Berg
Tel. +49 (0)8151 50 80
Fax +49 (0)8151 508 88
info@gemeinde-berg.de
www.gemeinde-berg.de

Bernried am Starnberger See

Natur, Tradition und Moderne

Der See als traumhafte Kulisse für erholsame Tage, vielfältige Kulturtupfer während des ganzen Jahres, anregende Atmosphäre für erfolgreiche Seminare und Tagungen, ein Ort, wo Sport und Kunst nicht zu kurz kommen, und eine Landschaft zum Träumen: Dieses malerische Paradies findet der Feriengast in Bernried am Starnberger See (600 m ü. M., 2150 Einwohner) mit den Gemeindeteilen Adelsried, Gallafilz, Hapberg, Höhenried und Gut Unterholz im Landkreis Weilheim-Schongau vor. Für Tagesbesucher aus der Region ist der Stiftungspark im Süden von Bernried erholsames Terrain für Spaziergänge. Wassersportler genießen in Bernried einen unvergesslichen Aufenthalt. Ein zauberhafter Ort, ja, im wahrsten Sinne des Wortes wird der Feriengast verzaubert von den Parkanlagen und vom aktiven Dorf- und Vereinsleben, die u. a. dazu beigetragen haben, dass dem Ort 2007 im Bundeswettbewerb „Unser Dorf hat Zukunft" die Goldmedaille verliehen wurde.

Im Mai 2001 wurde auf dem Hirschgartengelände in Höhenried das „Buchheim-Museums der Phantasie" eröffnet, das heute den Namen Bernried a. S. in alle Welt trägt.

Bernried
(Bilder Gerhard Schubert)

Kurzer Blick ins Geschichtsbuch

Bereits 1120 wurde ein Augustiner-Chorherrenstift gegründet. Graf Otto und Adelheid von Valley aus dem Hause Wittelsbach hatten den Augustiner Chorherren das Stift überlassen.

Die Entwicklung von Bernried a. S. hängt untrennbar mit der wechselvollen Geschichte des Klosters zusammen. 1852 erwarb August Freiherr von Wendland das Stift und die Ländereien. Der Südflügel wurde unter seiner Federführung zu einem Schloss umgestaltet. Ihm ist es auch zu verdanken, dass das Seeufer zwischen Bernried a. S. und Seeseiten unbebaut blieb, da er landwirtschaftlich genutzte Fläche vom königlich bayerischen Hofgärtner Carl von Effner zum Landschaftspark umgestalten ließ.

Außerdem wurde in Bernried a. S. auf sein Betreiben hin im Jahre 1865 eine Station der Eisenbahnstrecke Tutzing-Penzberg eingerichtet, was Bernried a. S. zu einem aufstrebenden Aufenthaltsort für Künstler und Sommerfrischler werden ließ. Im Bernrieder Bahnhof hat sich heute eine Schokoladenmanufaktur niedergelassen.

1914 erwarb das Ehepaar Busch-Scharrer die ehemaligen Gründe des Klosters und das Schlossgut, wo eine Landwirtschaft mit Pferdezucht betrieben wurde. Auch entsprechende Handwerksberufe siedelten sich hier an.

Wilhelmina Busch ließ sich auf dem Gelände ein Schloss erbauen, das im Sommer 1939 fertiggestellt wurde. Im Laufe der Jahre wurde der 600.000 Quadratmeter große Park umgestaltet und um ein Gehege mit weißen Damhirschen erweitert.

Das luxuriöse Schloss dient heute Patienten als Herz- und Kreislaufklinikum der Deutschen Rentenversicherung Bayern Süd.

Sehenswürdigkeiten

Aus der Zeit der Augustinerchorherren stammen zahlreiche denkmalgeschützte Bauwerke.

Heute gehört das Kloster Bernried den Missionsbenediktinerinnen mit Mutterhaus in Tutzing. Von 1122 bis 1803 war St. Martin Stiftskirche der Augustinerchorherren von Bernried. Sie steht auf romanischen Fundamenten. 1803 wurde sie im Zuge der Säkularisation Pfarrkirche des Ortes. Die Kirche wurde 1659 von dem Wessobrunner Baumeister Caspar Feichtmayr errichtet. Der monumentale Hochaltar und die Seitenaltäre sind mit Gemälden des Münchners Franz Kirzinger ausgestattet (1795/96) Beeindruckend ist vor allem der spätgotische Flügelaltar der Münchner Schule (um 1510).

In der Klostermauer zur Seeseite hin befindet sich die Seekapelle mit der „liab woanatn Frau". Sie wird alljährlich am 15. August, Maria Himmelfahrt, mit Blumen geschmückt. Eine ganz besondere Atmosphäre verbreitet der Barocksaal des Klosters, der auch einen würdigen Rahmen für kulturelle Veranstaltungen bietet.

Das Torbogengebäude diente einst dem „Torwart" als Wohnung. Von 1806 bis 1825 war hier das Schulhaus untergebracht. Marstall und Wagenremise lagen auf der anderen Seite des Torbogens.

Die Hofmarkskirche ist einer der liebenswertesten Sakralbauten in Oberbayern. Der gotische Bau wurde 1382 geweiht und Ende des 17. Jahrhunderts (1695) barockisiert. Aus dieser Zeit stammt auch der Hochaltar. Die Seitenaltäre sind ländliches Rokoko (Paul Zwink 1769) mit den Bauernheiligen Notburga und Isidor. Beeindruckend sind die Altarbilder von Franz Kirzinger und die bemalte Kanzel über dem Durchgang zur Gruftkirche sowie inbesondere die gotische Pieta aus dem Jahre 1382 „die Muttergottes von Bernried", das wichtigse Kulturgut im Dorf

Beim Sommerkeller handelt es sich um den Bierlagerkeller der ehemaligen Brauerei mit ca. 1500 m². Das Bierbrauen wurde 1912 eingestellt. Er wird heute für Großveranstaltungen genutzt.

Der Klosterrichter war für die niedere Gerichtsbarkeit zuständig. Das Haus des Klosterrichters (ehemalige Gemeindeverwaltung) beherbergte u. a. Johannes Brahms und Franz Lachner als Gäste.

Das Gstupperhaus (Reitweg 2) wurde nach dem verheerenden Dorfbrand 1685 gebaut. Dabei handelt es sich um ein denkmalgeschütztes ehem. Kleinbauernhaus in zweigeschossiger Blockbauweise mit Flachsatteldach, Laube und Zierbund.

Das Haus Willroider (Bahnhofstraße 12) ist ein gutes Beispiel für die Vil-

lenkultur um die Jahrhundertwende. Der Bauherr Ludwig Willroider war ein bekannter Landschaftsmaler.

Die „Villa del Fabbro", erbaut 1892 bis 1894, zeigt deutlich den Einfluss italienischer Baukultur. Das Haus wurde bis 2007 von den Nachkommen des Baumeisters als Pension betrieben.

Klinik Höhenried – Interdisziplinäres Therapiezentrum

1967 als kardiologische Reha-Klinik gegründet, haben sich hier heute neben der kardiologischen Abteilung auch eine orthopädische Abteilung und eine psychosomatische Abteilung auf hohem fachlichem Niveau etabliert. Das parkähnliche Klinikgelände mit seiner wohltuenden Ausstrahlung unterstützt die Genesung.

Stieleiche - Quercus robur

Am Ortsausgang Richtung Tutzing, am neuen Hofgut in Bernried am Starnberger See, steht eine Eiche, deren Alter auf 500 bis 700 Jahre geschätzt wird. Der Stammumfang misst 9,30 m, die Höhe ca. 15 m und der Durchmesser der Krone ca. 15 Meter.

Bernried nennt sich Baumdorf. Mehr als 1000 überwiegend Eichen und Buchen haben einen Stammumfang von mehr 4 Metern.

Museen

Am 23. Mai 2001 wurde auf dem Gelände von Schloss Höhenried das „Museum der Phantasie - Sammlung Buch-

heim" feierlich eröffnet. Der Park mit seinen alten Baumgruppen, verwunschenen Teichen, Pagoden, Skulpturen und anderen Kunstwerken unterstreicht die Besonderheit dieses Museums. Der Bau umfasst 4.000 Quadratmeter und ist einem Schiff nachempfunden. Auch der Außenbereich mit seinen verschiedenen Skulpturen ist in die Kunstsammlung mit einbezogen. Namhafte Expressionisten mit Werken der Brücke-Maler Erich Heckel, Emil Nolde, Ernst Ludwig Kirchner, Max Pechstein, aber auch Gegenstände, die Buchheim auf seinen Reisen gesammelt hat, werden im Museum der Phantasie präsentiert. Öffnungszeiten: April - Oktober: Dienstag bis Sonntag sowie Feiertage: 10 - 18 Uhr, November - März: Dienstag bis Freitag: 10 - 17 Uhr, Wochenende u. Feiertage: 10 - 18 Uhr.

Buchheim Museum der Phantasie, Am Hirschgarten 1, 82347 Bernried, Tel. 08158 99700 info@buchheimmuseum.de, www.buchheimmuseum.de

Ausstellungen

Handwerk und Kunst

Ein- oder mehrmals jährlich ist Bernried am Starnberger See Schauplatz für das Kunsthandwerk. Die Ausstellungen bieten heimischen Künstlern eine wichtige Plattform für ihre stilvollen Arbeiten aus den Bereichen Keramik, Schmuck, Fotografie, Patchwork, Kloster- und Kürschnerarbeiten, Holzverarbeitung, Stricken, Nähen sowie Trachtenarbeiten. Der Eintritt zu den Ausstellungen ist frei. Zum Teil können die gezeigten Arbeiten erworben

werden. Sommer-Ausstellung jährlich an Maria Himmelfahrt, d. h. am 15.08.; Frühjahrs-Ausstellung unregelmäßig.

Künstlerausstellungen

An drei Ausstellungsorten im denkmalgeschützten Sommerkeller unterhalb des Gemeindezentrums – einem Ausstellungsraum mit ganz besonderer Ausstrahlung, dem Torbogengebäude im Klosterhof und dem Glashaus der Gärtnerei Steiger – inspiriert die Sommerausstellung „Bernrieder Künstler", die es seit 40 Jahren gibt, Besucher zu einem Spaziergang durch den alten Ortskern.

Zusätzlich bereichert die Galerie Marschall ganzjährig mit verschiedenen Ausstellungen und Werke zeitgenössischer Künstler.

Kulturelles

Das Kloster mit seinem barocken Musiksaal und dem neuen Gartensaal ist beeindruckender Rahmen für hochkarätige Konzerte und Lesungen.

Musik

Die örtliche Blaskapelle demonstriert mit ihren Konzerten aktives Brauchtum und sorgt für die feierliche Umrahmung vieler Veranstaltungen.

Kirchenchöre, Bernrieder Dreigesang, der Klosterdorf Zwoagsang und die Hofmarksmusik sind wichtige Säulen bei verschiedenen Anlässen rund ums Jahr.

Bücherei

Im ersten Stock des Klosters in fürstlich anmutenden Räumen ist die öffentliche Bücherei untergebracht. Sie umfasst 15.000 Titel in verschiedenen Abteilungen. Öffnungszeiten: Montag: 17.00 – 18.30 Uhr, Dienstag: 09.00 – 11.00 Uhr und 15.00 – 17.00 Uhr, Donnerstag: 09.00 – 11.00 Uhr, Sonntag: 10.00 – 11.30 Uhr, während der Schulferien nur sonntags von 10.00 bis 11.30 Uhr! (außer Neujahr und Ostersonntag)

Volkstümliche Bräuche

Die Brauchtumsfeste der Bernrieder Vereine wie z. B. das Öffnen des Martinsbrunnens, das Maibaumaufstellen sowie das Johannifeuer locken eine Vielzahl von Gästen an.

Kirchliches Brauchtum

Ein hoher Festtag ist der 15. August, Maria Himmelfahrt, mit dem abendlichen Festgottesdienst und der Lichterprozession durch den Ort. Der feierliche Gottesdienst am Morgen in der Hofmarkskirche wird vom Bernrieder Dreigesang und von der Hofmarksmusik gestaltet.

Kurioses und Originelles

Fischerstechen in Bernried am Starnberger See

Ein weit verbreiteter Brauch ist in Bayern das Fischerstechen, in Bernried a. S. alle zwei Jahre (in geraden Jahren) im August. Der Ursprung liegt wohl 500 Jahre zurück, als einer Sage nach Fischer eine Art „Ritterturnier" auf ihren Booten veranstaltet haben. Bei diesem traditionellen Kräftemessen treten zwei Mannschaften mit jeweils drei Männern auf einem Boot gegeneinander an. Das Ziel ist es, die Mitglieder der gegnerischen Mannschaft mit Hilfe eines Speers von ihrem Boot ins Wasser zu stoßen. Verloren hat natürlich, wer zuerst ins Wasser fällt.

Freizeit und Sport

Im Sommer

Schwimmen, Surfen, Segeln, Rudern, Angeln – der Starnberger See bietet für aktive Freizeitgestaltung vielfältige Möglichkeiten.

Zum Hotel Marina gehört ein großer Segelhafen.

Badespaß

Am Ende des Bernrieder Parks liegt das Strandbad Hubl mit Bootsverleih und Liegewiese. Auch wegen der hausgemachten Kuchen kommen die Gäste gerne hierher.

Nordic Walking

Rund um den Ort oder im Höhenrieder Park lädt ein Parcours zum Nordic Walking ein. Wer möchte, kann dafür medizinische Betreuung in Anspruch nehmen.

Im Winter

Schlittschuhfahren und Eisstockschießen kann man auf den vielen zugefrorenen Seen rund um das Dorf.

Wandern

Der Bernrieder Park, angelegt ab 1853 als Englischer Landschaftsgarten durch Carl Effner und seinen Sohn Carl Josef von Effner, der u. a. bei Lenné studiert hatte und ab 1873 königlicher Hofgartendirektor war. Die harmonische Komposition von Anpflanzungen, eine abwechslungsreiche Gestaltung der weitläufigen Landschaft, alter Baumbestand von seltener Erhabenheit, der Blick übers Dorf auf den See oder vom Park zur Benediktenwand laden zum Spaziergang oder Fahrradausflug ein. Im Laufe der Jahrzehnte hat sich der Bernrieder Park zum Reservat seltener Tier- und Pflanzenarten entwickelt.

Der unbebaute Uferbereich am Starnberger See stellt mit seinen jahrhundertealten Bäumen für jeden Naturfreund eine paradiesische Idylle dar. Eine bequeme Uferwanderung führt von Bernried a. S. nach Seeshaupt.

Westlich von Bernried a. S. laden – auch im Winter – zahlreiche Wege dazu ein, die Umgebung kennen zu lernen. Kleine Weiher und Hochmoore prägen die Landschaft.

Neu ist ein „Klosterweiherweg", der rund um das Dorf führt (ca. 4 Std.).

Bernried a. S. hat auch Anbindung an den Jakobsweg, Variante B, und bietet mit dem Bildungshaus St. Martin eine pilgerfreundliche Unterkunft (Tel. 08158/2550).

Radfahren

Idyllische Fahrt von Bernried a. S. nach Seeshaupt (ungefähr 6 km):
Vom Ortseingang von Bernried a. S. geht es auf der Straße, die zum Hotel Marina führt, und weiter bis zum See, Richtung Dampferanlegestelle. Malerisch am See entlang, vorbei am Kloster Bernried durch den Bernrieder Park, kommt man auf einen

Fußweg nach Seeshaupt. Schilfgürtel und alter Baumbestand begleiten die Strecke. Wer den Ausflug noch erweitern möchte, fährt Richtung Penzberg oder zu den Osterseen, wo man einen einmaligen Blick auf die Alpenkette genießen kann.

Ebenso zu empfehlen und erlebnisreich ist der Fahrradweg von Bernried a. S. nach Unterzeismering und weiter nach Tutzing. Besonders hinzuweisen ist auf die Lindenallee unterhalb von Höhenried bis zum FFH-Schutzgebiet Starnberger See kurz vor Unterzeismering.

Orts- und Infrastruktur

Verkehrswege

Bernried a. S. liegt an der Staatsstraße 2063 Starnberg–Tutzing–Seeshaupt, Autobahnanschluss A95, Ausfahrt St. Heinrich.

Die Bahnlinie der Kochelseebahn München–Tutzing–Kochel verbindet im Stundenrhythmus den Ort mit der Landeshauptstadt München.

Der RVO-Bus 9614 Tutzing–Penzberg macht in Bernried a. S. Halt.

Von der Bayerischen Seenschifffahrt wird Bernried a. S. seit 1852 angesteuert.

Weltoffen wohnen

Bei der Bebauung des Ortes wurde stets im Auge behalten, den Charakter des alten Ortskerns zu erhalten. Zahlreiche Fußgängerwege, verschwiegene Gässchen und private und öffentliche Grünflächen schaffen für Einheimische und Gäste einen idyllischen Wohlfühlort.

Bildung

Krippe-Kindergarten-Hort, Waldkindergarten und Volksschule sorgen dafür, dass die Kleinen am Ort bleiben können, was gerade für junge Familien angenehm ist. Das Bildungshaus St. Martin, Kloster Bernried, bietet während des ganzen Jahres Seminare an.

Musikschule

Die Außenstelle der Musikschule Weilheim unterrichtet Bernrieder Mädchen und Buben an den verschiedensten Musikinstrumenten oder im Kinderchor. Das Angebot reicht von Klassik bis Moderne, von Gospel bis Volksmusik.

Wirtschaft und Ausbildung

Im Bildungshaus St. Martin, Kloster Bernried, wird die Küche als Lehrbetrieb von einem Küchenmeister geleitet und bietet Ausbildungsplätze für den Beruf Köchin/Koch an.

Auch Praktika in Küche und Hauswirtschaft, in den Bereichen der Sozial- und Religionspädagogik und Erwachsenenbildung werden angeboten.

Zahlreiche Handwerks- und Gewerbebetriebe, ein Biotechnologiezentrum mit ca. 150 Arbeitsplätzen sowie Kunsthandwerker bilden die Grundlage für ansässiges Gewerbe.

Altersgerecht wohnen

Die Nachbarschaftshilfe Bernried setzt den Schwerpunkt ihrer Arbeit in die Seniorenbetreuung. Gymnastik, Vorträge, Spiele- und Kaffeenachmittage, Ausflüge, kreatives Werken bis hin zum Gedächtnistraining – das Programm für den Seniorenkreis ist breit gefächert.

Wohnkonzepte berücksichtigen im Besonderen auch die Anforderungen ans Wohnen im Alter. Auch generationsübergreifende Möglichkeiten werden aufgezeigt und Erfahrungsberichte erörtert. Zentrale Lage, barrierefreier Wohnraum und gemeinsam genutzte Bereiche spielen in der Planung eine Rolle.

Wichtige Adressen und Telefonnummern

Tourismusbüro Bernried a. S.

Bahnhofstraße 4
D-82347 Bernried
am Starnberger See
Tel. +49 (0)8158 8040
tourist-info@bernried.info
www.bernried.de

Marina Resort am Starnberger See

Marina Resort am Starnberger See

Das Marina Resort, malerisch direkt am Westufer des Starnberger Sees gelegen, erstreckt sich über 50.000 qm und liegt eingebettet in den sanften Hügel des Voralpenlandes. Harmonisch fügt sich die Architektur in den weitläufigen Park. Der Blick in die Natur, aufs Wasser, auf die Wiesen und alten Bäume, lässt den Gast schnell zur Ruhe kommen. Atemberaubend die Landschaft, wohnen mit gemütlichem Komfort und bestem Service – das macht den Zauber aus, der über dieser Hotelanlage liegt.

Traumhaft schön ist die Umgebung, die mit vielfältigen Freizeitangeboten dazu einlädt, seine Ferientage entweder aktiv zu gestalten oder seinen persönlichen Rückzugsort und seinen individuellen Weg zu sich selbst zu finden. Die sieben Häuser des Resorts und des Seerestaurants bilden einen Ort, der Ruhe und Erholung ausstrahlt.

Hinter der sprichwörtlichen bayerischen Gastfreundschaft steht ein freundliches Team, das dafür sorgt, dass man sich einfach rundum wohl fühlt.

Übernachten

Die geschmackvolle Einrichtung, farblich aufeinander abgestimmte Details, harmonische Farben und Formen, stilvolles Ambiente gepaart mit zeitgemäßem Komfort und moderner Behaglichkeit erwarten den Gast in 87 individuell eingerichteten Zimmern, Suiten und Appartements. Der eine liebt es bayerisch charmant, ein anderer umgibt sich gerne mit vornehmer Eleganz, der nächste fühlt sich angezogen von puristisch moderner Linie. Im Marina Hotel wird man jedem Geschmack gerecht. Raumhohe Fenster holen die Sonne in die Räume. Von Balkon oder Terrasse aus genießt man einen faszinierenden Blick direkt auf den See. Dieses stilvolle Urlaubsdomizil in bester Lage garantiert Ferientage wie im Bilderbuch.

Essen und Trinken

Das Seerestaurant ist der kulinarische Mittelpunkt des Hotels. Die eleganten Räumlichkeiten laden dazu ein, sich vom Chefkoch und seinem Team mit raffinierten Kreationen verwöhnen zu lassen. Auf der Karte stehen saisonale Spezialitäten der Region, frisch zubereitet aus vorwiegend heimischen Produkten und eigener Produktion. Je nach Witterung genießt man sein Menü in einem der gemütlichen Restaurants oder auf der Terrasse mit Seeblick.

Abends ist die Bar mit dem Platz am offenen Kamin beliebter Treffpunkt, um einen erlebnisreichen Tag ausklingen zu lassen.

Wellness

Mit dem großzügigen Innenpool, der Sauna und vielfältigen Massageangeboten bietet das Marina Resort eine Wohlfühl-Oase, in der man sich gerne eine Auszeit nimmt und die Uhren anhalten möchte. Sich selber etwas Gutes tun, Körper und Seele in Einklang bringen – das ist Erholung in ihrer besten Form. Die weitläufige Liegewiese und der hauseigene Strand mit Badeplattform tragen das ihre dazu bei.

Tagen mit Weitblick

Tageslichtdurchflutete Konferenzräume, ausgestattet mit modernster Kommunikations-Technik, schaffen beste Voraussetzungen dafür, dass jede Tagung, jedes Seminar zum Erfolg führt. Die verschieden großen Räume für bis zu 130 Teilnehmer bieten für jede Veranstaltung den passenden Rahmen. Die einzigartige Lage am See macht jeden Aufenthalt im Marina Ressort unvergesslich.

Marina Resort Bernried

Am Yachthafen 1 - 15, D-82347 Bernried am Starnberger See
Tel. +49 (0)8158 932-0, Fax +49 (0)8158 711-7
info@marina-bernried.de   www.hotelmarina.de

Feldafing

Perle am Starnberger See

Auf 650 m ü. M. liegt Feldafing im Landkreis Starnberg. Durch seine Lage am Westufer des Starnberger Sees genießt man einen herrlichen Rundblick über den See bis weit in die bayerische Alpenwelt. Seit Jahrzehnten ist der Ort ein beliebtes Naherholungsgebiet.

Zur Gemeinde mit seinen über 4.300 Einwohnern zählen die Ortsteile Feldafing, Garatshausen und Wieling. Vor der Gemeinde liegt im Starnberger See die Roseninsel, die zu Feldafing gehört. Dem Reiseschriftsteller G. A. Horst ist es zu verdanken, dass Feldafing seinen Beinamen „Die Perle am See" erhielt, schrieb er doch im Jahr 1876 in seinem Wanderbuch über den Starnberger See: „Die Roseninsel ruht, einer Perle gleich, auf der blauen Fläche des Sees."

Kurzer Blick ins Geschichtsbuch

Die einzige Insel im Starnberger See ist die Roseninsel, die schon wäh-

Roseninsel
(Bild Gemeinde Feldaffing)

rend der Jungsteinzeit von Menschen bewohnt war. In der Prähistorischen Staatssammlung in München lagern Ausgrabungsfunde, die diese These beweisen.

Der Name von Feldafing geht auf die Bajuwaren zurück, was die Endsilbe „ing" im Ortsnamen verrät. Urkundlich wird Feldafing das erste Mal im Jahr 1116 erwähnt. Ab dem 13. Jahrhundert sind die Wittelsbacher Herzöge die Herren von Feldafing und der Roseninsel. Zu dieser Zeit entwickelte sich das Dorf zu einem der bedeutendsten Fischerort am Würmsee, wie der See in frühen Jahren hieß. In den 1850er Jahren erwarb König Maximilian II. die Insel Wörth, wie die Roseninsel damals noch hieß, und das gegenüberliegende Seeufer- und Hanggelände. Zu dieser Zeit entstanden das berühmte Rosenrondell mit dem Casino auf der Roseninsel und der Lenné-Park am Ufer des Sees. Das mit dem Bau bereits begonnene Schloss von König Max II. kam nicht zu seiner Vollendung. Zu früh starb der König, sein Sohn König Ludwig II. ließ den Bau einstellen, vor ein paar Jahrzehnten wurde das Kellergeschoß aufgefüllt und dient heute als Abschlag 11 des Golfclubs.

Mit dem Bau der Eisenbahnlinie im Jahr 1864 entwickelte sich Feldafing vom Fischer- und Bauerndorf zum touristischen Magneten am Starnberger See. Es entstanden Villenviertel an den Osthängen des Sees und die Einwohnerzahl wuchs zu dieser Zeit rasant an.

Sehenswürdigkeiten

Der Lennépark und die Roseninsel

Auf das Jahr 1853 geht die Gestaltung zu einem Park am Ufer des Starnberger Sees zurück. König Maximilian II. von Bayern beauftragte seinerzeit Peter Joseph Lenné, der zierende geometrische und naturnahe Gestaltungselemente verband. Gleichzeitig wurde die Roseninsel mit einer kleinen Villa, dem „Casino", und einem Rosengarten ausgestattet. So wurde dieser Ort zu einem Lieblingsaufenthalt von König Ludwig II., der hier Zarin Maria Alexandrowna, Richard Wagner und Kaiserin Elisabeth von Österreich empfing.

Überreste prähistorischer Pfahlbauten wurden auf dem Grund des Starnberger Sees an der Roseninsel entdeckt. Diese gehören heute zum UNESCO-Weltkulturerbe.

Heute dient der Lenné-Park auf seinen Freiflächen einem 18-Loch-Golfplatz, von dem man wahrlich behaupten kann, einer der schönsten Golfanlagen Europas zu sein. Das Wegenetz des Parks erfreut die zahlreichen Spaziergänger und Radfahrer.

Schloss Garatshausen

Das idyllische Schloss, dessen älteste Bestandteile auf das 16. Jh. zurückgehen, ist heute im Privatbesitz der Thurn und Taxis. Besichtigt werden kann es nicht, aber hin und wieder, wenn auch immer seltener, öffnen sich die Tore zum Park und man kann gegen Eintrittsgeld durch Garten- und Weihnachtsmärkte flanieren.

Pfarrkirche St. Peter und Paul

St. Peter und Paul
(Bild: Gemeinde Feldafing)

Am Kirchplatz 10 steht die auf das Jahr 1401 zurückgehende Kirche, die im gotischen Stil erbaut wurde. Heute besticht das Innere mit einer in diesem Umfang einzigartigen einheitlichen Ausstattung im Stil der Neuromanik.

Villenkolonie am Höhenberg

Prachtvolle Villen aus dem Beginn des 19. Jh. können bei einem Rundgang betrachtet werden. Da die Anwesen in Privatbesitz sind, sind Besichtigungen nicht möglich.

Kunst und Kultur

Mit Serenaden-Konzerten setzt man die musikalische Tradition aus der Zeit König Ludwig II. auf der Roseninsel fort. Daneben finden Konzerte der Feldafinger Stub'n Musi statt, am See wird Jazz aufgespielt und der Kunst- und Museumsverein Starnberger See e.V. bietet ein reichhaltiges kulturelles Programm im Jahreslauf.

Freizeit und Sport

Für sportliche Aktivitäten ist in Feldafing viel geboten: Neben dem großen, unter Denkmalschutz stehenden, Strandbad findet sich ein Sportplatz, zwei Tennisstadien und eine Turnhalle. Der 18-Loch-Golfplatz gehört zu einer der schönsten Anlagen in Europa – wie schon erwähnt.

Naturliebhaber kommen bei Wander- und Radausflügen rund um den Ort ebenso auf ihre Kosten wie Wassersportler, für die der Starnberger See ein Eldorado ist.

Orts- und Infrastruktur

Der Tourismus hat in Feldafing eine lange Tradition. Schon früh galt der Ort als Naherholungsziel für Münchner Bürger, Großindustrielle und für den Hochadel.

Im Jahr 1864 wurde die Eisenbahnlinie bis Feldafing gebaut und damit die Weichen für den Ausbau zu einem Fremdenverkehrsort gestellt. Die touristischen Einrichtungen bieten heute für jeden Geschmack und jeden Anspruch den passenden Rahmen.

Verkehrswege

Feldafing ist über die Bundesstraße B2 Weilheim-Starnberg sowie die Autobahn-Anschlussstelle Starnberg der A95 erreichbar.

Wirtschaft und Ausbildung

Das gehobene Ambiente, die attraktive Lage sowie die hohe Wohnqualität machen Feldafing zu einem begehrten Wirtschaftsstandort, an dem sich Unternehmen verschiedenster Branchen niedergelassen haben. Dies sichert einem großen Teil der Bevölkerung Arbeits- und Ausbildungsplätze.

Einrichtungen für Jung und Alt

Für die jüngsten Einwohner Feldafings stehen mit Kinderhort, -krippe und -gärten zahlreiche Einrichtungen zur Verfügung. Die Grundschule am Ort rundet das Angebot ab. Auch Senioren können sich in Feldafing geborgen fühlen, finden sie doch in der medizinischen Versorgung mit gut organisierten ambulanten Pflegediensten und einem Kreisaltenheim mit Seniorenresidenz in Garatshausen viele Hilfestellungen, die das Leben im Alter erleichtern.

Wichtige Adressen und Telefonnummern

Gemeinde Feldafing

Bahnhofsplatz 1
D-82340 Feldafing
Tel. +49 (0)8157 93 11 0
Fax +49 (0)8157 93 11 23
info@feldafing.de
www.feldafing.de

Villenviertel
(Bild Gemeinde Feldaffing)

Essen und Trinken

Marina Resort Bernried

Das Seerestaurant ist im Hotel Marina der kulinarische Mittelpunkt.
Marina Resort Bernried, Am Yachthafen 1 – 15, D-82347 Bernried am Starnberger See, Tel. +49 (0)8158 932-0, Fax +49 (0)8158 711-7, info@marina-bernried.de, www.hotelmarina.de

Hotel Residence
Starnberger See

Im Restaurant des Hotels Residence stehen mediterrane und internationale Gerichte auf der Speisekarte, bevorzugt aus heimischen Produkten zubereitet.
Hotel Residence Starnberger See, Possenhofener Straße 29, D-82340 Feldafing, Tel. +49 (0)8157 3030, Fax +49 (0)8157 303500, www.residence-starnberg.de, sales@residence-starnberg.de

Golfhotel
Kaiserin Elisabeth

Umrahmt von edlen Tropfen, die aus 30 privaten Weingütern stammen, werden im Restaurant des Golfhotels feinste Menüs serviert. Frisch, von hochwertiger Qualität und vorwiegend aus der Region werden die Köstlichkeiten in der Küche des Golfhotel zubereitet.
Golfhotel Kaiserin Elisabeth, Tutzinger Str. 2, D-82340 Feldafing, Tel. +49 (0)8157 93 090, Fax +49 (0)8157 93 09 133, info@kaserin-elisabeth.de, www.kaiserin-elisabeth.de

Gartenterrasse

Marina Resort Bernried

Bei entsprechender Witterung genießt man im Hotel Marina gerne sein Menü oder sein Getränk auf der Terrasse mit Seeblick.
Marina Resort Bernried, Am Yachthafen 1 – 15, D-82347 Bernried am Starnberger See, Tel. +49 (0)8158 932-0, Fax +49 (0)8158 711-7, info@marina-bernried.de, www.hotelmarina.de

Golfhotel Kaiserin Elisabeth

Weit reicht der Blick über den Park hin zum Starnberger See, während

der Gast die Köstlichkeiten aus Küche und Keller genießt. Golfhotel Kaiserin Elisabeth, Tutzinger Str. 2, D-82340 Feldafing, Tel. +49 (0)8157 93 090, Fax +49 (0)8157 93 09 133, info@ kaserin-elisabeth.de, www.kaiserin-elisabeth.de

Wellness

Marina Resort Bernried

Der großzügige Innenpool, die Sauna und ein vielfältiges Massageangebot laden im Hotel Marina dazu ein, Körper und Seele in Einklang zu bringen.
Marina Resort Bernried, Am Yacht-

hafen 1 – 15, D-82347 Bernried am Starnberger See, Tel. +49 (0)8158 932-0, Fax +49 (0)8158 711-7, info@ marina-bernried.de, www.hotelmarina.de

Hotel Residence Starnberger See

1.000 qm Erholung erwarten den Gast in der großzügig angelegten Wellnesslandschaft des Hotels Residence.
Hotel Residence Starnberger See, Possenhofener Straße 29, D-82340 Feldafing, Tel. +49 (0)8157 3030, Fax +49 (0)8157 303500, www.residence-starnberg.de, sales@residence-starnberg.de

Yachthafen Pöcking
(Bild Gemeinde Pöcking)

Jeder unserer Gäste hat das Recht auf ungeteilte Aufmerksamkeit

Hotel Residence Starnberger See

Abwechslungsreich präsentiert sich das Hotel Residence Starnberger See unweit des See-Ufers inmitten einer gepflegten Parklandschaft von 10.000 qm. Märchenhafte bayerische Idylle – man kommt – und möchte bleiben.

Ungeteilte Aufmerksamkeit genießt jeder Gast in dieser unvergleichlich reizvollen Umgebung. Freundlicher Service und ausgezeichnete Küche sorgen dafür, dass jeder Aufenthalt zum unvergesslichen Erlebnis, jeder Tag zu einem besonderen Tag wird, angenehm und erholsam.

Übernachten

Bei der Ausstattung der eleganten Gästezimmer wurde großer Wert auf das Zusammenspiel der Farben und Formen gelegt. Die geschmackvolle Einrichtung bietet zeitgemäßen Komfort und schafft angenehme Behaglichkeit. In den 92 Zimmern, Studios und Suiten gehören Telefon, Fax- und Internetanschluss, Flat-TV, Minibar, Zimmersafe sowie ein großer Schreib-

tisch zum selbstverständlichen Standard. Vom Balkon bzw. von der Terrasse aus genießt man den Blick in die Natur – und kommt zur Ruhe.

Wellness

1.000 qm Erholung erwarten den Gast in der großzügig angelegten Wellnesslandschaft. Hallenbad, Sauna, Sanarium, Dampfbad, Kneipp-Tretbecken, Ruheraum, Fitness-Center, Squashhallen und ein Ayurveda Health & Beauty Center mit eigenen Therapeuten gehören zum umfangreichen Angebot. Sich Zeit nehmen und dem Körper etwas Gutes tun, damit sich die Seele darin wohl fühlt – das sind Momente, die man nicht missen möchte.

Essen und Trinken

Als geselligen Treffpunkt wählt man gerne, je nach Tageszeit und Anlass, den romantischen Gartenpavillon mit Terrasse oder eine der Sonnenterrassen, die Lobby-Lounge-Bar, die American Sports-Bar oder die stimmungsvolle Weinstube.

Restaurant „La Provence".

Im Restaurant stehen mediterrane und internationale Gerichte auf der Speisekarte. Der Küchenchef bevorzugt bei seinen Kreationen heimische Produkte der Saison, verzaubert bodenständige bayerische Küche zu „haute cuisine". Auf dem Einkaufszettel stehen dabei fangfrische Fische aus dem Starnberger See, Weiderind, Schwein, Kalb und Wild aus der Region und frisches deutsches Obst und Gemüse von den Markthallen Münchens. Das ist Qualität, die man schmeckt.

Tagungen

Langjährige Erfahrung steht hinter der Organisation jeder Veranstaltung, sei es die Tagung in einem der 14 unterschiedlich großen Tagungsräume oder das Seminar, bei dem das stilvolle Ambiente in Verbindung mit dieser herrlichen Landschaft wertvolle Akzente setzt. Die Räume zwischen 24 und 197 qm Größe sind mit modernster Technologie ausgestattet und bieten Platz für bis zu 180 Personen. Beim Grand Prix der „Ausgewählten Tagungshotels zum Wohlfühlen 2014/2015" erreichte das Hotel Residence die TOP 5 in der Kategorie der Tagungshotels! Außerdem wurde es mit der ServiceQualität Deutschland Stufe II zertifiziert. Hinter diesen Auszeichnungen stehen engagierte Mitarbeiter, denen das Wohlbefinden der Gäste oberstes Gebot ist.

Hotel Residence Starnberger See

Possenhofener Str. 29
D-82340 Feldafing
Tel. +49 (0)8157 30 30
Fax +49 (0)8157 30 35 00
www.residence-starnberg.de
info@residence-starnberg.de

Kaiserliche Erholung am Starnberger See

Golfhotel Kaiserin Elisabeth

Das 4-Sterne-Golf-Hotel liegt 30 km südlich von München in herrlichster Voralpenlandschaft. Vom Hotel und dem umgebenden Park genießt man einen überwältigenden Ausblick auf den Starnberger See. Der 18-Loch-Golfplatz Feldafing liegt gleich vor dem Haus, in dessen Umgebung noch weitere 15 gepflegte Golfplätze vorhanden sind. Der Lenné-Park und der Uferweg entlang des Sees bieten die Möglichkeit, ausgiebige Spaziergänge zu unternehmen. Heute präsentiert sich das 4-Sterne-Golf-Hotel Kaiserin Elisabeth in einem Stil, der Moderne und Tradition vereint.

Das historische Anwesen wurde bereits 1508 erbaut als klassisches Wirtshaus gleich neben der Kirche von Feldafing erbaut. Im Jahr 1856 kaufte der Münchener Industrielle Anton Ritter von Maffei das Wirtshaus und ließ es als Terrassengasthof betreiben. Viele Jahre hielt sich die österreichische Kaiserin Elisabeth während ihrer Sommerferien in dem Gasthof auf, der schon früher im Lauf der Jahre immer weiter ausgebaut und renoviert wurde. Zum Andenken an die unvergessliche Sissi hält das Golfhotel ihren Namen in Ehren.

Übernachten in kaiserlichem Ambiente

Wahrlich majestätisch präsentieren sich die Zimmer und Suiten im Golfhotel. Edle Einrichtungsdetails unterstreichen die stilvolle Atmosphäre in den Räumen, die mit allem Komfort ausgestattet sind, um den Aufenthalt zu einem unvergesslichen Erlebnis zu machen.

Für die körperliche Fitness sorgen der Tennisplatz, der im Hotelpark liegt und eine Sauna.

Aus Küche und Keller nur das Feinste

Die Gastlichkeit wird gepflegt in diesem Haus, das neben einem Restaurant und einer überdachten Sonnenterrasse, von der man einen wunderbaren Blick auf den Starnberger See genießt, über ein Bierstüberl mit Bar verfügt. Das gastronomisch hochwertige Angebot reicht von nationalen bis zu internationalen Spezialitäten, wobei die Qualität der verarbeiteten Ware, die Frische und die Regionalität an erster Stelle stehen. Eine hochwertige, bunte Palette von mehr als 30 privaten Weingütern findet sich in den Kellern des Golfhotels.

Stimmungsvolle Feste

Die Atmosphäre im Golfhotel und der Blick, der über den Park zum See schweift, macht Familienfeiern wie Geburtstage, Hochzeiten oder festliche Bälle zu einmalig schönen Veranstaltungen. Festlich zusammengestellte Menüs, ein Rahmenprogramm mit Musik, Unterhaltung und vielen anderen Nuancen, tragen zu einem gelungenen Fest bei.

Kreativ arbeiten

Das Golfhotel und seine herrliche Umgebung ist wie geschaffen für Firmenevents. Ob Tagung oder Seminar, Workshop, Kongress oder Konferenz – für jeden Bedarf bietet die traditionsbetonte Atmosphäre ein motivierendes Umfeld. Ausgestattet mit modernster Technik und einem Service, der seinesgleichen sucht, wird der Event zu einem Erfolg.

Golfhotel Kaiserin Elisabeth

Tutzinger Str. 2, D-82340 Feldafing
Tel. +49 (0)8157 93 090
Fax +49 (0)8157 93 09 133
info@kaiserin-elisabeth.de
www.kaiserin-elisabeth.de

Münsing

In herrlicher Lage über dem See

Der Starnberger See ist eine alte Erosionsrinne, in die sich der gewaltige Isargletscher, der vom Lech bis zum Inn reichte, legte. Auf dem Höhenrücken einer Moräne zwischen dem See und dem Loisachtal liegt Münsing auf 666 m ü.M. Über 4.200 Einwohner leben in der Gemeinde, zu der die Ortsteile Ambach, Ammerland, Degerndorf, Holzhausen, St. Heinrich und Weipertshausen gehören.

Schönste Ausblicke eröffnen sich von dem Gemeindegebiet auf den Starnberger See und die südlich gelegene Alpenkette bis hin zur Zugspitze. Die ländlich, überwiegend landwirtschaftlich geprägte Gemeinde hat einen hohen Waldanteil und erstreckt sich etwa 15 km entlang des Sees. Eine perfekte Landschaft für den Urlauber, der abseits allen Trubels Entspannung und Erholung sucht.

Kurzer Blick ins Geschichtsbuch

Wahrscheinlich ist der Höhenrücken zwischen Starnberger See und Isar schon seit vielen Jahrhunderten besiedelt. Der erste Fund, der Menschen nachweist, ist eine Streitaxt, die bei St. Heinrich gefunden wurde und auf die Zeit zwischen 4000-2000 v. Chr. datiert wird. Zahlreiche Grabhügel gelten als die ältesten Siedlungsbelege in der Region und werden überwiegend in der Hallstattzeit um 750 v. Chr. gesehen. Nach historischen Erkenntnissen gründete ein Sippenführer oder auch Großbauer namens „Munigis" Anfang des 6. Jh. den Ort, der dann „Munigisingen" benannt wurde. Der erste urkundliche Beleg für die Pfarrei in Münsing stammt aus dem Jahr 740, im Mittelalter war Münsing ein Bauerndorf und gehörte

Blick auf die Alpen
(Bild TMG Münsing)

Radeln am Starnberger See
(Bild TMIG Münsing)

zur Hofmark Ammerland der Grafen von Baumgarten. Im Schloss Ammerland am Seeufer vergnügte sich in der Renaissance der Hochadel und feierte im Sommer ausgelassene Seefeste. Seit der bayerischen Verwaltungsreform im Jahre 1818 ist Münsing eine selbstständige politische Gemeinde.

Sehenswürdigkeiten

Sehenswert sind in Münsing neben dem Schloß Seeburg und Schloß Ammerland, dem „Pocci-Schlössl" aus dem 16. Jh., das Schloß Weidenkam und das Schlossgut Oberambach. Neben dem Ungarischen Tor sind auch die Pfarrkirchen Himmelfahrt in Münsing, St. Johann Baptist in Holzhausen sowie St. Michael in Degerndorf einen Abstecher wert.

Freizeit und Sport

Wie kaum eine andere lädt die Gegend um Münsing am Starnberger See zum Wandern, Walken, Radfahren, Golfen, Angeln oder Baden ein. Außerdem sollte sich der erholungssuchende Gast nach den Angeboten über Kräuterführungen, die verschiedensen Wassersportarten sowie Kutschfahrten durch die Natur informieren.

Tipp: „Wandern für Feinschmecker" - verbindet eine Wanderung mit Speisen in ausgewählten Restaurants und Gaststätten auf der Sonnenseite des Starnberger Sees. Köstliche Gerichte, wie regionale Fischspezialitäten oder feine Desserts, erwarten den Feinschmecker auf seiner Gourmetwanderung.

Auf dem Starnberger See
(Bild TMIG Münsing)

Brauchtum und Tradition

Münsing konnte seinen ursprünglichen Charakter bewahren. Die Bevölkerung ist heimatverbunden und pflegt nach wie vor das Brauchtum. So wird in vielen Vereinen echte Dorfgemeinschaft praktiziert.

Feste und Feiern

Traditionell findet in Münsing alle vier Jahre das Münsinger Ochsenrennen statt. Jedes Jahr wird in einer Ortschaft von Münsing (Münsing-West, Münsing-Ost, Ammerland, Holzhausen, St. Heinrich oder Degerndorf) ein Maibaum aufgestellt und es finden alljährlich die Holzhauser Musiktage, einige Sonnwendfeuer und das Waldfest statt.

Berühmte Persönlichkeiten

Patrick Süskind (Schriftsteller), Waldemar Bonsels († 1952, Schriftsteller), Franz Graf von Pocci († 1876), Barbara Rudnik († 2009, Schauspielerin), Manfred Schmidt († 1999, Comiczeichner), Bernhard-Viktor Christoph-Karl von Bülow alias „Loriot" († 2011, Humorist)

Orts- und Infrastruktur

Während die Bewohner der Gemeinde Münsing früher fast ausschließlich von der Landwirtschaft und der Fischerei lebten, finden die Menschen heute in der Industrie, im Handel und im Handwerk ihr Auskommen. So sind im Gemeindegebiet unzählige kleine Handwerksbetriebe ansässig. Das Fischerhandwerk wird seit Generationen bis heute noch von neun Fischerfamilien ausgeübt. Münsing verfügt zudem über eine hochwertige, bodenständige und regionale Gastronomie. Für viele Landwirte ist der Tourismus zu einem zweiten Standbein geworden. Ein Großteil der Einwohner pendelt jedoch in die angrenzenden Städte Wolfratshausen und Geretsried oder in die nur ca. 30 km entfernte Landeshauptstadt München.

Verkehrswege

mit dem Auto: Autobahn A95 München-Garmisch-Partenkirchen Ausfahrt Münsing (Weipertshausen, Münsing, Ammerland, Degerndorf), Ausfahrt Seeshaupt (St. Heinrich, Ambach, Holzhausen, Attenkam) oder Autobahn A8 Ausfahrt Hofoldinger Forst / Sauerlach, Richtung Wolfratshausen auf der St2070.

Mit den öffentlichen Verkehrsmitteln: S-Bahnen ab München, S7 bis Wolfratshausen und Buslinie 373 oder S6 bis Starnbeg und mit der Buslinie 961

Ausfahrt: Hofoldinger Forst / Sauerlach – Richtung Wolfratshausen (St2070)

Zwei Schiffsanlegestellen der Bayerischen Seenschifffahrt finden sich in Ambach und Ammerland (www.seenschifffahrt.de).

Wichtige Adressen und Telefonnummern

Gemeinde Münsing
Weipertshausener Str. 5
D-82541 Münsing
Tel. +49 (0)8177 93 010
Fax +49 (0)8177 93 01 99
info@muensing.de
www.muensing.de
www.tourismus.muensing.de

Herrliche Umgebung
(Bild TMIG Münsing)

Biohotel – Vitalzentrum
Schlossgut Oberambach

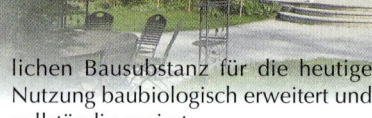

Eine kleine, versteckte Abzweigung von der Landstraße zwischen Münsing und Seeshaupt am Ostufer des Starnberger Sees, die Fahrt durch ein Wäldchen – und schon ist man in einem Märchen: Schlossgut Oberambach.

Der Gast wähnt sich in vergangener Zeit und kommt an im zeitgemäßen Komfort, lässt sich mitnehmen in die Welt der Ruhe und Gesundheit.

Naturgesund übernachten

Der Hof Oberambach wurde bereits 1476 erstmalig im Reichsarchiv erwähnt. Im Jahre 1991 ging das Anwesen in Privatbesitz über. Die Gebäude wurden unter Erhaltung der ursprünglichen Bausubstanz für die heutige Nutzung baubiologisch erweitert und vollständig saniert.

Wer träumt nicht von Urlaubstagen, die noch in den Alltag hinein nachwirken und zu mehr Gelassenheit beitragen! Wer sehnt sich nicht nach gesundem, wohltuendem Schlaf! Schlossgut Oberambach kann diese Erwartungen erfüllen. Die Einzel- und Doppelzimmer (Nichtraucherzimmer), vorwiegend im Neubau, sind mit Frühstück oder Halbpension buchbar. Sie sind großzügig konzipiert und geschmackvoll eingerichtet. Das Element Holz spielt bei der Ausstattung eine wichtige Rolle und verbreitet wohltuende Behaglichkeit. In der warmen Jahreszeit stehen im Gästehaus auch drei Terrassenzimmer zur Verfügung.

Sei es die Hochzeits-Suite mit Himmelbett, Südbalkon mit Seeblick und Alpenpanorama oder die Schlosspark-Suite, Erholung auf 59 qm: So klangvoll wie die Namen ist das Ambiente dieser komfortablen, stilvoll eingerichteten Zimmer, die sich überwiegend im historischen Schlossteil des Hotels befinden. Hier steht einem romantischen Wochenende, einem

Bio-Genießer-Halbpension

Im Rahmen der Halbpension bietet das Roseninsel-Restaurant ein Abendessen mit Wahlmöglichkeit zwischen Bio-Genießer-Menü mit 4 Gängen, 3 Hauptgerichte zur Wahl – davon eine vegetarische/vegane Empfehlung, oder Fondue (mit Fisch, Fleisch oder vegetarisch). Donnerstags: findet regionales Bio-Genießer-Buffet, im Sommer Grill-Buffet in der Remise statt.

kurzen Aussteigen aus dem Alltag oder auch einem längeren Aufenthalt in herrschaftlicher Umgebung nichts im Wege. Auch für Tagungen und festliche Anlässe findet man im Schlossgut Oberambach stets einen würdigen Rahmen.

Essen und Trinken

Wenn man sich von ganzheitlichen Zusammenhängen leiten lässt, sind ökologische Prinzipien, auch in der Hotelküche, eine Selbstverständlichkeit. Im Restaurant „Roseninsel" erwartet den Gast abwechslungsreiche Kulinarik, zubereitet aus Bio-Produkten der Region, je nach Gusto mit oder ohne Fleisch. Ein edler Tropfen aus dem Schlosskeller, wo 50 Weine aus biologischem Anbau lagern, ist die stilvolle Ergänzung zu jedem Essen. Wer jedoch den Gerstensaft bevorzugt, kann aus zehn verschiedenen Biersorten auswählen. Im Café „Rosengarten" ist das reichhaltige gesunde Frühstücksbuffet aufgebaut und beim Nachmittagskaffee auf der Schlossterrasse genießt man, quasi als Sahnehäubchen, den traumhaften Seeblick.

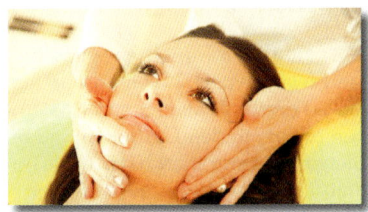

Wellness

Neben dem kleinen, aber feinen Relax-Bereich mit Sauna, Dampfbad und Ruheraum stehen im Vitalzentrum mehr als 20 Anwendungen zur Wahl.

Schlossgut Oberambach
Biohotel – Vitalzentrum

Oberambach 1, D-82541 Münsing
Tel. +49 (0)8177 93 23
Fax +49 (0)8177 93 24 00
info@schlossgut.de
www.schlossgut.de

Pöcking

Tradition, wohin man schaut

Zu Pöcking (5430 Einwohner, 672 m ü. M.) am Westufer des Starnberger Sees gehören die Ortsteile Possenhofen, Niederpöcking, Maising, Aschering und Seewiesen. Die Gemeinde hat sich ihre dörfliche Struktur bis heute erhalten. Dabei ist es vortrefflich gelungen, Tradition und neuzeitlichen Fortschritt harmonisch miteinander zu verbinden.

Zahlreiche Sehenswürdigkeiten, das Kaiserin Elisabeth Museum, mehrere Badeplätze sowie reizvolle Rad- und Wanderwege bieten unendlich viele Möglichkeiten für aktive Freizeitgestaltung.

Die Flotte der Bayerischen Seenschifffahrt legt in Possenhofen an und lädt ein zu einem Ausflug auf dem Starnberger See. In den Gasthöfen und im Biergarten kann man bayerische Tradition auf ihre schönste Art erleben. Die Villenkolonie Niederpöcking zwischen dem südlichen Ortsrand von Starnberg, dem Bade- und Erholungsgelände „Paradies" und dem Schloss in Possenhofen ist ein stark bewaldeter Ortsteil unweit der Bahnlinie von München-Pasing nach Tutzing. Possenhofen mit Freizeitgelände und Wassersportzentrum im alten Schlosspark ist von Mai bis Oktober auch mit dem Dampfer erreichbar. Das Schloss, wo „Sisi", die Kaiserin Elisabeth von Österreich, einen Teil ihrer Jugend verbracht hat, liegt malerisch am See und kann von außen betrachtet werden.

Kurzer Blick ins Geschichtsbuch

2008 feierte Pöcking sein 850-jähriges Gründungsjubiläum.

Die Grabhügelfelder aus der Hallstattzeit (750 – 450 v. Chr.) weisen auf eine frühe Besiedelung in vorchristlicher Zeit hin.

Im Jahre 1158 gingen zwei Höfe in „Peccingen" im Tausch an den Bi-

schof Otto von Freising. Dies ist die erste urkundliche Erwähnung von Pöcking.

2010 feierte Aschering sein 1000-jähriges Gründungsjubiläum. 1182 wird Maising erstmals urkundlich erwähnt.

Der Ortsteil Niederpöcking entstand zwischen 1853 und 1866. Zu den ersten Besitzern der Villen am Ufer des Starnberger Sees zählten vermögende Kaufleute und Kunstschaffende wie z. B. Oskar von Miller oder Moritz von Schwind.

Sehenswürdigkeiten

Schloss Possenhofen, heute in Privatbesitz, wurde 1834 von Herzog Maximilian in Bayern gekauft und in mehreren Phasen historisierend umgebaut.

Der denkmalgeschützte ehemalige Bahnhof Possenhofen an der Bahnlinie München-Tutzing wurde 1865 in Betrieb genommen. Für die hochherrschaftlichen Fahrgäste wurde ein spezieller Wartesalon, der sogenannte Königssalon, eingerichtet, wo u. a. Kaiserin Elisabeth und König Ludwig II. auf ihre Sonderzüge warteten. Heute befindet sich dort das Kaiserin Elisabeth Museum.

Das Max-Planck-Institut für Ornithologie hat seinen Sitz in Seewiesen. Eingeweiht wurde das Institut für Verhaltensforschung 1958 durch

Pöcking
(Bild Gemeinde Pöcking)

Schloss Possenhofen
(Bild Gemeinde Pöcking)

Professor Otto Hahn. Der Ort „Seewiesen" ist untrennbar mit dem Namen Konrad Lorenz und dem Forschungsobjekt mit seinen Graugänsen verbunden.

Der Ess-See ist der Natur- und Umweltforschung der Max-Planck-Gesellschaft vorbehalten.

Das Weiherhaus ist Standort des ehemaligen „Seemeisterguts" des kurfürstlichen und später königlichen Seehüters. Der sog. Seehof wurde 1899 abgerissen und durch einen Neubau ersetzt, heute ein beliebter Gasthof mit Biergarten am Staudamm (geöffnet April – Mitte Oktober).

Die ehemalige Jugendherberge in Jägersbrunn beherbergt seit April 2011

als Tabaluga-Haus der Peter-Maffay-Stiftung ein Paradies für hilfsbedürftige Kinder.

Die Seekapelle wurde 1875 von der Maisinger Wirtin Katharina Glas gestiftet aus Dank dafür, dass ihre Söhne gesund aus dem Deutsch-Französischen Krieg von 1870/71 heimgekehrt sind.

Das alte Pfarrhaus, ehemaliges Pfarrhaus von St. Ulrich, stammt aus dem 16. Jahrhundert und ist heute Sitz der Bücherei, des Archivs und des Trauungsraumes der Gemeinde. Der Pfarrgarten hat sich gewandelt zum öffentlichen „Literaturgarten".

Die Kirche St. Ulrich wurde 1310 erstmals urkundlich erwähnt. 1696 bis 1702 erfolgte der Neubau von Chor und Turm. Eine umfassende Erneuerung wurde im Jahre 1858 erforderlich. Als die Kirche zu klein wurde, entschloss man sich 1954 zum Bau der Kirche St. Pius. 1987 und 1988 wurde der Innenraum neu gestaltet. Die Orgel wurde 1995 installiert.

Die Filialkirche St. Bartholomäus in Maising wurde erstmals 1182 erwähnt und beeindruckt durch ihre freigelegten spätromanischen Fresken eines Kreuzweges.

Die Fischer-Kapelle in Possenhofen gegenüber dem Fischmeisteranwesen wurde 1838 von Herzog Max neu errichtet, nachdem die ursprüngliche Kapelle (erstmals erwähnt im Jahre 1653) im Zuge einer Straßenverbreiterung abgebrochen werden musste.

Zentraler Punkt in Aschering ist die Kirche St. Sebastian. Sie stammt im Kern aus dem 13. Jahrhundert und wurde 1768 umfassend restauriert. Hervorzuheben ist das Deckenfresko im Stil des bayerischen Rokoko aus der Werkstatt von Zopfmaler Johann Baptist Baader aus dem Jahre 1768.

1968 wurde die ev. Heilig-Geist-Kirche geweiht. Sr. Christamaria Schröter aus dem Ordenshaus der Communität Christusbruderschaft Selbitz schuf das Altarmosaik.

Museen und Galerien

Die Galerie Ammann zeigt Ausstellungen zu Leben und Werk des Bildhauers, Malers und Grafikers Helmut Ammann (1907 – 2001). Besichtigung nach tel. Rücksprache: Tel. 08157 8137 oder 08157 4974 (Feldafinger Str. 18)

St. Sebastian
(Bild Gemeinde Pöcking)

Kaiserin Elisabeth Museum

Spuren einer facettenreichen Frau

Der ehemals königliche Bahnhof Possenhofen an der S-Bahnstrecke von Starnberg nach Tutzing, hat eine große Geschichte. Viele bekannte Persönlichkeiten sind hier bereits im 19. Jahrhundert mit der Dampfeisenbahn angekommen und abgefahren. Eine dieser Persönlichkeiten war die Kaiserin von Österreich – Elisabeth Amalia Eugenie Herzogin in Bayern, kurz genannt Sisi. Ihr zu Ehren wurde der Bahnhof in ein Museum umgewandelt, das ihren Namen trägt. Die junge Elisabeth verbrachte im Schloss Possenhofen mit ihren Eltern und Geschwistern die Sommerzeit. Sie und ihre Familienmitglieder sowie Könige, Kaiser und Adel benutzten für ihre An- und Abreise den Prunkwartesalon, einer der heutigen Museumsräume. Hier werden die Besucher mitgenommen auf eine Reise – auf eine Zeitreise, die man nicht so schnell vergisst, die nachhaltige Eindrücke vermittelt, auf eine Reise durch Stationen ihres Lebens:

Im September 1828 wird in Schloss Tegernsee bei München eine große Hochzeit gefeiert: Prinzessin Ludovika von Bayern heiratet ihren Cousin zweiten Grades, Herzog Max in Bayern. Dieser Ehe sind zehn Kinder beschieden. Am 24. Dezember 1837, an einem Sonntag, kommt Sisi zur Welt, das Neugeborene, das schon bei der Geburt einen Zahn im Mund hat, ein „Glückszahn", heißt es im Volksmund.

Das Mädchen bewundert ihren Vater, hängt an ihrer Mutter, liebt abgöttisch ihren jüngeren Bruder Carl Theodor („Gackel") und genießt eine unbeschwerte Kindheit. Die Familie lebt zurückgezogen im Palais von Herzog Max in der Münchner Ludwigsstraße sowie im Sommersitz Schloss Possenhofen am Starnberger See.

494

Die Erinnerung an die ungezwungene Atmosphäre ihrer Kindheitstage und die enge Verbundenheit mit ihren Geschwistern blieb für Elisabeth zeitlebens eine wichtige Stütze.

Fast jährlich hat sie ihre geliebte Heimat als Kaiserin besucht. Die Liebe zur Natur, zum See und zur bayerischen Landschaft spielten in ihrem Leben eine tragende Rolle.

Elisabeth galt als Traumfrau ihrer Zeit. „Sisi" – Märchen und Rätsel ranken sich um diese schöne Frau, die bis heute von ihrem Nimbus nichts verloren hat, fast möchte man sagen, ganz im Gegenteil. Nach wie vor stoßen die Historienfilme, die das Leben der Kaiserin Elisabeth erzählen, auf großes Interesse, lassen den Zuschauer eintauchen in die Welt der jungen Sissi und des österreichischen Kaisers Franz Josef.

Kindliche 15 Jahre war sie erst alt, als sie im Sommer 1853 im oberösterreichischen Kurort Ischl dem 23-jährigen Kaiser Franz Josef begegnete, der zu diesem Zeitpunkt nicht ahnte, dass er sich buchstäblich auf den ersten Blick in sie verlieben würde. Der Kaiser schwärmte: „Wie süß Sisi ist, frisch wie eine aufspringende Mandel, und welch herrliche Haarkrone umrahmt ihr Gesicht. Was hat sie für liebe, sanfte Augen und Lippen wie Erdbeeren."

Beim Betrachten der Gemälde im Museum wird man schnell gewahr, dass er mit seinen Komplimenten nicht übertrieben hat. Ihre üppige Haarpracht und ihre vornehme Schönheit sind legendär. Die Elisabeth-Ausstellung rundet auf beeindruckende Weise das Bild ab, das man sich von der österreichischen Kaiserin macht.

Die Exponate zeigen die Aufenthalte der Kaiserin am Starnberger See an Hand von Tagebuch-Auszügen, lokalen Zeitungsberichten, der Chronik von Feldafing und anderen Quellen. U. a. geben Sisis Gedichte Einblicke in eine weniger bekannte Seite der Kaiserin. Zur Sammlung gehören des Weiteren Bilder und wertvolle Erinnerungsstücke, Literatur und Zeitdokumente, die das Umfeld der Kaiserin und ihrer Familie in den verschiedenen Lebensphasen lebendig werden lassen, aber auch Ausstellungsstücke zu König Ludwig II. und dem Starnberger See. In Deutschland ist es das einzige Museum dieser Art. Wahre Schätze sind hier in würdigem Rahmen bei individuellen Führungen der Öffentlichkeit zugänglich gemacht. Auch Kinder kommen ins Staunen, wenn ihnen das Leben einer „echten" Kaiserin und Königin näher gebracht wird.

Wechselnde Sonderausstellungen machen den Besuch immer wieder lohnend.

Doch der historische Bahnhof in Possenhofen hat auch seine eigene interessante Geschichte: Der bayerische König Maximilian II. Joseph hat 1849 den Bau einer Eisenbahn von München nach Starnberg angeordnet. Bereits am 24. November 1854 fuhr der erste Zug. Die Verlängerung der Bahnstrecke bis Tutzing und Penzberg hat wohl besonders den Vater von Elisabeth, Herzog Max in Bayern, sehr gefreut, da er nur allzu gern der Regierungsstadt München den Rücken

kehrte und mit seiner Gattin Herzogin Ludovika und den gemeinsamen Kindern auf Schloss Possenhofen weilte.

Baumeister und Architekt war Georg von Dollmann (1830 bis 1895), der zu seiner Zeit als Star unter den Architekten in Bayern galt und einige Jahre später auch die Schlösser Neuschwanstein, Linderhof und Herrenchiemsee sowie das Königshaus am Schachen baute.

Öffnungszeiten: Mai bis Mitte Oktober Freitag, Samstag und an Sonn- und Feiertagen jeweils 12.00 bis 18.00 Uhr. Für Gruppen können während des ganzen Jahres Termine vereinbart werden. Das Museum ist barrierefrei zu erreichen.

Kaiserin Elisabeth Museum
Schlossberg 2
D-82343 Pöcking
Tel. +49 (0)8157 925932
www.kaiserin-elisabeth-museum-ev.de

Statue der Kaiserin vor dem Museum
(Bild I. Berger)

Kulturelles

Die Bücherei im Alten Pfarrhaus in Pöcking bietet nicht nur Lesestoff, Spiele und Hörvergnügen, sondern gibt auch den passenden Rahmen für kulturelle Veranstaltungen, Lesungen namhafter Autoren, Ausstellungen, Vorträge, Konzerte u. v. m. Nähere Informationen unter www.buecherei-poecking.de

Feste und Feiern – Ein Blick in den Jahreslauf

Ein reges Vereinsleben verkörpert Tradition und Brauchtum.

Das Aufstellen des Maibaums am 1. Mai im jährlichen Wechsel des Kernortes Pöcking und der Ortsteile Possenhofen, Aschering und Maising ist ein wichtiger Termin im Jahreslauf.

Das Straßenfest in Verbindung mit den Kulturtagen hat sich zur populärsten Veranstaltung entwickelt und erfreut sich weit über die Grenzen der Region hinaus großer Beliebtheit. Das Frühjahrskonzert der Pöckinger Blaskapelle, das Konzert der Chorgemeinschaft St. Pius, anspruchsvolle

Serenaden u. v. m. begleiten musikalisch durchs Jahr.

Freizeit und Sport

Badespaß

Im Schlosspark „Paradies" treffen sich im Sommer viele Erholungssuchende. Zum öffentlichen Gelände mit Badestrand gehören auch Sport- und Freizeitanlagen. Im Sommer ist das Paradies beliebter Treffpunkt für junge Leute.

Der Maisinger See, Relikt einer Gletscherzunge in der Würmeiszeit, ist das älteste Naturschutzgebiet Bayerns (seit 1941), Habitat seltener Vogel- und Pflanzenarten. Der See wurde 1680 vom Kloster Dießen angelegt als Stausee zur Fischzüchtung und ist seit 1866 in Privatbesitz. Baden am Staudamm am Seehof erlaubt.

Das Ozon-Hallenbad bietet der ganzen Familie Entspannung und Erholung, Spiel und Spaß. Es bietet auch Schwimmkurse und Aquafitness-Programme an (Dienstag geschlossen; Tel. 08157 901725; www.hallenbad-poecking.de).

Wandern

Prinzenweg

Der Prinzenweg, benannt nach dem bayerischen Feldmarschalls Prinz Karl von Bayern (1795 – 1875), verläuft im Schatten eines Buchenmischwaldes auf dem Höhenkamm Richtung Prinzeneiche (nahe Villa Almeida) und Oberer Seeweg in Starnberg.

Elisabethweg

Der Elisabethweg (kulturhistorischer Rundwanderweg) führt auf Sisis Spuren vom Kaiserin Elisabeth Museum zum Schloss Possenhofen in ca. 10 Gehminuten und zur Überfahrt Roseninsel in ca. 30 Gehminuten. Der Rundweg geht in Feldafing über den Kaiserin-Elisabeth-Weg weiter über die Wolfsschlucht mit Naturlehrpfad zum S-Bahnhof Possenhofen zurück – oder verkürzt zum S-Bahnhof Feldafing.

Romantisch verläuft dieser kulturhistorische Rundwanderweg: ein weißes Schloss hinter Hecken, urwüchsige Bäume in den Parks und eine Insel mit duftenden Rosen. Der Spaziergänger spürt noch heute den Zauber der Orte, die von Sisis Kindheitstagen geprägt sind.

Maisinger Rundweg

Das **Maisinger Moor** ist ein geschütztes Brutgebiet seltener Vogelarten. Reizvoll ist eine Wanderung zur **Maisinger Schlucht**. Ein gepflegter schat-

Maisinger See
(Bild Gemeinde Pöcking)

tiger Weg führt entlang des Maisinger Bachs. Abwechslungsreich gestaltet sich der Maisinger Rundweg zwischen Pöcking und Maising, vorbei an den Weideflächen der Pöckinger Alm, entlang des Maisinger Bachs und des alten Sägewerk-Stausees zum Ortskern von Maising. Über einen kleinen Fußweg geht es am Waldrand entlang wieder zurück nach Pöcking.

König-Ludwig-Weg

Auf Schritt und Tritt begegnet man hier dem bayerischen „Märchenkönig". Der Weg beginnt in Berg am Starnberger See und führt nach Neuschwanstein und Hohenschwangau im Allgäu. Seeufer und Moore, Schluchten und Wälder, historische Bauernhöfe und einladende Gasthäuser, Kapellen und Kirchen und der Blick in die Alpen lassen diesen Fernwanderweg, der auch über Pöckinger Gebiet führt, zu einem unvergesslichen Erlebnis werden.

Villenweg

Der Villenweg nimmt seinen Anfang an der Gemeindebücherei und führt vorbei an interessanten Villen- und Landhausbauten. Manche dieser alten Villen sind nahezu im Originalzustand erhalten und geben ein Beispiel der Architektur des 19. Jahrhunderts. Empfehlenswert ist die Wanderung, solange die Bäume nicht belaubt sind und der freie Blick in die Gärten möglich ist.

Jakobsweg

Zu Fuß oder mit dem Fahrrad, die gesamte Strecke oder nur eine Etappe – der Jakobsweg hat eine ganz besondere Ausstrahlung und lässt zur Ruhe kommen, Ballast des Alltags abwerfen. Diese Sommerroute kommt von München und Kloster Schäftlarn her. Sie führt von Pöcking weiter über Aschering nach Andechs/Herrsching und Stegen – mit Endziel Santiago de Compostela.

Radfahren

Wahrlich märchenhaft erleben Radwanderer die königlich-bayerische Radltour. Die Strecke führt von Landsberg am Lech über das Starnberger Fünf-Seen-Land in den Pfaffenwinkel bis Schloss Neuschwanstein. Zwischen Starnberg und Raisting – der weltweiten Erdfunkstelle – geht's von Maising, an See und Moor vorbei, nach Aschering, weitab von Lärm und Hektik.

Pöcking
(Bild Gemeinde Pöcking)

Schifffahrt

Die fahrplanmäßigen Schiffe auf dem Starnberger See verkehren von Ostern bis Oktober (www.seenschifffahrt.de)

Im Winter

Auf dem Maisinger See trifft man sich im Winter zum Schlittschuhfahren.

Übernachten

Die Jugendherberge Possenhofen mit Zeltplatz am Starnberger See ist der ideale Ausgangspunkt für attraktive Wanderungen und Radtouren, aber auch für Ausflüge in die Landeshauptstadt, die bequem mit der S-Bahn zu erreichen ist.

Orts- und Infrastuktur

Verkehrswege

Als S-Bahn-Station der Linie S6 und Bushaltestelle der MVV-Regionalbuslinie 964 ist der Bahnhof Possenhofen direkt an den Münchner Verkehrsverbund angeschlossen. Die S-Bahn-Fahrt zum Münchner Hauptbahnhof dauert rund 38 Minuten.

Anreise mit dem Auto

Autobahn A95 (München - Garmisch-Partenkirchen), Bundesstraße B2 Richtung Weilheim, Ausfahrt Pöcking.

Eine Umgehungsstraße entlastet den Ortskern.

Weltoffen wohnen

Die wunderschöne Lage des Ortes schenkt mit ihren landschaftlichen Reizen eine hohe Lebensqualität und macht die Gemeinde für neue Bürgerinnen und Bürger attraktiv.

Schule und Bildung

In den Kindergärten und –tagesstätten sind die Kleinen bestens betreut. Am Ort ist auch eine Grundschule.

Wichtige Adresen und Telefonnummern

Gemeinde Pöcking
Feldafinger Str. 4
D-82343 Pöcking
Tel. +49 (0)8157 93060
Fax +49 (0)8157 7347
www.poecking.de
rathaus@poecking.de

Freizeit und Sport

Jugendherberge Possenhofen

Wanderfreunde, Radfahrer, Nordic Walker, Segler, Surfer und Wasserratten finden ideale Bedingungen für aktive Freizeitgestaltung.
Jugendherberge Possenhofen am Starnberger See, Kurt-Stieler-Straße 18, D-82343 Pöcking, Tel. +49 (0)8157 9966-11, Fax +49 (0)8157 9966-12, possenhofen@jugendherberge.de, www.possenhofen.jugendherberge.de

Einkaufen

Gasthof Zur Post

Im Gasthof zur Post in Pöcking sind alle SissiS Spirituosen und Weine erhältlich.
Gasthof Zur Post, Hauptstraße 19, D-82343 Pöcking, Tel. +49 (0)8157 1398, Fax +49 (0)8157 7176, info@posthotel-poecking.de, www.posthotel-poecking.de

Veranstaltungen

Forsthaus am See

Durch die idyllische Lage am See werden Veranstaltungen im Forsthaus am See zu einem unvergesslichen Erlebnis. Ob Firmenevent wie Seminar und Tagung oder Familienfeier, wie Hochzeit, Geburtstagsfeier oder Taufe – die Räumlichkeiten und der freundliche Service mit den Köstlichkeiten aus Küche und Keller erfüllen jeden Geschmack.
Forsthaus am See, Hotel-Restaurant, Am See 1, 82343 Possenhofen, Tel. +49 (0)8157 93 010, Fax +49 (0)8157 4292, info@forsthaus-am-see.de, www.forsthaus-am-see.de

Essen und Trinken

Schlossgut Oberambach

Im Bio-Restaurant „Roseninsel" mit Wintergarten erwartet den Gast abwechslungsreiche Kulinarik auf ho-

(Bild Gemeinde Pöcking)

hem Niveau, zubereitet aus 100%Bio-Produkten der Region.

Schlossgut Oberambach, Biohotel – Vitalzentrum , Oberambach 1, D-82541 Münsing, Tel. +49 (0)8177 9323, Fax +49 (0)8177 932400, info@ schlossgut.de, www.schlossgut.de

Gartenterrasse

Gasthof Zur Post

Im Sommer trifft man sich gerne unter der großen Linde im idyllischen Biergarten.

Gasthof Zur Post, Hauptstraße 19, D-82343 Pöcking, Tel. +49 (0)8157 1398, Fax +49 (0)8157 7176, info@ posthotel-poecking.de, www.posthotel-poecking.de

Schlossgut Oberambach

Die ländliche Idylle verschafft der Kaffeestunde auf der Schlossterrasse ein ganz besonderes Flair.

Schlossgut Oberambach, Biohotel – Vitalzentrum , Oberambach 1, D-82541 Münsing, Tel. +49 (0)8177 9323, Fax +49 (0)8177 932400, info@ schlossgut.de, www.schlossgut.de

Übernachten

Golfhotel Kaiserin Elisabeth

Das 4-Sterne-Golf-Hotel liegt 30 km südlich von München in herrlichster Voralpenlandschaft. Vom Hotel und dem umgebenden Park genießt man einen überwältigenden Ausblick auf den Starnberger See. Der 18-Loch-Golfplatz Feldafing liegt gleich vor dem Haus, in dessen Umgebung noch weitere 15 gepflegte Golfplätze vorhanden sind. Der Lenné-Park und der Uferweg entlang des Sees bieten die Möglichkeit, ausgiebige Spaziergänge zu unternehmen.

Golfhotel Kaiserin Elisabeth, Tutzinger Str. 2, D-82340 Feldafing, Tel. +49 (0)8157 93 090, Fax +49 (0)8157 93 09 133, info@kaiserin-elisabeth.de, www.kaiserin-elisabeth.de

Wellness

Schlossgut Oberambach

Neben Sauna und Dampfbad stehen im Vitalzentrum mehr als 20 Anwendungen zur Wahl.

Schlossgut Oberambach, Biohotel – Vitalzentrum , Oberambach 1, D-82541 Münsing, Tel. +49 (0)8177 9323, Fax +49 (0)8177 932400, info@ schlossgut.de, www.schlossgut.de

Raus aus dem Alltag

Forsthaus am See

Direkt am Ufer des Starnberger See liegt das Forsthaus am See. Übernachten wird in dieser Ruhe zu einem Erlebnis.

Den Gästen stehen Doppel- und Einzelzimmer sowie eine Suite zur Verfügung, die mit allem Komfort ausgestattet sind und zum Teil eine wunderbare Aussicht auf den See bieten. Nach einer Stärkung an dem reichhaltigen Frühstücksbuffet ist der Übernachtungsgast für Entdeckungsreisen und Erlebnisse rund um den Starnberger See gerüstet. Von dem hoteleigenen Bootssteg können Bootstouren unternommen werden, das Strandbad von Feldafing liegt gleich nebenan, der 18-Loch-Golfplatz und die Tennisanlagen sind fußläufig erreichbar.

Auf der großzügig gestalteten und schattenspendenden Terrasse genießt man die feinen Speisen und Getränke, während der Blick über den See schweift und man die Seele baumeln lassen kann. Frische und

Abwechslung sind in der Küche des Hauses oberste Maxime. Traditionell wird gekocht und mit frischen, regionalen Zutaten zaubert der Küchenchef mit seinem Team kreative Ge-

richte, vorwiegend aus heimischen Gewässern und dem Meer.

Einen wunderschönen Ausblick auf den Starnberger See genießt man von den behaglich und gemütlich eingerichteten Gasträumen und von der Terrasse. Der Gast wird mit Gaumenfreuden aus der Küche verwöhnt. Für Familienfeiern bietet das Forsthaus am See den perfekten Rahmen. In der idyllischen Lage am See lässt es sich aber auch gut arbeiten: Für Firmenevents, Tagungen und Seminare stehen lichtdurchflutete Tagungsräume zur Verfügung.

Bis zu 24 Personen finden hier Platz und modernste Präsentations- und Tagungstechnik vor. Begleitet werden die Veranstaltungen auf Wunsch mit einem professionellen Pausenprogramm und kulinarischer Begleitung, damit die Arbeit schmeckt.

Forsthaus am See

Hotel-Restaurant, Am See 1
D-82343 Possenhofen-Pöcking
Tel. +49 (0)81 57 9 30 10
Fax +49 (0)81 57 42 92
kontakt@forsthaus-am-see.de
www.forsthaus-am-see.de

Historische Wirtschaft am See

Hotel Gasthof zur Post

In der malerischen oberbayerischen Landschaft am Starnberger See liegt der historische Gasthof zur Post, Ausgangspunkt für wunderschöne Spaziergänge und würdiger Ausklang eines Besuchs im Sissi-Museum. Das Haus besteht seit 1505 und kann auf eine sehr wechselvolle Geschichte zurückblicken. Als ehemalige Poststation der Thurn und Taxis Reichspost ging es in die Geschichte ein.

Heute ist der Gasthof in 6. Generation in Familienbesitz. Der Wirt und Küchenchef Thomas Pölt steht selber am Herd und zaubert neben original bayerischen Schmankerln auch internationale Gerichte. Heimische Produkte und frische Zubereitung sind ihm dabei sehr wichtige Kriterien. Sei es der traditionelle Schweinsbraten mit Knödel oder Tafelspitz mit Wirsinggemüse, die schmackhafte Kürbiscremesuppe oder Rehkeule mit frischen Schwammerln – im Gasthof zur Post wird jedes Essen zum ku-

linarischen Genuss. Süße Verführungen bilden den krönenden Abschluss. Die gemütliche Gaststube, stilvoll eingerichtet, liebevoll dekoriert, schafft die erholsame heimelige Atmosphäre, die man sich wünscht, um vom alltäglichen Einerlei Abstand zu gewinnen. Für Feiern und Vereinstreffen steht die Nebenstube zur Verfügung.

Übernachten

Echt bayerisch gemütlich sind die Gästezimmer, die standardmäßig mit Dusche/WC, Kabelfernsehen und W-LAN ausgestattet sind. Einige Zimmer haben auch Balkon. Der Gast fühlt sich auch in den Ferienwohnungen sehr wohl. Wohn- und Schlafzimmer getrennt, voll ausgestattete Küche, Balkon, TV, W-LAN und Telefon lassen nichts vermissen, was zum erholsamen Aufenthalt beiträgt. Die Wohnung ist bequem mit Lift zu erreichen

und schwellenfrei zugänglich. Ein Wasch- und Trockenraum steht ebenfalls zur Verfügung. Zur Erkundung der Region können hauseigene Fahrräder ausgeliehen werden.

Tagungen

Im Hotel Gasthof zur Post am Starnberger See steht für Tagungen die erforderliche Technik zur Verfügung. Jahrelange Erfahrung und die Atmosphäre des Hauses tragen dazu bei, dass jede Veranstaltung zum Erfolg führt.

Gasthof Zur Post
Hauptstraße 19
D-82343 Pöcking
Tel. +49 (0)8157 1398
Fax +49 (0)8157 7176
info@posthotel-poecking.de
www.posthotel-poecking.de

Willkommen im Paradies

Jugendherberge Possenhofen

Das „Paradies" zählt zu den schönsten Fleckchen am Starnberger See. Da, wo sanfte Wellen ans Ufer schlagen und Segelboote vorbei ziehen, fliegen die Träume direkt in den Himmel. Die Jugendherberge Possenhofen erinnert mit seinen großen Glasflächen an ein Designerhotel und lädt dazu ein, sich eine kleine Auszeit zu gönnen, da, wo schon Kaiserin Sisi zu Hause war und ihre glückliche Kindheit genießen konnte. 142 Betten in 33 Zimmern, die großzügig und schnörkellos konzipiert sind, erwarten die Gäste, darunter auch 2 rollstuhlgerechte Zimmer. Ein Zeltplatz für 50 Personen mit eigenen sanitären Anlagen befindet sich auf dem Außengelände.

Wanderfreunde, Radfahrer, Nordic Walker, Segler, Surfer und Wasserratten: Hier kommen alle auf ihre Rechnung und finden ideale Bedingungen für aktive Freizeitgestaltung, die am See einen ganz besonderen Stellenwert genießt.

Die Nähe zu München, Shopping und Sightseeing, Theater und Musical, Kunst und Kultur in der Landeshauptstadt, setzt zusätzliche Akzente und bietet schier unendliche Möglichkeiten für einen abwechslungsreichen Aufenthalt mit der Familie, alleine oder mit der Schulklasse. Für Tagungen und Seminare stehen sechs Konferenzräume mit entsprechender Ausstattung zur Verfügung.

**Jugendherberge Possenhofen
am Starnberger See**

Kurt-Stieler-Straße 18
D-82343 Pöcking
Tel. +49 (0)8157 9966-11
Fax +49 (0)8157 9966-12
possenhofen@jugendherberge.de
www.possenhofen.jugendherberge.de

Essen und Trinken

Das stilvolle Restaurant der Seeresidenz Alte Post ist täglich geöffnet. Verführerische Menüs und hausgemachte Kuchen und Torten stehen auf der Karte.

Seeresidenz Alte Post, Alter Postplatz 1, D-82402 Seeshaupt, Tel. +49 (0)8801 914-0, Fax +49 (0)8801 913210, hotel@seeresidenz-alte-post.de, www.seeresidenz-alte-post.de

Gartenterrasse

Im Sommer trifft man sich gerne mit Freunden im Biergarten (100 Sitzplätze).

Schlossgaststätte Hohenberg, Hohenberg 3, D-82402 Seeshaupt, Tel. +49 (0)8801 626, Fax +49 (0)8801 913844, stievstoll@t-online.de, www.schlossgaststaette-hohenberg.com

Übernachten

Die unterschiedlich großen Ferienwohnungen im Gästehaus sind geschmackvoll eingerichtet.

Schlossgaststätte Hohenberg, Hohenberg 3, D-82402 Seeshaupt, Tel. +49 (0)8801 626, Fax +49 (0)8801 913844, stievstoll@t-online.de, www.schlossgaststaette-hohenberg.com

Feierlichkeiten

Für Feierlichkeiten im Familienkreis bietet das Forsthaus Ilkahöhe einen idealen Rahmen. Die ruhige Lage, der herrliche Ausblick auf den Starnberger See und das Alpenvorland schaffen – zusammen mit den leckeren Köstlichkeiten aus Küche und Keller – eine Atmosphäre, die in der Erinnerung haften bleibt.

Forsthaus Ilkahöhe, Bernhard Graf, D-82327 Tutzing, Tel. +49 (0)8158 8242, info@ilkahoehe.de, www.ilkahoehe.de

Starnberger See im Winter
(Gemeinde Seeshaupt)

509

Seeshaupt

Erholung in unberührter Natur

Die Gemeinde Seeshaupt (3.047 Einwohner) ist eingebettet zwischen dem Südende des Starnberger Sees und den idyllischen Osterseen. Die ursprüngliche, seenreiche Umgebung und ausgedehnte Wälder und Moore laden zum Wandern, Baden und Relaxen ein.

Kurzer Blick ins Geschichtsbuch

740 n. Chr. urkundlich zum ersten Mal erwähnt, lebten hier Fischer und Kleinhäusler, zunächst unter der Hoheit des Klosters Polling und ab 1479 unter dem Kloster Bernried. Nach der Säkularisierung im Jahr 1803 zählte Seeshaupt mit den Ortsteilen St.Heinrich, Jenhausen und Magnetsried 556 Einwohner. Der große Brand

im Jahre 1815 legte zwei Drittel des Ortes in Schutt und Asche. Nur das Pfarrhaus, der größte Teil der Kirche und einige Fischerhäuser blieben verschont. Der Ort war dennoch rasch wieder aufgebaut. Die bessere Verkehrsanbindung durch die Aufnahme der Dampfschifffahrt im Jahre 1851 und Eröffnung der Bahnlinie von Tutzing nach Penzberg im Jahr 1865 lockte viele Sommerfrischler in den Ort. Vor allem Künstler und betuchte Münchener bauten sich hier Villen in exklusiver Seelage. In dieser Zeit nahm die Bevölkerungszahl stark zu. Ende des zweiten Weltkrieges fanden über 1000 Flüchtlinge aus Schlesien, Ostpreußen, Böhmen und später Sudetendeutsche in Seeshaupt Zuflucht. Damit verdoppelte sich die Bevölkerung schlagartig. Viele Flüchtlinge

Seeshaupt
(Bild Rudolf Habich)

sind hier geblieben, haben Familien gegründet und Seeshaupt wurde ihnen zur neuen Heimat.

Seeshaupt heute

Durch den Autobahnanschluss an die A95 ist der Großraum München näher gerückt. Die gute Verkehrsanbindung an zahlreiche Städtchen und die nahen Berge macht Seeshaupt beliebt für Naturliebhaber, Pendler, Senioren und junge Familien. Eine gut entwickelte Infrastruktur, ein breites Angebot an Waren des täglichen Bedarfs und Vereine, die für eine lebendige Dorfgemeinschaft sorgen, runden das Bild ab und machen den Ort liebens- und lebenswert.

Sehenswürdigkeiten

Pfarrkirche St. Michael

Die Anna Kapelle mit ihrem Chorturm - links vom heutigen Altarraum gelegen -bildet die Urzelle der Kirche im 13. Jahrhundert. 1487 wurde ein Schiff im gotischen Stil angebaut, welches heute den Altarraum bildet. Im 17. Jahrhundert wurde die Kirche barockisiert und schließlich 1909 um das Hauptschiff mit neuem Turm erweitert. Der Münchner Architekt Josef Eisner sen. entwarf zusammen mit seinem Sohn die Pläne für den

St. Michael
(Bild B. Gabel)

Anlegestelle
(Bild B. Gabel)

Umbau der Kirche, den neuen Hochaltar, zwei Seitenaltären und der Kanzel. Der nordseitig gelegene Kirchhof eröffnet dem Betrachter einen wunderschönen Blick über den ganzen Starnberger See.

Weigle-Orgel

Ein Kleinod verbirgt sich auf der Empore an der Westseite der Kirche. 1909 wurde nach dem notwendigen Anbau des Hauptschiffes eine Weigle-Orgel aus der Werkstatt des berühmten schwäbischen Orgelbauers eingeweiht. Sie wurde von Baronin Freifrau von Simolin gestiftet. Die Orgel besticht durch ihre spätromantische, emotionale Klangfülle, 1836 Pfeifen aus Zinn, Zink und Holz und 26 klingenden Registern. Nur noch drei Weigle-Orgeln sind in Deutschland im Originalzustand erhalten. 2009 wurde die Orgel mit besonderer Sensibilität des Orgelbauers Konrad Buchel aus dem Hause Johannes Führer in München restauriert und mit der kleinen Orgelsolomesse von Josef Haydn am 21.06.2009 feierlich wieder eingeweiht.

Seegerichtssäule

Die Tuffsteinsäule am Dampfersteg gibt dem Besucher Rätsel auf. Sie stand ehemals unterhalb der Kirchenmauer und trägt die Initialien S-G, die Jahreszahl 1522 und ein Wappen mit dem schräggestellten Fisch, welcher heute auch im Seeshaupter Wappen zu finden ist. Bei dieser Säule könnte es sich entweder um die Seegrenze gehandelt haben oder vielleicht bezeichnete sie auch den Platz des „Seegerichts", wo die Streitigkeiten der Fischer geschlichtet wurden.

Osterseen

Südlich von Seeshaupt beginnen die Osterseen auf Seeshaupter Flur mit Gartensee, Ursee und Gröbensee. Die Osterseenlandschaft umfasst eine Fläche von insgesamt 1086 ha und bezeichnet die größte und strukturreichste Eiszerfalllandschaft des

(Bild Leybold)

Bayerischen Alpenvorlandes. 1981 wurden die Osterseen zum Naturschutzgebiet erklärt. Kleine Seen, Moore, magere Feuchtwiesen und Halbtrockenrasen erstrecken sich bis Iffeldorf und bieten dem Naturfreund ein breites Spektrum.

Kulturelles

Die traditionelle Kulturszene wird durch die 1901 gegründete Musikkapelle und die Dorfbühne Seeshaupt geprägt. Mit ausgewählten, hochkarätigen Veranstaltungen verwöhnt die „Seeresidenz Alte Post" den anspruchsvollen Kulturliebhaber.

Feste und Feiern

Am 1. Mai wird in Seeshaupt selbst oder im Wechsel mit den Ortsteilen mit einem volkstümlichen Fest der Maibaum aufgestellt.

MS Seeshaupt
(Bild Leybold)

Fronleichnam wird mit einer großen Prozession durch den Ort gefeiert. Der Kunsthandwerkermarkt am letzten Juli-Wochenende ist über die Landkreisgrenzen hinaus bekannt und zieht jedes Jahr viele Besucher an.

Ein echter Publikumsmagnet ist in jedem Jahr auch das Spektakel des traditionellen Fischerstechens im Biergarten Lidl.

Der Besuch des altbayerischen Christkindlmarkts am 1. Adventssonntag mit seiner lebenden Krippe ist Einstimmung des ganzen Dorfes auf die beginnende Adventszeit.

Freizeit und Sport

Im Sommer

Die Ausflugsschiffe legen bis zu dreimal täglich in Seeshaupt an. Wer mit dem Schiff auf dem Starnberger See unterwegs ist, genießt eine atemberaubende Sicht auf den See und die Alpen.

Im Winter

Durch Moor und Wald verlaufen sehr malerische Loipen: von Hohenkasten nach Eberfing oder nach Söchering.

Wandern

Die unberührte Natur, die Wälder, Seen und Moore bieten viele Möglichkeiten für reizvolle Spaziergänge und Wanderungen. Nicht umsonst führen auch Weitwandelwege durch Seeshaupt.

Wege in und um Seeshaupt

Die kleine und die große Frechenseerunde und die Höhenwegrunde sind gut ausgeschildert und sind lohnende Ziele für die „kleine Erholung".

Radfahren

Die Umgebung von Seeshaupt eignet sich in besonderer Weise zum Radfahren. Wenig befahrene Wege, genussvolle Aussichten auf den Starnberger See, die umliegenden Seen und das herrliche Bergpanorama lassen jedes Radlerherz höher schlagen.

Eine ausgeschilderte, 52 km lange Strecke führt von Bernried an kleinen Weihern und bäuerlichen Höfen vorbei zu den Osterseen. Penzberg wird an seiner nördlichen Seite berührt, dann geht es zurück auf einsamen Straßen zum Starnberger See. Zahlreiche Gewässer und gemütliche Einkehrmöglichkeiten laden unterwegs zum Verweilen ein. Wer die Route gemütlicher gestalten will, kann sich in Seeshaupt im Hotel Garni Sterff an der Penzbergerstraße 6 ein E-Bike ausleihen. Noch mehr Informationen erhalten Sie unter dem Tourismusverband www.pfaffen-winkel.de

Baden/Camping

Am östlichen Eingang des Ortes gibt es den öffentlichen Badeplatz der Gemeinde und einen in seiner Lage einzigartigen Campingplatz.

Besonderes und Einzigartiges

Schaugarten

Schaugarten
(Bild Rudolf Habich)

In Seeshaupt weisen Hinweisschilder den Weg zu einem einzigartigen Staudengarten auf 2500 qm, der gleichzeitig ein Lehrgarten ist. Ein engagiertes Gärtner-Ehepaar hat 2002 den Garten angelegt. Die Wegführung in Form einer stilisierten Blüte ermöglicht es, die Pflanzen verschiedenen Lebensbereichen zuzuordnen und der Betrachter kann anhand der ausgeschilderten Stauden viele Ideen mit nach Hause nehmen. Der Garten ist von Frühjahr bis Herbst geöffnet, der Eintritt frei; Gruppen haben die Möglichkeit nach Anmeldung an einer Führung teilzunehmen.

(Bild Rudolf Habich)

Orts- und Infrastuktur

Verkehrswege

Seeshaupt hat sehr gute Verkehrsanbindungen: Autobahnausfahrt Seeshaupt der A95 München-Garmisch; Bundesbahnhaltestelle München - Tutzing – Seeshaupt – Kochel.

Seeshaupt liegt an den Staatsstraßen 2064 Weilheim – Seeshaupt – Königsdorf – Bad Tölz sowie Staatsstraße 2063 Starnberg – Tutzing – Seeshaupt – Penzberg. Der Ort wird vom RVO-Bus 9614 Tutzing – Penzberg angefahren und ist Anlegestelle für die Schiffe der Bayerischen Seenschifffahrt.

Schule und Bildung

Ein Kinderhaus für die Jüngsten von 1 bis 6 Jahren, eine zusätzliche Kindergarten-Elterninitiative und die Grundschule betreuen die Kleinsten und Kleinen.

Altersgerecht wohnen

Zwei Wohnanlagen stehen den Senioren zur Verfügung. Die „Seeresidenz Alte Post" bietet seniorengerechte Wohnungen mit Seeblick und einem Rundum-Sorglos-Paket für den anspruchsvollen Bewohner. Das gemeindliche Seniorenzentrum mit angeschlossener Tagespflege ist eine weitere attraktive Möglichkeit, im Alter selbstbestimmt und betreut zu wohnen.

Wichtige Adressen und Telefonnummern

Gemeinde Seeshaupt
Weilheimer Str. 1 – 3
D-82402 Seeshaupt,
Tel. +49 (0)8801 2427 90710
gemeinde@seeshaupt.de
www.seeshaupt.de

Starnberger See und Seeshaupt im Hintergrund
(Bild I. Berger)

Die kleine, feine Hotelanlage am See

Seeresidenz Alte Post

Märchenhaft und königlich präsentiert sich die kleine, feine Hotelanlage am Starnberger See, die Seeresidenz Alte Post, wo bereits der Märchenkönig Ludwig II. auf seinen Fahrten nach Berg eingekehrt ist. So belegt es die Chronik, die des Weiteren so honorige Gäste wie Prinz Alfons von Bayern oder die Herzogin von Genua als Gäste verzeichnet. Schon damals galt die „Post" als ein Ort der Gastlichkeit mit gewachsener Tradition, die bis ins 15. Jahrhundert zurückreicht. Als „Taverne zu Seeshoibit" wurde das Gasthaus schon 1499 urkundlich erwähnt. Im Laufe der Jahrhunderte entwickelte sich das Haus zu einer herausragenden Renommieradresse und trotzte allen noch so widrigen Wechselfällen der Geschichte.

Wer hier seine Ferien verbringt, genießt den faszinierenden Blick über den See und die Beschaulichkeit und Ruhe an einem privaten See-Ufer. Zuvorkommender Service und elegantes Ambiente auf hohem Niveau erwarten den Gast. Die Zimmer lassen mit ihrer zeitgemäß hochwertigen Ausstattung keinen Wunsch offen.

Die traumhafte Aussicht über den See ist das Sahnehäubchen eines jeden Ferientages. Das stilvolle Restaurant mit Panorama-Terrasse ist täglich geöffnet. Küchenchef Ronny Wichmann und sein Team lässt aus hochwertigen Produkten Menüs entstehen, die selbst dem anspruchsvollen Gourmet gerecht wer-

den. Dabei wird großer Wert darauf gelegt, möglichst heimische Produkte zu verwenden, Qualität, die man schmeckt. Carpaccio und Tatar vom Rind oder Entenleber mit Quitten und Brioche, Kürbiskernknödel, glasierte Rote Bete und Meerrettichschaum oder Schönacher Ente, gratiniertes Süßweinragout von der Keule in Blätterteig, rosa gebratene Brust in Orangen-Sternanis-Jus oder Kartoffelroulade und roter Mangold – das klingt außergewöhnlich verführerisch, man muss es einfach probieren. Ein edler Tropfen aus dem wohl sortierten Weinkeller darf dabei nicht fehlen.

In der Seeresidenz Alte Post fällt es nicht schwer, den Alltag hinter sich zu lassen. Sie bietet beste Voraussetzungen für einen angenehmen Aufenthalt, Erholung für Leib und Seele.

Das Haus ist auch idealer Ausgangspunkt, wenn man seine Freizeit aktiv gestalten möchte. Für Ausflüge am See stellt das Hotel kostenlos Fahrräder zur Verfügung.

Nachmittags gehören die hausgemachten Kuchen und Torten zum verführerischen Angebot.

Auch für Firmenfeste und Familienfeiern bietet die Seeresidenz den passenden Rahmen. Der Jugendstilsaal steht unter Denkmalschutz und bietet Platz für 120 Personen. Durch die großen Rundbogenfenster wandert der Blick hinaus zur Terrasse, in die Natur. Das edle Interieur trägt dazu bei, dass jede Veranstaltung bleibende Eindrücke hinterlässt. Bei der Planung der Festivität stehen kompetente Mitarbeiter gerne mit ihrer Erfahrung beratend zur Seite.

Seeresidenz Alte Post

Alter Postplatz 1
D-82402 Seeshaupt
Tel. +49 (0)8801 914-0
Fax +49 (0)8801 913210
hotel@seeresidenz-alte-post.de
www.seeresidenz-alte-post.de

Schlossgaststätte Hohenberg

Essen wie bei Fürsten

Gediegene bayerische Gemütlichkeit erwartet den Gast in der Schlossgaststätte Hohenberg. Die Gastwirtschaft, nur 3 km von Seeshaupt entfernt, wurde bereits 1873 gegründet und lädt mit ihrem historischen Glanz zum Verweilen ein. Der Herrgottswinkel, ein Kachelofen in der Ecke, das Holztäfer, die Schützenscheiben über der Bank und der liebevoll eingedeckte Tisch – da sieht man, dass hier Gastfreundschaft und bayerische Tradition zu Hause sind.

Die gepflegte Atmosphäre, der unverfälschte Stil und der Charme der Vergangenheit geben dem Haus seine unwiderstehliche Anziehungskraft. Eine abwechslungsreiche Speisekarte verspricht Ess-Erlebnis mit Niveau.

Die Auswahl an Wildgerichten, verschiedene Suppen, knackige Salate, fleischlose Schmankerl, Tafelspitz oder Böfflamott, Forelle oder Saibling und Kaiserschmarrn oder Topfenknödel als süße Krönung – der Chef steht selbst in der Küche und zaubert aus frischen heimischen Zutaten regionale oder internationale Spezialitäten. Dabei kann er aus einer reichen Erfahrung schöpfen und verbindet gerne herkömmliche Rezeptkunst mit eigener Kreativität.

Das Restaurant gibt zudem jedem feierlichen Anlass den passenden Rahmen und ist bei Wanderern und Radfahrern ein beliebtes Ausflugsziel.

Bei entsprechenden Temperaturen genießt man gerne den Aufenthalt im

Biergarten (100 Sitzplätze), trifft sich mit Freunden zum Grillfest oder sitzt im Pavillon und schaut ganz entspannt den Kindern zu, die im Garten spielen, abseits von Autos. Den Erwachsenen steht währenddessen die historische Holzkegelbahn zur Verfügung. Alle Neune – ein Spaß für Groß und Klein.

Öffnungszeiten:

Nov. bis März Mi. bis So. geöffnet; in den Winterferien täglich geöffnet. April bis Okt. von Mo. bis So. tägl. geöffnet. Warme Küche 11.30 bis 21 Uhr.

Wohnen im Jägerhaus

In den Jahren 2010 und 2011 wurde das dreistöckige Jägerhaus sehr achtsam denkmalgerecht restauriert, mit dem Ziel vor Augen, den Charakter des Gebäudes zu erhalten. Heute dient es mit geschmackvoll eingerichteten Ferienwohnungen unterschiedlicher Größe als Gästehaus.
Flachbild-Fernseher, Telefon, kostenfreies deutsches Festnetz und kostenfreier W- LAN Internetzugang gehören zur standardmäßigen Ausstattung. Vor dem Gebäude steht eine Terrasse zur allgemeinen Nutzung zur Verfügung.

Schlossgaststätte Hohenberg

Hohenberg 3, D-82402 Seeshaupt
Tel. +49 (0)8801 626
Fax +49 (0)8801 913844
stievstoll@t-online.de
www.schlossgaststaette-hohenberg.com

Starnberg
Die Stadt am See

Die Stadt am nördlichen Ende des Starnberger Sees hat sich von einer kleinen Landgemeinde zu einer modernen Kreisstadt mit ca. 23.000 Einwohnern entwickelt. Auf 588 m ü.M. gelegen, besteht das heutige Starnberg aus neun Ortteilen, die sich über eine Fläche von ca. 62 km² erstrecken.

Das historische und moderne Starnberg lernt man am besten auf dem „Starnberger Kulturspaziergang" kennen.

Das „Museum Starnberger See" informiert kurzweilig über die höfische Schifffahrt und die Villenkultur am Starnberg See.

Kurzer Blick ins Geschichtsbuch

Auch wenn die erste urkundliche Erwähnung erst 1226 war, geht die Besiedelung Starnbergs viel weiter zurück. Um das Jahr 550 n. Chr. wurden in Starnberg auf einer kleinen Anhöhe am See die ersten Menschen begraben, kurz darauf entstand hier die erste steinerne Pfarrkirche Starnbergs, St. Benedikt. 1246 eroberten die Wittelsbacher die von den Andechsern auf dem heutigen Schlossberg angelegte Burg. Die neuen Herren bauten dann die Burg bis zum 16. Jh. zu einem wohnlichen Schloss um, das zum beliebten Sommersitz des bayerischen Herrscherhauses wurde.

Starnberg vom See aus
(Bilder Stadt Starnberg)

Die großen See- und Jagdfeste mit dem Prunkschiff „Bucentaur" unter Kurfürst Ferdinand Maria sind legendär. Später erlahmte das Interesse an Starnberg. Es erwachte erst wieder mit dem Beginn der Dampfschifffahrt 1851 sowie der Eröffnung der Eisenbahnlinie im Jahr 1854. 1912 wurde Starnberg zur Stadt erhoben.

Sehenswürdigkeiten

Schloss, Schlossgarten und Kirche St. Josef

Bootshäuser

Schlossgarten

Neben dem weithin sichtbaren Schloss Starnberg hoch über der Stadt, in dem sich heute das Finanzamt befindet, liegt der im Renaissancestil angelegte Schlossgarten, vom dem man eine schöne Aussicht über die Stadt und den See hat.

Auf dem Platz des ehemaligen Tanz- und Gästehauses des Starnberger Schlosses steht seit 1766 die im Stil des Rokoko erbaute Kirche St. Josef. Der Hochaltar wurde von Ignaz Gün-

ther geschaffen. Er gilt als einer der bedeutendsten Bildhauer seiner Zeit.

Freizeit und Sport

Neben den zahlreichen öffentlichen Freizeitflächen, die im Sommer zum Baden einladen, spielt der Wassersport auf dem Starnberger See eine große Rolle.

Erholung findet der Wanderer auf Rad- und Wanderwegen, die sich viele Kilometer durch die faszinierende Landschaft ziehen.

Wichtige Adressen und Telefonnummern

Stadt Starnberg
Vogelanger 2
D-82319 Starnberg
Tel. +49 (0)8151 77 20
Fax +49 (0)8151 77 21 42
info@starnberg.de
www.starnberg.de

Barocke Pracht und Bauernleben

Museum Starnberger See

Spannend und erlebnisreich vermittelt das Museum Starnberger See einen Eindruck von der Vielschichtigkeit des Lebens am Starnberger See. Es erzählt von der prunkvollen Lebensart der Wittelsbacher, die im 17. und 18. Jahrhundert ausschweifende Feste auf dem See gefeiert haben, ebenso wie vom harten Leben der einfachen Bevölkerung.

Das Museum umfasst zwei Gebäude. Das sogenannte Lochmannhaus ist über 300 Jahre alt. Es ist das älteste Bauernhaus der Region Starnberger Fünf-Seen-Land. Beeindruckend ist hier nicht nur die Küche im Untergeschoss mit ihrem riesigen Kamin, sondern auch die gotische Vertäfelung der Herrenstube im Obergeschoss. Sie zeugt von den Zeiten, als das Lochmannhaus noch den Hofmarksherren von Niederstarnberg und Tutzing gehörte. Ebenfalls bemerkenswert ist die zur Eröffnung des Museums 1914 in das Lochmannhaus eingebaute Kapelle. Neben einer Reihe gotischer Sakralskulpturen ist hier mit der „Starnberger Heiligen" vielleicht das kunsthistorisch bedeutendste Objekt des Museums zu bewundern. Sie ist ein Frühwerk des bekannten Rokokobildhauers Ignaz Günther und wurde von ihm 1755 geschaffen.

Gleich nebenan, im Bildersaal, werden im Wechsel Gemälde und Grafiken aus der umfangreichen Sammlung des Museums gezeigt. Unter Ihnen befinden sich Werke namhafter Künstler vor allem des 19. und frühen 20. Jahrhunderts, die von weit herkamen und sich von der Schönheit des Starnberger Sees inspirieren ließen.

Im 2008 eröffneten Neubau des Museums, der schon durch seine moderne Architektur hervorsticht, steht die Geschichte der höfischen Schifffahrt im Mittelpunkt. Eingebunden in großflächige Illusionsgrafiken vermitteln herausragende Exponate einen Eindruck von den Zeiten, als die bayerischen Herrscher den Starnberger See zunächst als Kulisse für ihre pompösen Seefeste und später als Ort des Rückzugs nutzten. Ein großes Modell des blau-goldenen Prachtschiffes „Buzentaur" lässt die barocke Prachtentfaltung der Wittelsbacher Herzöge erahnen. Nur wenige Relikte sind von diesem legendären

dener. Das Ruderboot „Delphin", das 1835 für König Ludwig I. gezimmert worden war, bot nur kleinen, intimen Gesellschaften Platz. Dennoch ist das elf Meter lange Boot mit seiner fabelhaften Bugfigur eine der Hauptattraktionen des Museums: Es ist das letzte noch vollständig erhaltene Schiff der einstmals großen Wittelsbacher Flotte.

„schwimmenden Schloss" erhalten. Sie sind in der Ausstellung des Museums Starnberger See vereint. Knapp 200 Jahre später war das Auftreten der bayerischen Könige am Starnberger See sehr viel bescheidener.

Der Besuch des Museums ist sowohl für große als auch kleine Besucher ein Erlebnis. Schon der individuelle Rundgang begeistert Jung und Alt gleichermaßen. Neben Führungen für Erwachsene und

besonderen Veranstaltungen, wie zum Beispiel dem jeden ersten Sonntag im Oktober stattfindenden Musikantentag, bietet das Museum Starnberger See Kindern besondere Aktionen an.

Öffnungszeiten:

Das Museum ist Dienstag bis Sonntag, von 10 bis 17 Uhr geöffnet.

Museum Starnberger See

Possenhofener Str. 5
D-82319 Starnberg
Tel. +49 (0)8151 44 77 570
Fax +49 (0)8151 44 77 579
info@museum-starnberger-see.de
www.museum-starnberger-see.de

Tutzing

In einer Bucht am Starnberger See

Die Nähe zur Hauptstadt München und zu den Alpen und die malerische Lage am Starnberger See schenken Tutzing (611 m ü. M., 9500 Einwohner) die idealen Voraussetzungen für einen abwechslungsreichen Aufenthalt mit Erholung und Sport, beschaulicher Natur und pulsierender Großstadt.

Immer wieder aufs Neue fasziniert der Sonnenaufgang über dem bewaldeten Ostufer des Starnberger Sees. Wie ein großer grüner Garten erscheint der Ort dem Betrachter von der Seeseite aus. Wen nimmt es da Wunder, dass sich hier von Alters her auch Komponisten, Künstler und Schauspieler von dem ganz besonderen Flair inspirieren ließen.

Kleiner Blick ins Geschichtsbuch

Seinen Namen verdankt der Ort der Familie Tozzi und Tuzzo aus dem Adelsgeschlecht der Huosi, überwiegend Ministerialen der Grafen von Andechs. Daraus lässt sich schließen, dass es Tutzing bereits im 6. Jahrhundert gab.

Bis ins 19. Jahrhundert war Tutzing ein Fischerdorf, das sich mit der Eisenbahn 1865 zum Ausflugs- und Ferienziel entwickelte.

Sehenswürdigkeiten

Schloss

Im letzten Drittel des 17. Jahrhunderts erfolgte unter der Regentschaft von Maximilian von Götzengrien der Wiederaufbau des Schlosses. Geprägt von wechselhafter Geschichte, dient es heute der Evangelischen Akademie Tutzing als Wirkungsstätte.
Der Schlosspark, angelegt im englischen Gartenstil, entstand um 1840.

Schloss Rößlberg

Es stammt aus dem 17. Jahrhundert, ist jedoch im Kern älter.

Tutzing vom See aus
(Bild Alexander Z.)

Kirchen

St. Maria
(Bild Gemeinde Tutzing)

Bei der alten katholischen Pfarrkirche St. Peter und Paul handelt es sich um eine barocke Anlage aus den Jahren 1738/1739, der Zwiebelturm stammt von 1895.

Die katholische Pfarrkirche St. Peter und Paul wurde 1926/1928 von Richard Steidle erbaut.

Sehenswert sind des Weiteren das barocke Martinskirchlein in Monatshausen und die St.-Nikolaus-Kapelle in Oberzeismering.

St. Margareth ist eine spätgotische Anlage und wurde Anfang des 18. Jahrhunderts barockisiert.

Die barocke Kirche St. Mariä Geburt in Traubing wurde 1750 errichtet.

Vetterlhaus

Tutzings ältestes Gebäude, das denkmalgeschützte Vetterlhaus, stammt aus dem 17. Jahrhundert. Es veranschaulicht die Bauweise der einfachen Bauern- und Fischeranwesen.

Heute beherbergt das Vetterlhaus das Gäste- und Informationsbüro des Tutzinger Fördervereins für Tourismus.

Midgardhaus

Die ehemalige Villa des Professors Georg Ebers wurde im Jahr 1853 von Karl Theodor von Vieregg als Gästehaus von Schloss Tutzing erbaut. Die Parkanlage mit flankierenden Löwen Richtung Seeufer schuf Karl Effner um 1870.

Heute beherbergt das historische Gebäude eine Gastwirtschaft mit Biergarten.

Die Restauranträume und Seeterrasse waren häufig schon Kulisse für zahlreiche Fernseh-Shows und Spielfilme.

Bewirtschaftet wird das Midgardhaus vom Sterne- und Fernsehkoch Fritz Häring.

Museen

Das Ortsmuseum Tutzing in der alten Schule am See lässt mit seinen Ausstellungen die Vergangenheit lebendig werden. Außerdem geben die Räumlichkeiten Ehe- und Partnerschafts-Schließungen einen besonderen Rahmen.

Museumsschiff

Die „Tutzing", Baujahr 1937, wird als technisches Denkmal bayerischer Schiffbaukunst vom Museumsschiffverein durch Mitglieds- und Pachteinnahmen und Spenden erhalten.

Von Frühjahr bis Herbst beherbergt das Schiff ein Café & Bistro mit Blick über den Starnberger See zu den Alpen. Von November bis ca. April ist das Museumsschiff geschlossen.

Kulturelles

Brahms-Gedenkstein
(Bild Gemeinde Tutzing)

Für Liebhaber klassischer Musik ist Tutzing ein Begriff geworden durch die Musiktage, die von der Pianistin Elly Ney und Ludwig Hoelscher 1958 ins Leben gerufen wurden. Neben diesen beiden hat es aber auch andere Musiker immer wieder nach Tutzing gezogen, unter anderem Johannes Brahms (seit 1997 finden jährlich die Tutzinger Brahmstage statt), Max Reger, Engelbert Humperdinck, Hans Pfitzner und Werner Egk.

Die „Tutzinger Brahmstage", ein jährlich veranstalteter Konzertzyklus, hat sich zu einem kleinen, aber feinen Festival überregionaler Bedeutung entwickelt. Jedes Jahr steht neben Johannes Brahms ein weiterer großer Komponist im Mittelpunkt der Programme.

Bücherei

Die Bücherei hält ein umfangreiches Angebot an Printmedien, DVDs und Hörbücher auf CD bereit.

Feste und Feiern – Ein Blick in den Jahreslauf

Die traditionelle Fischerhochzeit findet alle fünf Jahre statt, das nächste Mal 2017. Das Fest geht zurück auf das Jahr 1814, als der Gröber Michael die Bierbichler Veronika heiratete.

Ebenso im Jahre 2017 hält Tutzing sein 1275-jähriges Ortsjubiläum ab.

Freizeit und Sport

Badespaß

Im Freibad am Starnberger See finden Wasserratten willkommene Erfrischung.

Segeln

Im Tutzinger Freibad wird auch Bootsverleih angeboten.

Im Nordbad befindet sich das Surf- und Segelcenter. Es werden SUP, Surf- und Katamaran-Kurse angeboten. Gastronomie vorhanden.

am Starnberger See
(Bild Gemeinde Tutzing)

Im Südbad Tutzing befindet sich ebenfalls Gastronomie.

Tennis

Die Tennisanlage mit 8 Plätzen befindet sich in unmittelbarer Nähe des Südbades.

Die Bedingungen zur Platzbenutzung hängen an der Anlage aus. Anmeldung zur Benutzung ist nicht erforderlich. Gastronomie vorhanden.

Nordic Walking

Der Nordic-Walking-Park mit seinen reizvollen Wegen bietet das größte zusammenhängende Streckennetz Deutschlands. 6 der 23 Routen zwischen Starnberger See und Ammersee führen durch Tutzing bzw. seine Ortsteile. Die Seeuferpromenade bietet sich auch für wunderschöne Spaziergänge an.

Wandern

Über die Ilkahöhe nach Bernried
Durch schöne Wälder geht es hinauf zur Ilkahöhe, einem faszinierenden Aussichtspunkt. Dieser lang gestreckte Hügel ist mit 726 Metern die höchste Erhebung über dem See. Dem Wanderer bietet sich von dort ein herrliches Panorama bis zu den Alpen. Hinunter führt der Weg zum heiligen Johannishügel. Eine Lindenallee führt weiter Richtung Süden, bis man, vorbei an Moorweihern, nach Bernried kommt.

Schloss Tutzing
(Bild I. Berger)

Radfahren

Eine bequeme Tour voller landschaftlicher Reize führt von Tutzing zu den Osterseen (Streckenlänge 39,7 km). Von Tutzing geht's am Südwestufer des Starnberger Sees entlang über Bernried und Iffeldorf, von dort durch Moorlandschaft nach Seeshaupt und zurück nach Tutzing.

Eine Rundtour führt durch das Fünf-Seen-Land über Kerschlach nach Andechs, weiter nach Widdersberg und Friedung, vorbei am Maisinger See, bis es über Aschering und Traubing zurück geht zum Ausgangspunkt.

Golf

Der Tutzinger Golfplatz Deixlfurt ist ein abwechslungsreicher und groß-zügiger Platz mit wunderschönem Blick auf Wetterstein- und Karwendelmassiv.

Im Winter

Langlaufen

Bei ausreichender Schneelage ist auf dem Golfplatz Deixlfurt eine Langlaufloipe für klassischen Stil und Skating in einer Länge von 12,5 km angelegt

Eislauf/Eisstockschießen

Der Deixlfurter See befindet sich in einer wunderschönen Landschaft. Zugefroren bietet er mit seiner Größe von 21 Hektar genügend Platz zum Eislaufen und Eisstockschießen.

Orts- und Infrastuktur

Verkehrswege

Tutzing ist ICE-Station, was zur bequemen Bahn-Anreise einlädt.
2 S-Bahn-Linien sorgen für verkehrsgünstige Anbindung und machen den Ort gerade auch für Ausflügler mit dem Fahrrad interessant.

Schule und Bildung

Mit Kindergarten und –hort, Grundschule, Realschule und Gymnasium bleibt die gesamte schulische Laufbahn am Ort.

Altersgerecht wohnen

Eine Tagesbegegnungsstätte schafft die Voraussetzung dafür, dass sich sowohl Pflegebedürftige als auch pflegende Angehörige eine Auszeit vom Alltag nehmen können. Alleinlebende ältere Menschen erhalten durch den Besuch des Tagesbegegnungszentrums die Möglichkeit, ihre Tagesstruktur aufrecht zu erhalten und mit Gleichaltrigen neue soziale zu Kontakte zu knüpfen.

Tagungen

Die Akademie für Politische Bildung trägt den Ruf Tutzings in alle Teile der Bundesrepublik. Sie ist in der Villa „Buchensee" untergebracht, die nach Plänen von Leo von Klenze errichtet wurde.

Das Schloss ist heute Sitz der Evangelischen Akademie Tutzing. Sie bietet u. a. eine Diskussionsplattform für Repräsentanten aus Kirche, Politik und Wirtschaft.

Die Missions-Benediktinerinnen sind in zahlreichen Aufgabenbereichen tätig und tragen den Ruf Tutzings in alle Welt. Das ursprüngliche Kloster „Maria Hilf" ist Gästehaus, das zu „Stillen Tagen" und Exerzitien einlädt.

Wichtige Adressen und Telefonnummern

Gemeinde Tutzing

Kirchenstraße 9, D-82327 Tutzing
Tel. +49 (0)8158-20
Fax +49 (0)8158-48
rathaus@tutzing.de, www.tutzing.de

Tutzinger Förderverein für Tourismus e. V.
Gästeinformation im Vetterlhaus

Leidlstraße 1, D-82327 Tutzing
Tel. +49 (0)8158 25 88 50
Fax +49 (0)8158 25 86 32
info@tutzing-tourismus.de

St. Joseph
(Bild Gemeinde Tutzing)

In schönster Lage über dem Starnberger See

Forsthaus Ilkahöhe

Südlich von Tutzing erhebt sich die Ilkahöhe. Hier, auf einer Seitenmoräne des ehemaligen Würmgletschers, finden sich zahlreiche Wanderwege.

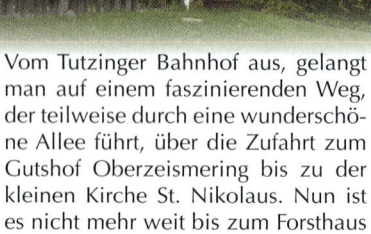

haus errichtet. Der Name „Ilkahöhe" erinnert an die Fürstin Ilka von Wrede, die den Gutshof Oberzeismering geerbt hatte. Lange Zeit war das Forsthaus das Wohnhaus des damaligen Försters. Dieser hatte ein Schankrecht und Wanderer, Holzarbeiter und Bedienstete des Gutshofes kehrten gern dort ein. Erst in den 1950er Jahren entwickelte sich aus dem Forsthaus eine

Vom Tutzinger Bahnhof aus, gelangt man auf einem faszinierenden Weg, der teilweise durch eine wunderschöne Allee führt, über die Zufahrt zum Gutshof Oberzeismering bis zu der kleinen Kirche St. Nikolaus. Nun ist es nicht mehr weit bis zum Forsthaus Ilkahöhe.

Auf über 728 m ü.M. genießt man einen fantastischen Blick auf den Starnberger See, die Hügellandschaft des Voralpenlandes bis hin zu den Chiemgauer Alpen und der Zugspitze. Die erste urkundliche Erwähnung des Forsthaus Ilkahöhe findet sich im Jahr 1435. Das damals genannte „Schäuferlanwesen" erlebte bis ins Jahr 1883 eine wechselvolle Geschichte. Nachdem das Gebäude bis auf die Grundmauern abgebrannt war, wurde gleich daneben das heutige Forst-

Gaststätte und nach und nach das Restaurant mit seinem Biergarten.

Heute präsentiert sich das Haus mit einer traditionellen Küche, in der vorwiegend regionale Zutaten frisch zubereitet werden. Bayerische Schman-

den Starnberger See und die Höhen der Voralpenlandschaft. Diese Aussicht genießen auch die Besucher des traditionell bayerischen Biergartens. In einem Teil des Gartens ist für die Gäste ein SB-Bereich eingerichtet, während in einem anderen Bereich des Biergartens die Speisen und Getränke des Forsthaus Ilkahöhe von dem freundlichen Personal serviert werden.

kerl finden sich auf der Karte ebenso, wie leichte Speisen, die kreativ zubereitet werden.

Den Gast, der sich auf seiner Wanderung über die Ilkahöhe kulinarisch verwöhnen möchte, erwarten behaglich eingerichtete Gasträume, die unter neuer Leitung umfassend renoviert wurden. Die große Sonnenterrasse ist zum Teil überdacht und bietet einen unvergeßlichen Ausblick auf

Forsthaus Ilkahöhe
Bernhard Graf GmbH
Oberzeismering 2
D-82327 Tutzing
Tel. +49 (0)8158 8242
www.restaurant-ilkahoehe.de
info@restaurant-ilkahoehe.de

Region Starnberg

Radler vor der Roseninsel im Starnberger See
(Bild Tourismusverband Starnberger Fünf-Seen-Land)

Gauting
Eine Gemeinde mit Zukunft

Im Süden von München, inmitten des idyllischen Würmtals liegt die Gemeinde Gauting (564 m ü.M.). Zu der Gemeinde gehören die Ortsteile Stockdorf, Unter- und Oberbrunn sowie Hausen und Buchendorf. Die Würm hat sich hier etwa 45 m tief in das Gelände eingeschnitten und nach Norden hin bei Stockdorf auf 15 m verflacht. Die mit 659 m ü.M. höchste Erhebung bildet in einem Waldgebiet südwestlich des Ortsteils Oberbrunn ein Moränenrest aus der Rißeiszeit.

Würmterrassen Gauting
(Bild Gemeinde Gauting)

Die verkehrsgünstige Lage Gautings, nur wenige km von München entfernt, hat bereits im 19. Jh., als die Bahnstrecke von Pasing nach Starnberg eröffnet wurde, für umfangreiche bauliche, wirtschaftliche und soziostrukturelle Veränderungen gesorgt. Schon um die Jahrhundertwende war Gauting ein Ort der „Sommerfrische" für stadtmüde Münchener. Gauting entwickelte sich zu einem Naherholungsgebiet. Die im Ort sehenswerte Villenkolonie ist ein Relikt aus dieser Zeit. Heute beherbergt Gauting über 20.100 Einwohner.

Kurzer Blick ins Geschichtsbuch

Die Region um Gauting gehört zu den am frühesten besiedelten Gebieten in Oberbayern. Grabhügel aus der

Würmtreppen
(Bild Gemeinde Gauting)

Bronzezeit und eine Keltenschanze aus der Eiszeit belegen die frühe Besiedelung. Zur Zeit der Römer verlief die Via Julia durch das Gemeindegebiet. Eine Römerstraße, die Augsburg mit Salzburg verband. Außerdem mündete die römische Fernstraße von Bregenz nach Salzburg in die Via Julia auf Gautinger Flur. Nach dem Rückzug der Römer besiedelten die Bajuwaren die Region und eine erste urkundliche Erwähnung Gautings findet sich im 8 Jh.

Einer Legende zufolge wurde Kaiser Karl der Große in der Gautinger Reismühle geboren. Daher entdeckt man auch die Kaiserkrone noch heute im Wappen der Gemeinde.

Mit der im Jahr 1854 eröffneten Eisenbahnlinie von München nach Starnberg begann der wirtschaftliche

Aufschwung Gautings zum Villenort. Seit 1902, als die Villenkolonie gegründet wurde, erfreut sich Gauting eines regen Zustroms von Ruhe und Wohnraum suchenden Berufspendlern.

Sehenswürdigkeiten

Katholische Pfarrkirche St. Benedikt

Von dem spätgotischen Bau aus dem 15. Jh. ist, bis auf Teile des Turms, nichts mehr übrig. In den Jahren 1934-35 erbaute Georg Buchner die heutige Kirche, in der acht kostbare kleine Glasgemälde zu betrachten sind, die von den Hofmarkherren um 1500 gestiftet wurden.

Altes Rathaus

Das im Kern sehr alte Anwesen gehörte zur Dichtl'schen Kirchenstiftung. Nachdem es im Jahr 1804 teilweise eingestürzt war, wurde es nach einer Sanierung von 1806 bis 1914 als Schule genutzt. Heute dient es als Jugendzentrum der Gemeinde.

Schloss Fußberg

Nördlich des Ortskerns am linken Ufer der Würm findet sich dieses als ehemalige Wasserburg erbaute Schloss. Um 1314 ist es als Herrensitz und Lehensstück der bayerischen Herzöge nachgewiesen. Nach einer wechselvollen Geschichte, in der das Schloss verschiedenen Eigentümern gehörte, diente es zwischen 1893 und 1981 als Fabrikantenvilla der ehemals angrenzenden Papierfabrik. Heute ist das Schloss zu dem Haupthaus, Wagenremise und das sog. Salettl gehören, im Besitz der Gemeinde und ist verpachtet. Durch den, das Schloss umgebenden, Park fließt die Würm und die Anlage ist öffentlich zugänglich.

Keltenschanze in Buchendorf

Die Viereckschanze gehört mit ihren 110 bis 120 m langen Seiten zu den markantesten Vertretern ihrer Art und ist noch sehr gut erhalten.

Reismühle Gauting

Als fühlbaren Ort der Kraft bezeichnen die Künstler der Reismühle ihren Schaffensort. Seit 1996 haben sich Künstler mit einem breiten Spannungsbogen zwischen den verschiedenen künstlerischen Richtungen in der Reismühle mit ihren Ateliers niedergelassen. Die Reismühle befindet sich an einem Ort mit einer landschaftlichen Besonderheit. Eingeschlossen durch die Würm mit einem Nebenarm und in einem Dreieck von Feld und Wald ist sie offen und geborgen zugleich.

Remise im Schlosspark
(Bild Gemeinde Gauting)

Die Existenz der Reismühle ist seit dem Jahr 1314 belegt. Wie viele Orte in Bayern, erhebt sie den Anspruch, Geburtsort von Kaiser Karl dem Großen zu sein. Eine Kaiserkrone im Gautinger Wappen ist eine Erinnerung an den wohl berühmtesten Sohn der Gemeinde.

Gautinger Villenkolonie

In der zweiten Hälfte des 19. Jh. entstanden im Einzugsbereich der Stadt München Villenviertel, deren baumgesäumte Straßen und pittoresken Bauten damals wie heute Flaneure zum sonntäglichen Spaziergang einladen. Besonders hervorzuheben ist das Haus Zerboni, eine malerische historische Villa aus dem Jahr 1905 sowie die Villa Junkers. Diese repräsentative Villa wurde 1923 erbaut und später von Hugo Junkers, dem legendären Flugzeugkonstrukteur, bewohnt.

Freizeit und Sport

Die waldreiche Umgebung Gautings, die Nähe zum Starnberger See, der nur 10 km entfernt liegt, und das Würmtal machen aus dem Ort einen idealen Ausgangspunkt für Wanderungen und Fahrradtouren. Eine Wanderung durch das Würmtal nach Leutstetten oder durch die Landschaft des Grubmühler Feldes in Richtung Stockdorf sind Erlebnisse, die man so schnell nicht vergisst. Daneben bietet sich die zentrale Lage der Gemeinde, dank der günstigen Verkehrsanbindung nach München, den Seen und den Bergen an, Kultur, Freizeit und Sport miteinander zu verbinden. Facettenreiche kulturelle Veranstaltungen und die gastronomische Vielfalt in Gauting und seinen Ortsteilen runden dieses Angebot wohltuend ab.

Kultur- und Bürgerhaus bosco
(Bild Gemeinde Gauting)

Orts- und Infrastruktur

In Gauting Leben und Arbeiten bedeutet Abwechslung. Durch die zentrale Lage ist man schnell in der Stadt, an den Seen und in den Ber-

gen. Darüber hinaus bietet die nähere Umgebung Gauting dem Naturfreund vielerlei Aktivitäten. Die Arbeitsplatzsituation am Ort sowie im nahe gelegenen München ist attraktiv und für das gesellige und kulturelle Zusammenleben sorgen in Gauting eine lebendige Kulturszene und eine Vielzahl von Vereinen.

Verkehrswege

Mit der Bahn:
Der Gautinger Bahnhof liegt auf der Bahnstrecke München – Starnberg – Garmisch-Partenkirchen.

Mit dem Bus:
Zehn regionale Omnibuslinien verbinden Gauting, dessen Bahnhof den zentralen Knotenpunkt bildet, mit den Nachbarorten und der Anbindung an das U-Bahnnetz München in Fürstenried.

Mit dem Auto:
Die Staatsstraße 2063 die München mit Starnberg verbindet läuft mitten durch den Ort. Außerdem liegt Gauting zwischen den Autobahnen A 96 und A 95, die München mit Garmisch-Partenkirchen und Lindau verbinden.

Weltoffen wohnen

Engagierte Bürger machen Gauting zu einem lebens- und liebenswerten Ort. Das lebendige Gemeinwesen äußert sich in einer Vielzahl von Vereinen, die sportlich, naturnah oder kulturell unterwegs sind und eine Menge für jeden Geschmack der Bewohner und Besucher anzubieten haben.

Wirtschaft und Ausbildung

Dank der hervorragenden Infrastruktur Gautings und der günstigen Verkehrsanbindung ist der Ort ein idealer und zukunftsweisender Standort für Unternehmen der verschiedensten Branchen. Handel, Handwerks- und Gewerbetriebe ließen sich hier nieder und bieten mit den touristischen Einrichtungen am Ort vielen Menschen Arbeits- und Ausbildungsplätze.

Schulen

Eine Vielzahl von Kinderkrippen und -gärten mit Mittagsbetreuung sowie zwei Grundschulen, eine Mittelschule, eine Realschule und ein Gymnasium machen den Ort für Familien attraktiv.

Altersgerecht wohnen

Auch für die Senioren wird durch einen überparteilichen, überkonfessionell und verbandsunabhängigen Seniorenbeirat viel getan. Hier werden die Probleme älterer Menschen erfasst und Lösungsvorschläge erarbeitet.

Wichtige Adressen und Telefonnummern

Gemeinde Gauting
Bahnhofstr. 7
D-82131 Gauting
Tel. +49 (0)89 33 70
Fax +49 (0)89 850 48 61
info@gauting.de
www.gauting.de

Frühling in Gauting
(Bild Gemeinde Gauting)

Gilching

Vor den Toren der bayerischen Hauptstadt

Die attraktive und lebendige Gemeinde, die vor der Haustüre Münchens liegt und das Fünf-Seen-Gebiet
in der Nachbarschaft hat, ist umgeben von großzügigen Wäldern und
weiten Wiesen. Hier lebt Tradition
neben Moderne, Natur neben High-
tech. Mit einer gesunden Alters- und

Sozialstruktur bietet Gilching einen
angenehmen Ort zum Leben und Arbeiten.

Gilching (553 m ü.M.) ist die dritt-
größte Gemeinde im oberbayerischen Landkreis Starnberg. In der Gemeinde mit den Ortsteilen Argelsried,

Gilching
(Bild Gemeinde Gilching)

Neugilching und Geisenbrunn leben etwa 19.000 Einwohner.

Kurzer Blick ins Geschichtsbuch

Die Besiedelung im Raum Gilching liegt wohl schon 5000 Jahre zurück, mit Gräberfunden aus der Bronzezeit ist die frühe Besiedelung bewiesen. Nach dem keltischen Stamm der Cattenaten, folgten die Römer. Zeugnisse

sind die Reste römischer Siedlungen und Gutshöfe an der Via Julia, der Römerstraße von Augsburg nach Salzburg, die in der Nähe von Gilching gefunden wurden. Erstmals urkundlich erwähnt ist der Ort in einer Urkunde aus dem Jahr 804. Vom 13. Jh. bis 1803 – dem Jahr der Säkularisation – war die Gemeinde Verwaltungs- und Gerichtszentrum. Mit dem Bau der Eisenbahnlinie von München nach Herrsching im Jahre 1903 nahm Gilching seinen Aufschwung, der sich mit der Errichtung des Flugplatzes Oberpfaffenhofen und dem Bau der Dornierwerke um 1937/38 fortsetzte. Rasant entwickelte sich die Einwohnerzahl nach dem Krieg, als zunächst viele ausgebombte Münchener Bürger und Heimatvertriebene eine neue Bleibe in Gilching fanden und in den vergangenen Jahrzehnten die Sehnsucht der Städter nach einem „Haus im Grünen" in Gilching verwirklicht werden konnte.

Sehenswürdigkeiten

In der Pfarrkirche St. Vitus hängt die berühmte Arnoldusglocke. Diese älteste noch vorhandene Glocke Bayerns, die auch im Wappen der Gemeinde enthalten ist, wurde zwischen 1180 und 1187 von dem Pfarrer Arnoldus in Auftrag gegeben.

In den am häufigsten gesprochenen Sprachen Gilchings ist die Aufschrift „Möge Frieden auf Erden sein" in dem Friedenspfahl, den die pax-christi-Gruppe der Gemeinde im Jahr 2005 gestiftet hatte. Am Bahnhof

Gilching-Argelsried aufgestellt, ist sie eine Nachbildung des 1955 von dem japanischen Lehrer und Philosophen Goi Masahisi geschaffenen Friedenspfahls.

In der Dorfmitte von Argelsried ist die Kopie eines römischen Meilensteins zu sehen. Die eingemeißelte Inschrift zeigt auf Lateinisch die Meilen- und Wegweisungsangabe nach Augusta Vindelicorum (Augsburg).

Römischer Meilenstein
(Bild I. Berger)

Die Sternwarte Gilching vermittelt in Kursen, Seminaren und Exkursionen astronomische Erkenntnisse in Verbindung mit geschichtlichen, philosophischen und religionswissenschaftlichen Fragen. Informationen unter www.astrogilde.de

Kunst und Kultur

Der im Jahr 1980 ins Leben gerufene Kulturkreis Gilching verwöhnt sein Publikum mit fünf Veranstaltungen im Jahr. Außergewöhnliche musikalische Darbietungen werden von Musikern großer Orchester in solistischer oder kammermusikalischer Besetzung präsentiert.

Das Kunstforum Gilching hat sich zu einer Plattform für internationale Kunst entwickelt. Hochkarätige Aufführungen renommierter Künstler ist neben der Förderung kunstinteressierter Jugendlicher eines der Anliegen des Forums. Alle zwei Jahre wird das Festival „Gilchinger Kunstwoche" veranstaltet, über das man sich auf www.kunstforum-gilching.de informieren kann.

Viele Vereine im Ort fördern das Brauchtum und pflegen die Traditionen. So ist die Gilchinger Dorfbühne mit ihren Aufführungen über die Region hinaus bekannt. Der Verein Gilchinger Brauchtum veranstaltet mehrere traditionelle Feste wie das Oster- und Maifeuer und das Erntedankfest in St. Vitus oder organisiert den Heimatabend während der Festwoche und den Trachtenmarkt, um nur einige Beispiele zu nennen.

Freizeit und Sport

Neben vielen Einrichtungen der Gemeinde für Jung und Alt betreibt der Deutsche Alpenverein ein großes Kletter- und Bolderzentrum in Gilching. Die Einrichtungen befinden sich innerhalb und außerhalb der Halle, damit auch an der frischen Luft geklettert werden kann. Die Ausrüstung kann vor Ort ausgeliehen werden und Kletterkurse runden das breitgefächerte Programm ab. Informationen sind unter www.kbgilching.de erhältlich.

St. Vitus
(Bild Gemeinde Gilching)

Orts- und Infrastruktur

Die verkehrsgünstige Lage Gilchings vor den Toren Münchens auf der einen Seite und die attraktive Lage im Starnberger Fünf-Seen-Land auf der anderen Seite macht die Gemeinde zu einem attraktiven Wohnort, den auch Besucher der Stadt München und Geschäftsreisende als Aufenthaltsort nutzen.

Ein reichhaltiges Gastronomie- und Hotellerieangebot sowie flächendeckende Standorte von Einzelhandel und Dienstleistungsbetrieben versorgen die Einwohner und Gäste von Gilching. Außerdem ist durch die Errichtung von sechs Gewerbegebieten eine breit gefächerte Unternehmenslandschaft der verschiedensten Branchen entstanden, in der viele Arbeitnehmer und Auszubildende einen Arbeitsplatz vor Ort gefunden haben.

Ein umfangreiches Angebot an Einrichtungen für Kinder und Heranwachsende, die Auswahl an Schulen und Arrangements für die älteren Bewohner Gilchings machen den Ort zu einer familienfreundlichen Gemeinde gleich vor der Münchner Haustüre.

Wichtige Adressen und Telefonnummern

Gemeinde Gilching
Rathausstr. 2, D-82205 Gilching
Tel. +49 (0)8105 38 660
Fax +49 (0)8105 38 66 59
info@gilching.de
www.gilching.de

Krailling

Willkommen in einer der schönsten Gemeinden des Würmtals

Auf 548 m ü. M. liegt Krailling mit seinen Ortsteilen Pentenried, Frohnloh und Gut Hüll im landschaftlich reizvollen Würmtal. Nur vier Kilometer sind es von hier aus zur Stadtgrenze Münchens und 14 km trennen den Ort von Starnberg im Süden. Die 8.300 Einwohner von Krailling leben in einer wirtschaftlich erfolgreichen und intakten Gemeinde. Zum wirtschaftlichen Wohlergehen trägt vor allem das Gewerbegebiet KIM bei, das wohnortnahe Arbeits- und Ausbildungsplätze anbietet.

Die Infrastruktur ist mit der Verkehrsanbindung nach München durch den S-Bahn-Anschluss sowie die Nähe zu Autobahnen und Schnellstraßen ausgezeichnet. Außerdem sind im Ort alle Einkaufsmöglichkeiten gegeben. Für Kinder und Senioren ist gesorgt und ein reges Vereinsleben sowie ein vielseitiges Kultur- und Freizeitangebot bieten eine hohe Lebensqualität.

Kurzer Blick ins Geschichtsbuch

Wohl schon um 100 v.Chr. war die Region um Krailling besiedelt. Zunächst von den Kelten, später von den Bajuwaren, was Funde beweisen. In den Eichen- und Buchenwäldern an der Würm entlang, wurden lukrative Gehöfte mit Schweinezucht und Fischerei betrieben, die um die Jahrtausendwende in den Besitz geistlicher

Krailling
(Bild Gemeinde Krailling)

546

Grundherren gelangten. Im 13. Jh. entwickelten weltliche Grundherren die Hofmark „Crailling" mit eigener Handelshoheit und Gerichtsbarkeit. Für die Münchener Bürger hatte die Hofmark eine große Bedeutung wegen ihres hohen Erholungswertes. Im 19. Jh. endete die Geschichte der Hofmarkherren, die in Krailling ein repräsentatives Schloss unterhielten. Eine rasante Entwicklung erfuhr Krailling zum Ende des 19. Jh., als die Einwohnerzahl rapide stieg und in der Zeit der Wohnungsnot nach dem 2. Weltkrieg und der Heimatvertreibungen auf über 3.000 Einwohner wuchs.

Sehenswürdigkeiten

Das Wahrzeichen von Krailling ist die Margaretenkirche mit ihrem markanten Zwiebelturm. Sie wurde 1315

Margaretenkirche
(Bild Gemeinde Krailling)

erstmals erwähnt und erhielt im Jahr 1747 ihr heutiges Erscheinungsbild.

Bei archäologischen Grabungen stieß man auf die Fundamente des Hofmarkschlosses, die freigelegt und mit einer Überdachung konserviert wurden. Eine Informationstafel erzählt die Geschichte des Hofmarkschlosses und Steinbegrenzungen machen die einstige Ausdehnung des Anwesens deutlich.

Berger Weiher
(Bild Gemeinde Krailling)

Mit einer reizvoll barockisierenden Jugenstilfassade wartet die sehenswerte Villa des Architekten Martin Dülfer, einem Wegbereiter des Jugendstils, auf. Architektonisch interessant ist auch das „Schwarze Haus". Dieses Einfamilienhaus in der Stammarbeitersiedlung der Oberbayerischen Heimstätte wurde im Jahr 2006 mit Bitumenschindeln verkleidet.

An den Todesmarsch tausender Häftlinge aus dem KZ Dachau im April 1945 erinnert eine Bronze-Skulptur des Bildhauers Hubertus von Pilgrim an der Gautinger Straße. An der gesamten Marschroute wurden 20 identische Plastiken erstellt und eine Kopie des Denkmals schenkte die Gemeinde Gauting im Jahr 1992 der Shoa-Gedenkstätte Yad Vashem in Jerusalem.

Freizeit und Sport

Den hohen Freizeitwert verdankt Krailling dem 800 ha großen Waldstück Forst Kasten und dem Kreuzlinger Forst. Durch den Wald verlaufen gepflegte Rad- und Wanderwege. Der Forst ist Teil des Landschaftsschutzgebietes Forstenrieder Park. Außerdem sind Starnberger- und Ammersee sowie der Wesslinger See, Wörth- und Pilsensee lohnende Ausflugsziele für Radwanderer.

Orts- und Infrastruktur

Durch die günstige Verkehrsanbindung ist Krailling ein beliebter Wohn- und Gewerbestandort vor den Toren Münchens. Die Gemeinde bietet ein intaktes Gemeinwesen, gute Einkaufsmöglichkeiten und Einrichtungen für Jung und Alt.

Verkehrswege

Krailling liegt zwischen den Autobahnen A96 München-Lindau und A95 München-Garmisch-Partenkirchen. Die durch den Ort laufende Staatsstraße St2063 verbindet München mit Starnberg. Die S-Bahn nach München verkehrt im 20-Minuten-Takt.

Schule

In Krailling gibt es genügend Kinderbetreuungseinrichtungen sowie eine Grundschule mit Ganztagesangebot, Hort und Mittagsbetreuung. Außerdem verfügt der Ort über einen aktiven Jugendtreff.

Wirtschaft und Ausbildung

Die KIM – die Kraillinger Innovations Meile – ist ein modernes Gewerbegebiet mit einer kurzen Verbindung zur Autobahn. Auf dem ehemals von der Bundeswehr genutzten Gelände siedelten sich seit 1997 Unternehmen unterschiedlichster und höchst innovativer Branchen an, die Krailling zu ortsnahen Arbeits- und Ausbildungsplätzen verhalfen.

Die Gebäude in der KIM werden zentral über ein Biomasse-Heizkraftwerk mit Wärme versorgt.

Altersgerecht wohnen

Einrichtungen für Senioren sowie das vielseitige Kultur- und Freizeitangebot sorgen auch im Alter für eine hohe Lebensqualität in Krailling.

Wichtige Adressen und Telefonnummern

Gemeinde Krailling
Rudolf-von-Hirsch-Str. 1
D-82152 Krailling
Tel. +49 (0)89 85 70 60
Fax +49 (0)89 85 76 656
rathaus@krailling.de
www.krailling.de

Bücherei Krailling
(Bild Gemeinde Krailling)

Seefeld

Am Ufer des Pilsensees

Am nördlichen Ufer des Pilsensees liegt die Gemeinde Seefeld (570 m ü. M.), in der etwa 7.200 Menschen wohnen. Zur Gemeinde gehören die Ortsteile Oberalting-Seefeld, Hechendorf, Drößling, Unering und Meiling, die im Rahmen der Gebietsreform im Jahre 1978 zur Gemeinde Seefeld zusammengeschlossen wurden. Nur 30 km von München entfernt, stehen den Einwohnern wie auch den Gästen zahlreiche Erholungs- und Sportmöglichkeiten sowie ein vielfältiges Kulturangebot für Freizeitaktivitäten zur Verfügung.

Der Pilsensee, der der zweitkleinste See im Fünf-Seen-Land ist, und dessen Ufer zum großen Teil als Naturschutzgebiet ausgewiesen sind, entstand am Ende der letzten Eiszeit. Zunächst war er ein Teil des Ammersees, bevor dessen fortschreitende Verlandung zur Trennung der beiden Seen führte. Die Fläche des fischreichen Gewässers beträgt etwa zwei Quadratkilometer und die tiefste Stelle wurde mit 15 m gemessen.

Kurzer Blick ins Geschichtsbuch

Im Jahr 804 tauchte Seefeld-Oberalting in einem Schenkungsvermerk im ältesten Freisinger Traditionsbuch auf. Einer Notiz zufolge vererbten zwei Oberaltinger Priester ihr Erbgut dem Hochstift Freising. Im Hochmittelalter war Seefeld im Besitz der Herren von Seefeld und der Herren von Gundelfing, die als Andechser Ministerialen und Grundherren von Bedeutung waren. Seit 1472 ist Seefeld der Sitz der Grafen Toerring, eines der ältesten Adelsgeschlechter Bayerns.

Blick von Hechendorf auf Oberalting
(Bild Gaal-Baier)

Schloss Seefeld
(Bild Gemeinde Seefeld)

Sehenswürdigkeiten

Schloss Seefeld

Das bedeutendste Bauwerk in Seefeld ist das Gräflich Toerring'sche Schloss. Erstmals wurde es als Feste Schlossberg im Jahr 1302 erwähnt und erhielt im 18. Jh. seine heutige barocke Form. Seit dem 15. Jh. befindet sich das Schloss im Eigentum der Grafen Toerring und wurde im Lauf der vergangenen Jahrhunderte zahlreichen Aus- und Umbauarbeiten unterzogen. In der jüngsten Vergangenheit ließ der heutige Eigentümer, Hans Caspar Graf zu Toerring-Jettenbach, das Anwesen vollständig renovieren. Im Schlossensemble wurde eine Plattform für Künstler, Dienstleister und Gewerbetreibende geschaffen, auf der sie eine bunte Produktpalette präsentieren können. Außerdem ist Schloss Seefeld eine gute Adresse für Events und kulturelle Veranstaltungen im Sudhaus sowie im Schlosspark.

Pfarrkirche St. Martin in Unering

Die katholische Filialkirche ist ein Zentralbau des Rokoko, der um 1732 von Johann Michael Fischer erbaut wurde. Fischer war ein bedeutender Baumeister aus der Oberpfalz, der während des Umbruchs vom Spätbarock zum Rokoko tätig war.

Pfarrkirche St. Peter und Paul in Oberalting

Direkt am Marienplatz in Oberalting liegt diese Kirche, die als „barockisiertes, neugotisches Gebäude" bezeichnet wird und auf eine Geschichte von mehr als 1200 Jahren zurückblickt.

Pfarrkirche St. Michael in Hechendorf

Im 14. Jhr. wurde die Hechendorfer Kirche erstmals urkundlich erwähnt. Die als Chorturmanlage erbaute Kirche barockisierte man im Jahr 1772.

Eichenallee

Zwischen 1770 und 1780 ließ Graf Anton Clemens zu Toerring Hunderte von Eichen entlang des Weges von Schloss Seefeld zu seinen Gütern bei Meiling pflanzen. Einerseits als Zeichen seines gestaltenden Schaffens und Symbol seiner Herrschaft, andererseits zur wirtschaftlichen Nutzung, dienten doch die Früchte der Bäume als Tierfutter. So entstand die erste Allee Bayerns und eine der prächtigsten Eichenalleen Europas. Dank nachhaltiger Bewirtschaftung besteht sie heute noch, mittlerweile denkmalgeschützt, und säumt mit einem Großteil der rund 700 Eichen die Staatsstraße 2068 zwischen Seefeld und Weßling.

Kulturelles und Veranstaltungen

Zahlreiche Veranstaltungen warten in Seefeld mit einem vielfältigen Programm auf. Konzerte, Theateraufführungen und Kabarett im Sudhaus von Schloss Seefeld oder eine Filmvorführung in dem prämierten Kunstkino „Breitwand" im Schlosshof begeistern jedes Jahr eine Vielzahl von Besuchern und Zuschauern.

Daneben begehen die örtlichen Vereine den Jahreslauf mit traditionellen Festen und Feierlichkeiten, über die man sich auf der Website der Gemeinde www.seefeld.de informieren kann.

Freizeit und Sport

Die Nähe zum Pilsensee, der am östlichen und westlichen Ufer mit Stränden zum Baden einlädt, macht Seefeld so attraktiv für Freizeitaktivitäten und Naturliebhaber. Dem Wanderer und Radfahrer erschließen sich die Schönheiten der Natur rund um den Pilsensee und den nahegelegenen Wörthsee.

Auf einer Fahrtstrecke von 30 km lässt sich auf der „Denkmal-Radltour" die geschichtsträchtige Vergangenheit der Region rund um den Sitz der Grafen Toerring mit einer Vielzahl von denkmalgeschützten Gebäuden und kirchlichen Bauten erfahren. Entlang der Strecke liegen zahlreiche gastronomische Betriebe, die mit ihren Biergärten für eine Stärkung der Fahrradfahrer sorgen.

Natürlich finden auch Nordic Walker ein bestens gepflegtes und gut ausgeschildertes Wegenetz vor, das auch im Winter für Wanderungen oder Langlaufaktivitäten genutzt werden kann.

Strandbad Pilsensee
(Bild Gemeinde Seefeld)

Wassersportler kommen am Pilsensee ebenso auf ihre Kosten. Ist der See im Winter zugefroren, locken günstige Windverhältnisse zum Eissurfen und -segeln. Während des Sommers lädt der See mit verschiedenen öffentlichen Badeplätzen zu einem erfrischenden Bad, einer Surf-, Segeloder Rudertour auf dem Wasser ein.

Orts- und Infrastruktur

In Seefeld wird viel Wert auf Bürgernähe gelegt. Die Gemeinde mit ihren malerischen und geschichtsträchtigen Ortsteilen lebt vom Für- und Miteinander der engagierten Bewohner. Für lebendige und abwechslungsreiche Freizeitgestaltung sorgen die verschiedensten Vereine und Einrichtungen für Jung und Alt, die zur hohen Lebensqualität in Seefeld beitragen. Wirtschaftlich starke Unternehmen, zukunftsfähige Gewerbebetriebe sowie eine gute Infrastruktur im Gastgewerbe stärken die Gemeinde für Einwohner und Gäste.

Verkehrswege

Neben dem S-Bahnanschluss Hechendorf, der Seefeld mit der Münchner Innenstadt oder dem Flughafen verbindet, verläuft die A96 München-Lindau. Die Staatsraße St2056 führt nach Weilheim, die St2070 nach Starnberg.

Weltoffen wohnen

Seefeld bietet mit Kinderkrippe und -hort, mit Kindergärten und Kindertagespflege jungen Familien Entlastung und die Senioren fühlen sich mit einem Seniorenstift sowie der ärztlichen Versorgung am Ort wohl aufgehoben und in Sicherheit.

Wichtige Adressen und Telefonnummern

Gemeinde Seefeld
Technologiepark 16
D-82229 Seefeld
Tel. +49 (0)8152 79 140
Fax +49 (0)8152 79 049
info@seefeld.de
www.seefeld.de

Freizeit und Sport

Pension am See

Die Pension am See ist mit direktem Zugang zum eigenen Badestrand, angegliedertem Bootsverleih und Segel- und Surfschule idealer Ausgangspunkt für ambitionierte Wassersportler.
Pension am See, Seestraße 61, D-87737 Wörthsee OT Steinebach, Tel. +49 (0)8153 7650, Fax +49 (0)8153 89527, peter.hopmann@t-online.de, www.sspw.de

Gästehaus Florianshof

Mit seiner unmittelbaren Nähe zum Wörthsee ist das Gästehaus Florianshof idealer Ausgangspunkt für aktive Freizeitgestaltung und erholsame Ferientage.
Gästehaus Florianshof, Hauptstr. 48, D-82237 Wörthsee, Tel. +49 (0)8153 8820, Fax +49 (0)8153 882222, www.florianshof.de, mail@florianshof.de

Einkaufen

Schönegger Käsealm

Für Käsespezialitäten aus frischer Heumilch empfiehlt sich die Schönegger Käsealm,
Millihäusl Unterbrunn, Hauptstraße 9, 82131 Unterbrunn/Gauting, Tel. +49 89 89 55 7595

Essen und Trinken

Gasthaus Dietrich

Im Gasthaus Dietrich werden seit vielen Jahren von Familie Matic kroatische Spezialitäten angeboten. Frische sorgt für Qualität, die man schmeckt.Gasthaus Dietrich, Hauptstraße 49, D-82237 Wörthsee/Auing, Tel. +49 (0)8153 7925, www.gasthaus-dietrich.de

Gartenterrasse

Restaurant Raabe am See

Ganzjährig sitzt man beim Raabe am See gerne draußen, direkt am Wasser. Restaurant Raabe am See, D-82237 Wörthsee, Seestraße 97, Tel. +49 (0)08153 72 05, info@raabe-am-see.de, www.raabe-am-see.de

Bräustüberl

Im Bräustüberl trifft man sich bei entsprechender Witterung gerne im Biergarten, weil's da so zünftig ist.
Bräustüberl, Schlosshof 4 c, D-82229 Seefeld, Tel. +49 (0)8152 99120, Fax +49 (0)8152 99129, info@braeustueberl-seefeld.de, www.braeustueberl-seefeld.de

Kunst und Kultur

Kunsthalle Schloss Seefeld

In dieser Galerie für zeitgenössische Kunst werden in regelmäßigen Abständen Werke von hohem künstlerischem Wert präsentiert.
www.kunsthalle-schloss-seefeld.de

Roseninsel im Starnberger See
(Bild Stadt Starnberg)

Esskultur mit Tradition

Bräustüberl Seefeld

Jahrhunderte alte Gewölberäume schaffen die besondere Atmosphäre im „Bräustüberl", dem Herzstück eines historischen Restaurants. Der original erhaltene Sudkessel der ehemaligen Mälzerei weckt den Charme vergangener Zeiten, lädt ein zum Dinieren mit Niveau. Auf der Speisekarte stehen bodenständige bayerische Gerichte, je nach Jahreszeit frisch zubereitet aus hochwertigen Produkten. Auch attraktive Themenwochen mit musikalischem Programm sind bei den Gästen äußerst beliebt und stoßen auf regen Zuspruch. Das „Alte Sudhaus" hat bequem Platz für 100 Personen und erlaubt bei Feierlichkeiten im großen Stil eine individuelle Gestaltung. Bei der Organisation von Hochzeiten kann das Team auf einen reichen Erfahrungsschatz zurückgreifen und steht bei der Auswahl des Menüs gerne beratend zur Seite. So wird der schönste Tag für alle noch lange in Erinnerung bleiben.

Das „Minuccistüberl" mit bis zu 40 Plätzen, das „Toerringstüberl" mit bis zu 60 Plätzen und das „Canossastüberl" mit bis zu 15 Plätzen bieten vor allem auch für festliche Anlässe einen unvergesslichen Rahmen mit persönlicher Note. Bei entsprechender Witterung trifft man sich gerne im Biergarten – zur bayerischen Brotzeit, zum Gedankenaustausch oder halt nur so, weil's da gemütlich ist.

Bräustüberl

Schlosshof 4 c, D-82229 Seefeld
Tel. (0)8152 99120
Fax (0)8152 99129
info@braeustueberl-seefeld.de
www.braeustueberl-seefeld.de

Galerie für zeitgenössische Kunst

Kunsthalle Schloss Seefeld

Bilder, Grafiken, Skulpturen, Drucke – die Galerie von Jürgen Stenzel legt ihren Schwerpunkt auf zeitgenössische Kunst hochkarätiger Künstler, die in regelmäßigen Abständen auf Schloss Seefeld präsentiert und ausgestellt werden. Günter Grass und Armin Mueller-Stahl sind nur einige von ihnen, die der Galerie hohes Ansehen im Fünfseenland und darüber hinaus verschafft haben. Ein anspruchsvolles Programm von überregionaler Bedeutung steht für künstlerische Qualität und Vielfalt und zeichnet diese Galerie aus. Neben Kunsthandel, Kunstberatung und Einzel- und Gruppenausstellungen ermöglicht Jürgen Stenzel auch Kooperation mit anderen namhaften Galerien und somit die Präsentation selten gezeigter Werkgruppen. www.kunsthalle-schloss-seefeld.de

Der Gute Ofen

Feuerstellen und Kamine auf 700 qm In historischen Gewölberäumen wird eine breite Vielfalt an Feuerstellen angeboten, klassisch oder modern, geradlinig oder verspielt, groß oder klein – der Gute Ofen bietet für jeden Anspruch das passende Modell. Umweltfreundlich und besonders gemütlich, zeitlos mit ausgereifter Technik – das sind Eigenschaften, die diese Öfen auszeichnen. Stilvoll präsentiert wird auch edles Zubehör, das Kochen zum gesellschaftlichen Vergnügen werden lässt, z. B. Küchen vom Landhaus La Cornue, Küchentextilien, filigrane Riedel-Gläser und japanische Küchenmesser. Der Gute Ofen – hier wird Schauen und Kaufen zum Erlebnis. **www.der-gute-ofen.de**

Claudia Mayr: feine Kollektionen

Claudia Mayr beschäftigt sich seit 1980 mit Mode und betreibt mit wachsender Freude ein Fachgeschäft, in dem sie qualitativ hochwertige sportive Mode namhafter Designer sowie eigene Kollektionen anbietet. Ihre Kunden schätzen die exklusiven Atelier-Modelle, perfekt gearbeitet aus edlen Stoffen. Passende Accessoires unterstreichen die feminine schlichte Eleganz. In den großzügigen Geschäftsräumen bei persönlicher Rundumberatung in familiärer Atmosphäre wird jeder Einkauf zum besonderen Erlebnis. Die historischen Mauern verleihen dem Geschäft zusätzlich eine besondere Atmosphäre.
www.claudia-mayr.de

Helmut Mayr:
Uhren für höchste Ansprüche

Vor mehr als 30 Jahren begann Helmut Mayr aus dem oberbayerischen Andechs den Markt wieder mit hochwertigen Uhren zu bereichern. Sein Anspruch sind langlebige Zeitmesser, die ein Höchstmaß an Zuverlässigkeit bieten. Beste Gehäusequalität wird ausschließlich mit eigenen Werken kombiniert.
www.helmut-mayr.de

Die Kunstwerkstatt
Vergoldung, Restaurierung,
Gestaltung von Wohnobjekten

Vergoldermeisterin Bettina Siegmund und ihr Mann Christian Felber, Schreinermeister und Restaurator, fertigen hier in handwerklicher Perfektion kleine und große Stücke, die der Kunde im Ausstellungsraum besichtigen und natürlich erwerben kann. Die Freude an ihrer Arbeit kommt bei jedem einzelnen Stück zum Ausdruck. Ob handgefertigte Rahmen und Spiegel, die Restaurierung von Möbeln, Skulpturen und Holzobjekten – hier ist alles in besten Händen. Die beiden arbeiten nach eigenen Entwürfen und setzen auch individuelle Kundenwünsche um. Ihrer Fantasie sind dabei kaum Grenzen gesetzt. Gerne kann der Kunde jederzeit einen Blick in die Werkstatt werfen und den Künstlern bei der Arbeit über die Schulter schauen.
www.die-kunstwerkstatt.net

Weßling am Weßlinger See

Idyllisch am See gelegen

Die reizvolle Lage Weßlings am gleichnamigen See macht die Gemeinde, zu der die Ortsteile Oberpfaffenhofen und Hochstadt gehören, zu einem lebenswerten Ort, der etwa 5.100 Einwohner zählt. Weßling liegt auf 592 m ü. M.

Kurzer Blick ins Geschichtsbuch

Besiedelt war die Region schon zur Römerzeit, doch erst ab der Mitte des 6. Jh. kann mit den Bajuwaren, die sich hier niederließen, von einer kontinuierlichen Besiedelung gesprochen werden. Der alte Pfarrort gehörte während des Mittelalters zur Andechsischen Vogtei Neufahrn und kam in späteren Jahren in den Besitz der Herrschaft von Seefeld.

Sehenswürdigkeiten

Um 1938 wurde die neue Pfarrkirche Christkönig erbaut, die neben dem See, ein Wahrzeichen des Ortes ist.

Sehenswert ist aber auch die alte Pfarrkirche St. Mariä Himmelfahrt, deren Turm aus dem 15. Jh. und Langhaus aus dem 18. Jh. stammt. In

Seeansicht Weßling
(Bild Bbb)

der Nähe des Seeufers befinden sich zahlreiche historische Villen aus dem 19. Jh., die Geschichten aus vergangenen Zeit erzählen.

Kultur

Als „Künstlerdorf" versteht sich die Gemeinde, wurde sie doch von zahlreichen Malern besucht. Neben vielen anderen verweilte auch Pierre-Auguste Renoir am Ufer des Weßlinger Sees.

Freizeit und Sport

Er ist der kleinste im Fünfseenland, aber dafür sehr idyllisch gelegen. Der Weßlinger See ist ein Überbleibsel aus der letzten Eiszeit. Da dieses sog.

Toteisloch keinen natürlichen Zu- und Abfluss hat, sorgt eine künstliche Lunge in der Mitte des Sees für die Sauerstoffanreicherung und damit für eine erstklassige Badewasserqualität. Der malerisch von den verschiedensten Laubbäumen umsäumte See lässt sich auf einem 3 km langen Fußweg umrunden.

Wichtige Adressen und Telefonnummern

Gemeinde Weßling
Gautinger Str. 17
D-82234 Weßling
Tel. +49 (0)8153 4040
Fax +49 (0)8153 4109
info@gemeinde-wessling.de
www.gemeinde-wessling.de

Wörthsee

An einem der wärmsten Badeseen

Die politische Gemeinde Wörthsee (4920 Einwohner, 570 m ü. M.) liegt mit den Ortsteilen Auing, Etterschlag, Steinebach und Walchstadt an einem der wärmsten und saubersten Badeseen im oberbayrischen Fünf-Seen-Land. Durch die zentrale Lage zwischen Landsberg am Lech und der bayrischen Landeshauptstadt München lässt sich ein Aufenthalt am See noch zusätzlich attraktiv und abwechslungsreich gestalten. Schließlich liegen auch Pilsensee, Ammersee und Starnberger See in unmittelbarer Nähe und bieten nahezu unbegrenzte Freizeitmöglichkeiten.

Kurzer Blick ins Geschichtsbuch

Die Insel gab dem See seinen Namen: Wörth steht im Mittelhochdeutschen für eine Insel im Fluss oder stehenden Gewässer.

Durch archäologische Funde kann die Besiedlung dieser Gegend bis in die Zeit um 1500 v. Chr. zurückverfolgt werden. Kelten, Römer und Bajuwaren haben sich einst in dieser Region niedergelassen.

Sehenswürdigkeiten

Die Kirche St. Martin in Steinebach wurde 1735 im Stil des Barock erbaut. Die ebenfalls barocke katholische Kirche St. Nikolaus in Etterschlag wurde im Jahre 1758 auf älterer Grundlage errichtet. Bei der Kirche St. Martin in Walchstadt handelt es sich um einen schlichten barocken Bau, der um 1760 auf einer

Wörthsee
(Bilder Johann Belle)

Vorgängerkirche erbaut wurde. Auf dem angrenzenden Friedhof findet man teilweise noch historische Mauern und schöne schmiedeeiserne Grabkreuze.

Im Süden von Steinebach gab es zur Latènezeit eine keltische Siedlung. Der „Museumspavillon" vor dem Rathaus zeigt Kultur und Alltag der Kelten anhand von Funden und Informationstafeln. Im Ort gibt es zahlreiche denkmalgeschützte Gebäude wie Kirchen, Bauernhöfe, Künstlervillen oder den Bahnhof Steinebach. Besonders schön ist ein Spaziergang durch den Dorfkern von Walchstadt.

Kulturelles

Seit 1993 beherbergt der historische ehemalige Bahnhof einen Gastronomiebetrieb mit abwechslungsreichem kulturellem Angebot unter dem Motto „Kultur & Kulinarik". Von Oktober bis Mai finden hier Konzerte statt.

Der Alte Bahnhof bietet auch den passenden Rahmen für Vernissagen, Ausstellungen oder das Fünf-Seen-Filmfestival sowie für interkulturelle Begegnungsabende.

Durch ein reges Vereinsleben finden übers Jahr zahlreiche Veranstaltungen statt, die das kulturelle Leben im Ort bereichern.

Volkstümliche Bräuche

Das Aufstellen des Maibaums am 1. Mai hat in Steinebach, Walchstadt, Etterschlag und Auing lange Tradition.

Der Trachtenverein D'Donarbichler organisiert jedes Jahr im Juli das Seefest mit Fischerstechen – ein Höhepunkt im Festreigen des Ortes.

Freizeit und Sport

Badespaß

Der Wörthsee erwärmt sich im Sommer sehr schnell und bietet wunderschöne Bademöglichkeiten. Badeplätze und Freibäder sind rund um den See verteilt, viele ohne Eintritt. In Steinebach gibt es u. a. am Birkenweg (mit Kiosk), im Strandbad beim Augustiner am Beginn der Seepromenade, im Strandbad Raabe in der Seestraße, an der Maistraße mit Kiosk und in Walchstadt bei der Ross-Schwemme (mit Kiosk) Bademöglichkeiten.

Der Wörthsee ist auch bei den Surfern und Seglern sehr beliebt.

Im Golfclub Wörthsee im Ortsteil Schluifeld finden internationale Turniere statt

Wandern

Um den See führt ein rund 12 Kilometer langer Rundweg, der mit zahlreichen Informationstafeln hervorragend ausgeschildert ist. Er führt auch durch zwei weitere Gemeinden am See, nämlich Inning und Seefeld-Hechendorf.

Die schöne Umgebung lässt sich hautnah erleben entlang des Naturlehrpfades, der durch die Ortsteile Steinebach, Auing und Waldbrunn führt. Typische Landschaftsformen und markante Aussichtspunkte lassen den Weg so abwechslungsreich werden. Infotafeln geben Aufschluss zu Umweltthemen.

Weitere lohnende Ziele sind die Wallfahrtskirche Grünsink im Schluifelder Wald, Schloss Seefeld und weiter nach Andechs oder das Bauernhofmuseum Jexhof hinter Etterschlag.

Erholsam und spannend ist ein Spaziergang durch das Naturschutzgebiet Schluifelder Moos, eines der großflächigsten und vielgestaltigsten Übergangsmoore Bayerns.

Im Winter

Der See bekommt an vielen Tagen eine tragfähige Eisdecke, ein Dorado für Schlittschuhläufer.

Orts- und Infrastuktur

Verkehrswege

Im Norden führt die Autobahn A 96 durch das Gemeindegebiet.

Über den öffentlichen Personennahverkehr ist Wörthsee bequem über die S-Bahnlinie S8 (München-Herrsching, Bahnhof-Steinebach) zu erreichen.

Schule und Bildung

Mit Grundschule und vielfältigen Kinderbetreuungseinrichtungen gibt es in Wörthsee ein umfassendes Bildungsangebot für die Kleinen.

Die weiterführenden Schulen befinden sich in den Nachbargemeinden und sind über den öffentlichen Personennahverkehr gut zu erreichen.

Wichtige Adressen und Telefonnummern

Gemeinde Wörthsee
Seestr. 20, D-82237 Wörthsee
Tel. +49 (0)8153 98580
Fax +49 (0)8153 985825
info@woerthsee.de
www.woerthsee-online.de

Wenn es beste Qualität sein soll

Restaurant Raabe am See

Restaurant Raabe am See gehört zu den gastronomischen Empfehlungen am Wörthsee. Familie Bernhard und ihr gesamtes Team haben es sich zum Ziel gesetzt, bei der Bewirtung von Gästen höchsten Ansprüchen gerecht zu werden. Dabei steht man der zeitgemäßen Ernährungs-Philosophie aufgeschlossen gegenüber und gibt diese Grundsätze auch gerne an die Mitarbeiter weiter.

Gesunde Ernährung

Die Grundlage einer gesunden Ernährung ist sicher die Güteklasse der Ausgangsprodukte. Kurze Wege beim Einkauf bei den regionalen Anbietern gewährleisten Frische und gleichbleibende Qualität. Ein Speiseplan, der sich nach den Jahreszeiten richtet, tut dabei sein Übriges. So nimmt es nicht Wunder, dass beispielsweise die Kartoffeln von einem Bauern aus Fürstenfeldbruck kommen, der die von Raabe gewünschte Sorte anbaut und die lecker zubereiteten Fische im Wörthsee und Ammersee herangewachsen sind. Auch Kalb- und Schweinefleisch ist ausschließlich aus Bayern.

Spezialitäten

Beim Lesen der Speisekarte fällt auf, dass bodenständige Spezialitäten angeboten werden, die kreativ kulinarisch verfeinert wurden. Gebratenen Renkenfilets, mariniert mit lauwarmer Vinaigrette, klare Brühe vom Öko-Ochsen mit Brätstrudelschnitten, Span-

ferkelbraten in Dunkelbiersauce mit Blaukraut, Kartoffel- und Semmelknödel, hausgemachter Apfelstrudel mit Mandeleis – mmmh – oder beim Festtagsmenü Mousse von der Räucherforelle und Tranchen vom hausgebeizten Lachs an mariniertem Frisée-Mixsalat, die traditionelle Festtagssuppe mit Grießnockerl, Pfannkuchen- und Gemüsestreifen, Scheiben vom zart rosé gegartem Schweinefilet mit frischen regionalen Beilagen, zum Nachtisch Nougatcreme an frischer Beerenauswahl – wer würde da nicht schwach werden.

Neben diesen verführerischen Delikatessen stehen natürlich auch Tagesgerichte zur Auswahl.

Für feierliche Anlässe wird die Tafel im Restaurant eingedeckt.

Bei entsprechender Witterung sitzt man gerne draußen auf der großzügigen Terrasse und lauscht dem Plätschern der Wellen.

Öffnungszeiten:

täglich (außer Dienstag) von 9.30 bis open End, warme Küche von 11.30 bis 21.30 Uhr durchgehend

Restaurant Raabe am See

D-82237 Wörthsee
Seestraße 97
Tel. +49 (0)08153 72 05
info@raabe-am-see.de
www.raabe-am-see.de

Urlaub auf der Sonnenseite
Pension am See

Die Pension am See in Wörthsee zwischen Ammersee und Starnberger See ist nur 30 km von München entfernt und sogar bequem von dort mit der S-Bahn zu erreichen.

Wohnen an einem der schönsten Seen in Bayern – wer hat davon nicht schon einmal geträumt. Diese einmalige Lage schafft beste Voraussetzungen für aktiv gestaltete Ferientage. Zur Pension gehören eine Liegewiese mit eigenem Badestrand und Bootsverleih mit Ru-

der-, Tret- und Elektrobooten. Für Paddler und Surfer stehen alle Modelle von StandUpPaddle Boards von „fanatic" zur Verfügung. Ausflüge auf dem See unter dem bayerisch weiß-blauen Himmel – mehr braucht man am Wörthsee nicht, um sich zu erholen.

Die angeschlossene Segelschule ist vom Deutschen Segler Verband (DSV) anerkannt und bietet die Möglichkeit, sich entweder als Anfänger das

Betten in 2 Häusern, Einzel-, Doppel-, 3- und 4- Bett-Zimmer, mit Dusche, WC, TV, Balkon oder Terrasse. Die geräumigen Zimmer haben direkten Zugang zum hauseigenen Badestrand. Für Familien mit bis zu 4 Personen steht die gemütliche Ferienwohnung im Dachgeschoss zur Verfügung.

Die Nähe zum See macht die Pension am See gerade auch für junge Familien sehr attraktiv. Kinder sind immer begeistert, wenn sie am und mit dem Wasser spielen können.

Die Pension am See in ruhiger Lage ist während des ganzen Jahres geöffnet. Wer außerhalb der Saison einmal abschalten möchte, wird schnell merken, dass hier am Wasser jede Jahreszeit ihren besonderen Reiz hat.

Grundwissen für diesen Wassersport anzueignen oder sich als leidenschaftlicher Segler zu trainieren für Fahrten auf Binnengewässern oder auf dem Meer. Egal, ob Neuling oder ambitionierter erfahrener Segler, ob Entspannung oder sportliche Herausforderung: Hier kommt jeder auf seine Kosten. Angenehme Wassertemperaturen, sauberes Wasser und gute Windverhältnisse schaffen ideale Bedingungen für Tages-, Schnupper- und Auffrischungskurse und natürlich auch für andere Wassersportarten. Insgesamt verfügt die Pension am See über 39

Pension am See

Seestraße 61
D-82237 Wörthsee
Ortsteil Steinebach
Tel. +49 (0)8153 7650
Fax +49 (0)8153 89527
peter.hopmann@t-online.de
www.sspw.de

Gastlichkeit im Fünfseenland

Gästehaus Florianshof

Mit seiner unmittelbaren Nähe zum Wörthsee ist das Gästehaus Florianshof idealer Ausgangspunkt für aktive Freizeitgestaltung und erholsame Ferientage. Die verkehrsgünstige Anbindung an öffentliche Verkehrsmittel macht es vor allem auch für Geschäftsleute für Reisende in die Hauptstadt so attraktiv.

Der Gast fühlt sich wohl in den hellen, geräumigen Zimmern, die alles bieten, was zeitgemäßen Anforderungen gerecht wird. Zimmer-TV, Telefon, modern eingerichtete Badezimmer und kostenloser Parkplatz am Haus gehören selbstverständlich dazu.

Ein ausgewogenes, reichhaltiges Frühstück im gemütlich eingerichteten Frühstücksraum oder bei entsprechender Witterung auf der großen Sonnenterrasse ist der perfekte Start in den Tag. Der Florianshof wird als Hotel Garni geführt, aber ganz in der Nähe sorgt das Gasthaus Dietrich dafür, dass auch der Gaumen verwöhnt wird.

Gästehaus Florianshof

Hauptstr. 48, D-82237 Wörthsee
Tel. +49 (0)8153 8820
Fax +49 (0)8153 882222
www.florianshof.de
mail@florianshof.de

Mit kroatischem Flair

Gasthaus Dietrich

Das Gasthaus Dietrich wird seit vielen Jahren von Familie Matic aus Kroatien geführt. Frische Zutaten und ein gutes Preis-Leistungs-Verhältnis sind bei der Zubereitung der Speisen wichtige Kriterien. Frische sorgt für Qualität, die man schmeckt.

Zu den Klassikern zählen Cevapcici (Hackfleischröllchen) mit Djuvecreis, Grillteller (Spieß, Kotelett, 2 Cevapcici, Lende) mit Pommes und Salat oder Kalbsleber „Diokletian" mit Röstkartoffeln, gebratener Ananas und Salat. Liebhaber von Fisch schätzen wäh-

rend des ganzen Jahres die Auswahl an Süßwasser- und Meeresfischen. Je nach Saison wird auch frischer Spargel in kreativen Variationen angeboten oder Wildgerichte mit Pilzen. Ein erlesener Tropfen aus kroatischen, italienischen oder österreichischen Anbaugebieten rundet den Geschmack ab.

An warmen Tagen genießt man den Aufenthalt auf der einladenden Ter-rasse oder im gemütlichen Biergarten. Für Familien- oder Betriebsfeiern stehen passende Räumlichkeiten für bis zu 60 Personen zur Verfügung.

Gasthaus Dietrich
Hauptstraße 49
D-82237 Wörthsee/Auing
Tel. +49 (0)8153 7925
www.gasthaus-dietrich.de

Wohnen mit Komfort
Beil Ferienwohnungen

München, Königsschlösser und Alpen sind bevorzugte Ziele für Tagesausflüge, wenn man hier im Fünfseenland seinen Urlaub verbringt. In der idyllischen Voralpenlandschaft liegen die Gästehäuser Beil in der reizvollen Region Wörthsee. 19 Ferienwohnungen und Appartements von unterschiedlicher Größe, zum Teil mit faszinierendem Panoramablick, bieten dem Feriengast ein behagliches Umfeld für seinen Aufenthalt. Getrennte Wohn- und Schlafräume sind gemütlich eingerichtet und bieten sowohl Einzelreisenden als auch Familien zeitgemäßen Komfort. Küchenzeile und moderne Bäder, TV und W-LAN Anschluss gehören selbstverständlich zur modernen Ausstattung. Gleich nebenan im Florianshof kann man sich bei Bedarf am Buffet sein Frühstück zusammenstellen, das Gasthaus Dietrich ganz in der Nähe verwöhnt mittags und abends seine Gäste.

Ferienwohnungen Beil
Hauptstraße 50, D-82237 Wörthsee
OT Auing, Tel. +49 (0)8153 8810
mobil 0171 6784242
Fax +49 (0)8153 88222
info@ferienwohnungen-beil.de
www.Ferienwohnungen-Beil.de

Ammersee

Ammersee

Nostalgie am Ammersee

Naturliebhaber kommen am Ammersee mit seinem romantischen Charme voll auf ihre Kosten. Der Ammersee wirkt ländlicher und auf ganz besondere Art volkstümlicher. Ein Highlight ist vor allem eine Fahrt mit einem der nostalgischen Raddampfer HERRSCHING oder DIESSEN, die ein Wahrzeichen für die Region darstellen und bis zu 400 Personen aufnehmen können. Mit dem Raddampfer HERRSCHING lief erstmals 2012 seit vielen Jahrzehnten in Deutschland wieder ein schaufelradgetriebenes Schiff vom Stapel. In ihm sind modernste Schiffsbautechnik und nostalgisches Aussehen vereint. Sein eleganter Salon versetzt jeden Gast ins Staunen. Ein zusätzlicher Kinder- und Erlebnisbereich rundet das Angebot ab und verspricht Abwechslung für jedes Alter. Die 1908 erbaute DIESSEN ist der älteste bayerische Raddampfer, wurde aber 2006 generalsaniert und lässt beim Komfort

keine Wünsche offen. Das besondere Flair der Raddampfer entdeckt man bei den stilvollen Abendveranstaltungen. Zwei weitere kleinere Schiffe stehen zur Fahrt über den See zur Verfügung und versprechen unvergessliche Eindrücke.

Ostern als Saisonstart

Jedes Jahr ab Ostern starten die Schiffe zur Saisoneröffnung ihre Fahrt über den Ammersee und versprechen zu jeder Jahreszeit ein Tageshöhepunkt für einen Ausflug zu werden. Verzaubert vom nostalgischen Charme kann man so Ruhe und Erfolg bei einer Rundfahrt erleben und sich gleichzeitig kulinarisch an den Bars oder im Salon verwöhnen lassen.

Romantische Hochzeitskulisse

Auf dem Raddampfer DIESSEN kann sogar in nostalgischem und luxuriösem Ambiente geheiratet und gleichzeitig schwungvoll gefeiert werden. Das Schiff bietet Platz für 95 Personen. Die Trauung nimmt das Standesamt der Marktgemeinde Dießen vor. Wer lieber festen Boden unter den Füßen verspürt, der kann sich im Kurparkschlösschen in Herrsching oder im Künstlerhaus Gasteiger in Utting standesamtlich trauen lassen.

Große Rundfahrt als Höhepunkt

An neun Anlegestellen bietet sich für die Fahrgäste die Möglichkeit des Ein- und Ausstiegs sowie die Teilnahme an einer großen Rundfahrt, die ca. 3,5 Std. dauert. Möglich ist aber auch eine kleine nördliche oder südliche Rundfahrt. Auf einigen Schiffen ist die Mitnahme von Fahrrädern möglich. So haben Radwanderer die Möglichkeit ihre Radreise mit einem Abstecher auf das Wasser zu verbinden.

Abwechslungsreiche Erlebnisfahrten mit Gaumenfreuden

Das Angebot reicht von Schlemmerfahrten bis hin zu Brunchfahrten der gehobenen Küche der Schifffahrtsgastronomie.
Den Fahrplan und weitere Informationen zur Schifffahrt am Ammersee findet man unter: www.seenschifffahrt.de

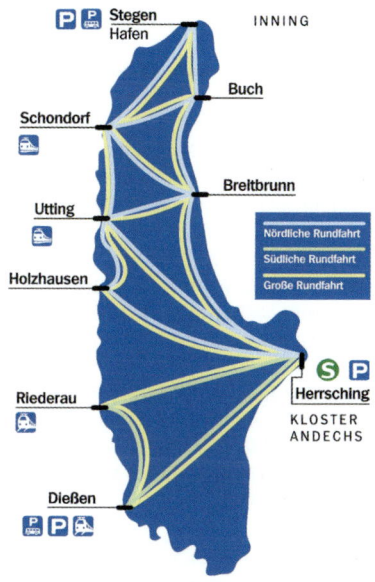

**Bayerische Seenschifffahrt GmbH
Betriebsteil Ammersee**
Landsberger Str. 81, D-82266 Inning/Stegen
Tel. +49 (0)8143 94 021
Fax +49 (0)8143 94 023
ammersee@seenschifffahrt.de

Andechs

Die Gemeinde am Heiligen Berg

Berühmt geworden ist der Ort durch das gleichnamige Benediktinerkloster, zu dessen Füßen es liegt. Auf einem Höhenrücken zwischen Ammersee und Starnberger See liegt Andechs zwischen 533 und 740 m ü. M. Gletscherablagerungen und Strukturen der Endmoränen schufen hier diese unebene Oberfläche.

Andechs liegt am nördlichen Rand des Pfaffenwinkels im Fünfseenland. Zur Gemeinde gehören die Ortsteile Erling, Frieding sowie Machtlfing. Etwa 3.500 Einwohner leben hier.

Der lebhaften Geschichte vom Kloster Andechs ist es wohl zu verdanken, dass Amras bei Innsbruck eine Partnergemeinde der Gemeinde Andechs geworden ist. Die Geschichtsforscher halten es für wahrscheinlich, dass das Grafengeschlecht derer zu Dießen-Andechs von der Burg Thaur bei Innsbruck abstammt.

Auch die Partnerschaft mit der Stadt Kamnik mit dem alten deutschen Namen Stein im heutigen Slowenien, geht auf historische Ereignisse zurück. Während des Mittelalters war der Ort „Stein" ein blühendes Handelszentrum und einer der Sitze der Grafen zu Andechs.

Kurzer Blick ins Geschichtsbuch

Kloster Andechs

In das 10. Jh. reicht die Geschichte vom Kloster Andechs zurück. Überliefert ist, dass der heilige Rasso, ein Ahnherr des Andechser Fürstengeschlechts, Reliquien aus dem Heiligen Land in die Burgkapelle von Andechs brachte. Damit war der Grundstein für einen der berühmtesten deutschen Wallfahrtsorte gelegt. Das Geschlecht der Andechser Grafen erlebte Höhen und Tiefen bis zum Tod des letzten

Andechs
(Bild poco a poco)

Herzogs im Jahr 1248. 1388 erlebte Andechs als Wallfahrtsort eine neue Blüte, da Chorherren aus Dießen am Ammersee den Bau einer Kirche einleiteten. 1455 wurde der Heilige Berg zur Heimat von acht Benediktinermönchen, die den Anstoß zur Klostergründung gaben. Im Zuge der Säkularisation wurde Kloster Andechs aufgehoben, doch im Jahr 1850 auf Betreiben von König Ludwig I. als Wirtschaftsgut der Benediktinerabtei St. Bonifaz wieder gegründet.

Erling

776 wurde der kleine Ort als Ursiedlung erstmals urkundlich erwähnt. Durch das Kloster entwickelte sich Erling wirtschaftlich sehr gut, fanden doch viele Handwerker und Arbeiter im Kloster Beschäftigung.

Frieding

Wie Erling ist auch die kleine Gemeinde eine Ursiedlung im Ammerseegebiet. Die erste urkundliche Erwähnung des in Frieding ansässigen Grafengeschlechts findet sich im Jahr 1123. Bis zur Säkularisation ist Frieding leibeigen und wird erst im Jahr 1807 eine selbstständige Gemeinde.

Machtlfing

Besiedelt war das Gemeindegebiet schon zur Bronze- und Hallstattzeit. Im 12. Jh. ist Machtlfing der Sitz eines „Hochfeinen im Gefolge der Andechser". Im Mittelalter besitzt das kleine Dorf zwei Kirchen, was zu einem Ober- und einem Unterdorf führte. Selbstständige Gemeinde wurde Machtlfing im Jahr 1808.

Sehenswürdigkeiten

Die Kirche und Anlage des Kloster Andechs sind die Hauptsehenswürdigkeit im Gemeindegebiet.

Daneben hat Andechs aber auch nordwestlich des Klosters auf einem Plateau ein Bodendenkmal aufzuweisen. Die „Abschnittbefestigung Andechs" nahe Erling sind die mit Gräben und mächtigen Randwällen umgebenen Reste einer Schutzburg aus dem frühen Mittelalter.

Alte Dorfschmiede
(Bild Gemeinde Andechs)

Sehenswert ist auch die Dorfschmiede in Erling. Hier wurde eine alte Schmiede mit allem Inventar in Betrieb genommen, um zu zeigen, wie früher gearbeitet wurde. So wird handwerkliches Können und Tradition in die heutige Zeit getragen. Besucher können von März bis Oktober an jedem letzten Samstag im Monat beim Schmieden zuschauen oder selbst Hand anlegen. Besuchergruppen melden sich wegen Terminabsprachen für Besichtigung und Schauschmieden im Rathaus unter der Telefon-Nr. +49 (0)8152 93 25-24 (Mo - Fr 08.00 - 12.30 Uhr).

In der Andechser Straße in Erling lässt sich die Geschichte der einzelnen Häuser verfolgen. Der Heimatverein stattete 20 Häuser mit Informationstafeln aus, die die Häuser in frühen Jahren zeigen. So kann sich der interessierte Besucher ein Bild vom Wandel und dem Erscheinungsbild des Dorfes machen.

Freizeit und Sport

Kloster Andechs
(Bild Gemeinde Andechs)

Die sanften Höhen rund um den Ammersee, die Nähe zum Wasser und die waldreiche Umgebung laden den Gast ein, die Naturschönheiten zu Fuß oder auf zwei Rädern zu entdecken.

Wunderschöne Rundtouren mit verschiedenen Streckenlängen bieten Radlgenuss vom Feinsten. Empfohlen sei die 18 km lange Strecke, die über die Hardtkapelle, die Ortschaft Pähl und Kerschlach nach Andechs zurückführt. Belohnt wird man hier beim Golfplatz Kerschlach von einer wunderschönen Aussicht auf die bayerischen Alpen.

Eine weitere Streckenempfehlung ist die Route über Pähl, Fischen, den Ammersee und Herrsching nach Andechs zurück. Auf dieser Tour fährt man direkt am Ammerseeufer entlang nach Herrsching – ein erfrischendes Bad im See inbegriffen.

Am Fuß des „Klosterberges" wartet eine ruhige und gepflegte Minigolfanlage auf große und kleine Sportler und Sportlerinnen. Die 18 Bahn-Minigolfanlage und eine 18-Bahn-Pit-Pat-Anlage sorgen bei guter Witterung das gesamte Jahr für sportliche Höhepunkte.

„Bowlen wie im Paradies" verspricht Bowling Islands im Gewerbegebiet Rothenfeld, das ebenfalls zur Gemeinde Andechs gehört. Professionelle Bowlingbahnen in einmaligem Ambiente versprechen von Dienstag bis Samstag ab 14.00 Uhr und am Sonntag ab 10.00 Uhr spannende und abwechslungsreiche Unterhaltung.

Orts- und Infrastruktur

Klostergasthof
(Bild Gemeinde Andechs)

Die Klosterbrauerei Andechs, Deutschlands größte Biomolkerei – die Andechser Molkerei Scheitz GmbH – und eine Vielzahl von Handwerks-, Produktions- und Dienstleistungsbetrieben sorgen für eine intakte Wirtschaft in Andechs. Damit ist auch für ein reichhaltiges und vielfältiges Angebot an Arbeits- und Ausbildungsplätzen gesorgt.

Verkehrswege

Die A95 von München nach Lindau ist über die 14 km entfernte Anschlussstelle Wörthsee erreichbar, die B2 von Weilheim nach Starnberg ist nur 7 km entfernt.

Weltoffen wohnen

Verschiedene Vereine sorgen für vielfältige Freizeitaktivitäten innerhalb der Gemeinde. Es stehen fünf Kindertagesstätten und die Carl-Orff-Grundschule zur Verfügung. Diese bietet auch für die freie und private Musik- und Kunstschule der DOrff-Werkstatt Unterrichtsräume, um Kindern, Jugendlichen und Erwachsenen Musik und Bewegung sowie Instrumentalunterricht und Fantasiewerkstatt näher zu bringen.

Auch die älteren Dorfbewohner leben ebenso in Andechs angenehm. Ärzte und Heilpraktiker sowie eine Apotheke finden sich am Ort. Außerdem gibt es das „Haus Erling", eine vom Verband Wohnen im Kreis Starnberg errichtete Wohnanlage, die seniorengerecht und barrierefrei ist und 24 Wohneinheiten anbietet.

Wichtige Adressen und Telefonnummern

Gemeinde Andechs
Andechser Str. 16
D-82346 Andechs
Tel. +49 (0)8152 93 25 0
Fax +49 (0)8152 93 25 23
info@gemeinde-andechs.de
www.gemeinde-andechs.de

Kloster Andechs
(Bild Boschfoto)

Atelier, Ausstellung, Workshop
Kunstraum Kramer

„ Kunst ruft das Geheimnis wach, ohne das die Welt nicht existieren würde", sagte René Magritte. Kunstraum Kramer ist diesem Geheimnis auf der Spur, nimmt Besucher mit in die Welt der Malerei, lässt Raum für Interpretation, rückt Bilder und Betrachter ins rechte Licht, gibt Künstlern ein inspirierendes Umfeld und ihren Ideen eine dritte Dimension. Kunstraum Kramer, das sind zwei großzügige Räume, die für Ausstellungen und künstlerisches Schaffen beste Voraussetzungen bieten. Bei der Gestaltung der 120 qm Fläche wurde höchsten Anforderungen Rechnung getragen. Die hohen, hellen Räume verleihen jedem Gemälde eine besondere Ausstrahlung, nehmen den Besucher mit auf eine Reise der Farben und Formen. Bei wechselnden Ausstellungen regionaler und internationaler Kunstschaffender können wertvolle Kontakte geknüpft werden.

Kunstraum Kramer mit Terrasse und Garten im Herzen von Andechs ist die ideale Plattform für Kreativität. Birgit Kramer, Diplom-Malerin und Kulturpädagogin, führt in ihren Work-Shops Kinder und Erwachsene hinein in bunte Bilder, bietet auf Tages- und Wochenendkursen kompetente Begleitung beim Malen und Zeichnen. Dabei schafft sie Raumbezüge, Farbraum, Begegnungsraum. Als bildende Künstlerin begleitet sie inspirierend den künstlerischen Arbeitsprozess, vermittelt ästhetische Qualitätskriterien, führt zu einem Werk bis hin zur Konzeption einer Ausstellung.

Kunstraum Kramer

Herrschinger Straße 13
D-82346 Andechs-Erling
Tel. +49 (0) 8152 9887333
Mobil +49 (0)160 5144368
kramer_birgit@web.de
www.birgit-kramer.de

Das Kaffeehaus für jedes Alter

Carlas Kaffeehaus

Zeitgemäß geradlinig, hell und einladend empfängt Carlas Kaffeehaus seine Gäste mit Wiener Kaffeekultur. Hier gibt es Kaffee- und Kakaogetränke, Milchshakes, Kuchen, Torten, Gebäck und Bio-Teespezialitäten in reichhaltiger Auswahl, die jeder Teeliebhaber zu schätzen weiß.

Gern trifft man sich in Carlas Kaffeehaus mit Freunden, mit der Familie, um mit einem gemeinsamen Frühstück in den Tag zu starten. Kleines oder großes Frühstück, französisch oder echt bayerisch, Frühstück für Frühaufsteher oder Langschläfer – frühstücken kann man hier den ganzen Tag.

Wenn die Küche zu Hause kalt bleiben soll, kann man in Carlas Kaffeehaus von der täglich wechselnden Karte ein Gericht wählen, Mittagstisch ab 11.30 Uhr, auch zum Mitnehmen. Wer zeitlich unter Druck steht, kann dies vorbestellen unter Telefon 08152-969883. Auf der überdachten, ruhigen und beheizten Terrasse darf auch geraucht werden.

Öffnungszeiten:

Täglich, auch sonn- und feiertags, von 7.00 Uhr bis 18.00 Uhr

Carlas Kaffeehaus

Seestraße 44
D-82211 Herrsching
Tel. +49 (0)8152 969883
Fax +49 (0)8152 969885
www.carlas-kaffeehaus.de
info@carlas-kaffeehaus.de

Herrsching

Die bayerische Versuchung zwischen München und den Alpen

Herrsching (547 m ü. M., ca. 10.400 Einwohner) mit seinen Ortsteilen Breitbrunn und Widdersberg liegt im wunderschönen Starnberger Landkreis, unweit der Landeshauptstadt München, die bequem mit der S-Bahn erreicht werden kann. In „Herrsching" lässt es sich gut leben, wohnen und arbeiten. Das ehemalige Fischerdorf Herrsching am Ammersee ist eingebettet in das Fünf-Seen-Land, bekannt nach Starnberger-, Ammer-, Wörth-, Pilsen- und Weßlinger See.

Die Ammersee-Metropole

In Herrsching erwartet den Feriengast die längste durchgehend begehbare Uferpromenade an einem der schöns-

ten Binnengewässer Deutschlands. Die malerische Voralpenlandschaft mit ihren ausgedehnten Wäldern macht Herrsching zu einem beliebten Ferien- und Naherholungsort. Zum bekannten Starnberger See sind es nur ca. 20 Kilometer. Nicht zu vergessen ist das Kloster Andechs, ein beliebtes Ausflugsziel, welches bequem zu Fuß oder auch mit dem Bus von Herrsching aus zu erreichen ist.

Das „Kurparkschlössl" im Herrschinger Kurpark an der Uferpromenade ist eines der Wahrzeichen der Gemeinde. Der Kurpark bietet für Flora und Fauna eine Vielzahl von Lebensräumen am Bach- und Seeufer, auf den

Herrsching
(Bild Siegfried Polednik)

Wiesen und unter den alten Bäumen. Entlang der Uferpromenade sind zahlreiche Verweilmöglichkeiten zu finden: Picknickoasen, Spielplätze, Eiscafés, Biergärten, Minigolfplatz und vieles mehr. An der Uferpromenade kann man die schönsten Sonnenuntergänge genießen, ob im Biergarten, am Rosenpavillon oder einfach auf den Sitzstufen. Von der Dampferanlegestelle aus starten die Ausflugsfahrten mit dem Schiff nach Dießen, Inning oder Breitbrunn.

Kurzer Blick ins Geschichtsbuch

„Im ganzen Seengebiet", so schrieb Karl Stieler vor gut 100 Jahren, „ist dieser Winkel vielleicht die vollendetste Idylle." Gemeint hatte er damit den Ort Herrsching am Ammer-see, welcher in der Vergangenheit im Volksmund auch „Bauernsee" genannt wurde. Herrsching, erstmalig in einer Schenkungsurkunde des Uradels der Huosier an das Kloster Schlehdorf 776 erwähnt, ist der bedeutendste Ausflugsort am Ostufer des Ammersees. In neuerer Zeit wurden bei der Erweiterung des Friedhofs die Grundmauern einer vermutlich aus dem 7. Jahrhundert stammenden Kapelle entdeckt. Lange Zeit vor Christi Geburt war die Moränenlandschaft von den Kelten, später auch von den Römern, besiedelt. Bis tief ins 19. Jahrhundert hinein lebte Herrsching vom Fischfang und von der Landwirtschaft. Wegen der vielen Fasttage im Mittelalter war Fisch ein Hauptnahrungsmittel und somit eine der wichtigsten Erwerbsquellen.

Archäologischer Park

Die Gemeinde ließ 1996 die Steinkirche auf den alten Fundamenten rekonstruieren. Im Innern wurde ein kleines Museum eingerichtet, wo Originale und Kopien der Ausgrabungen besichtigt werden können.

Öffnungszeiten: von Mai bis September Sonntag von 11.00 bis 12.30 Uhr und nach Vereinbarung; Anmeldung Tourist-Information Herrsching, Tel. 08152 5227.

Veranstaltungen

Der Gewerbeverband Herrsching organisiert zahlreiche Veranstaltungen, z. B. den „Marktsonntag", „Feuer und Flamme", den „Herrschinger Winterzauber" und die „Lange Einkaufsnacht". Ganz besondere Besuchermagnete sind auch das jährlich stattfindende Herrschinger Schlossgartenfest am letzten Juli-Wochenende sowie der Herrschinger Christkindlmarkt.

Sehenswürdigkeiten

Kurparkschlösschen

Das Kurparkschlösschen, Wahrzeichen des Ortes, ließ der Maler Ludwig Scheuermann 1888 in einem großzügigen Areal direkt am See erbauen. Zusammen mit dem Park gibt es den zahlreichen Veranstaltungen einen ganz besonderen Rahmen. Spaziergänger, Radler, Sportler und Erholungssuchende finden hier ein

Kurparkschlösschen
(Bild Gemeinde Herrsching)

einzigartiges Terrain. Im Kurparkschlösschen befindet sich das Trauzimmer, das auch für Empfänge und Ausstellungen genutzt wird, ebenso wie das Kaminzimmer und der Ausstellungsraum. Hochzeitspaare schätzen die zauberhafte Kulisse der Parkanlagen am See für ihr Fotoshooting.

Kirchen in Herrsching

St. Martins-Kirche

Die barocke St.-Martins-Kirche (urkundlich erwähnt 1065) ist ein Wahrzeichen von Herrsching, gelegen vor den Moränenhügeln. Sie gehörte zum Kloster Benediktbeuern. Der aus gotischer Zeit stammende Bau wurde im 18. Jahrhundert stark überarbeitet. Der Hochaltar und die beiden Seitenaltäre stammen ebenfalls aus dem 18. Jahrhundert. Die unter der Empore angebrachte Grabplatte aus Rotmar

St. Martin
(Bild Gemeinde Herrsching)

mor mit dem Wappen der Hundtsperger deutet auf den Herrschinger Ortsadel hin. Auf dem Friedhof rund um die Kirche befinden sich alte handgeschmiedete Grabkreuze.

St.-Nikolaus-Kirche

St. Nikolaus
(Bild Gemeinde Herrsching)

Die alte St.-Nikolaus-Kirche wird 1216 erstmals genannt. Nikolaus, der Patron der Fischer, Seefahrer und Reisenden, fand große Verehrung als Schutzherr am Ammersee. Erst seit 1922 ist Herrsching eine selbständige Pfarrei. Wertvolle Ausstattungsstücke zieren die alte Nikolauskirche. Der Hochaltar stammt aus der Luidl-Werkstatt. Da die alte Kirche durch die steigende Einwohnerzahl zu klein geworden war, wurde ein größeres Gotteshaus angebaut. Die neue St.-Nikolaus-Kirche wurde am 17. Juni 1990 feierlich eingeweiht. Hervorzuheben ist das Fresko um das Wandeck des Altarraums von Professor Georg Bernhard. Der dargestellte Regenbogen nach der Sintflut versinnbildlicht die Verbundenheit Gottes mit den Menschen. Der steinerne Kreuzweg wurde von dem Herrschinger Künstler Hans Kreuz geschaffen.

Ev. Erlöserkirche

Erlöserkirche
(Bild Gemeinde Herrsching)

Die Evangelisch-Lutherische Erlöserkirche mit freistehendem Glockenturm wurde 1955 von Professor Roderich Fick erbaut. Bernhard Bleeker entwarf Altar, Kanzel und Taufstein. Ein großer Gewinn für die Kirche ist das Altarkreuz, ebenfalls aus der Werkstatt von Bleeker.

Widdersberg

Oberhalb des Pilsensees, auf dem Rücken der Seitenmoräne, findet man ein wenig versteckt und abseits der großen Verbindungsstraßen das Dorf Widdersberg. An einem kleinen Weiher gelegen, zieht sich der Ort, inzwischen durch zahlreiche Neubauten gewachsen, durch den Wald bis an den See hinunter.

In mühevoller Gemeinschaftsarbeit konnte in Widdersberg anstelle des alten Backhauses wieder eine neues „Backhäusl" errichtet werden. Seitdem trifft sich der Freundeskreis „Backhäusl Widdersberg" regelmäßig zum Brot backen.

St. Michael
(Bild Gemeinde Herrsching)

Kirche St. Michael Widdersberg

Über ihre Gründung fehlen zuverlässige Angaben. Fest steht jedoch, dass es schon vor 1458 in Widdersberg einen Pfarrer gab. Das Kirchen- und Pfarrschutzrecht hatten die Andechser Grafen, „die Edlen von Widdersperg", die zwei Widderhörner in ihrem Wappen führten. Im Jahre 1458 kam Widdersberg zum Kloster Andechs. 1521 begann Abt Johannes von Schrattenbach die Restaurierung der Kirche, die erst 70 Jahre später unter Abt David Aichler vollendet wurde. Aus dieser Zeit stammt auch die Mauer des Kirchenfriedhofs. Mitte des 18. Jahrhunderts wurde St. Michael mit Wessobrunner Stuck barockisiert.

Breitbrunn

Der „Königsberg" über Breitbrunn bietet einen grandiosen Blick über den gesamten See, bei Föhn auch bis zu den Alpen, und schenkt einen wahrlich königlichen Aufenthalt. Ein Pavillon auf dem Königsberg lädt dazu ein, die unbeschreibliche Aussicht zu genießen.

Raddampfer Herrsching
(Bild Siegfried Polednik)

Hl.-Geist-Kirche
(Bild Gemeinde Herrsching)

Hl.-Geist-Kirche

Am Sonntag, den 24. Oktober 1971, spendete der Vater der Kirche von Augsburg, Bischof Dr. Joseph Stimpfle, der neu erbauten Kirche „Zum Heiligen Geist" in Breitbrunn am Ammersee die heilige Weihe.

St. Johannes der Täufer

Die alte katholische Kirche St. Johannes der Täufer liegt auf der Anhöhe über dem Dorf. Reizvoll sind die hölzerne Empore, die Darstellung der Taufe Christi und die zwölf Apostel.

Freizeit und Kultur

Rund 100 Vereine formen eine lebendige Kunst-, Kultur- und Sportszene. U. a. bietet auch das Kurparkschlösschen einen würdigen Rahmen für Vorträge, Konzerte, Lesungen und Kunstausstellungen. Verschiedene Aufführungen werden regelmäßig vom Ammerseer Bauerntheater auf die Bühne gebracht.

Lesen, Bilden und Entspannen können sich alle Leseratten in der Gemeindebücherei Herrsching und Breitbrunn (Tel. 08152 37485).

In Herrsching und in Breitbrunn legen von Ende März bis Mitte Oktober die Schiffe der Bayerischen Seenschifffahrt an und laden zu unvergesslichen Ausflugsfahrten ein.

Herrsching ist auch Namensgeber für den Raddampfer „Herrsching", mit 54 m Länge und einer Kapazität von etwa 400 Passagieren ist es das größte Schiff am Ammersee.

Herrschinger Schlossgartenfest

Das beliebte Herrschinger Schlossgartenfest findet jedes Jahr am letzten Wochenende im Juli statt und erfreut sich bei den Besuchern aus Nah und Fern großer Beliebtheit. Standkonzert, Festumzug, Fischerstechen, Sautrogrennen, Rock und Pop im Kurpark tragen zu einem abwechslungsreichen Programm bei.

Blaskapelle Herrsching
(Bild Gemeinde Herrsch...)

Kurpark
(Bild Gemeinde Herrsching)

Promenadenmärkte

Alljährlich findet vor traumhafter Kulisse direkt an der Seepromenade der Nachtmarkt statt und verzaubert das Publikum. Am Abend sorgt ein großes Showprogramm mit Großfeuerwerk auf dem See, Samba- und Feuernacht, musikalischen Darbietungen auf der Bühne am See u. v. m. für abwechslungsreiche Unterhaltung. Zu Ostern, Pfingsten und im Herbst finden jährlich die beliebten Promenadenmärkte statt, bei denen Handwerker und Künstler ihre Waren anbieten.

Willkommenstag

Der Willkommenstag findet jedes Jahr im Mai in der Christian-Morgenstern-Volksschule statt. An mehr als 40 Ständen können sich alle interessierten Besucher über Herrschinger Vereine und Institutionen informieren.

Sport und Badespaß

Die idyllische Lage am See spielt selbstverständlich für Wassersportarten wie Segeln, Rudern, Schwimmen, Kitesurfen und Surfen eine tragende Rolle. Des Weiteren locken Handball und Volleyball mit zahlreichen Veranstaltungen ein sportbegeistertes Publikum an. Für Walking, Jogging, Minigolf und Tennis bietet Herrsching zudem viele Möglichkeiten. Da der See entlang der ganzen Bucht zugänglich ist, finden Wasserratten viele Bademöglichkeiten. Zum Strandbad „Seewinkel" hat jedermann freien Zutritt. Es zählt zu den charmantesten Badeplätzen, die der See zu bieten hat.

Wandern

Ein bequemer Fußweg durch das Kiental führt hinauf auf den sog. „heiligen Berg", zum Kloster Andechs, dem man unbedingt einen Besuch abstatten sollte.

Zum versunkenen Dorf Ramsee führen naturbelassene Wald- und Feldwege, die mit schönen Aussichtspunkten auf Ammersee und Alpenkette gewürzt sind. Ein Gedenkstein weist darauf hin, dass 1864 das letzte Gebäude, die Dorfkirche, abgerissen wurde. Die abwechslungsreiche Strecke kann auch mit anderen Wegen verknüpft werden. Verschiedene Einkehrmöglichkeiten laden zu einer Unterbrechung ein.

Nordic Walking

Walkern und Wanderern stehen 280 km beschilderte Wege zur Verfügung, die auf ihren verschiedenen Routen Ammersee, Pilsensee und Starnberger See miteinander verbinden. Die Tourismusbüros verfügen über detaillierte Beschreibungen der Strecken.

Radfahren

Auf überwiegend ruhigen Wegen kann man mit dem Fahrrad den Ammersee umrunden. Man startet in Herrsching und weiter geht es über Dießen, Utting, Schondorf und Stegen nach Inning. Über Ellwang und Rausch gelangt man nach knapp 50 km wieder zurück zum Ausgangspunkt.

Orts- und Infrastruktur

Verkehrswege

Herrsching liegt 15 km südlich der Autobahnabfahrt Inning am Ammersee im Verlauf der A 96 von Mem-

mingen nach München. Durch die S-Bahnlinie 8 ist Herrsching mit München verbunden. Vom Bahnhof aus fahren verschiedene Busse, u. a. zum Kloster Andechs, Starnberg und nach Weilheim.

Soziale Einrichtungen

Der Mittwochclub für Senioren sowie Altenhilfe- und Pflegeeinrichtungen tragen dazu bei, den Bedürfnissen der Senioren und Hilfsbedürftigen Rechnung zu tragen.

Kommunales

Im Jahr 1972 wurde der Ortsteil Widdersberg und im Jahr 1978 der Ortsteil Breitbrunn eingemeindet. Als erste Fairtrade-Gemeinde in ganz Oberbayern gehört Herrsching zu über 800 Fairtrade-Towns weltweit.

Schule und Bildung

Als Real-, Grund- und Mittelschulstandort mit ausreichenden Kinderbetreuungsplätzen bietet die Gemeinde ein kinder- und familienfreundliches Umfeld.

Wirtschaft

Dass Herrsching als Wirtschaftsstandort mit hohem Wohn- und Freizeitwert sowie funktionierender Infrastruktur interessant ist, zeigen die gut vertretenen Wirtschaftszweige wie produzierendes Gewerbe, Handel, Verkehr, Gastgewerbe, Land- und Forstwirtschaft, Fischerei, öffentliche und private Dienstleistungen, Unternehmensdienstleistungen sowie der Bereich Gesundheit und Pflege. Das Gewerbegebiet beherbergt zahlreiche innovative Unternehmen, die Arbeitsplätze schaffen.

Herrschinger Bucht
(Bild Siegfried Polednik)

Wichtige Adressen
und Telefonnummern

Tourist-Information
Bahnhofsplatz 3
D-82211 Herrsching
Tel. +49 (0)8152 5227
Fax +49 (0)8152 40519
herrsching@sta5.de
www.sta5.de

Gemeinde Herrsching
Bahnhofstraße 12
D-82211 Herrsching a. Ammersee
Tel. +49 (0)8152 3740
Fax +49 (0)8152 5218
info@herrsching.de
www.herrsching.de

Inbegriff mediterraner Lebensart

Ristorante La Dolce Vita, Inhaber: Vito de Marino

Ristorante „La Dolce Vita" ist ein beliebter Treffpunkt, um südländisches Flair zu genießen. Das kleine mediterrane Juwel liegt ganz in der Nähe des Dampferanlegers und ist auch mit der S-Bahn bequem zu erreichen. Schon beim Lesen der Speisekarte kommt man schnell in Urlaubsstimmung, schwelgt dabei in Erinnerungen oder lässt sich einstimmen auf die Ferien. Verschiedene Pastagerichte, knusprige Pizzen, aromatische Fisch- und Fleischkreationen verführen zum Schlemmen. Das einladende Ambiente und die sprichwörtliche italienische Gastfreundschaft – da wird Essen zum Genuss.

Im Ristorante La Dolce Vita wird größter Wert gelegt auf beste Qualität und frische Zubereitung. Deshalb werden für die bekannt guten Pizzen, für Nudelgerichte und Salate nur frische Zutaten der Saison verwendet. Das schmeckt man einfach. Das Angebot ist breit gefächert und bietet garantiert für jeden Geschmack den passenden Belag. Dünner Boden, knuspriger Rand, himmlisches Aroma – das schätzen die Gäste sehr. Dazu kommen die vielen Variationen, die Abwechslung in den Alltag bringen: Artischocken oder funghi, Parmaschinken und Rucola, Gamberini und Tomaten, Pizza mit Kürbis oder Carpaccio. Das Ambiente verleitet förmlich dazu,

schon mal die italienischen Bezeichnungen zu verwenden, so original fühlt es sich an, so unverfälscht schmeckt's. Für Vegetarier gibt es jeden Tag mehrere Pizzen, die reichlich belegt sind mit marktfrischem Gemüse, wer es bunt

möchte, bekommt die Pizza sogar in den italienischen Nationalfarben.

Doch natürlich besteht der italienische Speisezettel nicht nur aus Pizza und Pasta. Minestrone oder Tomatencreme-

suppe, als Vorspeise Büffel Mozzarella an Zucchini-Mousse-Creme, Lachscarpaccio an mariniertem Sellerie oder Löwenzahn mit Kirschtomaten, Knoblauch und Olivenöl, Fettucine mit Flußkrebssauce oder Spaghetti mit Artischocken und Walnüssen. Das sind Beispiele der zahlreichen delikaten Gerichte, die in wöchentlichem Wechsel je nach Saison und Anlass auf der Karte stehen. Und wer das Besondere liebt, bestellt Steinbuttfilet mit weißem Trüffel und Tagliolini oder Rinderfilet in Vincotto und Feigen mit Parisienne-Kartoffeln. Dem Namen La Dolce Vita – das süße Leben – alle Ehre machen zum Abschluss die verführerischen Süßspeisen, denen man bei diesem Italiener nicht widerstehen kann: Creme Brulee mit Granat-Apfel, Cannoli Siciliani oder Feigen Mousse al Biscotto: So schmeckt Italien!

Auch täglich wechselnde Mittagsmenüs für Sammelbestellungen aus Büros, Praxen, Werkstätten u. ä. werden zu vergünstigten Preisen angeboten.

La Dolce Vita

Seestraße 52
D-82211 Herrsching am Ammersee
Tel. +49 (0)8152 966699 oder 6805
Fax +49 (0)8152 966698
www.ristorante-la-dolce-vita.com
info@ristorante-la-dolce-vita.com

Öffnungszeiten:

Im Winter ist das „La dolce vita" von Montag bis Samstag von 14.30 bis 17 Uhr geschlossen; an Sonn- und Feiertagen ist durchgehend geöffnet.
Von 11 bis 14.30 und von 17.30 bis 22 Uhr werden die Spezialitäten auch frei Haus geliefert.
Sehr beliebt ist auch der „La dolce vita" Party-Service, damit es die Lieblingsmenüs problemlos auch zu Hause geben kann (Tel. 08152 966699).

Zu Gast beim kreativen TV-Koch

Bootshaus Herrsching

Kulinarischem Einfallsreichtum und seiner Begeisterung für gutes Essen hat Andreas Nibbe es zu verdanken, dass er sich als Koch vor der Fernsehkamera einen Namen gemacht hat. Kreationen entwerfen, neue Rezepte ausprobieren, Ideen entwickeln, Fantasie mit Erfahrung verquicken: Das ist das Holz, aus dem der Genussmensch geschnitzt ist.

Das „Bootshaus" Herrsching ist die Adresse, wo Andreas Nibbe nach Herzenslust seiner Leidenschaft frönen kann. Die Lage direkt an der Promenade mit riesigem Badestrand ist einzigartig. Selbst in den Wintermonaten ist dieses Boot – in Anlehnung an seine Zeit auf See – beliebter Treffpunkt für alle, die sich gerne ihre Erlebnisse erzählen und sich durch die besondere Atmosphäre am See inspirieren lassen. Den Sommer ins Haus holen mit guten Drinks und Heizstrahlern, lockere Stimmung bei Erbsensuppe und Glühwein, Sundowner am „Bootshaus" – das sind die Momente, die man gerne festhalten möchte.

Seit 2007 betreibt Andreas Nibbe die Minigolfanlage Herrsching (18 Loch). Der Platz mit öffentlichem WC ist auch ein beliebtes Ziel

für Kindergeburtstage oder Schulausflüge, die ausklingen mit der Einkehr im „Bootshaus" bei Currywurst mit hausgemachter Soße, das ist alles andere als 08/15. In seiner Kochschule bietet er u. a. auch Ayurveda-Kurse an. Der passionierte Koch kann auch für Firmen-Evants, Familienfeiern und Evant-Catering gebucht werden.

Bootshaus Herrsching
enational GmbH
Summerstr. 36-40
an der Promenade
D-82211 Herrsching
Mobil +49 (0)173 2668502
enational@web.de
www.nibbe-kocht.de

enational GmbH
Andreas Nibbe
Schönbichelstr. 58
D-82211 Herrsching
Mobil +49 (0)173 2668502

Meisterbetrieb mit Herz

Fischerei Schlamp

Fisch ist gesund und bekömmlich, beugt Herzinfarkt und Schlaganfall vor, empfiehlt sich kalorienarm bei Diät. Gründe genug, sich bei der Fischerei Schlamp vom reichhaltigen Angebot ein Bild zu machen. Die Süßwasserfische stammen, aus eigenem Fang oder aus den umliegenden Gewässern im 5-Seen-Land. Forelle, Saibling, Renke, Lachsforelle, Karpfen, Zander, Hecht, Wels und Barsch zählen zu den absoluten Delikatessen heimischer Gewässer. Die Fischerinnen, des in der 5. Generation geführten Familienbetriebes, bieten die Fische küchenfertig an, im Ganzen oder auch handfiletiert – nicht zu vergleichen mit der Massenware aus der Tiefkühltheke. Fischfang und Fischverarbeitung sind hier Passion. Meeresfische werden direkt in Bremerhaven aus nachhaltiger Fischerei angekauft. Doraden, Atlantikmakrele, Rotbarsch, Kabeljau, Heilbutt, Lachs, Loup de Mer, Seelachs, Steinbeißer, Seeteufel und Thunfisch liegen in Sushi-Qualität in der Theke. Zu den Schmankerln zählt auch Räucherfisch, serviert mit Sahne-Meerrettich, dazu Schwarz- oder Weißbrot und knackiger Salat der Saison. Für den kleinen Hunger zwischendurch werden Variationen von Fischsemmeln, hausgemachte Fischpflanzl mit Kartoffelsalat und hausgemachte Fischsalate angeboten. Da bleibt nur noch zu sagen: Guten Appetit!
Für zu Hause werden auch Fischplatten und Fischhäppchen zusammengestellt.

Öffnungszeiten:

Mi, Do, Fr 9–18 Uhr durchgehend, Sa 9–13 Uhr. Zusätzlich von Juli bis Oktober, dienstags 11-18 Uhr.

Fischerei Schlamp
Seestraße 41, D-82211 Herrsching
Tel. +49 (0)8152 3554
Fax +49 (0)8152 969532
info@fischerei-schlamp.de
www.fischerei-schlamp.de

Inning am Ammersee

Eine Gemeinde an zwei Seen

Inning a. Ammersee (553 m ü. M., 4460 Einwohner) liegt im Westen mit den Ortsteilen Inning, Stegen und Buch am Ammersee und im Osten mit den Ortsteilen Bachern und Schlagenhofen am Wörthsee. Die Nähe zu München, die verkehrsgünstige Anbindung an die Autobahn A96 und die malerische Umgebung der Voralpenregion mit ihrer intakten Natur geben dem Ferien- und Naherholungsort seinen zusätzlichen Reiz.

Kurzer Blick ins Geschichtsbuch

1965 wurde im Ortsteil Schlagenhofen ein durchbohrtes Steinbeil aus der Jungsteinzeit gefunden. Dies lässt Rückschlüsse auf eine frühe Besiedelung zu. Über 40 Hügelgräber im Wald oberhalb von Stegen und im „Osterholz" sowie zahlreiche Kleinfunde bekräftigen unterstreichen die historische Bedeutung.

Im weiteren Verlauf zeigt sich eine sehr wechselvolle Geschichte, die vor allem auf die verkehrsgünstige Lage an der Salzstraße von München nach Landsberg zurückzuführen ist. Auch Stegen hatte seine als wichtiger Umschlagplatz der Flößer beim Holztriften von Ettal nach Dachau eine verkehrstechnische Bedeutung. Stolz sind die Inninger auch auf ihre Posthalterei, eine der ältesten im Umkreis.

Kaiserhaus und Kirche
(Bild Gemeinde Inning)

Sehenswürdigkeiten

Kaiserhaus

Das imposante Fresko am sogenannten Kaiserhaus neben der Kirche bezieht sich auf die Übernachtung des Kaisers Heinrich II. auf einem seiner Italienzüge, als er hier am 15. November 1021 Station machte.

Kirchen

Die Pfarrkirche St. Johannes-Baptist in Inning mit ihrem doppelten Zwiebelturm fällt dem Besucher gleich ins Auge. Baumeister war der kurfürstliche Hofmaurermeister Leonhard Mathias Gießl. Die Deckenfresken stammen von Christian Wink (1738 - 1797), die Stuckaturen von Tassilo Zöpf aus Wessobrunn, der Hochaltar von Xaver Schmädl aus Weilheim. Das Sebastiansbild an der Nordwand ist von der abgerissenen Stegener Kapelle übrig geblieben. 1767 wurden die Bauarbeiten an der Inninger Kirche fertiggestellt.

Die Kapelle Mariä Himmelfahrt bzw. Heilige Dreifaltigkeit in Buch wurde 1742 errichtet. Die Kirche in Schlagenhofen, erbaut 1537 auf den Fundamenten einer älteren Vorgängerkirche, ist dem heiligen Michael geweiht, der in der Altarmitte zu sehen ist. In Arzla steht die Laurentiuskapelle.

Das Schlösschen auf der „Mausinsel" im Wörthsee ist erstmal 1446 erwähnt, 1772 wurde die heutige Anlage von den Toerring errichtet.

Kulturelles

Bücher, Hörbücher und DVDs können in der Bücherei Inning ausgeliehen werden.

Über die Gemeindegrenzen hinaus bekannt ist die Musikschule, die das kulturelle Leben der Gemeinde bereichert.

Neben der Blaskapelle Inning, dem Gospelchor „For Heaven´s Sake Singers", dem Männergesangsverein Inning und den „Fuchsbergern" gestalten noch zwei Theatergruppen die kulturelle Szene.

Feste und Feiern – Ein Blick in den Jahreslauf

Zahlreiche Vereinsfeste und Veranstaltungen beleben das gesellige Leben in der Ammerseegemeinde und tragen zu einem abwechslungsreichen Aufenthalt bei.

Freizeit und Sport

Ammersee und Wörthsee stehen im Fokus von Sport und Freizeit. Der Heimathafen der Bayerischen Seenschifffahrt auf dem Ammersee liegt im Ortsteil Stegen. Von hier aus sind erholsame Fahrten auf dem See möglich.

Wandern, Kegeln, Minigolf, Reiten, Tennis, Bridge und Schach, Eisstockschießen, Modellsport und Tennis – das Angebot für Freizeitgestaltung ist unendlich breit gefächert. Zudem ist der Ort idealer Ausgangspunkt für Ausflüge in die Berge oder zum Shoppen nach München.

Badespaß

Zwischen Bachern und Schlagenhofen verfügt die Gemeinde am idyllisch gelegenen Wörthsee über das gepflegte Bade- und Erholungsgelände Oberndorf.

Orts- und Infrastuktur

Verkehrswege

Inning und seine Ortsteile sind durch mehrere Buslinien an das öffentliche Verkehrsnetz und insbesondere auch an die S-Bahn München angebunden.

Inning liegt am Ende der Bundesstraße 471, die in Inning in die Staatsstraße 2067 übergeht.

Schule und Bildung

In der Gemeinde gibt es vier Kindertageseinrichtungen.

Eine öffentliche und eine private Schule vermitteln Kindern ein Bildungsangebot.

Wirtschaft und Ausbildung

Gewerbepark Inning/Wörthsee
Durch vorausschauende Planung und hochwertige Erschließung werden wichtige Ausgangsbedingungen geschaffen für einen attraktiven Standort für Firmengründungen und Firmenansiedlungen. Auch die verkehrsgünstige Anbindung an die Bundesautobahn A96 trägt dazu bei.

Altersgerecht wohnen

Die Nachbarschaftshilfe Inning, ein gemeinnütziger Verein, stellt Angebote bereit zur „Hilfe und Unterstützung für Jung und Alt" und bietet im Bereich Pflege auch ambulanten Pflegedienst sowie Tagespflege in seinem Haus am Enzenhofer Weg. Außerdem gibt es für Senioren ein breites Freizeitangebot.

Wichtige Adressen und Telefonnummern

**Gemeinde Inning
am Ammersee**
Pfarrgasse 13
D-82266 Inning am Ammersee
Tel. +49 (0)8143 92 10
Fax +49 (0)8143 92 113
info@inning.de
www.inning.de

Stegen
(Bild Gemeinde Inning)

Idyllisch am Nordufer des Ammersees

Gästehaus Isabella

Inning ist ein beliebter Ferienort für erholsame Tage und idealer Ausgangspunkt für aktive Freizeitgestaltung. Rad- und Wandertouren am See, Ausflüge im Fünf-Seen-Land, Abstecher nach München, Landsberg oder Augsburg, eine Dampferfahrt und erholsame Spaziergänge – das Angebot ist vielfältig und abwechslungsreich. In dieser idyllischen Umgebung liegt das neue Gästehaus „Isabella", das auch anspruchsvollen Wünschen gerecht wird.

Die großzügig konzipierten Ferienwohnungen sind modern und stilvoll eingerichtet. Liebevoll aufgefrischte antike Möbelstücke, abgestimmt auf das Wohnambiente, setzen geschmackvolle Akzente und geben den Räumen eine einzigartige Ausstrahlung. Große Fensterfronten bringen die Natur in die hellen lichtdurchfluteten Zimmer. Eine modern eingerichtete Küche lädt

dazu ein, auch während der Ferientage kreative Köstlichkeiten auf den Tisch zu bringen. Der weite Blick auf Wiesen und Felder schenkt innere Ruhe und lässt schnell Abstand gewinnen vom Alltag. Die Holzständerbauweise sowie eine aktive Wohnraumbelüftung beeinflussen das gesunde Wohnklima, gerade für Allergiker ein wichtiges Kriterium. Balkon oder Gartenanteil mit Terrasse locken bei schönem Wetter ins Freie.

Die Ferienwohnungen unterschiedlicher Größe liegen im Erdgeschoss bzw. im 1. Stock und überzeugen mit ihrer hochwertigen Ausstattung. Sehr geschmackvoll sind Formen und Farben aufeinander abgestimmt und schaffen ein harmonisches Umfeld.

Gerade auch bei jungen Familien ist das kinderfreundliche Gästehaus Isabella als Urlaubsdomizil sehr beliebt. Im elterlichen Schlafzimmer lässt sich bequem ein Kinderbettchen aufstellen, der Hochstuhl, der bei den Mahlzeiten die Kleinen ganz groß macht, und der Buggy für die Ausflüge in

die malerische Natur gehören zu den selbstverständlichen Angeboten für die kleinen Gäste, sogar an Steckdosen mit Kindersicherung wurde bei der Ausstattung gedacht. Die Region bietet natürlich auch für die größeren Kinder viel Fun und Ferienspaß. Dafür sorgt u. a. der neu errichtete Skatepark, der unweit des Gästehauses angelegt wurde.

Am wohlsten fühlen sich Herrchen und Frauchen bestimmt, wenn sie auch in den Ferien nicht auf ihren vierbeinigen Freund verzichten müssen. Im Gästehaus Isabella heißt es deshalb: Vierbeiner willkommen!

Das Haus ist der ideale Ausgangspunkt für Spaziergänge, in wenigen Minuten erreicht man das Ufer des Ammersees und genießt eine wunderbare Fernsicht über den See in Richtung Alpenkette. Und wenn über dem See die Sonne untergeht, möchte man nirgendwo anders sein und einfach nur schauen und träumen. Gästehaus Isabella – das bedeutet Verwöhn-Ferien auf hohem Niveau.

Gästehaus Isabella

Landsberger Straße 62
D-82266 Stegen am Ammersee
Tel. +49 (0)81 44-9 97 72 77
Mobil 01 60-95 74 28 34
n.paworski@gmail.com
www.gästehaus-am-see.de

Ausflugsziele

Der „Heilige Berg" am Ammersee

Kloster Andechs

Schon von Weitem ist das Kloster Andechs zu sehen. Hoch über dem östlichen Ufer des Ammersees erhebt sich der „Heilige Berg", dessen Wallfahrt – die älteste Bayerns – schon seit 1455 von den Benediktinern betreut wird.

„Ora et labora" – bete und arbeite – in diesem kurzen Leitmotiv lässt sich die Regel des hl. Benedikt zusammenfassen, nach dem die Mönche leben. Die klösterliche Gemeinschaft engagiert sich in der Seelsorge für Wallfahrer, in der Pfarrseelsorge der umliegenden Gemeinden sowie in der Leitung der Wirtschaftsbetriebe, die das Kloster Andechs mit über 200 Mitarbeitern/innen zu einem nachhaltigen Wirtschaftsgut entwickelt haben.

Andechser Wallfahrtskirche

Auf über 700 m ü.M. thront der charakteristische Zwiebelturm der Wallfahrtskirche. Die Ursprünge der Wallfahrt gehen auf die erste Hälfte des 12. Jh. zurück. Die damalige Nikolauskapelle der Andechser Burg war bereits damals Ziel vieler Pilger und Wallfahrer. Die heutige Kirche geht auf die Jahre 1423-27 zurück, als der damalige Wittelsbacher Herzog Ernst die ursprünglich gotische Hallenkirche erbauen ließ – eine der bedeutendsten in Oberbayern. Die tiefe Gläubigkeit der Erbauer und

füllung: „Dem Höchsten zur Ehre und den Menschen zur Freude", denn die Orgel füllt den Raum nicht nur klanglich, sondern öffnet mit einer großen Klangvielfalt die Herzen der Hörer. Öffentliche Führungen finden von Mitte Juni bis in den September hinein jeweils am Dienstag, Mittwoch, Freitag, Samstag und Sonntag von 12 bis 12.20 Uhr statt. Informationen unter der Tel.-Nr. (08152) 37 62 53.

Gastfreundschaft der Benediktiner

„Alle Fremden, die kommen, sollen aufgenommen werden wie Christus", schreibt der hl. Benedikt in einer Regel. Und daran halten sich die Mönche noch heute. Die Gastfreundschaft der Benediktiner zeigt sich in der Möglichkeit, als Gast für einige Tage im Kloster zu leben. Männer jeden Alters, die geistige und seelische Einkehr erleben und durch Ruhe, Be-

die Freude Gott zu dienen, äußert sich im, um 1755, völlig umgestalteten Innenraum der Kirche. Dieses Juwel des Rokoko wirkt mit seiner Länge von 30 m und einer Breite von 15 m wie eine Einladung, sich in die Obhut der Kirche zu begeben. Weit stehen die Pfeiler im Mittelschiff und öffnen den Raum in die gleich hohen Seitenschiffe. Einen großen Anteil an der Raumgestaltung hatte Johann Baptist Zimmermann, der Maler und Stuckateur des Barock und Rokoko, der 1755 die gotische Hallenkirch in einen beschwingten Rokokoraum verwandelte und dem die Kirche ihren lichtdurchfluteten Charakter verdankt. Die Seitenaltäre sind kulissenartig aufgestellt, was die Lichtfülle zum Hochaltar hin steigert. Die Platzierung des Mönchschors auf der Orgelempore teilt die Kirche in zwei Bereiche. Der untere ist die öffentliche Wallfahrtskirche, der obere die Klosterkirche. Seit dem Jahr 2005 ist die Wallfahrtskirche mit einer neuen Orgel ausgestattet. Nun geht das Zitat von Johann Sebastian Bach in Er-

sinnung und Meditation Kraft für den Alltag schöpfen möchten, können an mehrfach im Jahr stattfindenden Einkehrtagen teilnehmen.

Tagen im Kloster Andechs

Andechs war als Wallfahrtsort schon immer ein Ort der Begegnung. Die Räume des Fürstentrakts strahlen noch heute im Glanz der ehemaligen bayerischen Herrscher, der Wittelsbacher. Hier lassen sich Tagungen, Kongresse und Seminare auf höchster Ebene abhalten – begleitet von benediktinischer Gastfreundschaft.

Größeren Veranstaltungen bietet der ehemalige Heustadl, der Florian-Stadl, mit einer hervorragenden Akustik und der Alte Pferdestall mit rustikalem Ambiente einen stilvollen Rahmen.

Andechser Bräustüberl und Klostergasthof

Der Tagesrhythmus der Mönche bestimmt die Öffnungszeiten der Pilgergaststätte, die täglich von 10 bis 20 Uhr geöffnet ist. In den historischen Gemäuern des Bräustüberls, wie auch in dem Biergarten, darf der Gast seine eigene Brotzeit mitbringen und zu dem süffigen Andechser Klosterbier genießen. Er findet aber auch eine Speisekarte mit feinen kalten und warmen, bayerischen Schmankerln.

Klosterbrauerei

Klöster waren schon immer spirituelle, kulturelle und ökonomische Zentren. Die Klosterbrauerei Andechs ist die größte von einer noch existierenden Ordensgemeinschaft geführten Brauhäusern in Deutschland. Obwohl die Brauerei ertragsorientiert arbeitet, ist man den christlichen Vorgaben organischen und nachhaltigen Wachstums verpflichtet. Daraus entsteht die erfolgreiche Verbindung aus benediktinischer Brautradition und modernster Brautechnologie. Bier ist ein Botschafter benediktinischer Gastfreundschaft und mit den Bierspezialitäten aus dem Kloster Andechs lässt sich die barocke Kultur und bayerische Lebensart „schmecken".

Klosterladen

In dem Klosterladen, der zu den klassischen Geschäftsfeldern eines Klosters gehört, findet der Besucher eine große Auswahl an Literatur rund um den „Heiligen Berg" sowie Kerzen, Andenken und Rosenkränze. Aber auch bei der Suche nach religiöser Volkskunst wird man fündig.

Kloster Andechs

Bergstraße 2, D-82346 Andechs
Tel. (0)8152-376-0
Fax (0)8152-376-143
info@andechs.de
www.andechs.de

Fotos: Argum / Falk Heller, Martin Gebhardt, Erich Heinrich, Johannes v. Kruijsbergen, Andreas Schmidt

Benediktbeuern

Leben im Klosterdorf

Benediktbeuern
(Bild Lubiag/Gästeinformation Benediktbeuern)

Schon von Weitem grüßen die Zwiebeltürme des ältesten Klosters Oberbayerns und weisen den Weg in die Gemeinde Benediktbeuern, die am Fuß der Benediktenwand (1.801 m ü.M.) und am Rand des Loisach-Kochelsee-Moores liegt. Benediktbeuern (640 m ü.M.) beherbergt etwa 3.500 Einwohner. Das Motto dieses geschichtsträchtigen Ortes lautet: Leben spüren, Natur erkunden und Kultur genießen.

Kurzer Blick ins Geschichtsbuch

Die Geschichte der Gemeinde ist eng mit der des Klosters verbunden, dessen Gründung auf das Jahr 725 zurückgeht. Mit dem Bau der Kesselbergstraße von 1492 – 95 entwickelte sich ein reger Fracht- und Reiseverkehr. 1786 war Johann Wolfgang von Goethe auf seiner dritten Italienreise zu Gast, was ihn zu dem Tagebucheintrag bewegte: „Benediktbeuern liegt köstlich und überrascht bei seinem Anblick".

Sehenswürdigkeiten

Neben der barocken Klosteranlage ist die „Fraunhofer Glashütte" eine Besichtigung wert. Die Ausstellung zeigt zwei große Schmelzöfen mit Rührwerk zur Glasherstellung sowie

Basilika und Meditationsgarten
(Bild Gästeinformation Benediktbeuern)

Werkzeuge. Schautafeln informieren über die Arbeit Joseph von Fraunhofers, der zwischen 1807 und 1819 in diesem optischen Institut arbeitete. Das kleine Museum ist täglich von 9 bis 16 Uhr geöffnet.

Brauchtum und Kultur

Als herausragendes Ereignis der Gemeinde gilt die weit über die Region hinaus bekannte Leonhardifahrt. Die Pferdewallfahrt, die jedes Jahr an dem Sonntag, der dem 6. November am nächsten liegt, veranstaltet wird, umfasst zahlreiche Pferdegespanne und Reiter, die in einem feierlichen Festzug durch das Dorf in den Klosterinnenhof ziehen.

Auch der „Altbayerische Christkindlmarkt" am 2. Adventssonntag ist überregional bekannt. In dem Weihnachtsparadies in der Dorfstraße findet man handwerkliche Kostbarkeiten und geschmackvolle Weihnachtsbäckerei.

Freizeit und Sport

Wandern, Radeln, Bergsteigen – in Benediktbeuern ist für jeden Geschmack etwas dabei. Das ausgedehnte Naturlehrgebiet mit Klang-, Gehölz- und Barfußpfad, Kräutergärten und Biotopen und vielem mehr vermittelt ganzheitliche Eindrücke für kleine und große Besucher. In den Sommermonaten lädt das Alpenwarmbad zum Schwimmen, Planschen und Entspannen ein.

Wichtige Adressen und Telefonnummern

Gästeinformation Benediktbeuern
Prälatenstr. 3
D-83671 Benediktbeuern
Tel. +49 (0)8857 248
Fax +49 (0)8857 9470
tourismus@benediktbeuern.de
www.benediktbeuern.de

Benediktenwand
(Bild Gästeinformation Benediktbeuern)

Zu Gast in einem der ältesten Benediktinerklöster

Kloster Benediktbeuern

Auf das frühe 8. Jh. geht die Gründung des Klosters Benediktbeuern zurück. Damit zählt es zu einem der wichtigsten christlichen Missionszentren und ältesten Benediktinerklöster in Bayern. Während des 17. und 18. Jh. erlebte es seine große Blüte. Dies spiegelt sich in der barocken Klosteranlage noch heute. Bedeutende Künstler ihrer Zeit, wie Johann Baptist Zimmermann, wirkten am Bau und der Schaffung der Kunstschätze mit. Mit der Säkularisation im Jahr 1803 setzte eine wechselvolle Geschichte ein. Das Kloster diente u.a. dem berühmten Forscher Joseph von Fraunhofer als Wirkungsstätte für seine Glasproduktion, mit der er bahnbrechende Erfolge erzielte.

Das Museum der „Fraunhofer Glashütte" kann täglich von 9 bis 16 Uhr besichtigt werden.

Erst 1930 kam es mit der Ordensgemeinschaft der Salesianer Don Bosco zum Neubeginn des geistlichen Lebens. Seitdem entstanden im Klosterbereich die verschiedensten Einrichtungen für religiöse Bildung, Wissenschaft und Erziehung im Dienst

an jungen Menschen wie z. B. das Aktionszentrum, die Jugendherberge und das Zentrum für Umwelt und Kultur. Außerdem beherbergt das Kloster eine Abteilung der Katholischen Stiftungsfachhochschule München, die Studiengänge in Sozialer Arbeit und Religionspädagogik anbietet.

Basilika und Pfarrkirche St. Benedikt

Die historisch bedeutungsvollen Kirchenglocken von St. Benedikt stammen aus der Zeit des Barock. Das Innere der Basilika besticht durch ihre Ausstattung im Hochbarock, die von bekannten Kunsthandwerkern ihrer Zeit geschaffen wurde. Ein Abstecher in die Anastasiakapelle an der nordöstlichen Ecke der Basilika bringt dem Besucher das Rokoko nahe; die Kapelle gilt als Rokokojuwel im Pfaffenwinkel.

Über Führungen durch das Kloster, aber auch über Übernachtungsmöglichkeiten im Kloster und weitere Angebote, z. B. im Bereich der Gastronomie und Bildung informiert die Webseite: www.kloster-benedikteuern.de

Klostergastronomie und Läden

Bräustüberl, Klosterladen und -café, ein Kräutererlebnisladen sowie eine Klostergärtnerei finden sich auf dem weitläufigen Gelände des Klosters. Das Bräustüberl ist eine Klosterwirtschaft im altbayerischen Stil, in der herzhafte bayerische Schmankerl serviert werden. Eine einzigartige Atmosphäre garantiert das Klostercafé im Gotischen Saal des Klosters.

Dort werden Kaffee und Kuchen, erlesene Tees und Säfte serviert. Der Klosterladen bietet eine reiche Auswahl an religiösen Produkten, Geschenkartikeln und Grußkarten sowie Fachliteratur zu religiösen und sozialen Themen. Die Klostergärtnerei vermarktet ihre ökologisch erzeugten Produkte direkt und führt ein Naturkost-Vollsortiment.

Kloster Benediktbeuern

Don-Bosco-Str. 1
D-83671 Benediktbeuern
Tel. +49 (0)8857 88 0
Fax +49 (0)8857 88 149
info@kloster-benediktbeuern.de
www.kloster-benediktbeuern.de

Schwäbisches Tagungs- und Bildungszentrum

Kloster Irsee

Kloster Irsee, malerisch eingebettet in voralpines Hügelland, ist ein ehemaliges Kloster der Benediktiner. Es wurde 1186 durch Markgraf Heinrich von Ronsberg auf dem Irseer Burgberg gegründet und kann seither auf eine wechselvolle Geschichte zurückblicken. Im Zuge der Säkularisation wurde die Abtei 1802 aufgelöst.

Die beeindruckende barocke Klosteranlage ist seit 1981 Tagungs- und Bildungszentrum des Bezirks Schwaben und zugleich Sitz des Bildungswerks des Bayerischen Bezirketags und der Schwabenakademie Irsee. Heute besuchen jährlich etwa 25.000 Tagungs- und Tagesgäste Kloster Irsee.

„Porta patet, cor magis" – „Die Tür steht offen, mehr noch das Herz", so lautet ein Mönchsgruß, mit dem einst Pilger und Gäste in Klöstern willkommen geheißen wurden. In diesem Satz sieht Kloster Irsee auch heute noch seine Philosophie. Und unter diesem Leitspruch ist in der traditionsreichen Klosteranlage bestens für die Gäste aus Wirtschaft, Politik und Wissenschaft, Verbandswesen, Kunst und Kultur gesorgt. Schöpferische Konzentration, heitere Gelassenheit, Toleranz und Geborgenheit bestimmen das Leben im international geschätzten, mehrfach ausgezeichneten Tagungsort. Über 50 freundliche Mitarbeiterinnen und Mitarbeiter schöpfen dabei aus ihrer reichen Erfahrung und engagieren sich für die erfolgreiche Organisation von Veranstaltungen aller Art.

Tagungszentrum

Besucher sind zutiefst beeindruckt von der einzigartigen Ausstrahlung der Räumlichkeiten. Ein Rundgang durch die weiten Kreuzgangflure, die auch für Ausstellungen genutzt werden, hinterlässt bleibende Eindrücke. Die 15 Tagungsräume unterschiedlicher Größe, vom kleinen Besprechungszimmer bis hin zum Festsaal für bis zu 200 Personen, sind mit modernster Konferenztechnik ausgestattet und genügen selbst höchsten Ansprüchen. 81 behagliche, modern ausgestattete Gästezimmer bieten in klösterlicher Ruhe die idealen Voraussetzungen für den Erfolg einer Tagung. Historische Räume mit ihrem ganz besonderen Charakter unterstützen die konzentrierte Arbeit. In allen Gästezimmern kann man sich über LAN mit dem Internet verbinden.

Gastronomie

Auch für das leibliche Wohl der Tagungsgäste ist gesorgt. Das erstklassige Küchenteam bringt frisch zubereitete, leicht bekömmliche Speisen im ehemaligen Refektorium (Speisesaal des Klosters) auf den Tisch. Abends ist das rustikale Buffet im Stiftskeller ein beliebter Treffpunkt.

Sei es der Stiftskeller, wo herzhafte Schmankerl zum Bier von der heimischen Klosterbrauerei oder Wein von ehemaligen Gütern serviert werden, sei es das Ritterstübchen, das jeder Feier eine rustikal-gemütliche Note verleiht – die Gasträume sind wie geschaffen für Feste, Bankette und Empfänge. Das ehemalige Mathematische Kabinett oder die frühere Bibliothek, der Kapitelsaal mit einem Deckengemälde von Pater Magnus Remy aus dem 18. Jahrhundert oder das reich geschmückte Empfangszimmer des Reichsprälaten bilden einen stimmungsvollen Rahmen für besondere Anlässe. Der Küchenchef berät gerne bei der Zusammenstellung von festlichen Menüs.

Café Kunstsommer

Das neu gestaltete Café Kunstsommer bietet in angenehmer Atmosphäre Gelegenheit, feine Kaffeespezialitäten zu genießen und sich mit dem internetfähigen Laptop kostenlos Informationen auf den Bildschirm zu holen. Eine kleine Dauerausstellung im hinteren Raumteil gibt Einblick in die 800-jährige wechselvolle Klostergeschichte Irsees.

Klostergarten

Nach dem konzentrierten Arbeiten während der Tagung entspannen sich die Teilnehmer gerne bei einem Spaziergang im Klostergarten oder anliegenden Klosterwald. Alte Bäume, das Plätschern eines Brunnens, Bienenhaus, Fischteich, einladende Bänke und die kleine Orangerie mit ihrem mediterranen Flair laden zur erholsamen Besinnung ein.

Freizeit

In Tagungspausen wird auf Wunsch auch Yoga angeboten. Die hauseigene Sauna ist abends geöffnet. Sportlich Interessierte finden Tischtennis, Tischfußball und Poolbillard vor. Gerne wird von den Gästen auch die Möglichkeit einer Besichtigung der nahen Klosterbrauerei mit Bierprobe wahrgenommen.

Kultur & Bildung

Die Schwabenakademie mit einem reichhaltigen Seminarprogramm zur kulturellen Bildung und das Bildungswerk der Bayrischen Bezirke für die berufliche Fort- und Weiterbildung tragen zum hervorragenden Ruf des Hauses als kulturellem Zentrum von Rang bei. Der Veranstaltungskalender hat zahlreiche Höhepunkte zu bieten: Beim Musikfestival Tonspuren erwarten den Besucher neue Klangerlebnisse und musikalische Spurensuchen. Der Schwäbische Kunstsommer. Kunst leben bietet international besuchte Meisterklassen in den Bereichen bildende Kunst, Literatur und Musik an. Der süddeutsche Autorentreff Irseer Pegasus hat für alle Schreibenden schon längst eine herausragende Bedeutung erlangt. Das Kunsthistorische Forum Irsee widmet sich dem Forschungsfeld „Künstler und Gesellschaft".

Anreise

Abseits der großen Verkehrswege gelegen, ist der idyllische Markt Irsee dennoch gut zu erreichen: Mit dem Auto gelangt man von der Ausfahrt Bad Wörishofen auf der A96 bequem über das 9 km entfernte Kaufbeuren zum Ziel. Der Bahnhof in Kaufbeuren verfügt über direkte Bahnverbindungen nach München, Zürich und Augsburg. Der Flughafen Memmingen ist weniger als eine Autostunde entfernt.

**Kloster Irsee
Schwäbisches Tagungs-
und Bildungszentrum**
Klosterring 4
D-87660 Irsee
Tel. +49 (0)8341 906-00
Fax +49 (0)8341 74278
hotel@kloster-irsee.de
www.kloster-irsee.de

Geplanter Rückzugsort des bayerischen Königs

Schloss Neuschwanstein

Oberhalb von Hohenschwangau bei Füssen steht das sogenannte „Märchenschloss" König Ludwigs II. Ab 1869 ließ der romantisch veranlagte Ludwig den prachtvollen Bau auf der Burgruine von Vorderhohenschwangau nach seinen Visionen als idealisierte Vorstellung einer mittelalterlichen Ritterburg erbauen. In den Grundstein wurden der Bauplan, Porträts des Bauherrn und Geldmünzen eingelegt. Das Schloss sollte der dauerhafte persönliche Rückzugsort des Königs werden, doch die Geschichte nahm einen anderen Lauf. König Ludwig II starb 1886, sieben Wochen später wurde Neuschwanstein dem Publikum zugänglich gemacht. Er selbst hatte nur kurze Zeit im Schloss gelebt.

Heute gehört Neuschwanstein zu den meistbesuchten Schlössern und Burgen Europas. Auf dem ganzen

Gelände hört man verzückte Ausrufe wie „wunderschön" in vielen verschiedenen Sprachen, denn jährlich besichtigen rund 1,4 Millionen Menschen aus aller Welt die prächtige Anlage. Vom Parkplatz aus spazieren Besucher vorbei an Restaurants und Andenkenläden zum Ticketcenter Hohenschwangau unter-halb des Schlosses. Da die Eintrittskarte nur für eine bestimmte Uhrzeit gilt und die Führungen pünktlich beginnen, ist es ratsam, sich rechtzeitig auf den Weg zu machen. Dafür stehen drei Möglichkeiten zur Auswahl: entweder mit dem Shuttle-Bus fahren, zu Fuß den Berg hinauf wandern (ca. 30 Minuten), oder sich – ganz royal – von einer Pferdekutsche auf das Schlossgelände bringen lassen. Oben angekommen lässt der imposante Innenhof des Schlosses mit Blick auf die wildromantische Pöllatschlucht bereits erahnen, wie eindrucksvoll die 30-minütige Führung durch das Schloss sein wird. Der Eintritt erfolgt gruppenweise. Die Führung beinhaltet sowohl die einfachen Zimmer der Dienerschaft im ersten Obergeschoss als auch die königlichen Wohn- und Repräsentationsräume im dritten und vierten Obergeschoss.

Vom unteren Vorplatz mit Wandmalereien aus der Sigurd-Sage geht es in den sakral wirkenden Thronsaal mit sternengeschmückter Kuppel. Durch ein Vorzimmer gelangt man danach ins Speisezimmer, das bereits 1885 über ein elektrisches Klingelsystem verfügte. Vom königlichen Schlafzimmer mit originellem Waschtisch führt der Rundgang schließlich über die Hauskapelle zum Ankleidezimmer, das eine illusionistische Deckenmalerei aufweist.

Dann folgt das Wohnzimmer. Die Wandgemälde zeigen Motive aus Wagners Lohengrin-Saga. Anschließend kommt man von der phantasievoll gestalteten Grotte in den Wintergarten. Hier öffnet sich der Blick auf das Alpenvorland. Weiter geht es zum Arbeitszimmer und zum

ligen Zeit völlig neuen Konstruktionsweise ersetzen: mit Trägern ohne weitere stützende Rüstung. Im Jahr 1984 wurde die Brücke restauriert und die Träger erneuert, die Geländer sind jedoch bis heute im Original erhalten. Die Aussicht von der Marienbrücke auf Neuschwanstein ist wahrlich märchenhaft – und ein beliebtes Fotomotiv.

TIPP: Wer weiter auf royalen Pfaden wandeln und den Lieblingsbadesee König Ludwigs kennenlernen möchte, kann sich auf einer Wanderung rund um den idyllisch gelegenen Alpsee hinter Hohenschwangau von der herrlichen Landschaft bezaubern lassen.

Adjudantenzimmer. Der Sängersaal, ein Lieblingsprojekt des Königs und neben dem Thronsaal der wichtigste Raum im Schloss, erstreckt sich über das gesamte vierte Obergeschoss. Die Führung endet im zweiten Obergeschoss (Shop, Cafeteria, Multimedia-Raum). Wer möchte, kann im Erdgeschoss noch die historische Küche besichtigen.
Nach der Schlossführung sollte man unbedingt die nahe gelegene Marienbrücke aufsuchen, der Weg ist gut beschildert. Die Brücke in neunzig Metern über dem Pöllatfall ist nach der Mutter Ludwigs II, Königin Marie, benannt und wurde ursprünglich von König Maximilian II als hölzerner Reitsteg erbaut. Sein Sohn Ludwig ließ die Brücke 1866 durch eine filigrane Eisenkonstruktion in einer zur dama-

Deutsch- und englischsprachige Besucher werden durch das Personal der Bayerischen Schlösserverwaltung geführt, für alle anderen Besucher werden begleitete Audio-Guide-Führungen in vielen Sprachen angeboten.

Ticketverkaufszeiten:

April bis 15. Oktober: 8 bis 17 Uhr
16. Oktober bis März: 9 bis 15 Uhr.

**Öffnungszeiten
Schloss Neuschwanstein:**

28. März bis 15. Okt.: 9 bis 18 Uhr;
16. Okt. bis 27. März: 10 bis 16 Uhr.
Täglich geöffnet außer am 1. Januar
und am 24., 25. und 31. Dezember.

**Eintrittskarten ausschließlich hier:
Ticket-Center Hohenschwangau**

Alpseestraße 12
D-87645 Hohenschwangau
Tel. +49 (0)83 62 9 30 83-0
Fax +49 (0)83 62 9 30 83-20
info@ticket-center-hohenschwangau.de
Anmeldungen für exklusive Sonderführungen – auch Rollstuhlfahrer/innen und Gehwagenbenutzer/innen – bitte vorab bei:

**Schlossverwaltung
Neuschwanstein**

Neuschwansteinstraße 20
D-87645 Hohenschwangau
Tel. +49 (0)83 62 9 39 88-0
Infoline +49 (0)83 62 9 39 88-77
Fax +49 (0)83 62 9 39 88-19
svneuschwanstein@bsv.bayern.de
www.neuschwanstein.de

Schwangau

Dorf der Königsschlösser

Zur Gemeinde Schwangau (796 m ü. M., ca. 3170 Einwohner) gehören die Ortsteile Schwangau, Alterschrofen, Brunnen, Hohenschwangau, Horn, Mühlberg und Waltenhofen. Auf Gemeindegebiet liegen Alpsee, Schwansee und Bannwaldsee und der größte (östliche) Teil des Forggensees sowie die Königsschlösser Neuschwanstein und Hohenschwangau. Somit bietet die Gegend rund um Schwangau vielfältige Möglichkeiten für einen angenehmen Aufenthalt.

Kurzer Blick ins Geschichtsbuch

Schloss Hohenschwangau diente der königlichen Familie als Sommerresidenz. Hier verbrachte Ludwig II. glückliche Kindheitstage zusammen mit seinem jüngeren Bruder Otto.

Schwangau
(Bilder Gemeinde Schwangau)

Sehenswürdigkeiten

Pfarrkirche St. Maria und Florian zu Waltenhofen

Das lebensgroße Kruzifix stammt aus dem 16. Jahrhundert und soll von einem Lechhochwasser bei der Pfarrkirche angeschwemmt worden sein. Die Kanzel von 1720 ist am Korb mit vier Gemälden der Kirchenväter und vier Holzfiguren der Evangelisten aus der Werkstatt von Anton Sturm geschmückt. Im nördlichen Chorwinkel ließ sich Kronprinz Maximilian von Bayern 1837 ein kleines Oratorium anbauen; er stiftete auch die Uhr rechts über der Kanzel.

Filialkirche St. Georg in Schwangau

Nach einem Blitzschlag in einem Nachbarhaus brannten 1754 das Benefiziatenhaus und die Kirche aus. Im Stile des Rokoko ausstuckiert, wurde die Kirche 1757 neu geweiht und 1846 durch den Chorraum mit neuem Hochaltar erweitert. Das Kreuz über dem Volksaltar ist aus der Spätgotik, der Kreuzweg ist um 1855 entstanden. 1997 erhielt die Kirche ihre ursprüngliche gotische Turmspitze wieder und 1996 eine neue Orgel.

Wallfahrtskirche St. Coloman im freien Feld bei Schwangau

In der Gesamterscheinung bietet St. Coloman das unverfälschte Bild einer Wallfahrtskirche aus den ersten

St. Coloman
(Bild Gemeinde Schwangau)

Jahrzehnten des bayerischen Barocks. Das Monstranzl auf dem rechten Seitenaltar enthält eine Reliquie des hl. Coloman. Jährlich am 2. Sonntag im Oktober finden hier ein Festgottesdienst, eine Segnung der Pferde und ein anschließender Umritt statt, der sogenannte Colomansritt..

Römerbad am Tegelberg

1934 wurden im Schatten des Tegelbergs die ersten Spuren eines ausgedehnten römischen Gutshofs (villa rustica) entdeckt. 1966 und 1996 sind beim Bau der Tegelbergbahn-Talstation sowie der Sommerrodelbahn weitere Gebäude ausgegraben worden. Diese Ausgrabungen können heutzutage besichtigt werden.

Museen

Das Museum der bayerischen Könige (Alpseestraße 27, 87645 Hohenschwangau, Tel. 08362 926464-0) bietet Zeitgeschichte auf rund 1000 qm. Die Ausstellung gewährt Einblicke in die Geschichte des Hauses Wittelsbach von den Anfängen bis zur heutigen Zeit. Öffnungszeiten: täglich 09.00 – 19.00 Uhr bzw. zwischen 01.10. – 31.03. täglich 10.00 – 18.00 Uhr

Kulturelles

Neuschwanstein Konzerte
Klassische Musik im Sängersaal von Schloss Neuschwanstein

Der Sängersaal von Schloss Neuschwanstein bietet einen beeindruckenden Rahmen für die alljährlich im September stattfindenden klassischen Konzerte. Tickets und Informationen unter www.neuschwanstein-konzerte.de

Feste und Feiern – Ein Blick in den Jahreslauf

Alljährlich wird in Schwangau schon am 24. August bei einbrechender Dunkelheit und bei trockenem Wetter mit einem Bergfeuer der bevorstehende Geburtstag von König Ludwig II. angekündigt. In der Wallfahrtskirche St. Coloman wird am Folgetag, dem 25. August, eine Gedenkmesse zu Ehren des Geburts- und Namenstages zelebriert.

Die Töpfer- und Kunsthandwerkermärkte und gleichzeitig das Fischerfest am Kurpark sowie die alljährlichen Schwangauer Sommerfeste der Musikkapelle und des Trachtenvereins sind wichtige Veranstaltungen im Jahreslauf.

Zum Nikolausmarkt kommen die Gäste aus Nah und Fern.

Das alpenländische Adventssingen in der Pfarrkirche Schwangau-Waltenhofen hat eine langjährige Tradition und stimmt die Besucher auf die Weihnachtszeit ein.

Volkstümliche Bräuche

Viehscheid in Schwangau

Alljährlich Mitte September findet in Schwangau der traditionelle Viehscheid statt, angesichts der Königsschlösser Neuschwanstein und Hohenschwangau ein besonders eindrucksvolles Schauspiel.

Freizeit und Sport

An heißen Tagen genießt man ein erfrischendes Bad im Alpsee, im etwas wärmeren Schwansee oder im Bannwaldsee.

Nordic Walking

Für Nordic Walking stehen befestigte Wege unterschiedlicher Länge (3,5 bis 12,1 km) zur Verfügung.

Sommerrodelbahn

Ein „Feriendorado" par excellence liegt direkt am Fuße des Tegelbergs: die Sommerrodelbahn und ein Erlebnisspielplatz sowie Trampolin, Mini-Motorrad, Geschicklichkeitsspiele u. v. m. bieten vielfältige Abwechslung.

Gleitschirmfliegen

Gleitschirm- und Drachenflieger nutzen gerne die Thermik am Tegelberg. Wer auch einmal über das Dorf der Königsschlösser fliegen möchte, nimmt Kontakt auf mit Tel. 08362 921457.

Kurpark
(Bild Gemeinde Schwangau)

Pöllatschlucht
(Bild Gemeinde Schwangau)

Im Winter

Alpinskifans, Carver und Snowboarder finden am Tegelberg an der Wintersportarena vielfältige Abfahrten.
Für Langläufer werden zahlreiche Loipen unterschiedlicher Anforderungen gespurt. Als besonderes Highlight gilt die beleuchtete Neuschwanstein-Loipe.

Winterwandern

50 km geräumte Winterwanderwege laden zu traumhaften Spaziergängen ein. Am Schwansee oder entlang des Forggensees bieten sich abwechslungsreiche Möglichkeiten. Bei einer Winterwanderung zur Hirschfütterung zwischen dem Bannwaldsee und dem Forggensee lässt sich hautnah das heimische Rotwild beobachten. Informationen zu geführten Touren sind bei der Tourist-Information erhältlich.

Wandern

120 km Wanderwege laden dazu ein, die malerische Landschaft entschleunigt zu erleben.

Ein bequemer Rundweg startet von Hohenschwangau, führt weiter bis Alterschrofen, wo man den Schwansee links liegen lässt und auf der Königsstraße z. B. auf den Kalvarienberg geht. Dann wandert man auf dem Alpenrosenweg in schattiger Kühle zurück Richtung Hohenschwangau. (Gehzeit ca.2 Stunden)

Auf den beliebten Fernwanderwegen König-Ludwig-Weg, Romantische Straße: Teilstück Ostallgäu und Ostallgäuer Höhenweg lässt sich die Region sehr nachhaltig kennen lernen.

Radfahren

90 km Radwege, von der Ebene bis ins Gebirge, laden zum Radeln ein. Die Forggenseerunde ist erweiterbar bis zum Bannwaldsee. Die Tour „Rund ums Dreiländereck" kann bis zum Kniepass ausgedehnt werden. Eine lohnende Tagestour führt auch zur Wieskirche oder um den Hopfensee.

Bergsportzentrum Tegelberg

Geübten Bergsteigern wie auch Einsteigern steht in Schwangau ein Klettersteiglehrpfad zur Verfügung. Neben Bergtouren unterschiedlicher Schwierigkeitsgrade erwartet den Besucher ein Bergsportzentrum, das auf sportliche, pädagogische und therapeutische Nutzung ausgerichtet ist. Nähere Informationen: Tel. 083 62 98360 oder in der Tourist Information Schwangau, Tel. 08362 81980.

Tegelbergbahn

Die Tegelbergbahn (Telefon: 08362

98360) erschließt ein fantastisches Wandergebiet und bietet einen unvergesslichen Blick auf das wunderschöne Alpenvorland.

Königliche Kristall-Therme

In direktem Blickkontakt zu den Königsschlössern bietet die Kristall-Therme mit Sauna- und Massagezentrum alles, um Badeträume zu verwirklichen. Hier fühlt sich der Badegast wie ein König.

Orts- und Infrastuktur

Verkehrswege

Nach Schwangau kommt man mit dem Pkw über die Autobahn A7, Ausfahrt Füssen/Schwangau.

Für Bahnreisende ist der nächste Bahnhof Füssen und für Flugreisen sind die Flughäfen München oder Memmingen zu empfehlen.

Schule

Kindergarten und Grundschule in Schwangau sowie Gymnasium mit Internat in Hohenschwangau sind wichtige Bildungseinrichtungen.

Altersgerecht wohnen

In Schwangau gibt es zahlreiche barrierefreie Unterkünfte sowie alters- und behindertengerechte Spazier- und Wanderwege.

Wichtige Adressen und Telefonnummern

Tourismusbüro Schwangau
Münchner Straße 2
D-87645 Schwangau
Tel. +49 (0)8362 81980
Fax +49 (0)8362 819895
info@schwangau.de
www.schwangau.de

Schwangau – das Dorf der Königsschlösser

Urlaub im Hotel Helmer

Mitten in Schwangau, ruhig und zentral, fast ein wenig versteckt, liegt das familiär geführte Hotel.

Zimmer für jeden Geschmack und jeden Bedarf findet man hier, ob Einzelreisender, Paar oder Familie. Auch Rollstuhlfahrern werden barrierefreie Unterkünfte geboten. Im Restaurant genießt man Allgäuer Spezialitäten, dessen Fleisch und Wurst aus der eigenen Landwirtschaft stammt. Abgerundet wird das Angebot mit einem Salatbuffet, einer Kinderspeisekarte und einer großen Auswahl von Bier und Wein.

Der hausgemachte Kuchen und Strudel wird täglich frisch auf der Terrasse serviert.

Das Hotel Helmer ist der ideale Ausgangspunkt für die Schlossbesichtigung. Eine Fahrt mit der Tegelbergbahn, wandern, in einem der umliegenden Naturseen oder der Kristall-Therme schwimmen und mit einem der Leih-Elektroräder kraftschonend Rad fahren sind direkt ab dem Hotel möglich, das auch geführte Wanderungen, Nordic Walking Kurse, Gymnastik sowie Kneippanwendungen u.v.m. anbietet.

Außerdem findet der Gast hier einen Personenaufzug, WLAN, kostenlose Parkplätze, einen großen Garten mit Liegewiese, Wassertretbecken und eine unvergessliche Aussicht auf die Königsschlösser.

Ferienhotel Helmer

Mitteldorf 10
D-87645 Schwangau
Tel. +49 (0)8362 98 00
Fax +49 (0)8362 98 02 00
info@hotel-helmer.de
www.hotel-helmer.de

Mit Blick auf den Forggensee

Hotel Gasthof am See

Geschichtlich erwähnt wurde der Gasthof bereits im Jahr 1896. Damals war vom Forggensee noch nicht die Rede, wurde dieser doch erst im Zuge des Hochwasserschutzes 1954 aufgestaut. Heute liegt der gemütliche Gasthof direkt oberhalb des Sees und der Gast

vielen kleinen Details, die die Ferien zu einem unvergesslichen Erlebnis machen.

Die komfortablen Zimmer sind geräumig und geben den Blick frei auf die Berge oder den See. Sie sind gemütlich eingerichtet und bieten alles,

was den Aufenthalt angenehm macht. In der hauseigenen Sauna mit einem Ruheraum vergisst man die Hektik des Alltags.

Nach einer ruhig verbrachten Nacht lockt das Frühstückszimmer mit duftendem Kaffee und einem abwechslungsreichen und gesund zusammengestellten Buffet, das keine Wünsche offen lässt. Das gilt auch für die Speisen und Getränke, die in der Küche liebevoll und kreativ zubereitet werden. Die bodenständigen Gerichte genießt man in dem gemütlich eingerichteten Gastraum des Hotels oder auf der Seeterrasse. Von hier aus wirkt der traumhafte Ausblick auf den

nimmt den unvergleichlichen Blick auf das Wasser und die Berge des Füssener Landes wahr.

Das Hotel Gasthof am See ist nun schon seit mehr als 80 Jahren im Besitz der Familie Schneidberger. Die Gastfreundschaft spürt der Urlauber, der hier sein Domizil gewählt hat, in

Forggensee wohltuend auf den Gast ein, während er dem kulinarischen Erlebnis frönt. Bei diesen mannigfaltigen Sinneseindrücken kommt pure Lebenslust auf.

Hotel Gasthof am See
Familie Schneidberger
Forggenseestr. 81
D-87645 Schwangau-Waltenhofen
Tel. +49 (0)8362 93 030
Fax +49 (0)8362 93 03 39
info@hotel-schwangau.de
www.hotel-schwangau.de

Gästehaus „Beim Schelle"

Am Fuß von Schloss Neuschwanstein
in familiärer Atmosphäre übernachten

Sich in der Fremde wie zu Hause fühlen – das steht für einen Urlaubsaufenthalt, wo die Gastgeber einen willkommen heißen, umsorgen und dem Gast jeden Wunsch von den Augen ablesen. Im Schwangauer Ortsteil Waltenhofen, direkt am Forggensee, liegt das Gästehaus **„Beim Schelle"**. Die Inhaberfamilie Köpf sorgt sich dort um das Wohl der Gäste und stellt mit drei Sternen zertifizierte Balkonzimmer und eine Ferienwohnung zur Verfügung.

Die Räume bieten jeden Komfort, wie Radio, Fernsehen, Bettwäsche und Handtücher. Sich wie zu Hause fühlen, ist auch hier der Leitfaden für die Gastgeber. Das zeigt sich in den weiteren Einrichtungen im Haus, wo ein gemütlicher Aufenthaltsraum mit einer voll ausgestatteten Küche ebenso genutzt werden kann, wie eine Terrasse mit Gartenmöbeln und einem Grillplatz. Da bekanntlich „die Liebe durch den Magen geht",

können die Übernachtungsgäste sich an einem reichhaltigen Frühstücksbuffet bedienen. Dort werden vorwiegend regionale Produkte präsentiert, die einen gestärkt in den Tag blicken lassen. Natürlich beinhalten die umfassenden Serviceleistungen auch Getränke im Haus, einen Fahrdienst zum Bahnhof oder zu Ausflugszielen und eine abschließbare Fahrradgarage. Abgerundet wird das Angebot „Beim Schelle" durch einen mit viel Liebe zum Detail eingerichteten Massageraum. Dort kann man sich mit Ayurveda-Behandlungen, Wohlfühlmassagen oder Kosmetikanwendungen verwöhnen lassen.

Als Partnerbetrieb der KönigsCard, der Gästekarte im Allgäu, genießen die Urlauber im Gästehaus "Beim Schelle" über 250 kostenlose Leistungen in der Region Allgäu-Pfaffenwinkel.

Gästehaus „Beim Schelle"

Familie Andrea und Richard Köpf
Moarweg 3, D-87645 Schwangau
Tel. +49 (0)8362 87 91
Fax +49 (0)8362 98 72 92
info@beimschelle.de
www.beimschelle.de

Ein Juwel am See

Camping Brunnen am Forggensee

Inmitten des viertgrößten Sees Bayerns, auf einer Landzunge, liegt ein wahres Juwel für einen Campingurlaub im Pfaffenwinkel. Auf der einen Seite erschließt sich der Blick auf den von Mai bis Oktober aufgestauten See, auf der anderen Seite liegen die Ammergauer Alpen mit den Schlössern König Ludwig II.

Reisemobil, Caravan oder Zelt

Auf dem schon seit vielen Jahren vom ADAC ausgezeichneten Platz fühlt sich jeder Camper wohl – ob er mit Wohnmobil, Caravan oder Zelt anreist. Von Komfortstellplätzen mit Strom, Frischwasser und Abwasserentsorgung bis hin zum einfachen Zeltplatz auf dem Zelthügel findet jeder seinen Platz für unbeschwerte Urlaubstage.

Modernste und gepflegte Sanitäranlagen sowie Spül- und Waschküche mit Waschmaschine und -trockner sorgen für hohen Komfort, der barrierefrei erreichbar ist. In einem kleinen SB-Geschäft findet der Feriengast alles für seine nötigen Einkäufe.

Wellness und Unterhaltung zu Füssen von Schloss Neuschwanstein

In der Wellnessoase kann der Gast unter drei Saunen wählen. Daneben kann er in einem Whirlpool relaxen oder es sich in dem Ruheraum mit echtem Kaminfeuer so richtig gut gehen lassen. Bei schönem Wetter ist die große Liegewiese direkt am See mit dem eigenen Badestrand ein wahres Paradies für ungetrübten Urlaubsgenuss. In der Zwischenzeit spielen die kleinen Gäste auf dem groß angelegten Spielplatz mit vielen abenteuerlichen Einrichtungen oder in dem Spielstadel und erleben hier ihre schönsten Ferientage.

Entspannt genießen

Für Camper, die einmal wenig Lust verspüren, ihre Küche oder den Grill in Betrieb zu nehmen, empfiehlt sich der Besuch der Gaststätte „Brunnenstüberl". Dort serviert man regionale Schmankerl und feine Köstlichkeiten aus Küche und Keller. Die Gerichte dort gibt es auch als Take-away, sodass man die Speisen auch innerhalb der eigenen vier Wände genießen kann.

Camping Brunnen am Forggensee

Seestr. 81, D-87645 Schwangau
Tel. +49 (0)8362 8273
Fax +49 (0)8362 8630
info@camping-brunnen.de
www.camping-brunnen.de

Camping Bannwaldsee

Direkt am See mit dem Blick auf die Königsschlösser

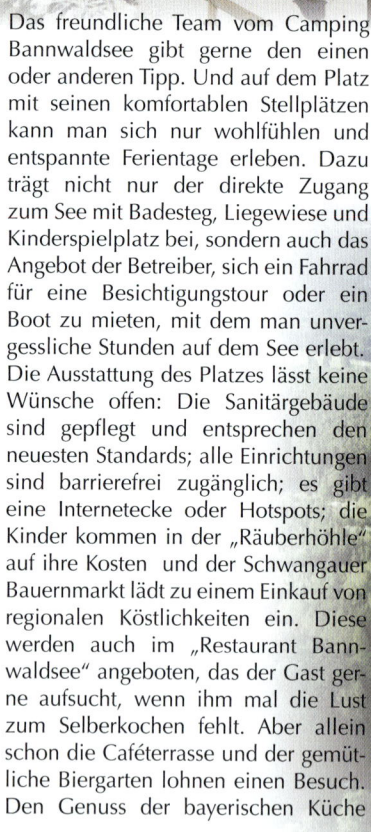

Leise plätschern die Wellen ans Südufer des Bannwaldsee. Dort, inmitten eines Naturschutzgebietes, liegt der Vier-Sterne-Campingplatz direkt am See. In einer Landschaft, in die man sich sofort verliebt, breitet sich der See vor den Augen des Gastes aus und, wenn er sich umblickt, entdeckt er die Schlösser von König Ludwig II., die majestätisch vor der Bergkulisse des Ammergebirges liegen.

Erholung pur oder grenzenlos scheinende Freizeitaktivitäten stehen dem Campingurlauber zur Verfügung, sodass er sich manches Mal fragt, worauf er sich an dem noch jungen Urlaubstag konzentrieren soll.

Das freundliche Team vom Camping Bannwaldsee gibt gerne den einen oder anderen Tipp. Und auf dem Platz mit seinen komfortablen Stellplätzen kann man sich nur wohlfühlen und entspannte Ferientage erleben. Dazu trägt nicht nur der direkte Zugang zum See mit Badesteg, Liegewiese und Kinderspielplatz bei, sondern auch das Angebot der Betreiber, sich ein Fahrrad für eine Besichtigungstour oder ein Boot zu mieten, mit dem man unvergessliche Stunden auf dem See erlebt. Die Ausstattung des Platzes lässt keine Wünsche offen: Die Sanitärgebäude sind gepflegt und entsprechen den neuesten Standards; alle Einrichtungen sind barrierefrei zugänglich; es gibt eine Internetecke oder Hotspots; die Kinder kommen in der „Räuberhöhle" auf ihre Kosten und der Schwangauer Bauernmarkt lädt zu einem Einkauf von regionalen Köstlichkeiten ein. Diese werden auch im „Restaurant Bannwaldsee" angeboten, das der Gast gerne aufsucht, wenn ihm mal die Lust zum Selberkochen fehlt. Aber allein schon die Caféterrasse und der gemütliche Biergarten lohnen einen Besuch. Den Genuss der bayerischen Küche und die frischen Fischspezialitäten aus dem See sollte man sich nicht entgehen lassen. Auf dem ganzjährig geöffneten Platz gibt es die „Pizzeria Madeleine", die von Mai bis September bewirtschaftet ist. Dort werden italienische Spezialitäten und viele Pizza- und Salatvariationen kredenzt.

Den Espresso oder Cappuccino nimmt man auf der sonnigen Terrasse zu sich.

Ein besonderes Schmankerl bieten die Gastgeber mit dem „Bannwaldsee Stadl": In dem Saal finden über 300 Gäste Platz und auf der Freifläche mit Biergartenbetrieb fühlt sich der Gast bei Bayerischen Stimmungs- oder Allgäuer Unterhaltungsabenden wohl animiert, das Tanzbein zu schwingen.

Der Wohnmobilpark des Campingplatzes bietet 24 Mobilen komfortable Plätze mit Stromversorgung, Frisch- und Abwasseranschluss. Die Benutzung der sanitären Einrichtungen, der Zugang zum Badestrand und zu den gastronomischen Angeboten ist in der Stellplatzgebühr enthalten.

Fazit: Der mobile Reisegast, egal ob er mit Caravan, Zelt oder Reisemobil unterwegs ist, verbringt erholsame Tage in einmaliger Umgebung.

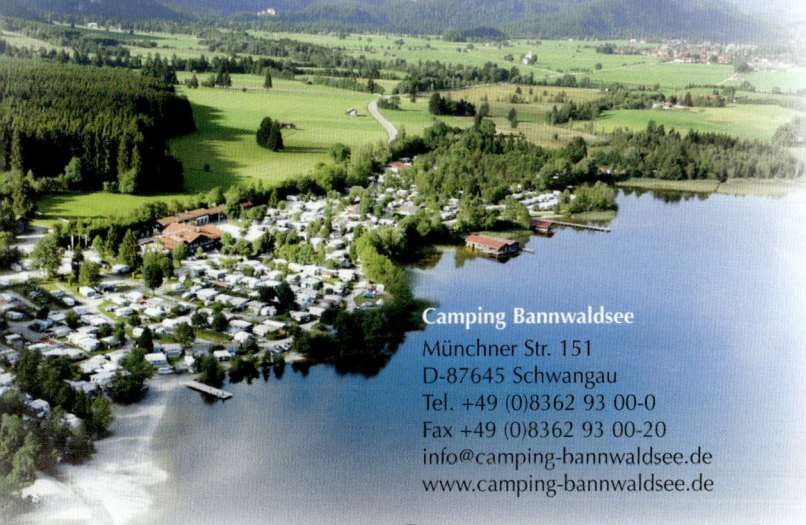

Camping Bannwaldsee
Münchner Str. 151
D-87645 Schwangau
Tel. +49 (0)8362 93 00-0
Fax +49 (0)8362 93 00-20
info@camping-bannwaldsee.de
www.camping-bannwaldsee.de

Frische Käsespezialitäten aus dem Allgäu

Schwangauer Käse Alm

Tagesfrisch muss sie sein, natürlich und silagefrei. Die Heumilch, die nach traditionellen Rezepturen und mit dem handwerklichen Können der Käsermeister zu den feinen Käse-Schmankerln der Schönegger Käsealm verarbeitet werden, sind auch in Schwangau erhältlich. In der Schwangauer Käse Alm geht der feine Bergkäse, der Schnitt-, Weich- und Hartkäse in den unterschiedlichsten Sorten über die Ladentheke. Außerdem findet der Käseliebhaber Frischkäsezubereitungen, Milch, Butter, Joghurt und viele andere Gaumenschmeichler. So ist auch das Schönegger Bauernbrot, das täglich frisch aus Natursauerteig in Prem gebacken wird, zu haben. Abgerundet wird das Angebot durch die gemütlich eingerichtete Brotzeitstube, in der man direkt vor Ort die Köstlichkeiten genießen kann. Nach einer anstrengenden Radeltour oder Wanderung schmeckt die deftige Brotzeit oder der hausgemachte Kuchen noch mal so gut.

Schwangauer Käse Alm GbR

Schneidberger & Tschabi
Unterdorf 1
D-87645 Schwangau
Tel. +49 (0)8362 93 95 483
Fax +49 (0)8362 93 95 484

Schloss Hohenschwangau
(© Bayerische Schlösserverwaltung, www.schloesser.bayern.de)

Hier spielt die Phantasie

Festspielhaus Füssen

„**Hier spielt die Phantasie**" – unter diesem Motto steht das Festspielhaus Füssen mit seinem außergewöhnlichen Ambiente in einer Landschaft voller Poesie und majestätischer Schönheit. Festspielhaus Füssen – das ist der perfekte Ort für ein individuelles Event, das besondere Ziel für eine Fahrt ins Blaue, für eine klassische Musicalfahrt mit phantasievollem Flair oder einfach nur der malerische Platz zum Träumen bei einer Tasse Kaffee auf der Sonnenterrasse direkt am See.

auf die Allgäuer Berge und die Königsschlösser, die rustikale bayerische Bierwirtschaft oder das große Foyer mit direktem Zugang zum Forggensee. Auch für Gruppen bietet sich hier der passende Rahmen, kulinarisch verwöhnt zu werden.

les Event, das besondere Ziel für eine Fahrt ins Blaue, für eine klassische Musicalfahrt mit phantasievollem Flair oder einfach nur der malerische Platz zum Träumen bei einer Tasse Kaffee auf der Sonnenterrasse direkt am See.

Ein attraktives und abwechslungsreiches Angebot sorgt dafür, dass ein Besuch nachhaltig in Erinnerung bleibt. Die Räumlichkeiten verfügen über eine Vielfalt an Möglichkeiten: die exklusive Königsloge, der große Panorama-Saal mit grandiosem Blick

Gruppenführungen – die faszinierende Welt hinter den Kulissen

Das Festspielhaus bietet als Veranstaltungsstätte ein vielfältiges Angebot mit unterschiedlichen Programmen und Veranstaltungen für die Region und ihr Einzugsgebiet. Das Theater bietet Raum für 1.400 Sitzplätze.

Von den Mitarbeitern erfährt man viel Wissenswertes, gewürzt mit der einen oder anderen erstaunlichen Anekdote zu den Themen Requisite, Bühneneinrichtungen, Ton und Technik.

Wissenswertes:
Eine Anlegestelle der
Forggenseeschifffahrt befindet
sich direkt am Festspielhaus.
Spielprogramm findet man unter
www.das-festspielhaus.de

**Gruppenführung und
Ticketreservierung**
Montag bis Donnerstag
9.00 Uhr bis 12.00 Uhr
Tel. 08362 5077-212;
Parkplätze P5

Eine Übersicht über das laufende
Spielprogramm findet man unter
www.das-festspielhaus.de

**Musiktheater Füssen
Besitz GmbH & Co. KG**
Im See 1, D-87629 Füssen
Tel. +49 (0)8362 / 50 77 - 0
Fax +49 (0)8362 / 50 77 – 298

Garmisch-Partenkirchen

Alpine Ferien auf höchstem Niveau

Anregend, aufregend oder beruhigend – rund um Garmisch-Partenkirchen entdecken Gäste die raue Schönheit einer atemberaubenden Bergwelt, zerfurcht von tiefen Schluchten, mit eingebetteten Hochalmen und alles überragenden Felsgipfeln wie Alp- oder Zugspitze. Abenteuer, Inspiration, Entspannung – Garmisch-Partenkirchen steckt voller ansteckender Energie. Der Alltag rückt in weite Ferne, der Kopf wird klar wie die Luft in hochalpiner Gebirgslandschaft. Mit Stolz trägt Garmisch-Partenkirchen das Gütesiegel Heilklimatischer Kurort der Premium Class.

Spaziergänge durch die Frühlingsstraße oder durch die historische Ludwigstraße lassen Tradition spürbar werden. Die prächtigen Lüftlmalereien auf den Hausfassaden erzählen Geschichten über ihre Bewohner, über die Region und ihr Brauchtum.

Kulturelles

Vielfältigste Kulturerlebnisse sind Höhepunkte im Jahreslauf: Richard-Strauss-Festival, KULTurSOMMER, der in bunter Vielfalt Theater, Musik, Bildende Kunst und Kabarett präsentiert, sowie Musik im Park. Darüber hinaus machen während der Heimatwochen im Hochsommer Einheimische ihre tiefe Verbundenheit zum Brauchtum für Gäste erlebbar.

Freizeit und Sport

Aktive Urlauber profitieren von einem einzigartigen Outdoor-Zentrum: Ski Alpin, Langlaufen oder Eishockey im Winter; Kanufahren, Gleitschirmfliegen, Mountainbiken oder Wandern im Sommer. Garmisch-Partenkirchen ist Synonym für Bewegung und Sport: „In der Natur und mit der Natur".

Panorama Garmisch-Partenkirchen
(Bilder Tourist Information)

Wandern

Partnachklamm

Im Winter

Skisprungschanze

Einzigartige Erlebnisse für die ganze Familie: eine Wanderung durch die Partnachklamm oder ein Ausflug mit der Alpspitzbahn zur atemberaubenden Aussichtsplattform AlpspiX. Hier im Gebiet Garmisch-Classic beginnen auch zahlreiche Touren in die Umgebung. So führen Wanderungen auf geschichtsträchtigen Pfaden zum Königshaus am Schachen, in dem einst König Ludwig II. residierte. Der Kletterwald am Wank, in dem die richtige Balance aus Mut, Geschicklichkeit und Kreativität gefragt ist, verführt große und kleine Naturfreunde geradezu, alles um sich herum zu vergessen und ganz in die Baumwipfel einzutauchen.

Garmisch-Partenkirchen ist auch Deutschlands erste Adresse in Sachen Wintersport: Bei den alljährlichen Skiweltcup-Rennen und der FIS Alpinen Ski WM startet das Who-is-who des alpinen Skisports. Die Weltelite der Skispringer geht beim berühmten Neujahrsskispringen auf der neuen Schanze auf Weitenjagd. Es gibt sogar das ganze Jahr über wöchentlich Führungen auf die Schanze.

Wichtige Adressen und Telefonnummern

Garmisch-Partenkirchen Tourismus Tourist Information
Richard-Strauss-Platz 2
D-82467 Garmisch-Partenkirchen
Tel. +49 (0)8821 180 700
Fax +49 (0)8821 180 7755
tourist-info@gapa.de
www.gapa.de

Exklusives Klettererlebnis für Jung und Alt
Kletterwald Garmisch-Partenkirchen

Einen Hochseilgarten vom Feinsten bietet der Kletterwald in Garmisch-Partenkirchen. 13 Parcours halten Überraschungen zum Kraxeln, Schwingen und Balancieren zwischen 3 und 17 m bereit. Hinzu kommen einige Parcours, die für Teamtrainings zur Verfügung stehen. 145 spektakuläre und einzigartige Klettererlebnisse wurden in dem Park verbaut. Dies verspricht für die Jüngsten unter den Besuchern oder jene, die mit der Kletterei beginnen, abwechslungsreiche Herausforderungen in 3 bis 4 Metern Höhe. Geübte Kletterer genießen den „Pepper Blue", der mit 12 Aufgaben in die höchsten Wipfel reicht und einzigartige Aus- und Tiefblicke gewährt. Hoch, atemberaubend schnell ist das „Alpenglühen", das dem Kletterer Mut, Kraft und Geschicklichkeit abverlangt. Doch neben den wenigen genannten Beispielen findet der Kletterfreund jede Menge Abwechslung, Spaß und Spannung, wenn er in den Baumwipfeln hoch über Garmisch-Partenkirchen unterwegs ist. Für teamorientierte Teilnehmer steht ein separater Parcours zur Verfügung, der nur in Teamarbeit zu bewältigen ist – das ist die geeignete Form für Firmenevents, Betriebsausflüge und Seminare. Die familienfreundliche Anlage wird aber auch der unvergessliche Rahmen für einen ganz individuellen Kindergeburtstag sein. Ganz neu wurde der Flying-Fox installiert: Abenteuerlustige (und sogar Kinder ab 4 Jahren und Menschen mit leichtem Handycap)

fühlen sich im Olympiastadion wie die Skispringer, wenn sie parallel zur Großen Schanze mit bis zu 60 km/h in 80 m Höhe und einer Weite bis zu 270 m dem Olympiaort Garmisch-Partenkirchen entgegen fliegen.

Direkt am Kletterwald ist für das leibliche Wohl mit warmen und kalten Getränke sowie Snacks gesorgt.

Öffnungszeiten:

Der Kletterwald öffnet seine Pforten Anfang April bis Mitte November sowie während der Weihnachtsferien. Informationen finden Interessierte auf der Homepage. Für Gruppen ist die Anlage das gesamte Jahr geöffnet.

Kletterwald Garmisch-Partenkirchen

Wankbahnstraße
D-82467 Garmisch-Partenkirchen
Telefon +49 (0)170 63 49 688
info@kletterwald-gap.de
www.kletterwald-gap.de

Festspielort Altusried
Natur und Kultur im Herzen des Allgäus

Eingebettet in das hügelige Alpenvorland mit Blick in die Allgäuer Berge liegt die Gemeinde Altusried. Die gesunde Luft, das gut verträgliche Klima und ein gepflegtes Wanderwegenetz sind gute Gründe, hier einen erholsamen Aufenthalt zu verbringen. Die Besucher werden auch angelockt von einer ganz einmaligen Attraktion: dem Illerdurchbruch, zu dem man bequem auf einem Fußweg gelangen kann. Die Wanderung führt nach Fischers und gibt immer wieder den Blick frei auf die Stelle, an der sich die Iller in Jahrtausenden ihren Weg durch die Molasseschichten gebahnt hat. Dadurch ist ein beeindruckender Canyon mit 70 Meter hohem Steilufer entstanden. Der Pfad entlang der Abbruchkante führt auf einen Waldweg zum kleinen Ort Fischers, hinter dem sich eine moderne Hängebrücke über den Fluss spannt. Dieses Naturschauspiel sollte sich keiner entgehen lassen.

Krimi-Freunden ist Altusried natürlich bekannt durch den kauzigen Kommissar Kluftinger, der in dieser Region seine Fälle lösen muss. Wer ihn dabei begleiten möchte, nimmt an einer Führung teil, die von Frühjahr bis Herbst angeboten wird.

Einkaufen

Alljährlich am 3. Oktober, am Tag der deutschen Einheit, sowie am 1. Sonntag im Oktober wird im Ortszentrum ein alternativer Markt abgehalten, der sich in den zurückliegenden 30 Jahren zum großen Besuchermagnet entwickelt hat. Die gelungene Mischung aus ökologischen Produkten, kulturellen Schmankerln und alternativen Gaumenfreuden lockt Jahr für Jahr viele Gäste an. Die zahlreichen Aussteller sorgen für ein abwechslungsreiches Angebot. Auch die heimische Gastronomie stellt sich mit ihrer bunten Vielfalt auf die Wünsche der Gäste ein.

Altusried
(Bild Gemeinde Altusried)

Freilichtbühne
(Bild Kees van Surksum)

Kultur

Theater

Neben den attraktiven Freizeitmöglichkeiten hat in Altusried die Kultur immer eine tragende Rolle gespielt. Von Oktober bis April kann man sich im „Theaterkästle" Altusried bei den unterschiedlichsten Stücken ablenken vom Alltag. Dieses wohl kleinste, subventionsfreie kommunale Theater Bayerns mit 160 Sitzplätzen besteht seit über 25 Jahren und bietet in jeder Saison einen abwechslungsreichen Spielplan. Auf die Bühne kommen Mundartstücke und anspruchsvolles Volkstheater, Singspiele, Märchen und Operetten sowie Klassiker und zeitgenössische Stücke. Über 160 Premieren, knapp 2000 Vorstellungen und rund 30.000 Besucher – diese Zahlen sprechen für sich.

Freilichtspiele

Nahezu jeder, der in Altusried lebt, ist in irgendeiner Form mit dem Virus „Theater" infiziert, wird doch bereits seit über 125 Jahren die Tradition der Freilichtspiele gepflegt. Die Geschichte der Freiheitshelden wie Wilhelm Tell, Andreas Hofer, Don Quijote oder Johanna von Orleans wurde bereits einem breiten Publikum nahe gebracht, ebenso waren die 3 Musketiere und die Allgäuer Bauernkriege ganz unvergessliche Darbietungen. Wenn es heißt „Festspielzeit", herrscht im Ort nahezu Ausnahmezustand. Bis zu 500 Mitwirkende stehen dann jedes Wochenende auf der Bühne und lassen Geschichte lebendig werden. Auch Märchen, Operetten, Musicals und Konzerte unterschiedlichster Couleur werden hier zu einem einmaligen Erlebnis unter freiem Himmel.

Die 3 Musketiere auf der Freilichbühne
(Bild Peter Ulbrich)

Freilichtbühne

Die Allgäuer Freilichtbühne Altusried ist mit ihrer wellenförmigen Holzdachkonstruktion ein architektonisches Schmuckstück. Elegant schmiegt sie sich hinein zwischen Grashügel und Waldrand. Sie wurde 1999 ihrer Bestimmung übergeben und bietet unter 3000 qm Dach einen trockenen Platz für 2500 Besucher, beste Sicht garantiert. Zusammen mit der einzigartigen Naturbühne am Riedbach eröffnet die Bühne schier unerschöpfliche Möglichkeiten für eindrucksvolle Theaterinszenierungen, Musikproduktionen und Konzerte. Bei Bedarf kann die Tribüne noch um 500 Sitz- bzw. 1000 Stehplätze im Parkett erweitert werden. Weit über 300 Aufführungen und Vorstellungen wurden seit 1999 von über 600.000 Besuchern gesehen.

Über 150 Scheinwerfer setzen Kriege und Katastrophen, Arien und Abenteuer ins rechte Licht. Eine ausgefeilte Kombination aus Mikrofonen, Lautsprechern und digitalem Mischpult sorgt für den guten Ton und vermittelt ein Geschehen, das unter die Haut geht. Der Tribünentrakt ist komplett überdacht.

Selbst ohne Theaterspektakel bietet die Naturbühne mit ihrer Kombination aus Wäldern, Wiesen, Hügeln und einem Bach eine atemberaubende Atmosphäre.

Seit der Inbetriebnahme der neuen Tribünenanlage werden auf Süddeutschlands schönster Freilichtbühne neben den großen Freilicht-

spielen auch kleinere Altusrieder Eigenproduktionen aufgeführt, wie zum Beispiel die Märchen „Das tapfere Schneiderlein", „Der gestiefelte Kater", „Schneewittchen und die 7 Zwerge" oder „König Drosselbart". In Szene gesetzt und gern besucht wurden auch die Abendproduktionen „Der Brandner Kaspar" und „Im weißen Rössl" und Shakespeares brillante Komödie „Viel Lärm um Nichts".

Doch damit nicht genug. Auch die unterschiedlichsten Gastproduktionen machen in Altusried Station. Die Palette reicht von Volksmusik, Rock und Pop Veranstaltungen, Musicals, Comedy, Operette bis hin zu großen Klassikkonzerten und Opernaufführungen.

Wichtige Adressen und Telefonnummern

Kulturamt und Gästeinformation Altusried
Hauptstraße 18
D-87452 Altusried
Tel. +49 (0)8373 70 51
gaesteinformation@altusried.de
www.altusried.de

Kartenbüro Altusried
Hauptstraße 18
D-87452 Altusried
Tel. +49 (0)8373 92 20-0
kb@altusried.de
www.freilichtbuehne-altusried.de

Waal

Passionsspielort an der Singoldquelle

In einer flachen Senke an den Quellen der Singold liegt der Passionsspielort Waal (2250 Einwohner, 635 m ü. M.). Zu dem Marktflecken gehören auch die Dörfer Emmenhausen, Bronnen und Waalhaupten.

Kurzer Blick ins Geschichtsbuch

Waal wurde im Jahre 890 erstmals in einer Tauschurkunde des Klosters Ottobeuren erwähnt. Der Ort erlebte durch die verschiedenen Herrschafts- und Adelsgeschlechter, die das Schloss bewohnten, eine wechselvolle Geschichte.

Historische Persönlichkeiten

Peter Dörfler, geboren am 29. April 1878 in Untergermaringen, ist im „Michlebauern Hof" seiner Eltern in Waalhaupten aufgewachsen.

Am 26. Mai 1849 kam in Waal Hubert Herkomer zur Welt, der spätere Portraitmaler.

Am 28. Juni 1825 wurde Sybilla Riepp in Waal geboren, die unter dem Namen Mutter Benedicta Riepp als Lehrerin und Klostergründerin in den USA in die Geschichte einging.

Otto Kobel, ein ortsansässiger Maler und Bildhauer wurde 1949 zum Christusdarsteller und Spielleiter des Waaler Theaters gewählt. Er war ein halbes Jahrhundert lang die treibende Kraft der Passionsspiel Gemeinschaft.

Sehenswürdigkeiten

Lohnenswert ist ein Besuch der Pfarrkirche St. Anna, die in ihrem Ursprung auf das 14. Jh. zurückgeht.

Die Filialkirche St. Nikolaus steht im älteren Ortsteil an der Singoldquelle und ist wahrscheinlich bereits im frühen Hochmittelalter errichtet worden.

Das Schloss Waal in der Ortsmitte zeigt in seinem Westteil noch Reste einer im Städtekrieg 1397 von den Augsburgern zerstörten mittelalterlichen Burg.

Waal
(Bild Gemeinde Waal)

Rathaus
(Bild Gemeinde Waal)

Waalhaupten. Die Pfarrkirche St. Michael geht zurück auf das 8. oder 9. Jahrhundert. Daneben gab es eine Dorfkirche, von der noch der einfache gotische Sattelturm erhalten ist. Erwähnenswert in der Kirche sind zwei Deckengemälde des berühmten Malers Matthäus Günther aus dem Jahre 1787.

Bronnen Die Pfarrkirche St. Margareta prägt mit ihrem gotischen Turm und dem Langhaus aus dem 15. Jh. den Ortsteil.

Emmenhausen. Die Pfarrkirche St. Ulrich wurde 1488 erbaut. Ein Kleinod für alle Besucher ist die Marien-Grotte beim Kalvarienberg.

Kulturelles

Die Passions- und Heiligenspiele, in lockeren Abständen von heimischen Laienschauspielern im modernen Passionsspielhaus auf die Bühne gebracht, sind weit über die Region bekannt.

Freizeit und Sport

Wandern

Die Gemeinde ist eingebunden in das Ostallgäuer Wander- und Radwegenetz. Gerne wird als Ausgangspunkt oder Abschluss eines familienfreundlichen Ausfluges die Wassertretanlage in der Singold genutzt.

Orts- und Infrastuktur

Verkehrswege

Waal ist bequem über die B12 bzw. die A96 erreichbar.

Schule und Bildung

Am Ort befinden sich Grundschule und Kindergarten mit Kinderkrippe.

Altersgerecht wohnen

Im landkreiseigenen Senioren- und Pflegeheim geht man gerne auf die Bedürfnisse der älteren Menschen ein.

Einkaufen

Der alljährlich im Juli abgehaltene Kunsthandwerkermarkt und der Adventsmarkt erfreuen sich großen Zuspruchs.

Wichtige Adressen und Telefonnummern

Markt Waal
Marktplatz 1, D-86875 Waal
Tel. +49 (0)8246 252
Fax +49 (0)8246 222
waal@buchloe.de, www.waal.de

Leben – Tod – Auferstehung
Waaler Passion

Mit der Aufführung der Passionsgeschichte fühlt sich die Waaler Bevölkerung einer langjährigen Tradition verbunden: gemeinschaftlich, generationenübergreifend, vereint unter dem Dach des Glaubens. Glaubwürdig, authentisch und ehrlich wird die Geschichte von Leben, Tod und Auferstehung Jesu im modernen Passionsspielhaus auf die Bühne gebracht. Grundlage für dieses Stück ist der älteste erhaltene Text aus dem Jahre 1791, der im Laufe der Jahre immer wieder überarbeitet und an-

gepasst wurde. Zu würdigen ist dabei der Gemeinschaftsgeist der Waaler, der gerade bei den Spielen deutlich zutage tritt. Rund 200 Mitwirkende engagieren sich mit Fleiß und Hingabe für ihr Theater. „Glaube", „Tradition" und „Gemeinschaft" sind für die Schauspieler und die Akteure hinter den Kulissen keine leeren Worte.
Auf der Bühne stehen ausschließlich einheimische Laien, die mit viel Begeisterung, Leidenschaft und Engagement dem Publikum auf mitreißende Weise die biblische Geschichte nahe

bringen. Zwölf Monate lang lebt die Gemeinde Waal ganz im Zeichen der Passion, das nächste Mal von 10. Mai bis 27. September 2015, jeweils am Sonntag von 13.00 bis 17.00 Uhr (mit Pause).

Das Stück

Bisherige Forschungen sind zu dem Ergebnis gekommen, dass die Tradition des Passionsspiels wahrscheinlich auf die Pestepidemien im 17. Jahrhundert zurückgeht, also auf eine Zeit, als der Schwarze Tod als Geißel der Menschheit seinen Tribut forderte. 1621 gelobten die Menschen, ein Passionsspiel aufzuführen, wenn Sie von der Pest verschont würden.

Die öffentliche Verehrung einer seit 1626 in der Waaler Pfarrkirche St. Anna aufbewahrten Kreuzpartikel-Reliquie führte zudem in der damaligen Zeit zu zahlreichen Wallfahrten. Daraus entstand im Jahre 1655 die Heilig-Kreuz-Bruderschaft, die als ursprünglicher Träger der Spiele angesehen wird.

Unter Kurfürst Karl Theodor und König Max Joseph I. wurden auch in Bayern 1770 sämtliche Passionsaufführungen verboten, mit Ausnahme der Oberammergauer und der Waaler Passionsspiele.

Die Waaler Passion darf als etwas Besonderes angesehen werden: Sie ist die Passion der Bevölkerung des Or-

tes und der ganzen Region. Das Spiel mit spätmittelalterlichen Stilelementen beginnt mit dem Sündenfall und endet mit der Auferstehung Christi. Die drei Geistes- und Sprachebenen entsprechen den Protagonisten: zum einen die Prosasprache der Bibel, des Weiteren Barock in hochdeutschen Versen, und zum anderen die schwäbische Mundart, die in der Region gesprochen wird, mitreißend echt, beeindruckend lebendig.

Theater aus Tradition

Das moderne Theatergebäude, 1961 fertiggestellt, bietet Platz für rund 600 Zuschauer. Die gute Akustik sowie moderne Bühnentechnik mit vielseitigem Bühnenbildwechsel, ermöglicht durch farbige Projektionen, sorgen für optimalen Kunstgenuss. Wenn dieses ganz besondere Schauspiel zur Aufführung kommt, spürt das Publikum förmlich die Freude,

die sich bei den Mitwirkenden während der Proben und Vorbereitungen bereits eingestellt hat. Leben, Tod und Auferstehung Christi – beileibe nicht gespielt in rührseligen Szenen, sondern überzeugend, unverfälscht und authentisch in der Verkörperung von Menschen, die den Leidensweg Christi begleitet haben.

Dem Publikum im 21. Jahrhundert wird in lebendigen Bildern mit überzeugender Kraft die Passionsgeschichte in ihrer ganzen Eindrücklichkeit vor Augen geführt, so, dass sich jeder selbst mit den Glaubensinhalten auseinandersetzen kann. Zum Stammpublikum zählen nicht nur Besucher aus dem kirchlichen Sektor. Viele sehen vordergründig das Theaterstück und die schauspielerische Leistung. Zuschauer aller Altersgruppen lassen sich vom Geschehen faszinieren und nachdenklich stimmen.

Der Autor

Der Dichter Arthur Maximilian Miller (1901 – 1992) wurde in Mindelheim geboren. Nach seiner Anstellungsprüfung zum Schuldienst war er als Lehrer an der Volksschule in Immenstadt und später an der Dorfschule in Kornau bei Oberstdorf tätig. Er erhielt den Auftrag, den ältesten erhaltenen Text von 1791 neu zu verfassen und schrieb eine Passion, die bis heute immer wieder Änderungen erfahren hat.

Der Regisseur

Spielleiter Florian Werner hat in Waal seine schwäbische Theaterheimat gefunden. Er ist seit langem als Regisseur auf das Amateurtheater spezialisiert. Das christliche Theater zählt zu seinen künstlerischen Anliegen. 2009 wurde Werner von der Stadt Landsberg am Lech zum Intendanten des dortigen Stadttheaters berufen. Karten sind auch online über www.muenchenticket.de erhältlich.

Passionsspielgemeinschaft Waal e.V.

Theaterstr. 7, D-86875 Waal
Tel. +49 (0)8246 969001
Fax +49 (0)8246 969011
www.passion2015.de
info@passion2015.de

Sachwortverzeichnis

Die beste Lage um Rom zu sehen

Hotel Atlante Star

Genießen Sie den einzigartigen und panoramischen 360 Grad Ausblick über Rom vom Roof Garden Restaurant und der neueröffneten großen Terrasse des Hotels Atlante Star.

Im **Herzen Roms,** in direkter Nachbarschaft zu Vatikanstadt und Engelsburg, nur 10 Gehminuten von der Piazza Navona und 15 Gehminuten von der Spanischen Treppe entfernt liegt das **4-Sterne-Superior-Hotel Atlante Star.** Die kürzlich renovierten 15 Suiten und 70 Zimmer mit fantastischem Ausblick bieten jeglichen Komfort, um dem anspruchsvollen Gast den Aufenthalt zum Wohlfühl-Erlebnis werden zu lassen: Internet-Verbindung, Satelliten-TV, Klimaanlage, Hydromassagebadewanne, Haartrockner, Minibar und Telefon gehören zur Standardausstattung.

Die Wandtapeten aus Stoff und eine geschmack-voll-elegante Einrichtung bilden die ansprechende individuelle Atmosphäre mit dem besonderen Etwas. Maxi Jacuzzi und Hydromassagebad und nicht zuletzt die freundlichen Deutsch sprechenden Mitarbeiter tragen zur Erholung bei.

Das Frühstück wird im Panorama-Roof Garden Restaurant „Les Etoiles" serviert – der Eindruck von dieser Dachterrasse lässt sich kaum in Worte fassen: Ein wahres Feuerwerk an Emotionen erlebt der Gast bei diesem 360 Grad Rundumblick über die Ewige Stadt. Atemberaubend. Man wird es nie mehr vergessen. Kunden, die am Fiumicino Flughafen ankommen, können bei vorheriger Buchung den Gratistransfer bei Ankunft vom Flughafen zu Hotel in Anspruch nehmen.

Les Etoiles

Roof Garden Restaurant
Coffee Garden & Restaurant
La Terrazza
Paradiso Restaurant in plein air
La Grande Place du Soleil.

Im obersten Stockwerk des Atlante-Star-Hotels in Rom, „on the top of the world", liegt das einmalige Panorama-Roof Garden Restaurant „Les Etoiles" mit atemberaubender Rundumsicht über die Ewige Stadt, auf den Petersdom. Ein wahres Feuerwerk an Emotionen erlebt der Gast, wenn er vor dieser grandiosen Kulisse die raffinierten Kreationen mediterraner und internationaler Spezialitäten genießt. Engagierte deutschsprechende Mitarbeiter scheinen dem Besucher jeden

Wunsch von den Augen abzulesen. Das Panorama-Roof Garden Restaurant „Les Etoiles" mit seinen 200 Sitzplätzen ist auch die perfekte Wahl für Gala-Diners, Hochzeitsempfänge, romantische Candle-Light-Diners oder geschäftliche Feiern. Mit seinem außergewöhnlichen Ambiente und seinem grandiosen Ausblick schenkt es nachhaltige Eindrücke und versetzt jeden Gast in atemloses Staunen. Diese Faszination kann der Besucher während des ganzen Jahres täglich genießen – erlesene Gastronomie für die besonderen Momente des Lebens.

Hotel Atlante Star

Via Vitelleschi 34
00193 Roma
Tel.: +39 (0)66 87 32 33
Fax: +39 (0)66 87 23 00
info@atlantehotels.com
www.atlantehotels.com

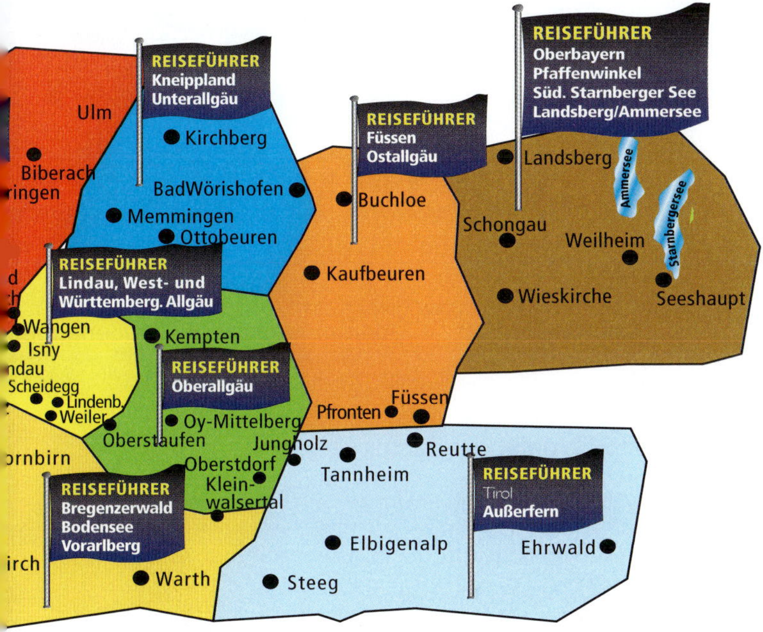

REISEFÜHRER
Kneippland
Unterallgäu

REISEFÜHRER
Füssen
Ostallgäu

REISEFÜHRER
Oberbayern
Pfaffenwinkel
Süd. Starnberger See
Landsberg/Ammersee

Ulm

Kirchberg

Biberach
ringen

BadWörishofen

Memmingen
Ottobeuren

REISEFÜHRER
Lindau, West- und
Württemberg. Allgäu

Wangen

Isny

Scheidegg

Lindenb.
Weiler

Oberstaufen

REISEFÜHRER
Oberallgäu

Kempten

Oy-Mittelberg

Oberstdorf

Klein-
walsertal

ornbirn

REISEFÜHRER
Bregenzerwald
Bodensee
Vorarlberg

irch

Warth

Steeg

Jungholz

Tannheim

Elbigenalp

Buchloe

Kaufbeuren

Pfronten

Füssen

Reutte

REISEFÜHRER
Tirol
Außerfern

Ehrwald

Landsberg

Ammersee

Starnbergersee

Schongau

Weilheim

Wieskirche

Seeshaupt

reisen...
erleben...
genießen...

Reiseführer
ÜBERSICHT
Ausführliche Beschreibungen, zahlreiche Fotos, Übersichtskarten

Reiseführer...

Beschreibung

• **Panoramakarten** **•** **Übersichtskarten** **•** **Straßenkarten**

- **Geschichtliches**
  Interessantes aus längst vergangenen Tagen

- **Sehenswertes**
  Sehenswürdigkeiten, Museen, offizielle Führungen,
  Ruhepunkte (GärtenParks, Aussichtspunkte)

- **Kulturelles** – Ausstellungen, Bibliotheken, Festivals,
  Galerien, Kinos, Konzerte, Theater

- **Feste + Feiern – ein Blick in den Jahreslauf**

- **Bergbahnen & Schifffahrt**

- **Kurioses und Originelles**

- **Freizeit- und Sportmöglichkeiten**
  • Im Sommer   **•** Im Winter   **•** Ganzjährig

- **Wandern**   Vom leichten Spaziergang bis zur
  ausgiebigen Genusswanderung

- **Hütten / Almen / Alpen**

- **Radfahren**   Mit dem Fahrrad durch die Stadt
  Radwandertipps im Umland

...im handlichen Taschenbuchformat

der Gesamtregion

Highlights • Land & Leute • Brauchtum • Begegnungen

- **Gesund und Vital**
  Wellness-Urlaub und Traumkuren in der Region

- **Einkaufen –** Wo kauft man was?

- **Ausgewählte Dienstleister –**
  Wo wird uns das Leben erleichtert?
  Wer nimmt uns welche Arbeiten ab?

- **Kulinarisches –** Von der klassischen
  bayerisch-schwäbischen Küche bis zu internationalen
  Schmankerln, Cafés, Biergärten und vieles mehr

- **Ausgehen am Abend –** Tolle Tipps für Nachtschwärmer

- **Traumhaft schlafen –** Vom Luxushotel über die
  Pension bis zur Jugendherberge

- **Der gute Tipp –** Besonderes und Einzigartiges

- **Praktische Tipps/Wissenswertes von A–Z**

- **Ausflugsziele in der näheren Umgebung –**
  Highlights außerhalb der vorgestellten Region –
  alle in weniger als einer Stunde erreichbar

Reiseführer

Erlebniswelten
Schwäbische Alb

Zeitreisen: Schlösser, Burgen, Geopark

Erlebniswelt Albtrauf **Erlebniswelt DonauHochAlb**
Erlebnis WeltKulturreich

Kultur
Kunst
Brauchtum

Berge
Seen
Freizeit

Mit Karten und Plänen

Sehenswertes | Originelles | Sport | Shopping
Restaurants | Hotels | Nachtleben | gesund & vital | Feste
Seminare & Tagungen | Produkte aus der Region

ISBN
978-3-934739-48-2
ab 2015

Reiseführer

ALLGÄU

Oberallgäu **Ostallgäu**
Der südlichste Landkreis Königschlösser Füssen
Deutschlands

Westallgäu **Kleinwalsertal**
Sonnenbalkon zwischen Inmitten majestätischer Gipfel
Alpen und Bodensee

Unterallgäu **Württembergisches**
Der Geheimtipp im Allgäu **Allgäu** Beliebte Ferienregion
in reizvoller Kulturlandschaft

Kultur
Kunst
Brauchtum

Berge
Seen
Freizeit

Mit Karten und Plänen

Sehenswertes | Originelles | Sport | Shopping
Restaurants | Hotels | Nachtleben | gesund & vital | Feste
Seminare & Tagungen | Produkte aus der Region

584 Seiten
ISBN
978-3-934739-45-1

Reiseführer

Mühlviertel
Oberösterreich

**Böhmerwald, Donauregion, MühlviertlerAlm,
Mühlviertler Kernland, Naturpark Mühlviertel,
Sterngartl-Gusental, Strudengau**

Kultur
Kunst
Brauchtum

Berge
Gewässer
Freizeit

Mit Karten und Plänen

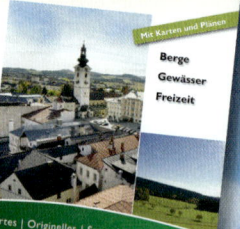

Sehenswertes | Originelles | Sport | Shopping
Restaurants | Hotels | Nachtleben | gesund & vital | Feste
Seminare & Tagungen | Produkte aus der Region

ISBN
978-3-934739-47-4
ab 2015

Reiseführer

Außerfern
TIROL

Tiroler Zugspitz-Arena, Tannheimer Tal
Jungholz, Naturparkregion Lechtal
Naturparkregion Reutte

mit Karten und Plänen

Kultur
Kunst
Brauchtum

Berge
Seen
Freizeit

Sehenswertes | Originelles | Sport | Shopping
Restaurants | Hotels | Nachtleben | gesund & vital | Feste
Seminare & Tagungen | Produkte aus der Region
Sonderteil Wellness-Hotels

380 Seiten
ISBN 3-934739-43-1

Reiseführer

Bregenzerwald
Bodensee-Vorarlberg

mit Karten und Plänen

Freizeit
Berge
Seen

Brauchtum
Kultur
Kunst

Sehenswertes | Originelles | Sport | Shopping
Restaurants | Hotels | Nachtleben | gesund & vital | Feste

324 Seiten
ISBN 3-934739-17-2

Reiseführer

Lindau
West- Württembergisches
Allgäu

mit Karten und Plänen

Freizeit
Berge
Seen

Brauchtum
Kultur
Kunst

Sehenswertes | Originelles | Sport | Shopping
Restaurants | Hotels | Nachtleben | gesund & vital | Feste

Ca. 244 Seiten
ISBN 3-934739-29-6

Reiseführer mit Karten und Plänen

Ulm/Neu-Ulm®
Oberschwaben

Highlights und Feste

Das Beste auf einen Blick:
Gesundheitsferien • Natur & Familie • Freizeit & Sport
Familienferien • Kunst, Kultur & Musik • Kulinarisches
Traumhaft schlafen • Einkaufen • Ausflugsziele

Was man
unbedingt
sehen und
erleben soll

288 Seiten
ISBN 3-934739-21-0

Auswahl aus dem Verlagsprogramm

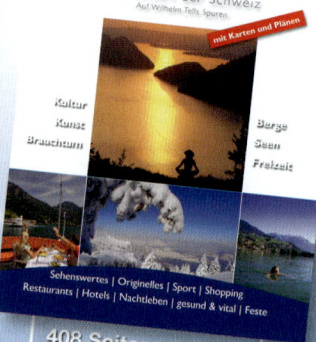

Reiseführer

Vierwaldstättersee
Obwalden, Nidwalden, Luzern, Uri, Schwyz
Im Herzen der Schweiz
Auf Wilhelm Tells Spuren

mit Karten und Plänen

Kultur
Kunst
Brauchtum

Berge
Seen
Freizeit

Sehenswertes | Originelles | Sport | Shopping
Restaurants | Hotels | Nachtleben | gesund & vital | Feste

408 Seiten
ISBN 3-934739-38-3

Reiseführer

Glarus
Stadt und Kanton
Glarnerland macht schön.
Mit den Ferienregionen
Braunwald-Klausenpass, Elm, Freiberg Kärpf-Schwanden
Glarus Mitte, Glarus Nord, Kerenzerberg
March & Höfe/Zürichsee
Region Einsiedeln

mit Karten und Plänen

Kultur
Kunst
Brauchtum

Berge
Seen
Freizeit

Sehenswertes | Originelles | Sport | Shopping
Restaurants | Hotels | Nachtleben | gesund & vital | Feste

650 Seiten
ISBN 3-934739-33-8

Reiseführer

Wallis
Quelle der Alpen

mit Karten und Plänen

Kultur
Kunst
Brauchtum

Berge
Seen
Freizeit

Sehenswertes | Originelles | Sport | Shopping
Restaurants | Hotels | Nachtleben | gesund & vital | Feste

650 Seiten
ISBN 3-934739-36-9
ab 2015

Reiseführer

Thurgau
BODENSEE

mit Karten und Plänen

Kultur
Kunst
Brauchtum

Berge
Seen
Freizeit

Sehenswertes | Originelles | Sport | Shopping
Restaurants | Hotels | Nachtleben | gesund & vital | Feste
Seminare & Tagungen | Produkte aus der Region

650 Seiten
ISBN 3-934739-37-6

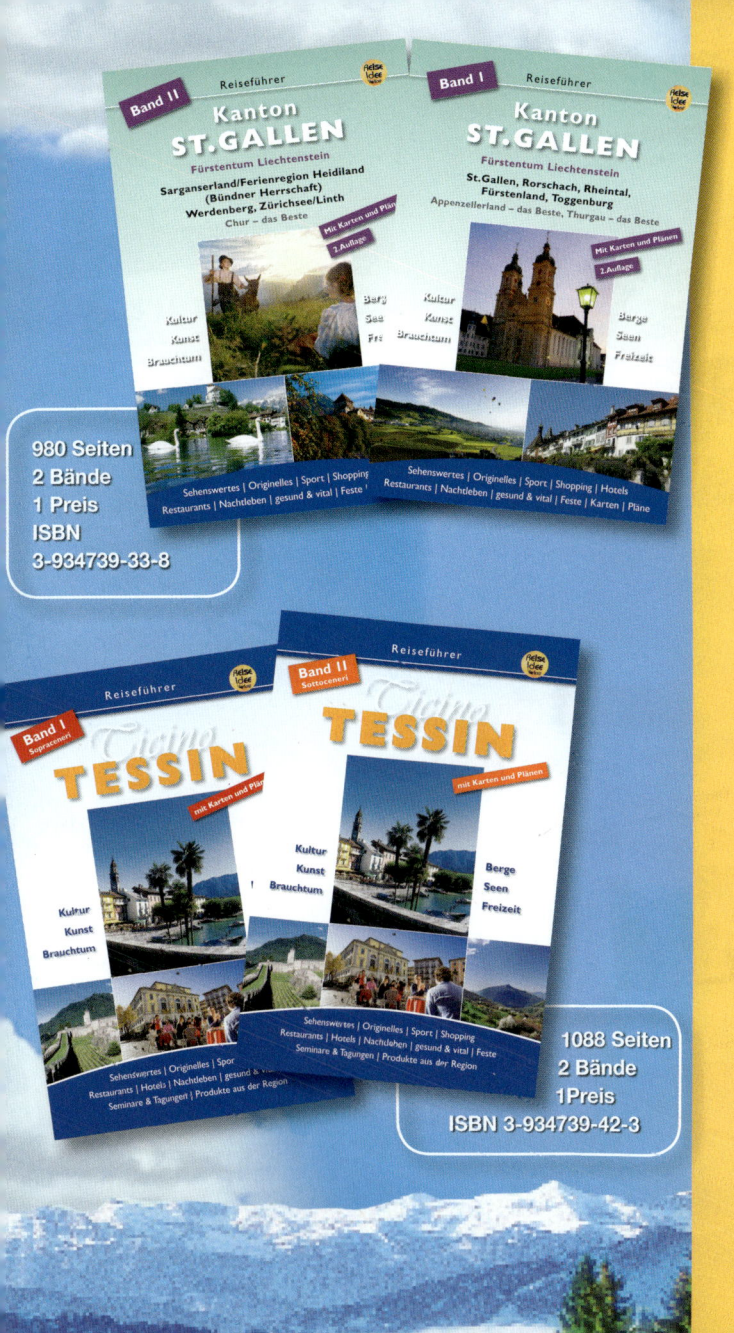

**980 Seiten
2 Bände
1 Preis
ISBN
3-934739-33-8**

**1088 Seiten
2 Bände
1Preis
ISBN 3-934739-42-3**

Auswahl aus dem Verlagsprogramm

Reiseführer

Appenzellerland
Kanton Appenzell
Innerrhoden, Ausserrhoden

mit Karten und Plänen

Kultur
Kunst
Brauchtum

Berge
Seen
Freizeit

Sehenswertes | Originelles | Sport | Shopping
Restaurants | Hotels | Nachtleben | gesund & vital | Feste

480 Seiten
ISBN 3-934739-32-1

Reiseführer

Oberbayern
Pfaffenwinkel
Ammergauer Alpen
Das Blaue Land/Staffelsee
Region Starnberg mit Fünfseenland

mit Karten und Plänen

Kultur
Kunst
Brauchtum

662 Seiten
ISBN
3-934739-49-9

Reiseführer

Oberbayern
Region Ammersee-Lech
Stadt Landsberg am Lech
Stadt Augsburg in Bayerisch Schwaben

Mit Karten und Pläne

Kultur
Kunst
Brauchtum

Berge
Seen
Freizeit

Sehenswertes | Originelles | Sport | Shopping
Restaurants | Hotels | Nachtleben | gesund & vital | Feste
Seminare & Tagungen | Produkte aus der Region

408 Seiten
ISBN 3-934739-27-7

Reiseführer

Winterthur
und Region
Zürcher Oberland, Zürcher Unterland
Zürcher Weinland
Zürich Stadt

mit Karten und Plänen

Kultur
Kunst
Brauchtum

Berge
Seen
Freizeit

Sehenswertes | Originelles | Sport | Shopping
Restaurants | Hotels | Nachtleben | gesund & vital | Feste
Seminare & Tagungen | Produkte aus der Region

520 Seiten
ISBN
3-934739-40-7

Reiseführer

Erlebniswelten
Schwäbische Alb
Zeitreisen: Schlösser, Burgen, Geopark
Erlebniswelt Albtrauf Erlebniswelt DonauHochAlb
Erlebnis WeltKulturreich

Mit Karten und Plänen

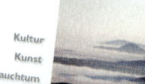

Kultur
Kunst
Brauchtum

Berge
Seen
Freizeit

Sehenswertes | Originelles | Sport | Shopping
Restaurants | Hotels | Nachtleben | gesund & vital | Feste
Seminare & Tagungen | Produkte aus der Region

380 Seiten
ISBN 3-934739-48-2